Foto: Simon Gurney (Dreamstime)

Nelles Verlag

D1671553

Philippinen

Cgl 5 Phil

Autoren:
Albrecht G. Schaefer, Wolf Dietrich,
Sylvia L. Mayuga, Roland Hanewald

KARTENVERZEICHNIS

© Nelles Verlag GmbH, München

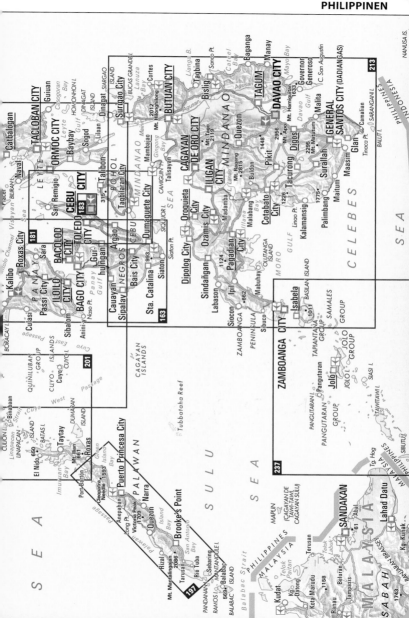

IMPRESSUM / KARTENLEGENDE

Liebe Leserin, lieber Leser,

AKTUALITÄT wird in der Nelles-Reihe groß geschrieben. Unsere Korrespondenten dokumentieren laufend die Veränderungen der weltweiten Reiseszene, und unsere Kartografen berichtigen ständig die auf den Text abgestimmten Karten.

Wir freuen uns über jeden Korrekturhinweis! Unsere Adresse: Nelles Verlag, Machtlfinger Str. 26 Rgb., D-81379 München, Tel. +49 (0)89 3571940, Fax +49 (0)89 35719430, E-Mail: Info@Nelles.com, Internet: www.Nelles.com

Haftungsbeschränkung: Trotz sorgfältiger Bearbeitung können fehlerhafte Angaben nicht ausgeschlossen werden, der Verlag lehnt jegliche Produkthaftung ab. Alle Angaben ohne Gewähr. Firmen, Produkte und Objekte sind subjektiv ausgewählt und bewertet.

LEGENDE

★★	Top-Attraktion (in Karte)	**Calamba** *(Ort)* *Whale Watching (Sehenswürdigkeit)*	in Karte gelb Unterlegtes wird im Text erwähnt			Staatsgrenze
★★	(in Text)		Internationaler Flughafen/ nationaler Flughafen			Verwaltungsgrenze
★	sehr sehenswert (in Karte)					Autobahn, Schnellstraße
★	(in Text)	✈	Landepiste			Fernverkehrsstraße (in schlechtem Zustand)
❽	Orientierungsnummer in Text und Karte	**G. Murud** 2438	Berggipfel (Höhe in Meter)			Hauptstraße (in schlechtem Zustand)
⑧⑧	Orientierungsnummer in Text und Stadtplan	🌲	Nationalpark			Nebenstraße (teilweise befestigt)
🔳	Orientierungsnummer in Text und Detailplan	🌳🌳	UNESCO Welterbe			Nebenstraße, Fahrweg
◾	Öffentliches bzw. bedeutendes Gebäude	🌴	Strand / Tauchplatz			Eisenbahn
♦ ●	Hotel / Restaurant	✿	Quelle / Wasserfall			Fähre
✚ ⊠	Hospital / Post	✝ †	Kirche / Friedhof			Fußgängerzone
◻ ○	Einkaufszentrum / Markt	☪	Moschee			Stadtmauer
◼ ★	Botschaft / Polizei	⚱	Buddhistischer Tempel		13	Entfernung in Kilometer
🚌 ၵ	Busstation / Denkmal	⍭	Leuchtturm			LRT-/ MRT-Schnellbahn
		∩ ⁄	Höhle / Golfplatz			

IMPRESSUM

PHILIPPINEN
© Nelles® Verlag GmbH
   81379 München
   All rights reserved

Druck: Bayerlein, Germany
Einband durch DBGM geschützt

- R1618 -

1 FEATURES

2 GESCHICHTE UND KULTUR

3 MANILA

4 LUZON

5 DIE INSELN DER MITTE

6 PALAWAN

7 MINDANAO

8 SULU-SEE

9 REISE-INFORMATIONEN

Strandidylle auf Pangulasian Island
(Bacuit-Archipel)

Foto: Paul Spierenburg

★★**Intramuros** (S. 83): Wuchtige Mauern, alte Kirchen, eine Festung – Mutter Spanien grüßt an vielen Ecken der restaurierten Kernstadt Manilas.

★★**Kirche San Agustin** (S. 83): Zwei Granitlöwen bewachen sie seit fast 500 Jahren, und inzwischen schützt auch UNESCO das ehrwürdige Gotteshaus im kolonialen Herz Manilas.

★★**Bambusorgel** (S. 98): Einmalig, mit über 800 Bambuspfeifen, fast 200 Jahre alt – zu bestaunen in der Kirche von Las Piñas / Manila.

★★**Vigan** (S. 116): Koloniale Patina auf den Mauern, Kutschen klappern über Kopfsteinpflaster. In der zum Welterbe zählenden Altstadt lebt „ein Stück Kastilien in Fernost" fort.

★★**Kirche in Paoay** (S. 118): San Agustin ist Schutzpatron der sehenswertesten Kirche in Nord-Luzon.

★★**Reisterrassen von Banaue** (S. 128): Für die Ifugao sind sie „Stufen zum Himmel", für die Menschheit Weltkulturerbe. Im Norden von Luzon ragen sie empor, die vor mehr als 2000 Jahren kunstvoll in die Berghänge gearbeiteten Reisfelder.

★★**Walhaie bei Donsol** (S. 136): Die sanften Riesen laden zwischen Januar und Mai ein zum Schnorcheln und Staunen in den Gewässern von Süd-Luzon.

★★**Kirche von Miagao** (S. 166): Einer Trutzburg gleicht die Kirche Santo Tomás de Villanueva von Miagao im Süden der Insel Panay eindrucksvolles Beispiel für „Erdbeben-Barock".

★★**Boracay** (S. 169): Kilometerlanger weißer Sandstrand unter Palmen, kristallklares Wasser, großes Freizeit- und Wassersportangebot; viel Tourismus, aber immer noch ein Tropentraum.

Links: Kayaktour in der Small Lagoon (Miniloc Island, Bacuit-Archipel).

★★**Philippine Tarsier Foundation** (S. 187): Letzter Zufluchtsort der winzigen Koboldmakis („Gespenstaffen") ist das Schutzgehege auf Bohol.

★★**Tubbataha National Marine Park** (S. 198): Das besonders artenreiche maritime UNESCO-Schutzgebiet in der Sulu-See gilt als eines der weltbesten Tauchreviere.

★★**Bacuit-Archipel** (S. 203): Trauminselchen, Karstfelsen, Korallengärten bei El Nido in Nord-Palawan.

★★**Eagle Camp** (S. 223): Auge in Auge mit der Welt zweitgrößtem Adler – ein Aufzuchtprojekt auf Mindanao.

★**Taal-Vulkan** (S. 100): Nur 1,5 Fahrstunden vom Hauptstadttrubel entfernt liegt, umgeben von einer die Sinne betörenden Landschaft, der nur 400 m hohe, aber aktive Feuerberg im Kratersee.

★**Hundred Islands National Park** (S. 112): Inselchen soweit das Auge reicht, Ausflugsziel für Bootsfahrten.

★**Palanan Wilderness** (S. 122): Wie im Dschungelbuch, des Landes größtes Schutzgebiet.

★**Mt. Mayon** (S. 133): Der aktive Vulkan in Süd-Luzon ist schön, aber sehr gefährlich.

★**Puerto Galera** (S. 147): Malerische Buchten, breites Aktivprogramm, farbenprächtige Korallenriffe.

★**Sipalay** (S. 175): Ein neues Mekka für Taucher und alle, die im Südwesten von Negros Tropenidylle suchen.

★**Dumaguete** (S. 178): Lässiges Ambiente der Uni-Stadt an der Ostküste Negros, grandiose Berglandschaft, verlockende Strände.

★**Unterirdischer Fluss auf Palawan** (S. 201): In den Bauch der Erde führt eine spannende Bootsfahrt im Tropfsteinlabyrinth des St. Paul River.

★**Calamian-Archipel** (S. 204): Ein Eldorado nicht nur für Taucher – die Inseln im Norden Palawans.

★**Camiguin** (S. 216): Ein Eiland mit sieben Vulkanen, heißen Quellen, verwitterten Ruinen und leuchtenden Sandbänken vor dunklen Stränden.

Vor 250 000 Jahren leben bereits Hominiden auf den Inseln, wie fossile Skelettfunde belegen.

Ca. 30 000 v. Chr. Homo Sapiens Menschen streift durch Palawan, seine Spuren (Werkzeuge, Keramik) hat er u. a. in den Tabon-Höhlen hinterlassen.

13 000 bis 10 000 v. Chr. Aëta, kleinwüchsige Sammler und Jäger wandern von Asien über Borneo und Palawan ein.

ab ca. 4000 v. Chr. verdrängen Protomalaien die Aëta ins Hinterland.

ca. ab 300 v. Chr. erreichen Deuteromalaien (Jungmalaien) die Inseln und führen Viehzucht, Ackerbau, Reisterrassen, Töpferei, Metallverarbeitung ein. Sie vermischen sich allmählich mit den Ansässigen.

7.-8. Jh. Einflussnahme des hinduistisch-buddhistischen Reiches Sri-Vijaya.

10.-11. Jh. Chinesische Seefahrer gründen Handelsstützpunkte.

14. Jh. Machtausdehnung durch das javanische Reich Majapahit sowie dessen Einflüsse auf Religion und Sprachen im philippinischen Archipel.

1380 der erste arabische Gelehrte Makdum erreicht die Sulu-Inseln, Islam beginnt sich auszubreiten.

April 1521 Ferdinand Magellan landet auf Samar und Cebu und tauft den Archipel „Islas de San Lazaro". Am 27. April wird er auf Mactan im Kampf mit den Insulanern durch Häuptling Lapu-Lapu getötet.

1543 Ab nun werden die Inseln nach König Philipp II. Philippinen genannt.

1565 Miguel Lopez de Legazpi nimmt die Visayas für Spanien in Besitz.

1762 Manila bleibt bis 1764 von den Briten besetzt.

1872 philippinische Soldaten rebellieren in Cavite. Die Anführer und drei Priester werden hingerichtet, die Unabhängigkeitsbewegung breitet sich aus.

1892 Dr. José Rizal gründet die Reformbewegung *Liga Filipina* durch, er wird nach Mindanao verbannt. Andres Bonifacio gründet den Geheimbund *Katipunan*

30. Dez. 1896 José Rizal stirbt in Manila durch ein spanisches Exekutionskommando.

1898 Spanien verliert die Kolonie an USA. Der aus Exil zurückkehrende Katipunan-Führer Aguinaldo ruft die Unabhängigkeit der Philippinen aus, die von den Amerikanern jedoch verweigert wird.

1901 William Taft wird erster US-Zivilgouverneur, nach brutaler Niederschlagung des Katipunan.

1935 Manuel L. Quezon wird erster Präsident des Philippinischen Commonwealth.

1944 General MacArthur kehrt zurück und vertreibt

mit seiner Armee die Japaner, die seit drei Jahren das Land besetzen halten.

4. Juli 1946 Die unabhängige Republik der Philippinen unter Präsident Manuel A. Roxas wird ausgerufen. USA behalten wirtschaftliche Kontrolle.

1965 Als siebter Präsident übernimmt F. E. Marcos das Amt des Staatsoberhauptes, 1969 Wiederwahl.

1972 Marcos verhängt das Kriegsrecht, lässt 70 000 Menschen verhaften und übernimmt das Amt des Premierministers, Ehefrau Imelda wird Ministerin und Gouverneurin von Metro Manila.

Foto: Albrecht G. Schaefer

Häuptling Lapu-Lapu (1491-1542), der erste Freiheitsheld der Philippinen.

1981 Marcos lässt sich erneut zum Präsidenten wählen.

1963 Oppositionsführer Benigno Aquino wird bei Rückkehr aus dem USA-Exil erschossen.

Februar 1986 Aquinos Witwe Corazon kandidiert erfolgreich gegen Marcos, der seine Niederlage nicht anerkennt. „People's Power"-Bewegung vertreibt den Diktator ins Exil nach Hawaii.

1987 Präsidentin Corazon („Cory") Aquino verabschiedet eine neue Verfassung, die mehr demokratische Freiheiten garantiert.

1991 Ausbruch des Vulkans Pinatubo nördlich von Manila. Mindestens 800 Todesopfer, 1 Mio. Obdachlose. Katastrophale Folgen starker Taifunregen und Abholzung der Berghänge bei Ormoc City auf Leyte – Schlammlawinen töten 7000 Menschen.

1992 Fidel Ramos, Aquinos Verteidigungsminister wird neuer Präsident. Die USA geben ihre Militärbasen auf, nachdem diese von Ausbrüchen des Vulkans Pinatubo teilweise zerstört wurden und der philippinische Senat den Pachtvertrag nicht verlängern wollte.

FERDINAND MAGELLANUS.

Foto: Archiv für Kunst und Geschichte, Berlin

Der portugiesische Weltumsegler Ferdinand Magellan entdeckte 1521 die Philippinen.

1996 Unterzeichnung eines Friedensabkommen durch MNLF-Führer Misuari und Ramos, das 26 Jahre Bürgerkrieg zwischen Regierung und muslimischen Rebellen beenden soll.

1998 Im Jahr der asiatischen Finanzkrise, die der philippinischen Wirtschaft schadet, wird Ex-Schauspieler J. Estrada zum 10. Präsidenten gewählt.

2001 Von der Kirche, mächtigen Clans, C. Aquino und möglicherweise auch G. M.-Arroyo geschürte Massenproteste gegen Estrada, den man der Korruption beschuldigt. Estrada wird verhaftet. Vize-Präsidentin Gloria Macapagal-Arroyo wird Staatsoberhaupt, verspricht „Kampf gegen den Terror".

2004 Arroyo gewinnt die Präsidentschaftswahlen gegen Fernand Poe Jr.

2009 Nach Massaker des Ampatuan-Clans an politischen Konkurrenten in Maguindanao ruft Arroyo das Kriegsrecht in Mindanao aus.

2010 Benigno „Noynoy" Aquino III., Sohn von Corazon Aquino, wird 15. Präsidenten der Philippinen.

2011 Ex-Präsidentin Arroyo wird wegen Korruption und Wahlmanipulation angeklagt.

2013 Streit mit China um das Scarborough-Riff im Südchinesischen Meer. Ein Erdbeben erschüttert die Inseln Bohol und Cebu. Der Taifun Haiyan (Yolanda) tötet auf Leyte und Samar, in den östlichen Visayas, 6400 Menschen; Millionen werden obdachlos.

2014 Aquino III erregt durch Führungsstil und Duldung von Korruption Unmut in der Bevölkerung.

2015 Muslimische Rebellen töten in Mamasapano (Mindanao) 44 Polizisten. Besuch von Papst Franziskus. Der seit zwei Jahren öffentliche „Pork-Barrel-Skandal" (Veruntreuung von öffentlichen Geldern durch Abgeordnete u. Politiker) weitet sich aus. Menschenrechtler beklagen die lasche Verfolgung des Massakers von Soldaten an einer (indigenen) Lumad-Familie in Mindanao.

2016 Geiselnahme mehrerer Filipinos und Ausländer durch Abu-Sayaff-Terroristen auf der Ferieninsel Samal bei Davao; zwei Kanadier werden später ermordet. Rodrigo Duterte, Ex-Bürgermeister von Davao-City, wird mit 40 % der Wählerstimmen zum Präsidenten gewählt. Seinem „Krieg" gegen Drogen- und andere Kriminelle fallen bis Jahresende ca. 7000 Menschen (auch Kinder und Unschuldige) zum Opfer. Unter Protest wird im Oktober der einbalsamierte Leichnam des diktatorischen Ex-Präsidenten Ferdinand Marcos auf dem Heldenfriedhof Taguig bei Manila bestattet.

2017 Ein deutsches Segler-Paar findet den Tod durch Abu Sayyaf-Terroristen. Dutertes Drogenkrieg geht unter heftiger Kritik, aber auch mit viel Zustimmung in der Bevölkerung weiter. Hunderte von Abu-Sayyaf-Mitgliedern und Sympathisanten des IS, u. a. die sog. Maute Gruppe, belagern die Stadt Marawi. Die fünf Monate dauernde „Battle of Marawi" zwischen ihnen und dem Militär fordern über 1600 Menschenleben, fast die Hälfte davon unter der Zivilbevölkerung. Dutertes Regierung verlängert mit Billigung von Senat und Nationalversammlung das Kriegsrecht bis Ende 2018.

2018 Der Vulkan Mayon wird wieder aktiv.

Der philippinische Regenwald ist durch fortschreitende Abholzung bedroht.

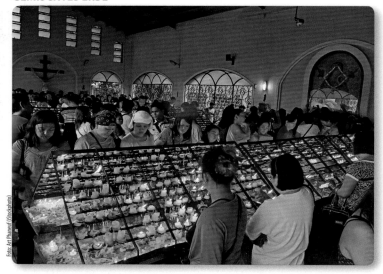

Foto: Art Phaneuf (iStockphoto)

EIN GEMISCHTES ERBE

„Von den Spaniern haben wir die Religion, von den Amerikanern Demokratie und Schulsystem geerbt!" Nach ihrem Nationalcharakter gefragt, antworten gebildete Filipinos gern mit dieser Formel. Oft lassen sie jedoch unerwähnt, dass auch die heutige philippinische Wesensart und Wertordnung noch tief in der malaiischen Kultur verwurzelt sind. Daher werden Religion und politisches Verhalten auf eine Weise gelebt, die im Westen oft Verwunderung, ja sogar Geringschätzung hervorruft. So vermischt sich beispielsweise das Christentum stark mit Aberglauben und Vertrauen in die Kraft von Geistern und Wunderheilern. Die Demokratie wirkt eher wie die Fassade der Machtpolitik einer Oligarchie, die sich oft genug als heuchlerisch und gewaltbereit erweist.

Englisch ist zwar an allen höheren Schulen die Unterrichtssprache, und

Oben: Kerzenopfer in einer katholischen Kirche in Parañaque City (Manila).

selbst der Lehrplan mutet amerikanisch an. Doch im Alltagsleben bleibt „westliche Bildung" größtenteils im Hintergrund. Vielmehr hat das anpassungsfreudige Temperament der Filipinos während der langen Kolonisation gewisse Elemente westlicher Zivilisation übernommen und ihnen einen östlichen Inhalt gegeben. Im Westen empfindet man dies etwas voreilig als bloße Nachahmung, doch Filipinos sehen es lieber als natürliche Assimilation, die zur eigenständigen Kultur geführt hat.

Der Besucher der Philippinen, dieses Landes zwischen Ost und West, ist gut beraten, sich nicht bei westlich orientierter Kritik aufzuhalten, sondern sich auf die orientalische Psyche der Filipinos einzustellen. Wie so oft in Asien überwiegt die Sinnlichkeit, nicht die Vernunft. Was wahr, richtig und Pflicht ist, zählt weniger als das Schöne, Angenehme und Unterhaltsame. Gutes Aussehen verspricht Erfolg, und in jeder Situation hilft ein Lächeln. Zumindest als Hinweis auf Zuneigung und Wohlbefinden in einem Land, wo Gastfreundschaft eine Sache des persönlichen Stolzes ist.

Filipinos sind nur bedingt Individualisten, denn ihre Erziehung zielt auf das Wohl der Verwandtschaft ab und muss der im Westen so gepriesenen persönlichen Freiheit Grenzen setzen. Erfolg wird daran gemessen, wie weit er der Familie nutzt. Die Gruppenverpflichtung dient aber auch gern als Alibi für unsoziale und aggressive Verhalten, beim kleinen Taschendieb und beim Strichmädchen ebenso wie beim Großgrundbesitzer und Politiker.

Das Bedürfnis, in der Gemeinschaft, mit ihr in Harmonie zu leben, dominiert. Eigenbrötlerei, Nonkonformismus werden abgelehnt, zumindest als befremdlich empfunden. Anpassung an Gruppennormen und Freundespflicht, als *Sakop, Taya-tayo* oder *Pakikisama* bekannt, umgeben das Sozialleben wie ein dichtes, feinmaschiges Netz. Mitglieder einer Straßengang, die vereint Geld auftreiben, um den Kumpel aus dem Knast auslösen zu können, sind ebenso in ihm eingewoben wie die Haushaltshilfe im fernen Ausland, die die Familie ernähren muss.

Selbstlos ist der Gemeinschaftssinn des Einzelnen natürlich nicht, das System kann ja nur in seiner Gegenseitigkeit funktionieren. Kaum irgendwo sonst trifft das Bild vom „gemeinsamen Sitzen in einem Boot" besser zu als in der philippinischen Gesellschaft, die ihre Wurzeln tatsächlich von den Besatzungen der alten *Balanghai*-Schiffe ableitet.

Gesichtsverlust und Dankbarkeit

Wie im restlichen Asien, bestimmt in den Philippinen die Sorge, „das Gesicht zu verlieren", Sozial- und Wirtschaftsleben. Höflichkeit und Geduld sind ganz wichtige Tugenden. Zu offensichtliches, überschwängliches Mitgefühl dagegen wird genauso wenig geschätzt wie Einmischung in die Probleme anderer. Denn der/die Gegenüber ist stolz und

sensibel; verletztes Selbstwertgefühl könnte Rachegedanken auslösen. So würde eine Büroleiterin einem unfähigen Angestellten nicht einfach kündigen; er müsste vielmehr dazu gebracht werden, von selbst zu gehen und könnte so sein „Gesicht wahren". Für westliches Verständnis scheinen derartige Umgangsformen einer „gesunden" Nationalökonomie natürlich spürbar im Weg zu stehen.

Ähnlich groß ist der Einfluss der Korruption. In einem Staat, der weder Kindergeld noch Altersrente garantiert, wo Arbeitslosigkeit und Kampf ums Überleben für Millionen der Normalzustand ist, interessiert sich der Einzelne kaum für ein abstraktes Gemeinwohl. Sozialer Rückhalt, das ist die Familie, auf sie bleibt er zeitlebens angewiesen. Ihr gilt alle Loyalität, und je einflussreicher die Stellung, desto stärker wird der Druck, die Verwandten zu unterstützen. Die resultierende Korruption wird somit von der Öffentlichkeit geduldet, ja, bis zu einem gewissen Grad sogar erwartet. Über die Familie, über den Freundeskreis versucht man, ein System von Gefälligkeiten und Dankbarkeiten aufzubauen, das in Notzeiten verlässlich ist.

Das geltende Prinzip von *Utang na loob* („Schuld im Innersten"), die zwingende Verpflichtung zu Dankbarkeit und Wiedergutmachung, ist so tief in der philippinischen Kultur verankert, dass man es als elftes – oder besser – als allererstes Gebot bezeichnen könnte. *Utang na loob* ist der soziale Kitt, der die Menschen aneinanderbindet. Eigentlich ist es ihm zu verdanken, dass Wirtschaft und Verwaltung überhaupt funktionieren. Es leuchtet ein, dass somit auch „Korruption" ganz anders verstanden werden muss als in der westlichen Vorstellung von Rechtschaffenheit.

Der starke Familiensinn der Filipinos bringt besonders bei armen Leuten das Verlangen mit sich, möglichst viele Kinder zu haben – eine Logik, die oft von Fremden, Touristen wie Entwicklungshelfern, missverstanden wird. Das

Foto: Hernan Lumano (iStockphoto)

Aufziehen eines Kindes ergibt in den Philippinen ungefähr denselben Sinn wie für einen Europäer der Beitrag zur Rentenversicherung. Je mehr Kinder großgezogen werden können, desto gesicherter ist das Alter, das immerhin bei drei Viertel der Filipinos von Armut und Abhängigkeit geprägt ist. Ein Kind ist wie ein Los in der Lotterie des Schicksals, je mehr Lose, um so größer die Chancen. Eine Tochter heiratet vielleicht einen reichen Mann, ein Sohn wird hoffentlich Polizist. Ganz oben auf der Wunschliste für den Nachwuchs steht der Auslandsjob. Da finden Argumente für Geburtenkontrolle und Umweltschutz natürlich wenig Gehör. Die Sorge um das Wohl der Nation oder gleich der ganzen Menschheit ist für einen, der ums tägliche Überleben kämpft, Luxus.

Oben: Stierkampf ohne Waffen – etwas für harte Männer (beim Rodeo in Musuan). Rechts: Im Sonntagsstaat bei einem Fest.

„Typisch philippinisch"

William Howard Taft, erster US-Gouverneur der Philippinen, hatte die „kleinen, braunen Brüder" als humorvoll, höflich, tapfer und großzügig beschrieben. Andere ausländische „Experten" halten Tafts Beurteilung eher für zu wohlwollend, übersehen aber dabei, dass solche Urteile ohnehin westlichen Maßstäben unterliegen. Wer sich ernsthaft mit der philippinischen Mentalität auseinandersetzt, wird feststellen, dass sich positive und negative Bewertungen wie die beiden Seiten einer Münze verhalten.

Filipinos sind eher fatalistisch eingestellt. Sie sind unglaublich geduldig und neigen selbst bei schwerem Unglück zu erstaunlichem Gleichmut. Die Schattenseite des *Bahala-na*-Denkens (Gott wird's schon richten) kann ein Mangel an Initiative sein; und die Geduld geht zuweilen in Untätigkeit über.

Filipinos zeigen eine Feinfühligkeit und Höflichkeit des Herzens, die ihresgleichen sucht. Nur ist es mitunter von

Höflichkeit zu Unehrlichkeit nicht weit. Eindeutig negative Antworten gehören sich nicht; eine Wahrheit, die verletzen könnte, wird deshalb lieber verschwiegen. Ähnlich kann die hohe Selbstachtung der Filipinos in übertrieben anmutende Empfindlichkeit umschlagen, die oft von Gedanken nach Vergeltung begleitet wird. Häufig erscheinen Filipinos als schlechte Verlierer. Späße mögen sie zwar gern, aber nicht auf eigene Kosten.

Philippinenreisende wundern sich oft, wie selbst arme Leute es schaffen, sauber und relativ gut gekleidet aufzutreten. Die gewissenhafte Körperpflege, auch als Vorsorge gegen Ungeziefer und Krankheiten ernst genommen, ist Teil der Selbstachtung, kann aber leicht in Eitelkeit ausarten.

Alter und Autorität verlangen generell Respekt. Während die Achtung vor alten Menschen beispielhaft eingehalten wird, wirkt der Respekt vor Vorgesetzten rein formell und äußerlich. Denn außerhalb der Hierarchiestrukturen neigt man eher dazu, sich gehenzulassen. Deswegen wird den Filipinos oft vorgeworfen, moralische Prinzipien nicht verinnerlicht zu haben. Fremde schütteln meist den Kopf über offensichtlich tief religiöse Kriminelle oder ehrbare Familienväter, die Haus und Hof beim Hahnenkampf verwetten – ein Widerspruch, der sich durch den Unterschied zwischen Form und Inhalt, zwischen Schein und Sein erklärt.

Filipinos sind das Gegenteil von stur. Sie ändern nicht selten ihre Meinung, besonders die über Mitmenschen, und werden deshalb häufig als unbeständig kritisiert. Vorzugsweise sitzt man auf politischen und anderen Zäunen, um erst einmal festzustellen, woher der Wind weht. Ein von der eigenen Zielstrebigkeit überzeugter Ausländer, der klare Verhältnisse liebt, hat es mitunter schwer, gleichgeartete Freundschaften aufzubauen.

Nun sollte man bei der Beurteilung dieser und anderer „typisch philippinischer" Eigenschaften, die wie überall

Foto: Eckhardt Kiwitt

die Ausnahmen von der Regel beinhalten, berücksichtigen, dass sie sich im Lauf von Jahrtausenden entwickelt haben. Einleuchtend ist auch, dass sich Menschen einer Tropenregion mit dauerndem Wechsel von scheinbar paradiesisch einfachem Leben und oft fürchterlichen Naturkatastrophen mentale Flexibilität angeeignet haben.

Um so mehr überrascht es dann, wenn Ausländer nach vielen Jahren in den Philippinen von Land und Leuten nur wenig Gutes zu berichten wissen. Was das Leben dort tatsächlich bietet, merkt der westliche Besucher oft erst, wenn er wieder zu Hause ist – im industrialisierten Westen, wo trotz oder wegen des Wohlstands die Angst vor Tod und Gefahren aller Art das Dasein bestimmt.

In den Philippinen steht die Freude am Leben im Vordergrund. Und der ehrliche Reisende wird – von seiner materiellen Sicherheit einmal abgesehen – eingestehen müssen, im Land der freundlichen Filipinos viel dazulernen zu können.

Foto: Albrecht G. Schaefer

Die Minderheiten

Um jede der etwa 60 als „Minderheiten" bekannten Ethnien vorstellen zu können, fehlt hier der Platz. Auf einige philippinische Völker, wie die muslimischen Gruppen, wurde schon im Reiseteil eingegangen. So scheint es eher angebracht, anhand von Beispielen die Situation der Nachfahren der vorkolonialen Filipinos zu beschreiben.

Indios waren die Insulaner für die Spanier fast 400 Jahre lang. Wenn auch nicht mit der straffen, brutalen Systematik wie in Lateinamerika, verfuhren die Kolonialherren doch ebenso nach dem bewährten Prinzip „Teile und herrsche". Wodurch sich auf den *Islas Filipinas* eine sowohl politisch wie kulturell wirksame Hierarchie ergab, die die eigentlichen Ureinwohner nach *Peninsulares* (die in Europa geborenen Spanier), *Insulares*

Oben: Immer noch leben die Ati („Negritos") vorwiegend in und mit der Natur.

(auf den Inseln geborene Spanier) und *Mestizos* (Mischlinge) als *Indios* ganz unten ansiedelte. Die Grundmuster dieser sozialpolitischen Leiter sind erhalten geblieben. „Kulturelle Minderheiten" oder „Stammes-Filipinos" nennen die Nachkommen der christianisierten *Indios* bürokratisch-euphemistisch nun die rund sechs Millionen Landsleute, an denen die koloniale Vermischung vorübergegangen ist. Obwohl die „Minderheiten" kulturhistorisch gesehen die Ahnen eines Großteils der heutigen Bevölkerung sind, werden sie mitunter offener Diskriminierung ausgesetzt. Zu groß sind technologische und – zumindest äußerlich – kulturelle Unterschiede, die die „zivilisierten" von den „heidnischen" Filipinos trennen. Was weltweit in vielen ehemaligen Kolonialländern vorgeht, belastet auch in den Philippinen das Zusammenleben der Bevölkerungsgruppen: postkolonialistische Ignoranz auf seiten der „zivilisierten" Mehrheit, die sich das von den spanischen Mönchen überlieferte „Vorrecht der Christianisierten" zu eigen macht, sich eher mit den Idealen nordamerikanischer Wildwest-Pioniere als mit ihren malaiischen Wurzeln identifiziert und die „Stämme" immer mehr verdrängt. Auf den Weltkarten internationaler Menschenrechts- und Naturschutzgruppen sind seit geraumer Zeit auch die Philippinen markiert.

Hin und wieder hat auch die Weltpresse Grund, sich mit den philippinischen Ethnien zu beschäftigen. Anfang der 80er Jahre gerieten die Kalinga im nördlichen Luzon in arge Bedrängnis, als das Staudammprojekt am Chico River ihr Land, außer Lebensgrundlage auch geheiligter Boden der Ahnen, einzuschränken drohte. Nach dem Sturz von Marcos sorgten die bis dahin hermetisch abgeriegelten „Steinzeitmenschen", die Tasaday aus Südmindanao, für Schlagzeilen. Besonders dramatisch machten die Ausbrüche des Pinatubo das Elend der um und auf dem Vulkan lebenden Aëta bekannt.

Viele der rund 60 ethno-linguistischen Gruppen und Untergruppen leben ständig im Kreuzfeuer zwischen Rebellen und Soldaten. Im Zuge der *search-and-destroy*-Aktionen des Militärs werden sie vertrieben und drangsaliert. Haben sie das Pech, im Regenwald und über Bodenschätzen zu siedeln, so sind sie die ersten, die für Gold, Kupfer oder Edelholz bezahlen – mit dem Verlust ihrer Heimat, oft genug mit dem Leben. Den Verlockungen der modernen Welt können auch viele der *tribal Filipinos* nicht widerstehen und lassen sich mit windigen Verträgen ihr Land abhandeln. Als Aushängeschild nationaler Vielfalt sind sie in der Tourismuswerbung allemal willkommen. Hotel- und Resortmanager bauen gerne eine *Cultural Show* in die Unterhaltung ein.

Beispielhaft für die Diskrepanz zwischen kulturgeschichtlichem Anspruch und Realität hinsichtlich der Minderheitensituation ist das *Ati-Atihan-Festival* auf Panay. Das berühmte Spektakel von Kalibo wäre nichts ohne die alteingesessenen Negritos, die jeder Teilnehmer nachahmen will. Die wirklichen Ati aber torkeln entwurzelt, betrunken und bettelnd umher.

Noch etwa 15 000 „reinrassige" Negritos leben auf den verschiedenen Inseln, sie gelten allgemein als die älteste Bevölkerungsgruppe Südostasiens und sind in den Philippinen zahlenmäßig am stärksten vertreten. Durch Vermischung mit nicht-negroiden Völkern gibt es schätzungsweise im ganzen Land rund 100 000 Negritos. Zur Herkunft der kleinwüchsigen (nicht größer als 1,50 m), kraushaarigen und dunkel- bis schwarzhäutigen „Menschen" – nichts anderes bedeuten die Eigenbezeichnungen *Ati, Atta, Agta, Alta, Ita, Aëta* der einzelnen Gruppen – gibt es keine eindeutigen Beweise. Immerhin haben Anthropologen eine mögliche Verwandtschaft mit Neuguineas Papuas, Ähnlichkeiten mit den Aborigines in Australien und mit den Weddiden der indischen Region feststellen können. Die Verbindung zu afrikanischen Pygmäen ist widerlegt. Außer den Dumagat, die als Fischer an den Küsten von Nord- und Zentralluzon leben, haben sich alle Negritos wegen des Drucks durch die übrige Bevölkerung in die Wälder im Inneren der Inseln zurückgezogen. Eine homogene Ethnie sind sie nicht, ihre Sprachen den jeweils benachbarten Bevölkerungsgruppen angepasst. Dort, wo die Ureinwohner noch traditionell als Halbnomaden durch die Wälder streifen, von der Pfeil- und Bogenjagd und vom Sammeln wilder Früchte leben können, ist ihre Welt noch einigermaßen in Ordnung. Sie bauen sich einfache Windschirme und tragen Kleidung aus Rindenfilz. Ihre Religion konzentriert sich auf die Geister der umgebenden Natur, denen auch verschiedentlich ein Schöpfergott vorsteht. Die meisten Negrito-Gruppen hingegen haben sich mit den christlichen Nachbarn arrangiert, leben als Reis- und Gemüsebauern, arbeiten als Hilfsarbeiter und Haushaltshilfen. Als Exoten im eigenen Land, mit einer bei

Foto: Dario Novellino (NPL, Arco Images)

„modernen" Filipinos nicht sonderlich beliebten Hautfarbe, sind sie vom steigenden Bevölkerungsdruck besonders betroffen.

Die etwa 75 000 Mangyan von Mindoro konnten sich schon eher als Volk behaupten. Allerdings unterscheiden sich die acht Gruppen (Iraya, Alangan, Tadyawan, Nauhan, Pula, Batangan, Buhid, Hanu-nó-o) sehr. Während die etwa 14 000 Hanunó-o – die „wahren" Mangyan, wie sie sich in ihrer Sprache bezeichnen – im Inselsüden Töpferei, Weben, Stickerei, Flechtwerk zu hohem Niveau entwickelt haben und ihre vormals auch in anderen Landesteilen verbreitete Zeichenschrift verwenden, leben die nördlicheren Alangan noch in fast steinzeitlichen Verhältnissen und ziehen als Jäger und Sammler in den Wäldern des Mount Halcon umher.

Ab 1971 galten die Philippinen als das südostasiatische Land, in dem die

Oben: Dem Untergang geweiht – die zu den Negritos zählenden Batak auf Palawan. Rechts: T'boli-Mädchen in Südcotabato.

letzten echten Steinzeitmenschen unbehelligt leben konnten. Die Tasaday aus der Mindanao-Provinz Süd-Cotabato, rund zwei Dutzend Männer, Frauen und Kinder, allesamt in Blattschurze gekleidet, sich nur von Pflanzen, Fischen, Fröschen, Flusskrebsen und anderem Kleingetier ernährend – so waren sie in die Lehrbücher der Welt eingegangen. Dort blieben sie ebenso unangetastet wie – so schien es – in ihrem streng bewachten Höhlengebiet. Bis zum Frühjahr 1986, als einige Journalisten und Ethnologen glaubten, einen raffinierten Schwindel aufgedeckt zu haben, den Manuel „Manda" Elizalde, inzwischen verstorbener Ex-Direktor der staatlichen Minderheiten-Schutzorganisation PANAMIN (Presidential Assistant on National Minorities) und selbsternannter Beschützer der Tasaday eingefädelt haben soll. Die Vorwürfe gipfelten darin, dass die „Entdeckten" schon lange nicht mehr völlig isoliert waren, dass „Manda" sie zum Beibehalten der „Primitivität" bestochen und gezwungen habe. Motiv für den „Steinzeit-Schwindel" seien

Foto: Albrecht G. Schaefer

unter anderem Publizitätssucht und Erschleichung von Staats- und Spendengeldern gewesen. Bei der offiziellen Anhörung im „Fall Tasaday" wurden potentielle Zeugen der Schwindeltheorie bedroht, mit Geld und in mindestens einem Fall durch Tod zum Schweigen gebracht.

Elizalde, auch nach Flucht ins Ausland noch Mitglied eines mächtigen Industriellen-Klans, kämpfte um sein „Lebenswerk" und seinen Ruf. Seinen Gegnern, wie den Anthropologen der University of the Philippines, warf er seinerseits Profilierungssucht vor. Dass sie eine unschuldige Minderheitengruppe verspotten wollten, die dem Land zu weltweiter Aufmerksamkeit verholfen hätte. Die nationale Ehre stand plötzlich auf dem Spiel. Ende 1987 war die Affäre einstweilen abgeschlossen. Laut offizieller philippinischer Verlautbarung seien die Tasaday die wahrscheinlich letzte menschliche Gruppe, die seit Jahrhunderten auf Steinzeitniveau lebte. Jedenfalls zum Zeitpunkt ihres Bekanntwerdens. International renommierte Wissenschaftler, viele von ihnen hatten sich schon 1971 schnell für Elizaldes Version von den „edlen Wilden" begeistert, erklärten, dass die Tasaday wohl trotz rigoroser Abschirmung eine gewisse Akkulturation mit den weiter entwickelten Nachbarn wie T'boli und Manobo-Blit erfahren haben müssen.

Ein bitterer Geschmack bleibt zurück. Das weltweite Schmunzeln und Hohngelächter angesichts dieser „philippinischen Komödie" hat den Naturvölkern des Landes kaum genutzt. Zwar hat Cory Aquino die korrupte PANAMIN aufgelöst. Seitdem sind die Stammes-Filipinos den staatlichen Agenturen ONCC (Office for Northern Cultural Communities) und OSCC (Office for Southern Cultural Communities) anvertraut. Gleichzeitig sollen die Provinzvertreter des Office for Cultural Minorities and Muslim Affairs und das Department of Social Welfare and Development über die Belange der Ureinwohner wachen.

Ohne solch peinliches Nachspiel sind die Tau't Batu („Felsen-Menschen") aus Südpalawan bekannt geworden. 1978 wurde man auf die etwa 80 Sammler, Jäger und gelegentlichen Höhlenbewohner in der unzugänglichen Singnapan-Senke aufmerksam. Zwar stimmt es nicht ganz, dass an den Tau't Batu „rund 20 000 Jahre spurlos vorbeigegangen" sind. Es gab schon regen Kontakt zu den ethnisch verwandten Pala'wan, der sie aber nicht ihrer Identität beraubte. Um weniger harmlose Einflüsse auszuschließen, hat die Regierung ein 23 000 ha großes Gebiet in der Nähe des Mount Matalingajan zum Reservat erklärt. Was allerdings rücksichtslose Holzfäller nicht abhielt, auch in die den Tau't Batu schützenden Urwälder einzudringen.

Das stete Nachrücken von Einwanderern aus den Visayas ist bei den T'boli in Südcotabato/Mindanao auf Widerstand gestoßen. Mit Appellen wie „Kauft nicht das Land unserer Ahnen" wollen sie die Ilonggos und Bicolanos an die Werte erinnern, an denen eigentlich allen Filipinos gelegen sein muss. Doch diese sehen sich aufgrund christlicher „Zivilisation" als Lehrmeister in Sachen moderner Lebenswandel privilegiert. Unterstützt von Entwicklungsprogrammen, die, zum Teil aus dem Ausland finanziert, den Süden Mindanaos auf Vordermann bringen sollen, fühlen die Pioniere sich selbst auf anderer Leute Grund und Boden im Recht. In der Tat, für viele der 150 000 T'boli in Südcotabato scheint die nahe Zukunft nur zwei Möglichkeiten zum Überleben zu bieten: Entweder sie werden noch weiter ins Hinterland abgedrängt, oder sie lassen sich in den Fortschrittsprozess integrieren, der aber über kurz oder lang ihre eigene kulturelle Identität zerstören wird. Schon jetzt haben Ilonggo-Händler den Vertrieb der feinen, international geschätzten Webwaren der T'boli übernommen. Die mühsam hergestellten T'nalak-Textilien,

braune Stoffe aus Abaca-Fasern mit roten und beigen Mustern, gibt es mittlerweile in den Boutiquen des Westens zu kaufen, als Portemonnaies, Schuhe, Haarreifen und in modischer Verfremdung der traditionellen T'boli-Kleidung. Die am Lake Sebu tätige Santa Cruz Mission, mit deren Unterstützung die T'boli im Tourist Belt von Manila einen T'nalak-Shop zur Selbsthilfe betreiben, hat sich jedoch bei den ebenfalls katholischen Neusiedlern unbeliebt gemacht, weil sie für die Rechte der T'boli und gegen die „Entwicklung" der Region eintritt. Hinter diesen Fortschrittsplänen stecken mächtige Geldgeber. Der Dole-Fruchtkonzern braucht neues Land, weil der Weltmarkt nach mehr Obst verlangt. Lokale Verwaltungs- und Wirtschaftsstrategen sehen neue Chancen und wollen die bislang selbstversorgenden T'boli mit Krediten und Verdienstprognosen als Vertragspflanzer anlocken. Und seit Anfang der 90er Jahre in der Region Goldadern blinken, scheinen dem friedlichen Volk aufreibende Zeiten bevorzustehen.

Unbestreitbar ist mittlerweile auch in den Philippinen das Problembewusstsein hinsichtlich der Naturvölker gewachsen. Häufiger wird über die Ethnien und die Bedrohung ihres Lebensraumes berichtet, und die letztlich vielschichtigen kulturellen Hintergründe der Filipinos werden hin und wieder neu entdeckt.

Doch die Befürchtungen, damals anlässlich der Tasaday-Affäre von philippinischen Anthropologen geäußert, haben weltweit ihre Berechtigung: „Zuviel steht auf dem Spiel. Das Minderheitenproblem ist wie ein Mikrokosmos unserer Gesellschaft, wo nach wie vor der Demokratisierungsprozess der Macht geopfert wird." Wenn, wie in den Philippinen, die sogenannte Zivilisation die Zukunft ihrer Minderheiten in die Hand nimmt, besteht immer die Gefahr, dass sie sich nicht nur vergreift, sondern – wie im Fall der Tasaday – selbst vor der Steinzeit blamiert.

Rechts: Ein lebendes Fossil – der Pfeilschwanzkrebs wird von den Fischern Palawans noch heute gefangen.

Foto: Albrecht G. Schaefer

VERWUNDBARE NATURWUNDER

Die nachvollziehbare Geschichte des Lebens auf den Philippinen begann, soweit erforscht, im frühen Tertiär, wahrscheinlich im Eozän oder Oligozän. Zu jener Zeit, also vor 38-55 Millionen Jahren, dürfte der damals völlig anders geformte Archipel über eine Landbrücke nach Taiwan mit dem asiatischen Festland verbunden gewesen sein. Während diese Brücke schließlich im Meer versunken ist, sind in der tektonisch sehr aktiven Region neue Landverbindungen entstanden. Im Pliozän, vor 2-5 Millionen Jahren, muss Mindanao an Celebes gegrenzt haben, das wiederum mit den Molukken und Australien verbunden war. Palawan und die Calamian-Inseln waren Teil des alten Subkontinents *Wallacea*, der über Borneo und die großen Sunda-Inseln weit in den asiatischen Festlandsockel reichte.

Auch im Bereich der vorzeitlichen Philippinen kam es im Verlauf der Erdzeitalter ständig zu Veränderungen. Mal waren heutige Nachbarinseln über den Landweg zu erreichen, dann wieder trennten große Gewässer die Gebiete, die heute zusammenhängen. In frühen Zeiten menschlicher Besiedlung konnten zum Beispiel die Bewohner an der heutigen Bucht von Manila direkt zum nördlichen Golf von Lingayen paddeln, denn die jetzige Region Zambales war damals eine Insel. Angesichts der viel diskutierten globalen Klimaerwärmung ist es durchaus möglich, dass eine ähnliche Situation bald wieder eintreten könnte.

Derartige Zusammenhänge können die Wissenschaftler heute vornehmlich anhand der lebenden oder fossilen Fauna und Flora auf den Inseln nachvollziehen. Entsprechend den Landverbindungen und Migrationen finden sich auf den heutigen Philippinen australesische, celebische, borneische, javanische, malaiische, festlandasiatische, sogar himalayische Lebensformen in Pflanzen- und Tierwelt wieder. Dazu kommt ein großer Anteil an endemischen, also nur auf den Philippinen beheimateten Arten.

Die Pflanzenwelt

Von erstaunlicher Vielfalt ist die Flora. Weit über 10 000 Baum-, Strauch- und Farnspezies hat man gezählt, wovon 75 Prozent endemisch sind. Allein der primäre Urwald, der einst fast das ganze Land bedeckte, weist zwischen 2500 und 3000 Baumarten auf. An den Hängen eines Vulkans – wie des Banahaw mit noch sehr gut erhaltenem Dschungel – wachsen mehr verschiedene Baumspezies als in den gesamten USA. Hier gedeihen der gegen Insekten besonders widerstandsfähige Narra (*Pterocarpus indicus*), eine Art Mahagoni und der Nationalbaum des Landes, ebenso wie die begehrten Holzarten Molave (*Vitex paniflora*) und Apitong (*Dipterocarpus grandiflorus*). Brettwurzelriesen ragen in den Himmel, Lianen hängen herab, oft dick wie ein Menschenarm. Baumfarne entfalten sich un-

Oben: Narra, der Nationalbaum der Philippinen. Rechts: Auf Palawan lebt das Mouse Deer, der Zwerghirsch.

gehemmt, und Rattangewächse wehren sich mit langen Dornen. Oberhalb des üppigen Tropenbewuchses breiten sich in höheren Lagen Kiefernwälder, Eichen und Rhododendren aus. Die breite Pflanzenpalette wird noch farbiger durch über 900 Orchideenarten, viele erblühen in faszinierender Schönheit. Die „Königin der einheimischen Orchideen" ist Waling-Waling (*Vanda sanderiana*), als nationale Blume wird die kleinblütige, jasminartig duftende Sampaguita hoch geschätzt. Feuerakazie, Hibiskus, Frangipani und Bougainvillea liefern ebenfalls kräftige Farbtupfer im Landschaftsbild.

Für die Wirtschaft und als Lebensmittel bedeutende Nutzpflanzen sind natürlich Reis, Mais, Zuckerrohr, Abaca, Tabak, eine Fülle von Obstpflanzen wie Ananas, Mango, Durian, Rambutan, jede Menge Bananenarten, Kakao, Kaffee, Gummi und eine Vielzahl von Palmengewächsen, von denen die Kokospalme auf circa 10 Prozent der Landesfläche angebaut wird und durch ihre vielseitige Verwertung Millionen von Filipinos ernährt.

Die Tierwelt

In dem ungewöhnlich vielseitigen Biotop des Regenwaldes leben mindestens 230 Säugetierarten. Vor 200 000 Jahren haben sogar Mammut und Nashorn hier gelebt, jetzt fällt eher die Neigung zu Kleinformen auf. Das seltene Mouse Deer (*Pilandok*), eine der kleinsten Rotwildarten der Welt, kommt nur auf Palawan vor und erreicht gerade die Größe eines Hasen. Obwohl auch hasenflink, ist das Tier vom Aussterben bedroht, weil es seines Fleisches wegen überjagt wurde. Nicht viel besser es dem *Tamaraw* ergangen, einer Miniaturbüffelart, die in wenigen Exemplaren noch im Innern von Mindoro leben soll. Ebenfalls eine Rarität ist der höchstens 15 cm große Koboldmaki oder *Tarsius*, ein Halbäffchen, das angeblich noch auf Bohol, aber eher auf Süd-Mindanao

Foto: Albrecht G. Schaefer

zu finden ist. Wildschweine, Hirsche, Flughörnchen und mehrere Affenarten leben außerdem in den Wäldern. Hausschweine verschiedener Herkunft, die europäische Sau ebenso wie das asiatische Hängebauchschwein, wühlen sich in besiedelten Regionen durchs Leben. Pferde und Rinder gibt es reichlich, „des Farmers bester Freund" ist der *Karabao*, der behäbige Wasserbüffel.

Ausgesprochen groß ist der philippinische Adler geraten, der nur dem Namen nach – *Pithecophaga jefferyi* – und notfalls mangels anderer Leckerbissen Affen frisst. Auch er ist vom Aussterben bedroht. Im ganzen kennt man in den Philippinen weit über 500 Vogelarten, darunter den Nashornvogel, den Pfauenfasan, Papageien und viele See- und Wasservögel. Manche sind endemisch, andere kommen als Zugvögel aus Sibirien, China, ja sogar aus Alaska zu Besuch.

Bei den mehreren tausend Insektenarten gibt es ganz besonders imponierende Exemplare, wie die gewaltige, gut 30 cm lange Gespenstheuschrecke, das größte Insekt der Erde. Schmetterlinge mit abenteuerlichen Spannweiten flattern durch die Wälder, und auf dem Boden tummeln sich riesige Tausendfüßler und Würmer. Überall in den Philippinen bewegen sich Insekten. Moskitos, in zahlreichen Arten unterwegs und zum Teil Malariaüberträger, können selbst Großstädtern das Leben vermiesen. *Nik-nik*, eine winzige Sandfliege, hat es darauf abgesehen, gerade die schönsten Strände zum Blutsaugen aufzusuchen. Ebenso zahlreich und teilweise von höchst exotischer Gestalt sind die Spinnen, die von Meeresniveau bis zu den Gipfeln der Berge vorkommen. Unverwüstlich und seit Urzeiten auf der Erde sind die häufig fingerlangen *Ipis*, Schaben (Kakerlaken).

Mit weit über 200 Arten sind die Reptilien vertreten. Angefangen mit der kleinen Hauseidechse, die selbst in der vornehmsten Villa gern gesehen ist, über den lautstarken Gecko zur meterlangen Monitor-Echse. Das mächtige Krokodil, das man auf den Inseln voreilig für ausgestorben erklärt hatte, ist dann doch auf Palawan und Mindanao

Foto: Izanbar (Dreamstime)

wiederentdeckt worden. Außerdem werden mindestens 35 verschiedene Schlangengattungen gezählt, von der riesigen Python bis zum wurmartigen Winzling. Etwa 15 Arten, insbesondere die recht häufige Kobra, sind giftig – wie auch alle Seeschlangen.

Zur terrestrischen Biosphäre gesellt sich die maritime mit einer schier umwerfenden Artenvielfalt. 34 000 km^2 lebendiger Korallenriffe sind Teil der Inselwelt, dazu zahllose Sandbänke und Fischgründe. Dieses riesige Gebiet ist Lebensraum für rund 2000 Seefischarten aller Größen, einschließlich räuberischer Haie, Barrakudas und harmloser Walhaie. Nirgendwo in den Weltmeeren leben so viele Molluskenarten wie in den Philippinen, es sind mindestens 5000, möglicherweise über 10 000. Über 350 Arten von Korallen und Weichtieren ergänzen die Unterwasserfauna, außer gelegentlich sehr unangenehmen Quallen schwimmen Schildkröten in den Gewässern, ebenso wie Delfine, andere Wale und Seekühe.

Mensch und Umwelt

Das Dilemma von Fauna und Flora ist, dass sie sich die Inseln und Meere mit über 90 Millionen Menschen teilen müssen. Das ist zehnmal mehr als zur Jahrhundertwende, Tendenz stetig steigend. Schon damals und während der anschließenden US-Kolonialepoche hatte die Umwelt schwer gelitten. Doch die Wunden waren noch erträglich. Selbst bei Beginn der Unabhängigkeit konnte man das Land guten Gewissens als ökologisch gesund bezeichnen. Alljährlich entdeckten Wissenschaftler neue Tier- und Pflanzenarten. Und großflächig grünte der Urwald, der in den 1940er Jahren noch schätzungsweise mehr als die Hälfte der Landesfläche bedeckte. Dann aber ging es dem unschuldigen Wald mit aller Gier und Dollargläubigkeit an die Substanz. Natürlich war die Nachfrage aus dem Aus-

Oben: Wo viele Langstachel-Igelfische leben, sind die Korallenriffe noch intakt. Rechts: Traumhafte Unterwasserwelt – wie lange noch?

land groß, und die Abnehmer der wertvollen Tropenhölzer erhielten großzügig Exportlizenzen. Unter Marcos wurde gesägt auf Teufel komm raus; über den Verbleib der Einkünfte wird noch heute gerätselt. Nicht besser erging es den Wäldern unter Aquinos Verwaltung, deren scharfe Verbote es vom Papier nicht bis in die Köpfe der Verantwortlichen schaffften. Unter den nachfolgenden Regierungen konnte diese Entwicklung zwar gebremst werden, doch ist zwischen 1961 und 1985 über die Hälfte des Regenwalds verschwunden, und bis heute ging die Regenwaldfläche auf 10 Prozent.

Es wird zwar mittlerweile auch nachgepflanzt, ökotouristische Projekte zur Rettung von Wäldern und Mangroven sprießen, Politiker entdecken ihr Herz für den Naturschutz. Doch der tropische Regenwald braucht Jahrhunderte, um sich zu regenerieren. Ohne strengen Schutz werden künftig Verkarstung, Verwüstung, von Niederschlägen abgeschwemmte Berghänge und eine rapide steigende Zahl von Umweltflüchtlingen die Folgen sein; in zahlreichen Landesteilen sind sie schon eingetreten.

Extrem bedroht ist die Unterwasserwelt. Viele Korallenriffe sind von Dynamit bombardiert, von Chemie und Abwässern vergiftet. Es gibt tatsächlich schon Inselbewohner, die sich kaum noch von Fisch, sondern von Fertiggerichten ernähren oder – soweit Fisch erhältlich ist – ihn aus importierten Dosen löffeln müssen. Es ist billig, hierüber den Kopf zu schütteln und den Zeigefinger zu heben. Zwar geht ein Großteil des Raubbaus auf das Konto der Holzbarone und Fischereimagnaten. Riesige Areale wurden auch kahlgeschlagen, um Platz für Weideland oder Monokulturbetriebe zu schaffen. Doch oft zwingen nackte Not und beißender Hunger die Habenichtse zu ihrem zerstörerischen *Kaingin* (Brandrodung) oder Dynamit-Fischen. Wer vor kaputten Korallen oder qualmenden Dschungelresten steht, erkennt spätestens dann, dass die „Dritte

Foto: Andrey Arshinov (iStockphoto)

Welt" nicht die ideale Projektionsfläche für die Paradiesvorstellungen zivilisationsmüder Industrielandbewohner ist.

Einen Hoffnungsschimmer gibt es. In jüngster Zeit haben sich Bürgerinitiativen gegen den Raubbau an der Natur aufgelehnt. Auch die katholische Kirche hat die Zeichen der Zeit erkannt; von den Kanzeln werden hin und wieder „grüne" Appelle laut. Betreiber von Ferienresorts drängen auf umweltverträgliches Verhalten der Gäste.

Einige Priester haben bereits ihren mutigen Einsatz für die Wälder mit dem Leben bezahlt, denn die Holzlobby schlägt brutal zurück. Aber die Regierung scheint wie bisher im Konflikt zwischen Umwelt und Wirtschaft oft letzterer Priorität einzuräumen. Die Regierung will auf den Inseln Palawan und Mindanao den großflächigen Anbau von Ölpalmen vorantreiben und holt dafür auch malaysische Investoren ins Land. Das ist eine Katastrophe für die Regenwälder und das Leben der indigenen Bevölkerung. Umweltschützer fordern dringend ein Palmöl-Moratorium.

Foto: lincol (Shutterstock.com)

DIE FILIPINA

Zerrbild und Realität

Voller Gegensätze ist das Image der Filipina heutzutage. Einmal ist sie die schillernde Figur aus der Oberschicht: eine extravagante Imelda Marcos, die berühmte Hauptdarstellerin Lea Salonga im Musical *Miss Saigon*, und die beiden Präsidentinnen, die aristokratische Cory Aquino und die mit strenger Hand regierende und doch in Ungnade gefallene Gloria Macapagal-Arroyo.

Dann ist da aber das andere, viel diffusere Bild der Frau, die als Krankenschwester, Hausgehilfin, Katalogversandbraut, als Akteurin im Unterhaltungsmarkt, legal und zigtausendfach illegal im Ausland lebt. Die philippinische Auswanderin, zunächst nur als die typische USA-Krankenschwester bekannt, versucht nun den zu Hause so

Oben: Auf dem Carbon Market in Cebu City. Rechts: Tänzerinnen beim Panagbenga Festival in Baguio. Warten auf ein Sammeltaxi.

mageren Lebensunterhalt in Übersee zu sichern: in Hongkong, Japan, Australien, im Nahen Osten, in Europa. Sie befriedigt, zusammen mit ihren Kolleginnen aus der „Dritten Welt", verständliche und weniger normale Bedürfnisse der Industrienationen. Dort, wo Arbeitskraft teuer ist, wo aber auch die Männer über zuviel Emanzipation ihrer Frauen stöhnen.

„Für mich kommt nur eine Asiatin in Frage!", rechtfertigt der 60jährige Deutsche seine Heirat mit einer 20jährigen Filipina aus dem Katalogangebot. „Das sind noch richtige Frauen, sie sind treuer und haben eben das gewisse Etwas."

Was das auch immer sein mag, die Filipina ist zum weltweiten Klischee für „die sich aufopfernde, anspruchslose Ehefrau" geworden. In Hongkong und England ist sie die „Maid", ein Statussymbol, durch das sich die dortigen Frauen von der Hausarbeit frei- und als Zweitverdiener einsetzen können. Gern beschäftigt man sie auch, weil sie, oft genug mit guter Schul- oder Universitätsbildung, die ideale Nachhilfekraft

für den Nachwuchs abgibt. In Rom preist ein Politiker seine Filipina als devotes, katholisches Kindermädchen. In Saudi-Arabien passt die Dienerin aus Asien ausgezeichnet zum vornehmfeudalen Lebensstil.

So überrascht es nicht, dass in Europa, Japan, Australien und den USA gewitzte Agenturen seit den 1980er Jahren „exotische philippinische Traumfrauen" anbieten. Meist ging es um nichts anderes als den Handel mit „hospitality girls" und „Frauen auf Probe". Auf philippinischer Seite war und ist die Mitarbeit im modernen Menschenhandel alles andere als passiv. Oft von Frauen geleitet, werben Partnerbüros bei Stadt- und Provinzmädchen für die „Zukunft in Übersee". Für etliche Mädchen sind die Bars der Rotlichtviertel das Sprungbrett ins ausländische Ehebett. Auch Medien und Tourismusbehörden setzen das Bild von der rassig-lieblichen Filipina werbewirksam ein.

Doch dann regt man sich in den Philippinen über Nachrichten wie diese auf: „Filipinas in Hongkong, im Irak vergewaltigt! Philippinisches Mädchen in Tokio verhaftet bei Polizeirazzien! In Singapur hingerichtet! In die Prostitution gezwungen in Athen. In Amerika ermordet aufgefunden. Verzweifelt im Hunsrück-Dorf!" 1990 verbot Cory Aquino die Versandbraut-Agenturen, weiter ärgerte man sich aber über die japanische Regierung, die wohl zu nachsichtig mit der *Yakusa* umgehe. Sei es doch bekannt, dass diese Mafia Filipinas unter dem Vorwand von Heirat oder Folkloretournee in Japan zur Prostitution zwinge.

Gleichwohl, die Gratwanderung zwischen Auslandsglück und Ausbeutung ist verlockend in einem Land, wo eine hohe Arbeitslosigkeit herrscht und die Übersee-Filipinos einen guten Teil der Auslandsdevisen einbringen. Ganz besonders leidet die Nationalwürde, wenn man sich an den früheren Status der Frau erinnert: den Ehrenplatz in einer Gesellschaft, die sie heute in die Fremde zwingt.

Begonnen hat das Dilemma zweifellos mit der Kolonialisierung. Vor der

Foto: liwcool (Shutterstock.com)

Konquista konnte die Frau ihren eigenen Besitz verwalten, sich scheiden lassen, ihren Namen behalten. Auch in den vorspanischen Philippinen war es Brauch matrilinearer Gesellschaften, dass die Eheleute am Geburtsort der Frau lebten. Höchst bedeutend war die Vermittlerrolle der Frau zwischen der animistischen Gesellschaft und der Geisterwelt. Die meisten der *Babaylanes,* Schamanen und religiöse Führerpersönlichkeiten, waren Frauen. Dann ersetzte der spanische Mönch die *Babaylan,* und die stolze, freie Frau, von nun an „Filipina" genannt, musste, wie ein Eigentum des Mannes, dessen Namen tragen. Sie durfte nicht mehr selbständig Verträge abschließen oder wichtige Entscheidungen treffen. Die Kirche hatte eine Erwachsene zur Minderjährigen degradiert. Zwar ist seitdem auch dem Mann die Scheidung

Oben und rechts: Jahrhunderte hindurch haben sich philippinische Frauen der Kirche und der Familie untergeordnet. Heute machen sie sich auf zu einem neuen Selbstbewusstsein.

verboten; doch die Frau hat(te) stillschweigend seine Seitensprünge zu dulden, und wenn sie einmal die Initiative ergriff, dann traf sie die Strafe für Ehebruch viel härter als den untreuen Mann.

Im Süden der Philippinen, wo die islamische Religion dominiert, können die Frauen der alten Sultansgeschlechter von Maguindanao und Sulu auch heute noch ihren Besitz verwalten, ja sogar die politische Führung über die Familie übernehmen. Scheidung und Wiederheirat stehen beiden Geschlechtern offen – mit der Einschränkung, dass nur der Mann sich gleichzeitig mehrfach verehelichen kann.

Nachdem sie die philippinische Revolution abgewürgt hatten, lockerten die Amerikaner wenigstens die sozialen Fesseln der Filipina. Die Aufwertung des bislang von *Madre España* bestimmten Erziehungswesens brachte einen spürbaren Wandel. Viele Filipinas konnten in den Vereinigten Staaten studieren und waren auch bald an den Lehrer-, Rechts- und Medizinfakultäten der Philippinen zahlreicher als Männer vertreten.

Als 1936 das allgemeine Wahlrecht gewährt wurde, erkannten die philippinischen Frauen wiederum neue Chancen. Langsam waren sie, wie der Schriftsteller Sionil José es umschreibt, „von 300 Jahren Klosterschule in 50 Jahre Hollywood" übergewechselt. Generationen von Filipinas, unter US-amerikanischer Verwaltung und spanischem Kultureinfluss aufgewachsen, lernten, in zwei Welten gleichzeitig zwischen oft widersprüchlichen Wertsystemen zu leben. Einmal sehen sie sich – Relikt des Katholizismus – verehrt als Bildnis der lieblichen Jungfrau und folgsamen Tochter, die zur treuen Ehefrau und Mutter von meist nichtsnutzigen Männern heranwächst. Mit dem, was Feministinnen in Anlehnung an Rizals tragische Romanheldin das „Maria-Clara-Syndrom" nennen, erklären heute noch viele Prostituierte ihr Schicksal, an dem Armut, aber auch vorehelicher Geschlechtsverkehr schuld seien. Zum anderen aber hat dann die amerikanische Kultur – aufgesaugt durch Schule und verstärkt durch die Filmindustrie – ein anderes Wertsystem präsentiert: die Gleichberechtigung, die die Filipina vielleicht an die Realität heran-, aber aus der inneren Zwickmühle nicht herausgeführt hat.

Foto: Eckhard Kiwitt

Auf diesem langen Weg zur Selbstbehauptung, der der philippinischen Frau immerhin etwas von ihrer vorkolonialen Stellung wiedergab, fehlte es natürlich nie an Männern, die das neue Engagement der Filipina als „maskulin" abwerteten. Allerdings – der kulturelle Spielraum ist eng. So hat es die gebildete Frau, die nicht in der Ehe „begraben" sein will, erst vor kurzem geschafft, Familie und Karriere zu kombinieren. Weltweite Befreiungs- und Emanzipationsbewegungen, Pille, Massenmedien und Rezessionen, all das hat der Filipina ihre „Unschuld" erst wirklich genommen.

Nun drängt sie, wenn nicht zum Broterwerb ins Ausland, zu Hause in Medi-en, in Unternehmen und Bürgerinitiativen. In der Regierung zwar unterrepräsentiert, ist die Filipina doch schon in der Richterzunft, im Erziehungswesen, im Tourismusgeschäft, im Nationalkongress und im Auswärtigen Dienst stark vertreten, vom Gesundheitswesen ganz abgesehen. Gloria Macapagal-Arroyo geht als zweite Frau ins Präsidentenamt, als „Iron Lady" in die Landesgeschichte ein. Passé sind die Zeiten, als Journalistinnen nur die Klatschspalten beaufsichtigen durften, mittlerweile haben sie auch zahlenmäßig die männlichen Kollegen eingeholt.

Dann war da die Filipina als waffenstarrende Amazone im „nationalen Befreiungskampf" der kommunistischen Partei, die ebenso viele junge Frauen wie Männer rekrutieren konnte.

Heute sind es schon etliche Frauen, die an der Spitze verschiedener Organisationen gewaltlos für nationale Belange kämpfen: für Landreform, Geburtenkontrolle, Umweltschutz und für Frieden – in einem Land, das soziale Ungerechtigkeit und Rebellion spalten.

PHILIPPINISCHE KÜCHE

Wer in den Philippinen scharf gewürzte Delikatessen wie in Indonesien oder Thailand erwartet, wird zunächst enttäuscht sein. Aber schließlich is(s)t man in einem Land, wo sich auch die Küchenkultur nahtlos in die koloniale Mixtur einfügt, die das Leben noch heute prägt. Tatsächlich stellt die Filipino Cuisine eine Reise durch Geschichte und Geografie der Inseln dar. Die Zutaten der Malaien als Basis, durch regen Handel mit anderen Asiaten gewürzt, auf spanischem Feuer 300 Jahre gegart und fünf Jahrzehnte in amerikanischem Ketchup eingeweicht – das ist das heutige Menü von „Mang Pinoy".

Leider haben vom „Big Brother" eingeführte Hamburger, Weißbrot, Softdrinks, süßliche Spaghetti und müder Pulverkaffee die kulinarischen Ambitionen der Filipinos mancherorts verdrängt. Doch sie hervorzulocken, wird zum Gaumenabenteuer.

Es gilt, die *Lutong bahay*, die leckere Hausmannskost nach Großmutters Art aufzuspüren. Und die ist zuweilen für Reisende ohne Familienkontakt eher in den Städten als auf dem Land erhältlich. Schon die Supermärkte in Manila bieten eine Fülle von Gerichten aus verschiedenen Provinzen, denen allen, bis auf die der islamischen Regionen, *Baboy*, das Schweinefleisch gemeinsam ist. Hier dominiert *Lechon*: ein über dem Kokosschalenfeuer geröstetes Spanferkel, vorzugsweise mit Apfel im Maul, auf Bananenblättern knusprig und mit Lebersoße serviert. Kein Fest, ob Geburtstag oder Schulabschluss, ist komplett, wenn der uralte malayo-polynesische Leckerbissen *Lechon* fehlt.

Als eigentliches Nationalgericht gilt jedoch *Adobo*, womit mehr die Zubereitung als die Speise selbst bezeichnet wird. Schweine, Rind, Geflügel, Fisch oder Gemüse werden durch Dünsten und Braten mit Essig, Knoblauch, Zwiebeln und, je nach Region, mit Sojasoße oder Kokosmilch zu *Adobo*.

Gut sind auch *Inihaw*-Gerichte, gegrillte Fleisch- oder Fischspeisen, die in den Visayas *Sinugba* heißen. *Tapa*, luftgetrocknetes, gesalzenes Rindfleisch, das gebraten oder gegrillt mit Nipapalm-Essig *(suka)* gegessen wird, ist ebenfalls landesweit beliebt. Geschmorter Ochsenschwanz und Erdnusssoße sind Hauptzutaten für *Kare-kare*, eine Fleischspeise aus Luzon.

Die kleine Version der chinesischen Frühlingsrolle ist *Lumpia*. Die Teigrolle, in ansehnlicher Zahl serviert, wird überall auf den Inseln mit Fleisch und Gemüse gefüllt. Es gibt sie gebraten, aber gerade die frische Variante der Ilonggos ist ein Gedicht, wenn sie, mit Palmherzsplittern bestückt, in eine pikante Soße getunkt wird. Lange Nudeln bedeuten langes Leben, daher ist *Pansit*, auch ein chinesischer Beitrag, bei Geburtstagsessen ein Muss.

Ein weiteres Nationalgericht ist *Dinuguan*. Der Eintopf aus kleingehacktem Schweinefleisch und Innereien, mit Pfefferkörnern und in Schweineblut gekocht, ist beliebte Grundlage eines Umtrunks. Wer jetzt noch am exotischen Geschmack der Filipinos zweifelt, muss *Balút* probieren. Das knapp drei Wochen alte angebrütete Entenei gilt, einschließlich Augen und Knochen des Embryos, als Potenzmittel.

Fisch und Meeresfrüchte sind natürlich im Insellland Grundnahrungsmittel und fester Bestandteil eines guten Menüs. Gegrillt, gekocht, gebraten und als *Kinilaw* (auch *Kilawin*) – roh, in Knoblauch, Ingwer, Zwiebeln und Chili eingelegt – Fisch *(isdá)* ist untrennbarer Teil des philippinischen Lebens. *Lapu-lapu* (verschiedene Barscharten, benannt nach dem Häuptling, der Magellan tötete) wird als „First Class"-Fisch verehrt und gerne in einer „sweet and sour"-Soße angerichtet. *Tanguingue* (Spanische Makrele) schmeckt ebenso

Rechts: Lechon, am Drehspieß gegrilltes Spanferkel, ist die Lieblingsspeise fast aller nichtmuslimischer Filipinos.

Foto: Frolova_Elena [Shutterstock.com]

gut und eignet sich bestens als *kinilaw* (mariniert). *Bangus*, der „Milchfisch" aus den Seen, wird oft mit Gemüse und Kartoffeln gefüllt. Tintenfisch, *Pusít*, isst man auf vielfältige Art, auch in der eigenen Tinte. Krabben, Garnelen und Langusten gehören zu den exklusiven, teueren Tischgenüssen. Muscheln und Schnecken dagegen gibt es in jedem Fischerdorf, als Magenfüller der Armen, aber auch als Delikatesse guter Restaurants. Alles zusammen schwimmt in *Sinigang na isdá*, der philippinischen Version einer Bouillabaisse.

Lang ist die Liste der Regionalgerichte. Da gibt es verschiedene Soßen und Essigarten, Variationen der Suppen und bevorzugte Sorten von Reis, der bei keinem Hauptessen, auch nicht beim Frühstück, fehlen darf. Scharf ist *Bagoóng*, die rötliche Paste aus winzigen Fischen oder Garnelen, die auch gern zu grünen Mangos gegessen wird. *Keso putíh* heißt ein milder weißer Käse aus Büffelmilch. Süße Desserts aus Reis, Eiern, Süßkartoffel, *Búko* (junge Kokosnuss) und *Kassáwa* (Maniok) beenden das Mahl.

Edlen Importwein aus Australien, Europa und Kalifornien können sich nur wohlhabende Haushalte leisten. Ansonsten ist reines Wasser das Hauptgetränk. Süffiges Bier wie das weltbekannte „San Miguel" wird sehr viel getrunken. Auf dem Land schätzt man *Tubá*, vergorenen Saft aus den Fruchtständen der Kokospalme. Schnäpse aus Reis oder Palmen (*lambanóg*) und milder Rum runden die Alkoholika nach oben ab. Durstlöschend und gesund ist das Wasser der jungen Kokosnuss. Für Vitamin C sorgt der gepresste Saft der *Kalamánsi*, einer Limonenart. Noch fließen leider die meisten Fruchtsäfte aus Packung oder Dose und müssen mit billigen Softdrinks konkurrieren.

Tee gibt es nur im Beutel. Unmengen Kaffee werden geschlürft, allerdings oft nur in der Instant-Version. Gute Restaurants servieren neben Cappuccino zunehmend *barako*-Kaffee (Native Coffee) aus Liberica-Bohnen. Mit diesem besonders in Batangas beliebten „büffelstarken" dunklen Kaffee kann man sich auch an Marktständen aufmuntern.

FIESTA FILIPINA

Foto: Herman Lumanog (Dreamstime)

FIESTA FILIPINA

„Sie müssen unbedingt noch ein paar Tage bleiben, in unserem Ort ist Fiesta, bitte!" – dieser Einladung wird sich ein philippinischer Besucher kaum entziehen können. Höchstens mit der Entschuldigung, dass bei ihm zu Hause auch ein Fest gefeiert werde. Die Ausrede wäre nicht mal erfunden, denn in den Philippinen ist immer irgendwo Fiesta, mindestens eine täglich in irgendeinem Ort der vielen tausend Inseln.

Und auch der ausländische Reisende sollte die Gelegenheit nutzen, denn dieses Spektakel voller Lebensfreude, Gastfreundschaft, Farben und Ausgelassenheit wird er so schnell nicht wieder vergessen. Sei es beim *Ati-Atihan*-Festival in Kalibo, wo schwarz bemalte Gestalten in knallbunten Kostümen auf die Pauke hauen, oder beim *Sinulog*-Spaß, wenn Tanzgruppen im Stakkato der Trillerpfeifen in der Stadt Cebu herum wir-

Oben: Tanzparade der Kulturen (Aliwan Fiesta in Pasay City; alljährlich im April/Mai).

beln, oder wenn beim *Moriones-Fest* auf Marinduque grimmig dreinblickende Römersoldaten durch die Gassen jagen.

Der Dank für die vielen Feste gebührt eigentlich den Spaniern, denn Fiesta heißt fast immer Kirchweih. *Bajo las campanas* – „unter die Kirchenglocken!" – hatten die Mönche die *Indios* einmal im Jahr gerufen, um dem lokalen katholischen Schutzpatron mit Gebeten und Feiern Ehre zukommen zu lassen. Gleichwohl liegen den meisten Kirmes-Festen Anlässe und Orte aus längst vergessener „heidnischer" Zeit zugrunde. Mit dem Katholizismus kamen *Santo Niño,* das Jesuskind, und die ganzen anderen Heiligen auf die Inseln, und so sind sie – außer bei den Muslimen im Süden – allgegenwärtig. Besonders bei der Fiesta. Schon früh am Morgen strömen die Leute in die Kirche, um die himmlischen Wesen zu bitten, dass der anstehende Trubel und das kommende Jahr gesund überstanden werden.

Der wahrlich verwirrende Festkalender beginnt schon am ersten Tag des Jahres mit Blitz und Donner. Mit selbstgebauten Bambuskanonen schießen in der Provinz die Leute das alte Jahr hinaus und das neue hinein in ihr bescheidenes Leben. In den Städten feiert man *Bagong taon*, Neujahr, mit Feuerwerk und Hupenlärm. Die explosive Freude fordert ihren Tribut, allein in Manila beklagt man alljährlich etliche Hundert Sylvester-Verletzte. Mit anscheinend ungebrochener Energie geht es weiter am Dreikönigstag, der vor allem auf Marinduque sehr farbenprächtig ausfällt.

Am 9. Januar folgt die *Prozession des Schwarzen Nazareners* in Manilas Stadtteil Quiapo. Tausende von Männern paradieren dann mit der lebensgroßen Statue des *Nazareno* aus dem 17. Jh. durch die Straßen. Frauen dürfen dabei lediglich zusehen. Der Andrang ist ungeheuer, wird doch dem Berühren der Statue eine wundertätige Wirkung zugeschrieben. Dennoch brechen etliche Gläubige zwischendurch ohnmächtig zusammen, und Tote hat es im frömmelnden Gewühl auch schon einmal gegeben.

Ernte- und Opferfeste der Bergstämme folgen, und am dritten Wochenende des Monats kommt dann die ganz große Sause, wenn das *Ati-Atihan* auf Panay losbricht. Das Versöhnungsfest der eingewanderten Malaien aus Borneo mit den ansässigen Ati bekam mit der Zeit seine katholische Komponente, indem die Spanier das Jesuskind zum Abwehrzauber gegen die Muslimpiraten hochstilisierten. Doch noch immer mutet das drei Tage dauernde Ereignis wie ein buntes Stammesfest an. Es ist ein riesiger Tanz- und Maskenball, bei dem alle Hemmungen über Bord geworfen werden. „Puera pasma! Hala Bira! Viva Santo Niño!" Die Anfeuerungsrufe schallen durch die Kleinstadt Kalibo. Bis man erschöpft und mit schlaffen Trommelfellen dahinsinkt.

Eine Woche gar dröhnen die Trommeln des *Sinulog-Festivals* in Cebu, das etwa zur gleichen Zeit wie die Kalibo-Fiesta stattfindet. *Sinulog* heißt soviel wie „strömen", bezogen auf die Tanzbewegungen der Massen: zwei Schritte vor, einen zurück – damit die Fiesta nur nicht zu früh zu Ende ist.

Im Februar geben die Chinesen den Ton an. Das *Chinese New Year*, in Manila so pompös und laut gefeiert wie in Hongkong oder Schanghai, lässt alljährlich die Hotels der philippinischen Großstädte platzen, denn für die oft weit verstreut lebenden Chinesenfamilien ist es die Gelegenheit, sich in fleißig erarbeiteter Lebensfreude zu vereinen. Wobei die Filipinos natürlich nicht abseits stehen wollen.

Kleineren Feten folgt der *People's Power Day*, in Erinnerung an die monumentale Revolution von 22. bis 25. Februar 1986. Millionen von Menschen strömen weiterhin alljährlich auf Manilas Straßen, um das historische Geschehen nachzuvollziehen, das dem Diktator Marcos damals seine Wahlparty gründlich verdorben hatte.

Die *Semana Santa* oder *Holy Week*, die Karwoche, in der auch das besonders sehenswerte *Moriones-Fest* in Marindique stattfindet, ist das wichtigste Ereignis im Fiestazyklus, aber auch das mit besonders stark religiöser Orientierung. Landauf, landab wird im März oder April die fromme Inbrunst sichtbar. Alle weltlichen Aktivitäten, Flug- und sonstiger Transportverkehr eingeschlossen, kommen an den Ostertagen zum Erliegen. Auf religiösem Feld scheut man jedoch keine Mühe. Prozessionen, Zeremonien, Taufen, Geburtstage – in der *Semana Santa* hat alles übergeordnete Bedeutung und macht dreimal soviel Arbeit. Da geht's auch ans Eingemachte, zumindest bei denjenigen, die meinen, sich mit Stacheldraht-und Rasierklingenpeitschen die Sünden aus dem Körper herausgeißeln zu müssen. Oder bei den Tapferen in San Fernando/Pampanga, die sich sogar ans Kreuz nageln lassen.

Die Nachahmung historischer Ereignisse findet großen Anklang. So auf der kleinen Insel Limasawa im Süden von

Leyte, wo die Landung Magellans in einer bunten Fiesta am 31. März wiederholt wird.

Der 9. April ist der *Araw ng Kagitingan*, Tag der Tapferkeit, an dem die letztlich vergebliche Verteidigung der Halbinsel Bataan durch amerikanische und philippinische Truppen gewürdigt wird. Die Überlebenden dieses Gemetzels haben sicher Grund zum Feiern, ansonsten ist der Gedenktag eher Anlass für große Worte über Ehre und Freiheit. Im April wird auch des Jeepneys gedacht, jenes stinkenden, unbequemen Vehikels, das aus dem Schutt des Krieges geboren und in zigfacher, jeweils modernisierter Auflage über philippinische Straßen holpert. Wie oft wurde ihm schon das Aus prophezeit, und doch gewinnt alle Jahre wieder der am schönsten bemalte und mit der kräftigsten Stereoanlage ausgestattete Jeepney den Titel „King of the Road".

König im Mai ist der *Karabao*. Auf vielen Provinzfiestas wird die Nützlichkeit des Wasserbüffels gewürdigt. In San Joaquin auf Panay durften die stämmigen Tiere ja schon im Januar um die Ehre ihrer Zunft gegeneinander kämpfen, während in Pulilan in der Luzonprovinz Bulacan auch der am miserabelsten aussehende *Kalabaw* mit einem Preis belegt wird. Sein Besitzer erhält eine Peitsche mit der Aufforderung, diese doch kräftig an sich selbst zu betätigen.

Überhaupt ist der Mai der Fiestamonat, wobei vielfach der Charakter des Erntedankfestes unverkennbar ist. Wenn es unerträglich heiß wird und die Felder in Erwartung baldigen Regens bestellt sind – welche Jahreszeit wäre da besser zum Feiern geeignet? Gleichzeitig blühen im Mai besonders viele Blumen, was vier Wochen lang Gelegenheit zu *Flores de Mayo* oder *Santacruzan*, einer sanftmütigen, ästhetischen Dauerfiesta gibt. Festlich gewandete kleine Mädchen bringen er

Jungfrau Maria täglich in den Kirchen frische Blumen dar, und zum Monatsende steigt mit Prozessionen und Paraden noch einmal das ganz große Maienfest. Im Mai sind auch die meisten Pilgerfahrten angesagt. Im ganzen Land wartet dann an irgendeinem pittoresken Punkt, auf einem Berg, in einer Naturhöhle und überall dort, wo einst Wunderbares geschehen sein soll, eine Wallfahrtsstätte auf Scharen von Gläubigen. Die Schutzheilige der Philippinen ist die heilige Maria, es ist ihr Monat, und Millionen holen sich ihren Segen – praktischerweise während der landesweiten Schulferien. Nicht immer sind Heilige der Anlass der Fiesta. Da lässt man im Mai in Cagayan de Oro auf Mindanao die Drachen steigen und in Pavia bei Iloilo auf Panay die Wasserbüffel rasen. In Obando in Zentral-Luzon tanzen Unverheiratete und Kinderlose drei Tage lang auf den Straßen, auf Ehering und zahlreichen Nachwuchs hoffend. Und überall streitet die holde Weiblichkeit jeden Alters um den Titel der Schönheitskönigin, ein Rang, der so mancher Filipina die Tür zu gesellschaftlichem Erfolg öffnet.

Am 12. Juni wird mit Pomp und Militärparaden der *Unabhängigkeitstag* gefeiert. Schon kurz darauf geht es wieder um profanere Dinge. Wie in Balayan in der Luzonprovinz Batangas, wo die *Parada ng Lechon* anlässlich des Johannistages den Besuchern das Wasser im Munde zusammenlaufen lässt. Viele Spanferkel werden dann durch den Ort getragen – allerdings mit Stacheldraht geschützt, um freche Nascher fernzuhalten.

Im Juli, nach Beginn der Regenzeit, finden in Luzon in Bocaue, Bulacan und Manilas Vorort Pateros große Flussprozessionen statt. Mitten im taifundurchbrausten September steigt in Naga in Süd-Luzon die berühmte Flussparade anlässlich des *Peñafrancia-Festivals*. Zwar ist 1972 dabei eine Brücke zusammengebrochen und hat 138 Zuschauer unter sich begraben, doch

Rechts: Frauen tanzen beim Kokosnuss-Fest in San Pablo City, Laguna.

Foto: Rey Boñaza (Shutterstock.com)

so etwas kann das Fiestafeuer der Bicolaños nicht auslöschen. Jedes Jahr feiert man aufs neue, und dann wird es noch prächtiger.

Schließlich ist es erklärtes Ziel eines jeden Bürgermeisters und Bewohners – von der Hauptstadt bis ins kleinste Inseldorf –, die nächste Fiesta mit neuen Superlativen zu begehen. Phonstarke Elektronik strapaziert natürlich jedesmal die Gehörnerven der Festgemeinschaft ungemein. Doch je lauter, desto besser, zumal dann auch die weit abgelegenen Siedlungen wissen, was die Uhr geschlagen hat. Wer also der stillen Erholung wegen die Philippinen besucht, sollte sich im Fiestakalender lieber die Pausen markieren. Aber wie gesagt, viele sind es nicht.

Im Oktober haben Zamboanga auf Mindanao und Bacolod auf Negros Festliches zu bieten. In der „Stadt der Blumen" segeln Badjao-Vintas beim *Zamboanga-Hermosa-Festival* um die Wette, und außer *Nuestra Señora del Pilar* werden die schönsten Zamboangeñas geehrt. In der Hauptstadt des phil-

ippinischen Zuckers lächeln die Masken beim *MassKara-Fest*.

Während an *Allerheiligen* die Friedhöfe überfüllt sind und Ende November die Igorot in Baguio in Nord-Luzon die Hauptattraktion vom *Grand Canao* stellen, dudeln schon Weihnachtslieder über die Inseln. Knallfrösche hüpfen durch den Dezember, bis sie in der Heiligen Nacht mit ohrenbetäubendem Lärm *Pasko*, Weihnachten, das Fest der Feste, ankündigen.

Die philippinischen Feste haben auch eine Erholungs- und Ventilfunktion, und auch der Kommerz kommt nicht zu kurz. Um so gewagter muten die Versuche einiger Politiker der vergangenen Jahre an, die über Verschwendung und Unmoral klagten, ja sogar so manche Fiesta abschaffen, die Wettlust und den Hahnenkampf sowieso verbieten wollten. Ihre Ideen verpufften schneller, als sich die Rauchschwaden der Knallkörper verziehen können. Darin sind sich die Filipinos einig: Wer ihnen die Fiestafreude nimmt, der erlebt eine wirkliche Revolution!

41

LANDESKUNDE

Idylle palmenumsäumter Inseln, blitzsaubere Strände an türkisblauem Wasser und wütende Vulkane, alljährlich tobende Taifune. Fruchtbare Reislandschaften, üppige, undurchdringliche Urwälder und kloakenartige Flüsse; kahle, verbrannte Berghänge. Farbenprächtige Fiestas in ländlicher Harmonie und Dunstschwaden aus Industrieschloten. Ureinwohner in fast steinzeitlichen Lebensbedingungen und Asphaltdschungel mit Hochhausschluchten. Blendender Wohlstand einiger Reicher und massenhafter Zustrom in Elendsquartiere – all das existiert nebeneinander in den Philippinen.

Als „Land der Gegensätze" ist so manche Region der Erde ausgewiesen. In Südostasien können dieses Etikett die Philippinen in mehrfacher Hinsicht beanspruchen: Schon die geopolitische Zusammensetzung – tausende Inseln, 13 Regionen, 81 Provinzen in einem Staatsgebilde – stellt gewisse Anforderungen an die Vorstellungskraft von Besuchern, die aus einem relativ überschaubaren Kontinent anreisen. Diese enorme geografische Zerstückelung hat einen nicht zu unterschätzenden Einfluss auf die Geschichte, Kultur, nationale Identität und politische Entwicklung der Philippinen.

Der Landesname spiegelt das aus langer Abhängigkeit resultierende Dilemma der nationalen Identität wider: Selbst nach über 300 Jahren Kolonialisierung durch Spanien, dessen König Philipp II. den fernen Archipel im 16. Jh. zum christlichen Bollwerk in Asien bestimmte, hält das Land weiterhin an der Bezeichnung fest, die einst das Eigentum einer fremden Macht kennzeichnete. Immerhin, spätestens seit die People's-Power-Revolution von 1986 die Leute animierte, T-Shirts mit

Links: Die Kirche von Cagsawa (Südost-Luzon), zerstört 1814 vom Vulkan Mayon.

der Aufschrift „I am proud to be Filipino" zu tragen, hat ein neues Selbstbewusstsein „Philipps Inseln" ergriffen. So soll es im vorliegenden Buch gestattet sein, schon die vorspanische Bevölkerung als *Filipinos* und *Filipinas* zu bezeichnen.

Eine andere, nicht weniger ehrgeizige Weltmacht drückte dem Inselreich nach dem Zerfall des spanischen Imperiums noch einmal den kolonialen Stempel auf: 50 Jahre amerikanischer Herrschaft haben unter dem Zeichen des Fortschritts tiefe Spuren hinterlassen, die sich in dem kulturellen Schmelztiegel heute nachhaltiger auswirken als das spanische Erbe. Diese zur Schau getragene westliche Komponente der Inseln im Fernen Osten macht sie für Besucher aus Europa, Amerika oder Australien attraktiv und trügerisch zugleich. Man meint zunächst, bekanntes Terrain zu betreten. Verglichen mit den fernöstlichen Nachbarländern können die Philippinen die Berührungsängste des Asien-Reisenden tatsächlich mindern. Denn fast überall spricht man leidlich bis gut amerikanisches Englisch, die Küche hält einen beachtlichen Anteil an westlichen Gerichten parat, die Mehrheit der Bevölkerung bekennt sich zum Christentum, und die Tatsache, dass hier rechts gefahren wird, erleichtert die Orientierung ebenfalls. Und dennoch – die malaiischen ethnischen Wurzeln sind in den Philippinen keineswegs abgestorben.

Tagalog, das Idiom der Tagalen von Zentral-Luzon, der Region um Manila, ist 1937 zur Nationalsprache bestimmt worden. Nicht ohne den Protest anderer großer linguistischer Gruppen wie *Cebuano* und *Hiligaynon*, zwei von landesweit über 170 Dialekten und Sprachen. So hat man das Tagalog, angereichert mit dem Vokabular mehrerer Regionen, 1973 offiziell *Filipino* oder *Pilipino* getauft. Weiterhin beherrscht jedoch ein gewisser sprachlicher Lokalpatriotismus die Verständigung in einem Land, wo die Einheimischen im Lauf der Zeit außer indischen und arabischen Worten

Foto: Robert Hölbel

sogar persische Einflüsse sowie chinesisches, spanisches und schließlich englisches Vokabular aufgenommen haben. Die lokalen Sprachen haben den Status von „ergänzenden" offiziellen Sprachen. Auf dem schwierigen Weg zur nationalen Einheit kommt das Sprechen von Pilipino deshalb nur langsam in Mode.

Zur katholischen Kirche bekennen sich etwa 80 Prozent der Filipinos. Rund 90 Prozent der über 104 Millionen Menschen zählenden Bevölkerung (2017) sind dem Taufschein nach Christen. Etwa 2 Prozent gehören zur *Iglesia Filipina Independiente* (Unabhängige Kirche der Philippinen, *Aglipayon*, 1902 als nationalistische Abspaltung der Katholiken entstanden); 2,3 Prozent zur *Iglesia ni Kristo*, einer dem amerikanischen Protestantismus ähnelnden, wohlhabenden Glaubensgemeinschaft.

Oben: Lange wehrten sich die Völker Nord-Luzons gegen die Spanier und das Christentum; heute steht selbst im Ifugao-Dorf Bangaan eine Kirche. Rechts: Ein Angehöriger der Palawan-Ethnie musiziert im Palawan Butterfly Garden in Puerto Princesa.

Ca. 10 Prozent sind Protestanten (Ex-Präsidenten Ramos gehört dazu). 5 Prozent sind Muslime (von denen viele nach Autonomie streben, manche mit islamistischer Tendenz) und nur 1 Prozent Buddhisten, Taoisten und Hindus. So hat die katholische Glaubenslehre weiterhin den größten Einfluss auf Gesellschaft und Moral.

Dennoch, Leben und Wesen der Filipinos sind vielfach noch durch tief verwurzelte Verhaltensweisen aus einem früher allen, heute nur den ethnischen Minderheiten eigenen Animismus geprägt. Der alltägliche Aberglaube lebt zwar weiterhin fort, aber die (Ehr-) Furcht vor den Naturgeistern hat der moderne Fortschrittseifer auf Kosten der Umwelt verdrängt.

Gemeinsam ist den Filipinos aller Regionen, trotz Gegensätzen, die liebenswerte Kontaktfreude, gepaart mit herzlicher Neugier für das Fremde und Andere. In den Philippinen – muslimische Krisenregionen und das aggressive Manila ausgenommen – können sich Ausländer in der Regel wohlfühlen.

Am Rand des Feuerrings

Ein kleiner Vogel soll dem Land der vielen Inseln zur Entstehung verholfen haben. So weiß es einer der zahlreichen Schöpfungsmythen zu erklären. Demnach beschwerte sich das vom pausenlosen Fliegen erschöpfte Tier bei den Naturgewalten, dass es ganz allein zwischen Himmel und Wasser lebe, ohne ein festes Fleckchen Land zum Ausruhen. Schlau stiftete der Vogel die sich bislang meidenden Elemente zu einem gigantischen Streit an, indem er jeder Partei die angeblich schlechten Absichten der anderen kundtat. Da ließ das Meer Wellenberge gen Himmel brausen, und der Himmel schleuderte fürchterliche Gewitter nach unten, ja sogar Unmengen großer Felsbrocken, die schließlich aus dem Meer ragten. Endlich kam der listige Vogel zu seiner ersehnten Rast, und die neu entstandenen Inseln füllten sich mit Leben.

Foto: Art Phaneuf (iStockphoto)

Sagenhaft bietet sich tatsächlich dar, was heute als Philippinischer Archipel am Ostrand des Südchinesischen Meeres zwischen 116° 55' und 127° 36' östlicher Länge und zwischen 4° 23' und 21° 25' nördlich des Äquators liegt: Inseln in allen Größen und Formen, die als Atolle gerade das türkisfarbene Wasser durchbrechen oder mit zerklüfteten Gebirgsketten und mächtigen Vulkanen bis hoch über die Wolken aufragen, sowie paradiesisch anmutende Eilande und bunte Korallenriffe, immergrüner Regenwald und ausgedehnte Ebenen. Es gibt Inseln, so groß, dass mehrere Ethnien sie bewohnen. In der überwältigenden Mehrzahl bestehen die Philippinen aber aus bloßen Andeutungen von Land, die – wirklich kaum mehr als Nistplätze – bei Hochwasser nur als Sandbänke oder Felsenriffe zu erkennen sind. Sie alle hat 1939 eine fleißige Behörde gezählt, und herausgekommen sind dabei 7107 Inseln!

Nur etwa 2000 sind bewohnt, rund 2700 Inseln erhielten im Lauf der Zeit einen Namen. Im Ganzen bedeckt das zerstückelte Land 300 439 km², eine Fläche so groß wie Italien oder Polen. 94 % davon entfallen auf elf Inseln – Luzon im Norden, Mindanao im Süden, Palawan im Südwesten, und dazwischen Mindoro, Masbate, Samar, Leyte, Panay, Negros, Cebu und Bohol. Und das, obwohl sich die Philippinen in Nord-Süd-Richtung über 1850 km, von West nach Ost über 1060 km erstrecken. Außer dem 960 km entfernten Vietnam im Westen und dem landarmen Pazifik im Osten liegen die asiatischen Nachbarn in Reich-, bei klarem Wetter sogar in Sichtweite. Vom nördlichsten philippinischen Eiland Y'ami sind es nur 150 km bis nach Taiwan; das malaysische Sabah auf Borneo ist von der Südspitze Palawans nach 25 km Seefahrt zu erreichen. Die Inselchen im Norden von Sulawesi liegen 60 km von der Südspitze Mindanaos entfernt.

Wie eine zerlöcherte Brücke wirken die Philippinen in den ost- und südostasiatischen Gewässern. Ob der Archipel jedoch den Rest einer vorzeitlichen Landverbindung zwischen dem asiatischen Kontinent über Taiwan und Indonesien darstellt, ist nicht bewiesen. Im Alttertiär, vor 55 Millionen Jahren, soll die heute als Philippinen bekannte Inselwelt als durchgehender Subkontinent mit Asien verbunden gewesen sein. Ähnlichkeiten in der Pflanzen- und Tierwelt, Parallelen im geologischen Aufbau und die geringe Meerestiefe zwischen Asien und den Philippinen unterstützen diese These. Auch der 1800 km lange, bis 10 540 m tiefe Mindanao-Graben entlang der philippinischen Pazifikküste soll ein Hinweis auf den möglicherweise einst hier verlaufenden äußersten Rand jenes Subkontinents sein.

Häufige Bewegungen der Erdkruste (Lithosphäre), Faltungen und Hebungen müssen stattgefunden haben, um die sehr vielseitige Geomorphologie des Archipels hervorzubringen. Demnach finden sich heute fossile Korallenbänke und versteinerte Meerestiere in philippinischen Gebirgen wieder. Ganz unruhig wurde es nach Ansicht der Wissenschaftler vor über 50 000 Jahren, als intensiver Vulkanismus der Region zusetzte. Erst nachdem die abschmelzenden Gletscher der letzten Eiszeit vor mehr als 10 000 Jahren einen weltweiten Anstieg des Meeresspiegels verursacht hatten, sind angeblich die Inseln als überseeische Spitzen des überfluteten Kontinentalsockels übriggeblieben.

Andere Geologen sehen indes in den vulkanischen Aktivitäten die hauptverantwortlichen Kräfte bei der Entstehung der philippinischen Insellandschaft. Nicht eine Abspaltung vom asiatischen Festlandsockel sei eingetreten, sondern gewaltige Eruptionen aus dem Erdinneren hätten – ähnlich wie im Vogelmythos – die Inseln über das Meer emporgehoben. Abgeschlossen ist das unterirdische Rumoren keineswegs: Die Philippinen gehören zu den geologisch unruhigsten Gebieten der Erde. Als Glied des pazifischen Feuerrings liegen sie an einer Bruchstelle der Lithosphäre. Der Philippinische Ozeangraben – nach dem Marianengraben südlich von Japan die zweitgrößte Unterwassertiefe unserer Weltmeere – ist eine der Reibungskanten, wo sich Eurasische und Indo-Australische Platte in langsamer Kollision befinden. Deren nur in wenigen Zentimetern pro Jahr messbare Berührung löst regelmäßig mitunter verheerende Erd- und Seebeben aus. 1990 verwüsteten Erdstöße große Teile der nordphilippinischen Stadt Baguio und töteten fast 1000 Menschen. Weit mehr jedoch fürchten die Inselbewohner die haushohen Flutwellen, die, von den Beben ausgelöst, an die Küsten der Inseln anbranden.

Eine der größten Vulkanketten der Erde spannt sich längs der südostasiatischen Inseln. Entstanden ist sie während der jungen Bewegungen der Erdkruste im Tertiär und Quartär. Von insgesamt 200 Vulkanen waren in den letzten 160 Jahren noch 94 Feuerberge aktiv, darunter mindestens 18 der 37 philippinischen Vulkane.

Wie schnell diese Statistik veraltet sein kann, bleibt in schauriger Erinnerung: Mount Pinatubo, bis zum Mai 1991 als seit 600 Jahren friedlich schlafender Berg nur in seiner Umgebung bekannt, ist ein verhängnisvolles Beispiel für das gewaltige Potential der philippinischen Unterwelt. In Ausbrüchen, die über 300 Menschenleben forderten, schleuderte der Vulkan fast 5 Mrd. Tonnen Fels und 19 Mio. Tonnen Schwefeldioxid bis zu 24 km hoch. Durch Schlammlawinen und Gesteinseruptionen starben im September 1992 rund 100 Menschen. Dazu kamen zahllose vermisste Ureinwohner und fast 1 Mio. Obdachlose. Die Schwefeldämpfe und Aschewolken des Vulkanausbruchs kreisen als Eisschleier in der Stratosphäre um den Erdball. In den letzten Jahren kam es immer wieder einmal zu weiteren kleineren Ausbrüchen.

Rechts: Immer wieder richten Taifune Zerstörungen an – hier der verheerende Supertaifun Yolanda (Haiyan) am 8.11.2013.

Foto: Hernan Lumanog (Dreamstime)

Sonnenschein und Wirbelstürme

Die tropische Lage nahe des Äquators bestimmt das Klima der Philippinen. Das heißt, auf den Inseln ist es im Durchschnitt recht heiß bei hoher Luftfeuchtigkeit und ausgiebigem Regen. Zwei Jahreszeiten wechseln sich ab, die dem direkten Einfluss des Monsuns unterliegen.

Von Juni bis November bläst der *Habágat*, der sommerliche Südwestmonsun, der mit Feuchtigkeit beladen auf den philippinischen Archipel trifft und somit die Regenzeit einleitet. *Amíhan* nennen die Filipinos den Nordostmonsun, der von Dezember bis Mai die Inseln „belüftet". Anfangs mit eher kühlen Temperaturen, aber ab März, in der zweiten Hälfte der Trockenzeit, wird es dann richtig heiß. Für die Gebiete entlang der Pazifikküste bedeutet der *Amíhan* mildes, ozeanisches Klima, aber auch viel Regen. Als Wetterscheide teilen die meist von Nord nach Süd verlaufenden Gebirgszüge die umliegenden Landschaften. Sehr ausgeprägt zeigt

sich das in der Cordillera Central auf Nord-Luzon. An ihrer Ostflanke kann es in den Monaten Dezember und Januar heftig regnen, während in den westlicheren Bergen schönstes, trockenes Wetter zum Wandern einlädt.

Ein allgemeines Klimaschema trifft nur bedingt zu und erfährt in den einzelnen Regionen des weiten Archipels auffällige Abweichungen. In Teilen der westlichen Visayas und in Mindanao halten sich die Jahreszeiten oft nicht an den Kalender. Es regnet auch schon mal während der Trockenzeit, und wenn es in Nord-Luzon aus allen Wolken schüttet, kann es vorkommen, dass auf den Südinseln die Menschen nach Regen lechzen. Überhaupt wurden während der vergangenen fünfzehn Jahre wiederholt überlange Trockenzeiten registriert, die in vielen Gebieten zu schweren Dürreschäden und bedrohlichem Trinkwassermangel führten. So wartete man im Frühjahr 1992 auf Mindanao, wo sonst das ganze Jahr über Niederschläge fallen, neun Monate lang auf Regen. Teilweise soll *El Niño* dafür verantwortlich sein – ein Strömungsphänomen des Pazifiks, „das Heilige Kind" genannt, weil es meist zur Weihnachtszeit eintrifft. Die extrem hohe Erwärmung der Meeresoberfläche im östlichen Pazifik, möglicherweise auf eine Abschwächung der Passatwinde zurückzuführen, bewirkt demnach Temperaturveränderungen bis nach Südostasien und Australien.

Mittlerweile hat man endlich auch näherliegende, sozusagen hausgemachte Ursachen geortet, die der philippinischen Umwelt zusetzen. Rücksichtsloses großflächiges Abholzen der Regenwälder und expansiver Brandrodungsfeldbau bis in die Bergregionen lassen dem Boden kaum eine Chance, wertvolles Grundwasser zu speichern und liefern ihn gefährlicher Erosion aus.

Wenn die gefürchteten Taifune auf kaum vorhersagbaren Routen in der Zeit von Juni bis Dezember vom westlichen Pazifik zum chinesischen Festland über die Philippinen fegen, dann bieten die kahlgeschlagenen Landstriche keinen Widerstand mehr. Durchschnittlich 30 dieser bis zu 300 Stundenkilometer schnellen Ungeheuer müssen die Filipinos im Jahr erdulden. Inzwischen werden auch hier die *Bagyó* abwechselnd mit weiblichen (z. B. „Meding") und männlichen („Ondoy") benannt. „Haiyan" (in den Philippinen „Yolanda" genannt), der Supersturm, der im November 2013 auf den Inseln über 7000 Menschenleben auslöschte, wird in trauriger Erinnerung bleiben.

Besonders betroffen sind die pazifische Küste von Süd-Luzon, die östlichen Visayas und die Gebirgslandschaft im Norden, auch die Hauptstadt Manila bekommt hin und wieder ihren Teil ab. Lange Sturmerfahrung hat ein einigermaßen funktionierendes Frühwarnsystem entstehen lassen, und gute Architekten bieten „taifunsichere" Gebäudekonstruktionen an. Doch pazifische Wirbelstürme haben die Eigenart, häufig ihre Bahn zu ändern oder sogar umzukehren, um noch einmal zuzuschlagen. Ausläufer können auch ansonsten sturmfreie Gebiete wie Mindanao, die südwestlichen Visayas und Palawan beuteln. Immer bringen die Taifune Unmengen von Regen mit sich, die zu gewaltigen Überschwemmungen, Brückeneinstürzen und Erdrutschen führen können.

Regen aber braucht das Inselland allemal. Allein schon um die Ebenen und Gebirgstäler zu bewässern, wo Reis, Hauptnahrungsmittel der Bevölkerung, angebaut wird. Mindestens 100 mm monatliche Niederschläge reichen in den Tropen normalerweise aus, um den Pflanzenwuchs zu sichern. So gesehen wären die Philippinen mit einer durchschnittlichen Regenmenge von 2400 mm als ausgesprochen fruchtbar zu bezeichnen. Hierbei fällt den Bergregionen der größte Anteil zu. Dort liegen die Wasserkraftwerke, die wichtigsten Energiequellen des Landes.

Wirtschaftlich bedeutend sind auch die 59 Binnenseen, die neben den Meeren das zweitwichtigste Nahrungsmittel der Bevölkerung, den täglichen Fisch, liefern.

Der größte See ist mit 922 km² die Laguna de Bay südöstlich von Manila. 132 Flüsse schlängeln sich über die Inseln. Sie ermöglichen die Bewässerung ausgedehnter Agrarlandflächen, vor allem die mit Reisanbau, und sie versorgen Staudämme als Energiequellen. Besonders die größten unter ihnen schaffen fruchtbaren Schlick in die dicht bevölkerten Mündungsgebiete. In Nordluzon fließt der 354 Kilometer lange Cagayan, im zentralen Luzon sind Agno und Pampanga Garanten für Strom und gute Ernten. Der zweitgrößte Fluss des Landes ist der Rio Grande oder Pulangi auf Mindanao, dort zählt auch der Agusan zu den mächtigen Wasseradern. Ihr Zustand gibt allerdings Anlass zur Besorgnis: Durch Industrialisierung und Einlassen von ungereinigten Abwässern wurden sie nachhaltig geschädigt.

Rechts: Vorbereitungen für den Nassreisanbau; Reis ist das Grundnahrungsmittel.

Foto: Niko Guido (iStockphoto)

Reiches, armes Land

Beim Träumen auf einer der Tropeninseln kann man leicht über die Umweltproblematik hinwegsehen. Die Regierung hat jedoch allen Grund, den Naturschutz ernst zu nehmen: 90 % der Waldbestände – die 1986 noch die Hälfte des Lands bedeckten – sind abgeholzt. Nur noch 5 % der Korallenriffe sind völlig unversehrt, und die küstennahen Gewässer sind bereits stark überfischt.

Bemühungen, den Bevölkerungszuwachs von jährlich ca. 1,6 Prozent weiter zu verringern, scheitern meist am Einfluss der katholischen Kirche. Fast 50 Prozent der Menschen suchen ihr Glück in den überquellenden Städten, und ein Drittel der auf dem Land siedelnden Menschen lebt an oder unter der Armutsgrenze. Mehr als 10 Mio. Filipinos arbeiten weltweit im Ausland (in Deutschland rd. 20 000) und überweisen Geld in die Heimat.

Dabei ist das Land der vielen Inseln von der launischen Natur reich bedacht worden. Über die Hälfte der Erwerbstätigen arbeiten im primären Sektor, v. a. in der Agrar- und Fischereiwirtschaft. In allen Regionen werden Gemüse, Obst, Nüsse und Knollenfrüchte wie Süßkartoffeln, Cassava und Yams angebaut. Auf über 10 % der Landesfläche wachsen Kokospalmen, beim Export von Kokosprodukten liegen die Philippinen weltweit an erster Stelle. Außer Bananen gehen Zucker, Kaffee, Kautschuk und Abaca, der berühmte „Manilahanf" nach Übersee, wo einst auch philippinisches Tropenholz gefragt war (illegal wird es leider immer noch verschifft).

Das Hauptnahrungsmittel Reis muss teils importiert werden. An Bodenschätzen gibt es Kupfer, Gold, Silber, Eisenerz, Mangan, Blei, Cadmium, Platin, Quecksilber, Chrom, Erdöl und Erdgas.

Die Arbeitslosenquote lag 2017 offiziell bei 6 %, das durchschnittliche Wirtschaftswachstum wies 2016 immerhin 6,9 % auf. Jedoch betrug im selben Jahr die Auslandsverschuldung 75 Mrd. US$. Die Regierung bemüht sich weiterhin um ausländische Investoren.

GESCHICHTE

Mehr noch als in manch anderem Land reicht die Geschichte der Philippinen unmittelbar in die Gegenwart hinein. Sie ist im wesentlichen eine sehr früh einsetzende und mit rund 400 Jahren überlange Kolonialgeschichte. Erst mit Auflösung der letzten amerikanischen Militärstützpunkte Ende des 20. Jh. hat sie ihr vorläufiges Ende gefunden. Die Hinterlassenschaft der fremden Mächte ist ein Land, in dem, neben Pilipino, Englisch weiterhin als Amtssprache gilt; wo die Mehrheit der Bevölkerung spanische Namen trägt, aber kaum jemand spanisch spricht; wo die ursprünglich malaiische Kultur noch immer von einem Schuss kolonialer Mentalität gefärbt ist.

Eigentlich ist das Inselreich schon durch seinen Namen charakterisiert. Es ist das einzige Land Asiens, das nach einem europäischen Herrscher – Philipp II. von Spanien (1556-1598) – benannt ist. Die Filipinos leben im christlichsten Land Asiens, wo die katholische Religion mit mehr Hingabe praktiziert wird als in den meisten westlichen Staaten. Doch waren die Spanier und Amerikaner nicht die einzigen Eroberer auf dem südostasiatischen Archipel. Schon die malaiischen Seefahrer hatten die negroide Urbevölkerung verdrängt, die heute, dezimiert und abgesondert, kaum mehr am nationalen Geschehen teilnimmt.

Insulaner unter sich

Archäologische Hinweise auf die Vorgeschichte der Philippinen sind spärlich. Dass schon vor rund 250 000 Jahren Hominiden, also Frühmenschen, in Teilen der heutigen Philippinen lebten, lassen Ausgrabungsfunde in der Provinz Cagayan (Nord-Luzon) vermuten. Diese Verwandten des Peking- und Java-Menschen könnten mit heute längst ausgestorbenen Jagdtieren wie Stegodon (Vorfahre des Elefanten) und Wollnashorn über damals bestehende Landbrücken vom asiatischen Festland gekommen sein. Mindestens 30 000 Jahre alte Skelettreste und Werkzeuge des Homo sapiens wurden in den Tabon-Höhlen auf Palawan gefunden. Sie ähneln einem Fund in der Niah-Höhle in Sarawak auf Borneo, der 10 000 Jahre älter sein soll. Damals lag der inzwischen versunkene Sunda-Schelf zwischen Borneo und Sumatra noch über Wasser und verband Palawan mit dem heutigen Ostmalaysia.

Als Ureinwohner der Philippinen gelten die *Negritos* („Negerlein"), wie die Spanier die kleinwüchsigen, kraushaarigen Jäger und Sammler tauften, die vom asiatischen Festland aus während der Altsteinzeit vor etwa 15 000 Jahren eingewandert sein müssen.

Ab 4000 v. Chr. wurden die Negritos von den seefahrenden Protomalaien, die nach der Überflutung der Landbrücken wahrscheinlich in großen Booten von Borneo aus auf die Philippinen kamen, ins Hinterland abgedrängt, wo sie als Nomaden die damals weiträumigen Urwälder des Archipels durchwanderten. Eine zweite Einwanderungswelle der Protomalaien fand um 1000 v. Chr. statt. Die Protomalaien, altmalaiische Völker mongolisch-kaukasischer Herkunft, waren den *Aëta* oder *Ati*, wie die Negritos auch genannt werden, kulturell weit überlegen und brachten die Errungenschaften des Neolithikums auf die Philippinen: sesshafte Lebensformen und den Ackerbau. Die Wissenschaftler zählen die Protomalaien zur ältesten Abstammungsgruppe der Austronesier, die sich bis 1000 n. Chr. bereits über den gesamten Raum des Indischen und Pazifischen Ozeans ausgebreitet hatten. Sie stießen dabei im Westen bis Madagaskar und nach Osten bis Hawaii vor.

Rechts: Vermutlich gingen die Ureinwohner der Philippinen schon vor Tausenden von Jahren mit Bambusköcher und Blasrohrpfeilen auf die Jagd.

Foto: Albrecht G. Schaefer

Ebenfalls in seetüchtigen Auslegerbooten, den *Balanghai* (oder *Barangay*), erreichten etwa ab 300 v. Chr. die so genannten Deutero- oder Jungmalaien die Philippinen und verdrängten ihrerseits die protomalaiischen Siedler. Ihre Ankunft markierte abermals den Beginn eines neuen Zeitalters auf den Philippinen, denn die technische Überlegenheit der Neuankömmlinge war richtungsweisend: Neben der Seefahrt beherrschten sie nicht nur die revolutionierend neue Technik der Metallverarbeitung, sondern auch das Weben, sie führten den Reisanbau ein und besaßen eine dem indischen Sanskrit verwandte Schrift. Ihre aus kleinen politischen Einheiten gebildete Gesellschaftsordnung wurde in den Philippinen jahrhundertelang beibehalten. Ein *Barangay*, so benannt nach den Booten der Einwanderer, umfasste 30 bis 100 Familien, die stammesmäßig zusammengehörten.

In sich waren die Barangays in einer Art Klassensystem organisiert; es gab Adlige, Freie, Bauern, Kriegsgefangene und Schuldknechte. Die oberste Sozialstufe nahm der *Datu,* der Häuptling, ein. Dennoch war diese Struktur nicht starr, man wurde nicht einfach in eine Klasse hineingeboren. Viel Kontakt untereinander pflegten die Barangay-Verbände nicht. Nur im topografisch wie klimatisch raueren Norden schlossen sich die malaiischen Nachkommen zu größeren Allianzen zusammen, die großartige kulturelle Leistungen – wie die berühmten Reisterrassen der Ifugao und Bontoc – hervorbrachten und gegen Kolonisatoren Widerstand leisteten.

In den Ebenen und an den Küsten lebten die damaligen Filipinos relativ einfach und von äußeren Einflüssen unbehelligt. Gelegentlich hatten sie schon in den ersten Jahrhunderten n. Chr. mit Seefahrern aus China und aus dem um die Jahrtausendwende in Sumatra gegründeten buddhistischen Sri-Vijaya-Reich enge Handelsbeziehungen. „Visayas", die heutige Bezeichnung für die zentralen Inseln, geht auf ein Sanskritwort zurück und erinnert an diese frühen Verbindungen. Dabei übernahmen die Philippinen schon damals die

51

Foto: Violette Nlandu Ngoy (iStockphoto)

auch später aufgezwungene Rolle des Rohstofflieferanten. Hölzer, Gewürze, Baumwolle, Baumharz, Honig, Perlen und Sklaven hatten sie zu bieten; sie importierten ihrerseits Seide, Metallwaren, Porzellan.

Die großen Religionen Asiens, Buddhismus und Hinduismus, drangen zwar bis nach Indonesien vor, die Philippinen als Missionsziel aber erreichten sie nicht. Bis zur Ankunft des Islam im 14. Jh. und des Christentums im 16. Jh. verehrten die Filipinos Naturgeister und Ahnen, gebietsweise leben noch heute Animisten auf den Inseln. Das zeugt zwar von einer gewissen kulturellen Eigenständigkeit, doch als einziges Land Südostasiens besaßen die Philippinen bei Ankunft der westlichen Kolonisatoren weder eine zentrale Regierung noch eine einigermaßen homogene Kultur. So hatten die Spanier und nach ihnen die Amerikaner relativ leichtes Spiel.

Oben: Kunsthandwerk der Ifugao, die früher einmal Animisten und Kopfjäger waren.

Koranlehrer und Sultanate

Noch vor der Ausbreitung des Islam in Südostasien, der in Sumatra und Ostmalaysia ab dem 14. Jh. Fuß fasste, waren bereits arabische Kaufleute auf den philippinischen Inseln gelandet. Einen ihrer wichtigsten Stützpunkte hatten sie schon im 12. Jh. an der Mündung des Pasig-Flusses eingerichtet, dort, wo später Manila entstehen sollte.

Missionarische Ambitionen zeigte der Islam jedoch erst ab 1380, als der Gelehrte Karim al-Makdum auf der Sulu-Insel Simunul die erste Moschee auf philippinischem Boden errichten ließ. Die Tochter des nachfolgenden Raja Baginda aus Sumatra heiratete den islamischen Missionar Abu Bakr aus dem ostmalaysischen Sultanat Johore, der 1450 das erste philippinische Sultanat auf der Insel Jolo begründete.

1475 drang Sharif Muhammad Kabungsuan, ein direkter Nachkomme des Propheten Mohammed, bis nach Mindanao vor. Durch die Eheschließung mit einer einheimischen Prinzessin gelang es ihm, mehrere Stämme zu bekehren und das Sultanat von Maguindanao zu begründen.

Unter dem Einfluss islamischer Missionare und Kaufleute konnten sich, zumindest in den südlichen Philippinen, erstmals eine einheitliche Kultur und eine politisch umfassendere Organisation ausbreiten. Entsprechenden Widerstand bekamen dann die Spanier zu spüren, und es ist ihnen tatsächlich nie völlig gelungen, die Sulu-Inseln und das islamisierte Mindanao zu kontrollieren. Anfang des 16. Jh. beherrschten verschiedene Sultanate die große Südinsel, verbunden durch die Lehre Mohammeds. Auch die West-Visayas waren mittlerweile unter islamischen Einfluss geraten, und *May nilad*, das spätere Manila, hatte sich vom muslimischen Handelsposten zu einem eigenen kleinen Sultanat entwickelt.

Eine müßige, aber aufregende Hypothese ist die Überlegung seriöser zeitgenössischer Historiker, dass die Philippinen noch heute ein islamisch orientiertes Land sein könnten, wenn die Spanier nur 100 Jahre später gelandet wären.

Las Islas Filipinas

Den Spaniern war an den Philippinen anfangs eigentlich nicht viel gelegen. Was sie dort reizte, war die Feindschaft mit den Portugiesen, denen sie den lukrativen Gewürzhandel auf den indonesischen Inseln neideten. 1519 eroberte Hernán Cortéz das Aztekenreich in Mexiko. Im selben Jahr gab der spanische König Karl V. dem Drängen des Seefahrers Fernão de Magalhães, selbst Portugiese, nach und beauftragte ihn mit der Erkundung der west-östlichen Seewege zu den Molukken.

Um das portugiesische Monopol zu brechen, umsegelte der uns als Ferdinand Magellan bekannte Haudegen erstmals mit seiner kleinen Flotte Südamerika und überquerte den bislang unbekannten Ozean, den er „El Pacifico",

(„der Friedliche") taufte. 1521 landeten die erschöpften Europäer in der Nähe des heutigen Samar – im Osten des Archipels. Magellan nannte seine Entdeckung zunächst „Inseln des heiligen Lazarus", nach dem Heiligen, an dessen Namenstag er dort gelandet war, und segelte zuversichtlich weiter, denn die Insulaner hatten sie freundlich und ohne Argwohn empfangen.

Am 16. März erreichte die Expedition *Zubu*, die heutige Insel Cebu. Hier gelang es Magellan, mit Hilfe von Tauschwaren und Geschenken den Raja Humabon und seine 800 Untertanen zum Katholizismus zu bekehren. Das heißt: Die verblüfften Insulaner ließen sich tagelang beschenken und taufen.

Auch den Nachbarfürsten gefiel die neue Religion – außer einem gewissen Lapu-Lapu, einem zugereisten Krieger aus dem Sulu-Archipel, der sich nun als Oberhaupt von Mactan, der Insel gegenüber der heutigen Stadt Cebu City, den Befehlen der Weißen widersetzte. Magellan zog aus, um Lapu-Lapu einzuschüchtern. Bei dem Kampf von Mactan am 27. April 1521 kam der Portugiese jedoch ums Leben.

Seine Männer kehrten nach Cebu zurück, wo Humabon ihnen eine weitere Überraschung bescherte. Unter anderem lernten nämlich die Europäer hier zum ersten Mal, dass die Gastfreundschaft der Malaien Grenzen hatte, und sie bekamen das Gespür der Einheimischen für Machtverhältnisse aller Art zu spüren. Der Häuptling der Weißen war tot, ihr Zauber verflogen, einige der Matrosen hatten sich wohl auch zu frech den Insulanerinnen genähert, und der neue starke Mann prahlte auf der Nachbarinsel. Für ihn entschied sich Humabon und ließ einen Teil der Spanier massakrieren – während eines Festmahls zum Abschluss weiterer Tauschgeschäfte.

Am 6. September 1522 endete die Magellansche Reise nach einer Odyssee durch die indonesische Inselwelt und um die Südspitze Afrikas herum mit der

Rückkehr nur noch eines der anfänglich fünf Schiffe nach Sevilla. Von 265 Männern hatten nur 18 Weltumsegler überlebt.

Doch die spanische Krone gab sich nicht so schnell geschlagen. Drei weitere Expeditionen wurden nach Südostasien geschickt. Alle drei schlugen fehl. 1543 kam Ruy Lopez de Villalobos mit leeren Händen, aber immerhin mit der Genugtuung zurück, die Inseln erneut getauft zu haben. „Las Islas Filipinas" sollten sie von nun an heißen, zu Ehren des zukünftigen Königs von Spanien. Philipp II., 1556 an die Macht gekommen, entschloss sich acht Jahre später, eine weitere Flotte zu „seinen" Inseln auszusenden – mit dem ausdrücklichen Befehl, diplomatischer vorzugehen. Mit vier Schiffen und 400 Mann landete Miguel Lopez de Legazpi 1565 auf der Insel Bohol und schloss einen die Einheimischen beeindruckenden Blutpakt (*sandugo*) mit Raja Sikatuna. Schnell und im Wechsel zwischen Diplomatie und Waffen gelang es Legazpi, Cebu und die restlichen Visayas zu unterwerfen. Damit begann die 333jährige spanische Kolonialherrschaft über die Philippinen.

Legazpi eroberte 1571 das strategisch wichtige *May nilad*, das heutige Manila, damals ein muslimischer Stützpunkt an der Pasig-Mündung unter dem Befehl von Raja Sulayman. Ein Jahr später standen die gesamten Philippinen unter spanischer Herrschaft – mit drei wichtigen Ausnahmen: Mindanao und die Sulu-Inseln im Süden sowie die Bergregion von Nord-Luzon.

In den unterworfenen Gebieten bauten die Spanier auf die schon in Lateinamerika bewährte Taktik, die Einheimischen gegeneinander auszuspielen. Und überall folgte dem Schwert das Kreuz. Wenn man schon keine Gewürze und nur wenige Bodenschätze fand, so

sollten doch wenigstens Seelen für Kirche und Krone gewonnen werden.

In vielerlei Hinsicht scheint die philippinische Bevölkerung allerdings für den Katholizismus sehr empfänglich gewesen zu sein. Die Filipinos glaubten an *Anitos*, an Naturgeister, aber auch an eine machtvolle Gottheit namens *Bathala*. Die Geister fanden sie in den Heiligen wieder, Bathala wurde vom christlichen Gott überlagert. Die noch heute legendäre Geduld und Leidensfähigkeit der Menschen fand im Evangelium Parallelen, ihre fatalistische Weltanschauung wurde bestätigt in der neuen Lehre vom Gott, dessen Wille überall walte – im Guten wie im Schlechten.

Die Spanier nannten die Einheimischen verächtlich *Indios*, eine Reminiszenz an die Bevölkerung Lateinamerikas. Die muslimischen Einwohner Mindanaos aber schimpften sie *Moros*, in Erinnerung an die Mauren, die acht Jahrhunderte zuvor halb Spanien erobert hatten. 300 Jahre versuchten die europäischen Herren vergeblich, ihre Macht auf die Moros auszudehnen. Erst in der Mitte des 19. Jh. (1851) gelang es den Spaniern, sich vorübergehend auf den Sulu-Inseln festzusetzen.

Madre España

Zunächst wurde die neue Kronkolonie durch Spaniens Vizekönig in Mexiko verwaltet. Denn zum einen war die direkte Route nach Spanien in westlicher Richtung um Afrika herum zu riskant – hier kontrollierte Portugal. Dann waren den Philippinen laut königlichem Dekret zum Schutz spanischer Produkte nur Exporte nach Mexiko erlaubt. Manila war in erster Linie Umschlagplatz für chinesische Güter (Seide, Porzellan, Parfüm, Gewürze), die nach Acapulco verschifft wurden. Von dort kamen tonnenweise Silbermünzen, das Zahlungsmittel. Von 1565 bis 1815 pendelten die legendären Galeonen über den Pazifik. Angelockt vom überaus lukrativen Handel, ließen sich immer mehr chinesische

Rechts: Ein denkwürdiges Ereignis – Die Errichtung des Kreuzes und die Massentaufe auf Mactan Island durch Magellan, 1521 (Gedenkstätte in Cebu City).

Foto: Robert Hübel

Geschäftsleute in den Philippinen nieder. Die Spanier misstrauten ihnen und versuchten sie zu unterdrücken, waren aber trotzdem auf sie angewiesen.

Der große Nachteil dieses nach außen orientierten Handels war natürlich, dass dadurch die Wirtschaft des Landes selbst vernachlässigt wurde. Waren die Spanier die Nutznießer der Kolonialisierung und die Chinesen die Opportunisten, so waren die Filipinos sicherlich von Anfang an ihre Opfer. Mit dem schon in Amerika bewährten System der *Encomiendas* (bevorzugten Persönlichkeiten zugeteilte Verwaltungsbezirke) regierten die Spanier die Inseln. Auf den von der Krone vergebenen Landsitzen mussten die Einheimischen *Bandala,* festgelegte Abgaben an Reis, Baumwolle oder Zucker entrichten und außerdem noch ihre Arbeitskraft oft unentgeltlich für Kirchen-, Festungs- und Straßenbau zur Verfügung stellen.

Priester und Mönche kamen zuhauf, um ihr Bekehrungswerk voranzutreiben, aber auch um die Kolonialverwaltung zu unterstützen. Die jahrhundertelange spanische Epoche in den Philippinen war durch diesen Klerikalkolonialismus gekennzeichnet. Während die Gouverneure in den Städten residierten, regierte die Kirche auf dem Land. Dort kamen die Priester in direkten Kontakt mit den *Indios,* erlernten ihre Sprache und zeugten oft genug Kinder mit den *Indio*-Frauen. Sie genossen in der Provinz eine absolute Machtstellung, die früher oder später zu Ressentiments seitens der Einheimischen führen musste.

Die Spanier hielten jedoch ihr Kolonialvolk auf einem – scheinbar – kontrollierbaren Niveau. Die längste Zeit durfte die Mehrheit der Filipinos keine spanischen Schulen besuchen und auch nicht den Priesterberuf ergreifen. Klerikale Auswüchse führten 1768 zur vorübergehenden Ausweisung der Jesuiten. Doch die Aufstände gegen die gierige Kirche verebbten keineswegs. Im Mutterland Spanien zweifelte man nach wie vor am wirtschaftlichen Potential der fernen Inseln. Vorübergehend dachte man sogar an Auflösung der Kolonie. Außenpolitische Aspekte, der Anspruch

Foto: Lostartis (Dreamstime)

barangay nannte, und als Gemeinde-vorsteher *Gobernadorçillos*. Mehr als Handlanger der Kolonialherren stellten die philippinischen Beamten zunächst nicht dar. Sie trieben *Bandala* (Steuern) ein und organisierten den *Polo*, die Zwangsarbeit. Keine leichte Aufgabe, doch nicht ohne Vorteile: Steuererlass, die Möglichkeit zu Unterschlagung und Bestechung – und Militärschutz. In vorspanischer Zeit war auf den Inseln persönlicher Landbesitz unbekannt. Nun eigneten sich die Datus – vormals als sozial geachtete Dorfoberhäupter – in Nachahmung der Kolonialherrn Land an und erpressten ihre zu Untertanen degradierten Landsleute. Man kann hierin den Keim der philippinischen Oligarchie sehen, die noch heute den Großteil der Wirtschaft fest im Griff hat.

Doch angesichts der bis heute andauernden Missstände wie Korruption, Prostitution, Vetternwirtschaft und Günstlingswesen fragt sich mancher, ob diese wirklich alle erst in der Kolonialära entstanden sind oder ob sie womöglich ältere Wurzeln haben.

Das Entstehen einer philippinischen Bourgeoisie fiel mit einschneidenden Veränderungen im internationalen Handel zusammen. 1811 zerbrach das Manila-Acapulco-Monopol, 1815 segelte die *Magallanes*, die letzte der jährlichen Galeonen, über den Stillen Ozean. Immer mehr Agrargüter fanden ihren Weg nach Europa. Der Umschwung belebte die philippinische Landwirtschaft. Bald hatten die Mittelsmänner in den Städten, nun zunehmend auch Filipinos, eine regelrechte Schlüsselposition für wirtschaftlichen Erfolg inne.

Auch von außen wurde die Kolonie bedrängt. Seit 1571 mussten die Spanier Angriffe fremder Mächte abwehren. Der chinesische Piratenführer Limahong bedrohte 1574/75 Manila, und auch Japan spähte schon damals nach den Philippinen.

einer brüchigen, aber immer noch einflussreichen Weltmacht sprachen dagegen. Las Islas Filipinas wurden immer mehr vernachlässigt und befanden sich bald mehr oder weniger in den Händen der Priester und Mönche. Sie waren es, die die Kommunen kontrollierten, die hin und wieder stattfindenden Wahlen absegneten und den Zugang zu den Schulen dirigierten. Das Erlernen der spanischen Sprache war den *Mestizos*, den spanisch-einheimischen Mischlingen, vorbehalten, der Unterricht für die anderen beschränkte sich auf den Katechismus.

Trotz der umfassenden Präsenz des Klerus kam die spanische Verwaltung nicht ohne Mithilfe der Einheimischen aus. In Manila herrschte der Generalgouverneur, in den Provinzhauptstädten regierten *Alcaldes mayores*. Auf unterer Ebene jedoch setzte man Filipinos ein, meist *Datus*, die man *Cabezas de*

Oben: Alte Kirche in Dimiao/Bohol. Rechts: Blutvertrag zwischen Raja Sikatuna und Miguel López de Legazpi am 16.3.1565.

Die portugiesischen Attacken endeten erst mit der Annexion Portugals durch Philipp II. im Jahr 1580. Die Hol-

Foto: Salvador Manaois III (Dreamstime)

länder, die die Portugiesen bereits als Kolonialmacht in Indonesien abgelöst hatten, bedrohten mehrmals zwischen 1600 und 1646 Manila, das im Westfälischen Frieden von 1648 endgültig an die Spanier fiel.

Nur den Engländern gelang es 1762 während des Siebenjährigen Krieges, die Hauptstadt vorübergehend einzunehmen und zu plündern. Nach dem Frieden von Paris räumten sie allerdings 1764 die Stadt wieder. Die spanische Herrschaft über die Philippinen, die das zergliederte Land erstmalig in seiner Geschichte annähernd vereint hatte, war damit noch einmal gesichert.

Kampf gegen Kirche und Krone

Im Vergleich zu anderen Kolonien blieben die Philippinen von den Wehen und Innovationen der europäischen Geschichte weitgehend unberührt. Oft heißt es, dass Italien besonders durch die Renaissance, Frankreich durch die Aufklärung und Deutschland durch die Romantik geprägt worden seien. Die spanische Psyche aber, und damit auch die der asiatischen Kolonie, wurde besonders durch das Mittelalter geprägt.

Erst die weltweite Wirkung der französischen Revolution von 1789 schuf Veränderungen. Nun durften sich Filipinos zum Priester weihen lassen. Neben der einheimischen Bourgeoisie bildete sich zunächst der Kern einer intellektuellen Schicht. Denn vor 1863 gab es im Land keine öffentlichen Schulen, und selbst danach stand der Lehrplan unter kirchlicher Aufsicht. Höhere Bildung war völlig in der Hand der Orden, die noch heute die angesehensten Universitäten der Philippinen leiten: das Ateneo de Manila der Jesuiten, die von Dominikanern gegründete University of Santo Tomas und die De La Salle University der La-Salle-Bruderschaft.

Dennoch konnten damals weniger als 20 Prozent der Einheimischen Spanisch lesen oder schreiben. Reiche Filipinos, in erster Linie Mestizos, schickten ihre Kinder lieber zur Ausbildung nach Spanien, um der Diskriminierung durch die Kirche zu entgehen. Die Öffnung

57

Foto: Albrecht G. Schaefer

pinische Priester, José Burgos, Mariano Gomez und Jacinto Zamora, wurden durch die Garotte – das noch im modernen Spanien unter Franco benutzte Würgeeisen – hingerichtet.

Unabsichtlich hatten die Spanier so den Filipinos die ersten Märtyrer im Freiheitskampf geliefert. Ihr Tod löste im ganzen Land eine Sympathiewelle für die Idee einer Befreiungsbewegung aus. Nun fehlte nur noch eine herausragende Führerpersönlichkeit, ein Theoretiker, um das nationale Selbstbewusstsein aufzurütteln.

Revolution und spanische Silberlinge

Als ein spanisch-philippinisch-chinesischer Mestizo wurde José Rizal am 19. Juni 1861 in Calamba geboren. Als einer der *Ilustrados*, der Nachkommen der gebildeten Oberschicht, also Hacienderos, Beamte, chinesische Kaufleute und uneheliche Kinder der Spanier, begann er sein Studium der Medizin, Philosophie und Literaturwissenschaft an der angesehenen Universität Santo Tomas. Im Alter von 20 Jahren reiste José Rizal nach Europa, in die Vereinigten Staaten und nach Japan.

In Spanien lernte Rizal den philippinischen Journalisten Marcelo H. del Pilar kennen, der gegen die Macht der Mönche in seinem Heimatland wetterte. Del Pilar hatte die revolutionäre Zeitschrift *La Solidaridad* gegründet, für die nun auch Rizal schrieb. Darin riefen die Ilustrados in Spanien nach Reformen: Meinungsfreiheit, Machtbeschränkung der Orden, und – heute eher befremdlich – sie forderten die Umwandlung der Philippinen in eine spanische Provinz, um den Inseln mehr Mitspracherecht zu ermöglichen. Anfangs war also ihr Ziel keineswegs die Unabhängigkeit, sondern die Reform eines archaischen politischen Systems und die Neuverteilung der Macht. Erst kurz vor seinem Tod in Barcelona erkannte del Pilar die Hoffnungslosigkeit seiner Idee, die nach

des Suezkanals 1869 beschleunigte diese Entwicklung.

Spanien hatte 1861 den Jesuiten gestattet, wieder in den Philippinen zu missionieren. Natürlich stießen die Mönche dabei auf den Widerstand der einheimischen Priester, die inzwischen die geistige Führung des Volkes übernommen hatten. Zunächst blieb es bei passiver Ablehnung der Verwaltung und des spanischen Klerus. Doch nach zwei Jahren relativ liberaler Kolonialpolitik – in der spanischen Revolution von 1868 war Königin Isabella II. gestürzt worden – begannen mit der Wiedereinführung der Monarchie auch in den Philippinen wieder Restriktionen von seiten der Regierung und der Kirche.

1872 meuterten in Cavite philippinische Söldner. Die Spanier reagierten schnell und grausam. Alle Anführer und drei der Rebellion beschuldigte philip-

Oben: Heute steht Nationalheld José Rizal auf jeder Plaza (wie hier in Guimbal, Panay). Rechts: Rizals Exekution in der Darstellung eines philippinischen Künstlers, Fort Santiago, Manila.

Foto: Albrecht G. Schaefer

wie vor am erbitterten Widerstand der Kirche scheiterte.

Inzwischen war der promovierte Augenarzt Rizal auch in Heidelberg gewesen, wo er Schillers *Wilhelm Tell* ins Tagalog übersetzt hatte. In Berlin beendete er 1887 sein Hauptwerk *Noli Me Tangere* („Berühre mich nicht"), in dem er die Missstände zu Hause anprangerte. Obwohl der Roman, wie auch *El Filibusterismo* („Die Rebellion"), in die Heimat geschmuggelt die Unabhängigkeitsbewegung beeinflusste, blieb Rizal doch eine zwiespältige Figur. Fast ausschließlich schrieb er auf Spanisch, seine Ideen schwankten zwischen intellektueller Revolte und schrittweiser politischer Entwicklung. Seine abwägende Haltung geht auch auf den Einfluss seines Freundes Ferdinand Blumentritt zurück. Den k.u.k. Regierungsrat und Lehrer, der sich – obwohl nie dort gewesen – bestens mit den Philippinen auskannte, hatte Rizal in Österreich kennengelernt. Gegen den Rat seiner Freunde kehrte er 1892 in die Heimat zurück und gründete die *Liga Filipina*, eine gemäßigte, re-

formbestrebte Vereinigung, die weiter die Loyalität zu Spanien und nicht die schnelle Unabhängigkeit anpeilte. Rizal wandte sich gegen die Kirche, aber nicht gegen die umfassende Macht der Kolonialherren.

Diese jedoch fürchteten Rizals Einfluss. Er wurde noch im selben Jahr nach Dapitan auf Mindanao verbannt. Seine Schriften wurden verboten, zirkulierten aber im Untergrund weiter und nährten das schwelende nationalistische Feuer. Am Abend vor Rizals Abreise ins Exil gründete sein Freund Andres Bonifacio den *Kataastaasang Kagalanggalangang Katipunan ng mga Anak ng Bayan – KKK* („Höchst angesehene und ehrenwerteste Vereinigung der Söhne des Landes"), einen Geheimbund mit klar separatistischen Zielen. Im Ausland war Bonifacio nie gewesen, stand aber gerade deshalb dem Volk viel näher als Rizal. Ein Arbeiter und Autodidakt, gewann er binnen kurzem eine große Anhängerschar. Neben der Trennung von Spanien forderte der Katipunan die Landreform.

Gleichzeitig kam es auf der anderen

Seite der Erde, in Kuba, zur Revolte gegen die spanische Herrschaft. Im Exil meldete sich Rizal freiwillig, um den Spaniern als Militärarzt zu dienen. War es ein Anflug von historischer Ironie, eine kluge taktische Entscheidung oder ein weiterer Beweis seiner politischen Loyalität? Jedenfalls wurde seinem Ansuchen stattgegeben. Rizal war schon unterwegs, als im August 1896 in Manila und den umliegenden Provinzen der Katipunan-Aufstand losbrach. Nach Ankunft in Barcelona wurde er verhaftet, nach Manila zurückbefördert und im Fort Santiago gefangengehalten. Schließlich verurteilte man ihn zum Tod, angeblich wegen Verschwörung – obwohl er am Aufstand persönlich nicht beteiligt war –, letztlich aber, weil die Spanier ein Exempel statuieren wollten. Am 30.12.1896 wurde José Rizal auf dem Campo de Bagumbayan, wo schon die drei Priester gestorben waren, von spanischen Soldaten erschossen.

Heute heißt der Ort Rizal Park, und Fort Santiago ist ein Museum. Besonders gut bezeugt die Ambivalenz des philippinischen Unabhängigkeitsstrebens das Gedicht, das Rizal am Vorabend seines Todes in der Zelle geschrieben hat: *Mi Ultimo Adios* – „Mein letztes Lebewohl":

Leb' wohl, geliebtes Vaterland,
du Kind der Sonne, Perle des östlichen Meeres,
verlorenes Paradies.
Mit Freuden schenke ich dir mein trauriges, betrübtes Leben.
Und wenn es auch strahlender, frischer und blühender wäre – um dir zu dienen, hätte ich es dir gegeben.

Die Mehrzahl der Strophen ist, wie fast alles aus Rizals Feder, in der Sprache seiner Henker geschrieben. Eine Hymne ohne Melodie, die noch heute jedes Schulkind auswendig lernt, obwohl

Rechts: Der Spanisch-Amerikanische Krieg – hier die Schlacht am San Juan Hill 1898 auf Kuba – beendete auch die spanische Kolonialzeit auf den Philippinen.

kaum jemand noch spanisch spricht.

Der Aufstand des Katipunan scheiterte, so wie Rizal es prophezeit hatte. Die Ziele Bonifacios, insbesondere die Landreform, deckten sich nicht mit den Interessen der philippinischen Bourgeoisie. Bonifacio wurde verraten. Verfrüht hatte er eine Philippinische Republik ausgerufen und sogar Teile der regulären Armee für sich gewinnen können. Deutlich hatte sich der Katipunan erstmals an das „Volk der Filipinos" gewandt, um den kolonialistischen Begriff *Indio* zu eliminieren. Nach monatelangem Kampf mussten die *KKK*-Rebellen jedoch in die Berge flüchten. Bonifacio wurde vom Kommandanten seiner Truppe, General Emilio Aguinaldo, kaltgestellt und mit seinen Brüdern am 10. Mai 1897 von Gesinnungsgenossen hingerichtet.

Aguinaldo, Bürgermeistersohn aus Cavite, war nun ein Mitglied jener eher obskuren Klasse, der weniger an der Befreiung des Volkes als an der Chance gelegen war, selbst in die Stiefel der Spanier zu steigen. So überrascht es nicht, dass nach Ankunft des neuen spanischen Befehlshabers 1897 der Kompromissvertrag von Biak-na-Bato zustande kam. Aguinaldo erhielt eine hohe finanzielle Abfindung und zog freiwillig nach Hongkong ins Exil. Die Spanier versprachen ernsthafte Reformen: Ausweisung der Orden, Vertretung der Philippinen in der spanischen *Cortes*, rechtliche Gleichstellung der Filipinos mit den Spaniern und die Achtung der Menschenrechte.

Oft wird behauptet, dass keine Seite wirklich die Bedingungen des Abkommens zu erfüllen gedachte, sondern dass die Spanier nur ihre Macht festigen wollten und Aguinaldo das Geld annahm, um die Revolution weiter finanzieren zu können. Andererseits war es genau jene Art von Kompromiss, den die philippinischen Führer im Lauf der Zeit noch öfter eingehen sollten. Der wohl eindrucksvollste Moment der Freiheitsbewegung der Filipinos verblasste

Foto: Archiv für Kunst und Geschichte, Berlin

schnell im Zwielicht der Geschichte. Denn schon ein Jahr später wurde der Archipel abermals von der Weltpolitik eingeholt.

Wachwechsel der Kolonialmächte

Im Zusammenhang mit den Unruhen in Kuba hatten die USA im Februar 1898 Spanien den Krieg erklärt. Das in Hongkong stationierte Asien-Geschwader unter Commodore George Dewey sollte Manila einnehmen. Dort lagen schon die Kriegsschiffe von Briten, Franzosen, Japanern und Deutschen auf Reede, um ihre Bürger, aber auch eigene politische Ambitionen zu schützen. Ein Konflikt zwischen der amerikanischen und der deutschen Marine konnte gerade noch vermieden werden. Am 1. Mai vernichteten die Amerikaner die veraltete spanische Flotte, wobei 380 Spanier und nur ein einziger Amerikaner umkamen. Deweys Meldung nach Washington war bezeichnend für die verwirrende Situation: „Habe Philippinen erobert. Was soll ich damit machen?"

Mit Deweys Hilfe kehrten Aguinaldo und seine Anhänger in die Philippinen zurück. Ein Bündnis entstand, das sicher der Pragmatik des Augenblicks entsprach, aber auch als historisches Missverständnis bezeichnet werden kann. Dewey soll Aguinaldo versprochen haben, sich für die Unabhängigkeit einzusetzen, falls sie mit vereinten Kräften die Spanier besiegen könnten. Tatsächlich gelang es Aguinaldo, mehrere Städte südlich von Manila einzunehmen. Am 12. Juni 1898 rief er die Unabhängigkeit der Philippinen aus – ein Datum, das noch heute als Nationalfeiertag in Ehren gehalten wird. Die Amerikaner aber zwangen die Spanier erst am 13. August zur Kapitulation, nachdem sie auf deren Scheingefecht eingegangen waren und ihnen so zum „ehrenvollen" Abgang ohne allzu großen Gesichtsverlust verholfen hatten. Sie besetzten Manila, den Truppen Aguinaldos jedoch wurde die Hauptstadt unter Gewaltandrohung verwehrt – ein Befehl, der die Filipinos empörte, weil sie sich um den Sieg betrogen sahen.

Kampf gegen die „Befreier"

Am 10. Dezember 1898 bestätigte der Friedensvertrag von Paris das Ende des Spanisch-Amerikanischen Krieges und die Übergabe der Philippinen, Puerto Ricos und Guams an die USA – gegen eine Entschädigung von 20 Millionen US$. Im Gegenzug führte Aguinaldo eine rein philippinische Regierung an, um gegen die „Befreier" weiterzukämpfen. Was US-Präsident McKinley als Politik der „wohlwollenden Assimilation" und als „mildes Regiment der Gerechtigkeit und des Gesetzes" bezeichnete, verurteilte Aguinaldo als „gewaltsame Okkupation".

Die Rebellion gegen die amerikanische Militärregierung eskalierte zum ersten Guerillakrieg Asiens. 120 000 US-Soldaten verfolgten die Truppen der Philippinischen Republik, die mehr als zwei Jahre lang erbitterten Widerstand leisteten. Die dabei äußerst brutal vorgehenden Amerikaner konnten erst 1901 Aguinaldo gefangennehmen, der seine Landsleute aufforderte, die Waffen zu strecken.

Doch einzelne Gruppen des Katipunan kämpften bis 1911 weiter. Am Ende zählten die neuen Kolonialherren auf ihrer Seite 4200 Tote, bei den Gegnern waren 16 000 Guerilleros umgekommen. Rund 200 000 Todesopfer hatte die philippinische Zivilbevölkerung zu beklagen – allein 10 000 in Balangiga auf der Insel Samar, wo 1901 die Amerikaner alle Einwohner ab dem zehnten Lebensalter massakrierten!

Mit Aguinaldos Schwur auf das Sternenbanner endete der philippinische Freiheitskampf erneut mit einem Kompromiss und in einer Niederlage. Hätte sich die 1898 ausgerufene Republik behauptet, dann wäre es den Philippinen gelungen, als erste asiatische Kolonie das Joch fremder Macht abzuschütteln.

Rechts: Der „American Way" bedeutete urbane Entwicklung in den Philippinen. Die Fotografie zeigt Telefonmasten in der Colon Street, Cebu (1906).

Nun mussten sie noch 50 Jahre warten, ehe die Amerikaner ihnen endlich die Unabhängigkeit gewährten. Diese Verzögerung hat – wie noch heute festzustellen ist – das philippinische Nationalbewusstsein erheblich beeinträchtigt.

Der große Bruder USA

Für die Amerikaner war das gewonnene Territorium in Südostasien keineswegs ein reiner Segen. Vielmehr stellte die Kolonie in moralischer Hinsicht ein Problem dar. Erst knapp ein Jahrhundert zuvor hatten sie selbst ihre Unabhängigkeit von der britischen Krone erlangt. Seither fühlten sie sich, gestützt von der ältesten demokratischen Verfassung der Welt, als Vorreiter für die Ideale von Freiheit, Gerechtigkeit und Gleichheit.

Doch schon zur Jahrhundertwende stand der demokratische Anspruch in krassem Widerspruch zur Realität des Kapitalismus. Auch der US-Imperialismus war lediglich auf wirtschaftlichen Vorteil bedacht: Märkte beherrschen, günstig handeln, und durch Militärstützpunkte den eigenen Interessen mehr Gewicht verleihen. In den Philippinen rechtfertigte sich die amerikanische Herrschaft von Anfang an mit der angeblich demokratischen Mission: Eine politisch unreife Kolonie sollte zur Unabhängigkeit erzogen werden. Bis dahin wollte man sich mit ihren wirtschaftlichen Früchten begnügen.

Nach den Erfahrungen unter den Spaniern akzeptierten die Filipinos diese Einstellung zunächst gern. Die Amerikaner ernannten ihren späteren Präsidenten William Howard Taft zum Zivilgouverneur des Landes und stellten ihm eine Legislaturkommission zur Seite. Die Verwaltung der Städte und Gemeinden aber wurde in philippinische Hände gelegt. Eifrig machten sich die Amerikaner an die Erneuerung des Schulwesens. Hunderte von Lehrkräften wurden aus den USA zu den Inseln gesandt, und bald verstanden die Fili-

The Oldest Street in Cebu, P. I.

Foto: Eckhardt Kiwitt

pinos Englisch besser als die Sprachen ihrer Landsleute. Besonderen Eindruck aber machte die Entscheidung der Kolonialregierung, die Besitztümer der Kirche zu erwerben und an Filipinos zu verkaufen. Die Anerkennung, die diese Maßnahmen den neuen Herren einbrachte, ist auch heute noch nicht ganz verschlissen. Weiterhin gelten die USA bei weiten Teilen der Bevölkerung als das „Gelobte Land", und so manche Eigenart des „American way of life" hat hier feste Wurzeln geschlagen.

Ab 1907 forcierten die Amerikaner die politische Emanzipation. Sie setzten eine philippinische Versammlung ein, die mit gesetzgebenden Befugnissen für regionale Angelegenheiten zuständig war. Das Wahlrecht blieb zunächst den lese- und schreibkundigen Männern vorbehalten – die Frauen durften erst ab 1936 zu den Urnen – doch die Demokratie fand raschen Zuspruch. 1916 wurde mit dem Jones-Gesetz versprochen, die Unabhängigkeit der Philippinen anzuerkennen, sobald dort eine stabile Regierung im Amt wäre.

Die anhaltende Abhängigkeit aber beunruhigte die Filipinos. Unter Führung von Manuel Quezon und Sergio Osmeña bildeten sie die Nationalistische Partei, die bald Gesandte nach Washington schickte. Eine erfolgreiche Aktion, denn den Philippinen wurde gestattet, einen Senat nach amerikanischem Muster – mit Quezon als gewähltem Präsidenten – einzurichten. Auch in Rechtsprechung und Exekutive übernahmen bald Filipinos die führenden Ämter. Wirtschaftliche Reformen waren allerdings weniger begünstigt. Schon 1909 erlaubte ein Freihandelsabkommen die zollfreie Einfuhr für philippinische Agrarprodukte in die USA, die ihrerseits aber vorwiegend verarbeitete Güter nach Fernost verschifften. Unter diesen Bedingungen konnte sich eine einheimische Industrie kaum entwickeln, lediglich die großen Haciendeos und Besitzer von Zuckerfabriken und Reismühlen profitierten davon. Die Konzentration von Ländereien in den Händen der Oligarchie nahm also ständig zu, und die in Washington vorsprechenden Delegationen bestanden fast nur aus Vertretern der reichen Klan-Gemeinde.

1933 rang sich der amerikanische Kongress endlich dazu durch, ein Datum der philippinischen Unabhängigkeit festzulegen. Heimische Probleme, Depression und Druck durch die eigenen Bauern, die die philippinische Konkurrenz satt hatten, steckten hinter dem Angebot. Nach der Unabhängigkeit sollten Zölle für verschiedene Agrarprodukte aus den Philippinen erhoben werden. Nach heftigem Streit zwischen Osmeña und Quezon wegen des tückischen „Geschenks" aus Amerika billigte die philippinische Volksvertretung ein Jahr später das Tydings-McDuffie-Gesetz. Für die Dauer von zehn Jahren sollten nun die Philippinen den Status eines Commonwealth erhalten. Kurz darauf wurde eine verfassunggebende Versammlung der Philippinen gewählt, mit einer dem amerikanischen Vorbild sehr ähnlichen Verfassung. Erster Präsident des am 15. November 1935 ausgerufenen philippinischen Commonwealth wurde Manuel L. Quezon mit Osmeña als Stellvertreter.

Quezon verstand es geschickt, mehrere soziale Neuerungen gesetzlich zu verankern. Doch die Verwaltung litt weiter unter der Korruption. Die Philippinen näherten sich der formellen Unabhängigkeit wie ein Schiff einer zu engen Hafeneinfahrt, in der die Hoffnungen des so lange kolonialisierten Volkes zerschellen mussten. Freiheit wäre nur in völliger, also wirtschaftlicher, politischer und geistiger Unabhängigkeit möglich gewesen. Aber ein radikaler Bruch mit dem „großen Bruder" wäre einer Art Kulturrevolution gleichgekommen, die kein Politiker provozieren wollte. Fast 400 Jahre Kolonialismus hatten Spuren hinterlassen, die das Gesicht der Freiheit verfälschten. Fortan sollten die

Rechts: In Bronze verewigt – General Mac Arthur watet in Palo, Leyte, an Land, um die japanischen Besatzer zu vertreiben.

Philippinen als „Land zwischen Ost und West" gelten – aber nicht, bevor ein letzter Versuch ihrer „Asiatisierung" gescheitert war.

Das japanische Joch

Am 8. Dezember 1941, kurz nach dem Angriff auf Pearl Harbour, landeten japanische Truppen auf den Philippinen. Trotz größten Widerstandes der vereint kämpfenden Filipinos und Amerikaner hatten sie bald Manila eingenommen. Die Alliierten unter General Douglas MacArthur zogen sich auf die Bataan-Halbinsel und auf die Festungsinsel Corregidor vor Manila zurück. Massiv griffen die Japaner die letzten Bastionen der Verteidiger an, bevor sich diese am 6. Mai 1942 ergeben mußten. MacArthur hatte Corregidor bereits verlassen. „I shall return!" waren seine berühmten Worte – ein Versprechen, das er zwei Jahre später einlöste. Noch vor ihm war Präsident Quezon in die USA geflohen. Seine Regierung hatte er angewiesen, zwischen den Japanern und der Bevölkerung zu vermitteln. Viele der im Land gebliebenen Angehörigen der philippinischen Elite arbeiteten im Eigeninteresse mit den Besatzern zusammen. Quezon selbst starb 1944 im Exil.

Mittlerweile waren die Japaner bemüht, das philippinische Volk für sich zu gewinnen. Unter dem Slogan „Asien für Asiaten" verordneten sie einige nationalistisch verbrämte Reformen, wie den Ersatz des Englischen durch Tagalog in Unterricht und Verwaltung. Indes blieb die Mehrheit der philippinischen Politiker und Bevölkerung pro-amerikanisch gesinnt, und im Untergrund organisierte sich der Widerstand. Schon zu Friedenszeiten hatten Filipinos den Großteil der amerikanischen Truppen gestellt. Sie kämpften nun in der Guerilla weiter, der japanische Terror ließ sie im Lauf der Zeit auf über eine Viertelmillion Mitglieder anwachsen. 1943 gingen die Japaner so weit, eine „Philippinische Republik" auszurufen, und

Foto: Robert Riethmüller

eine Marionettenregierung unter dem Richter José Laurel als Präsidenten wurde eingesetzt. Andererseits bekräftigte der Kongress in Washington die zehn Jahre alte Zusage, den Philippinen die Unabhängigkeit zu gewähren. Damit vollzog sich auf der historischen Bühne das groteske Gerangel zweier Kolonialmächte, die sich mit Souveränitätsangeboten an ihr Beuteland gegenseitig überbieten wollten.

Im Oktober 1944 löste immerhin General MacArthur sein Versprechen ein. Mit vier Divisionen landete er auf der Insel Leyte. Von dort kämpften sich die Alliierten dann bis nach Manila durch. In einer fürchterlichen Schlacht wurde die Hauptstadt zurückerobert, und die Japaner flüchteten in den Norden Luzons. Nach monatelangem Wüten endete der Krieg, der über einer Million Filipinos das Leben gekostet hatte.

Nach Quezons Tod war Osmeña 1944 im Exil als Präsident des Commonwealth nachgerückt. Der Befreier MacArthur unterstützte jedoch Manuel A. Roxas, der zwar als Kollaborateur der Japaner galt, insgeheim aber mit den USA zusammengearbeitet haben soll. 1946 gewann Roxas die Präsidentschaftswahlen des philippinischen Commonwealth. Am 4. Juli, an dem Tag, an dem auch die Amerikaner ihre Unabhängigkeit feiern, wurde die Republik der Philippinen ausgerufen – mit Roxas als erstem Präsidenten des nun formell unabhängigen Inselstaates.

Republika Ng Pilipinas

Der Geburtstag der Freiheit hätte kaum ungünstiger fallen können. Guerilla und Kollaborateure beeinflussten das politische Leben, und die sozialen Missstände waren vor allem auf dem Land fast unerträglich geworden. Roxas erteilte allen Kollaborateuren Amnestie, verließ sich andererseits aber weiter auf amerikanische Wirtschaftshilfe. Kein Wunder, dass bei diesem politischen Doppelspiel das Volk abermals den Kürzeren ziehen musste. Denn die Kollaborateure stammten mehrheitlich aus der philippinischen Elite, während die

USA ihre Hilfe nur unter Bedingungen anboten, die ihnen eine Vorrangstellung im Land sicherten. So ermöglichte ihnen eine aufgezwungene Änderung der philippinischen Verfassung gleiche Rechte bei der Ausbeutung von Bodenschätzen. Das Freihandelsabkommen wurde verlängert, schloss nun aber philippinische Agrarprodukte aus. Die USA erhandelten sich eine 99jährige Pacht für ihre Militärbasen, die während des Vietnam-Krieges große Bedeutung erlangen sollten.

1948 starb Roxas. Offensichtlich gefälschte Wahlergebnisse brachten Elpidio Quirino an die Macht. Sofort regten sich die Reste einer Guerilla-Truppe, die sich während der japanischen Besetzung in Luzon gebildet hatte. Die *Hukbalahap* („Volkskämpfer gegen Japan"), kurz *HUK*, waren die einzigen Widerstandskämpfer, die außer für Freiheit auch für Sozialreformen gekämpft hatten. Nach Versuchen, sich in einer kommunistisch-sozialistischen Koalition auf parlamentarischem Weg durchzusetzen, kehrten sie, von Quirinos Wahl bestärkt, zum bewaffneten Kampf zurück. Schon 1950 hatten sie so starken Zulauf aus der Bevölkerung, dass ein Aufstand drohte. Erst vier Jahre später gelang es dem 1953 gewählten Präsidenten Ramon Magsaysay mit amerikanischer Hilfe und brutalem Militäreinsatz, die Rebellen niederzuwerfen. Magsaysay, dessen anschließendes Reformbestreben am Widerstand der Großgrundbesitzer scheiterte, kam 1957 unter bis heute mysteriösen Umständen bei einem Flugzeugabsturz um. Sein Nachfolger Carlos Garcia war erstmals bemüht, das Land politisch und ökonomisch auf Distanz zu den USA zu halten. Die Amerikaner und politische Gegner aber beschuldigten ihn des Kommunismus und der Korruption.

Mit US-Hilfe kam dann 1961 der pro-amerikanische Diosdato Macapagal an die Macht. Eine Ära wirtschaftlicher Stabilität brach an. Investitionen flossen ins Land, große Güter wurden in industrielle Agrarbetriebe umgewandelt. Auf der Insel Mindanao sicherten sich die Amerikaner das Monopol an den Frucht- und Gummiplantagen, stiegen dort auch in die Holzwirtschaft ein, und der philippinische Regenwald, schon von den Spaniern arg gerupft, wurde weiter abgeholzt. Soziale Unruhen hielten sich angesichts des Aufschwungs vorübergehend im Rahmen.

Die Marcos-Diktatur

In der Nachkriegszeit begann die Karriere eines Mannes, dessen Schatten selbst nach seinem Tod noch auf den Philippinen lastet. Ferdinand Edralin Marcos wurde 1917 in Sarrat in Ilocos Norte geboren. 18 Jahre später ereignete sich im Dorf Batac, wo er einen Teil seiner Jugend verbrachte, der Mord an einem politischen Gegner seines Vaters. Ferdinand, bekannt als Waffennarr und zu dem Zeitpunkt ein exzellenter Jurastudent an der University of the Philippines, wurde als Schuldiger angeklagt, jedoch freigesprochen.

Beim Rechtsanwaltsexamen erzielte er das beste Resultat – wieder munkelte man, ob da nicht eine dankbare Hand im Spiel war.

Während des Krieges war Marcos im Widerstand aktiv, wurde gefangengenommen und gefoltert. Später brüstete er sich mit einer Reihe von Tapferkeitsmedaillen, von denen er sich – so argwöhnten seine politischen Gegner – nur wenige wirklich verdient habe. Marcos war nicht nur verwegen, er war auch besonders schlau. In Ilocos Norte war man stolz auf ihn und wählte ihn prompt in den Senat. Marcos wollte mehr. Er heiratete Imelda Romualdez, eine Schönheitskönigin von Leyte und Tochter aus gutem Haus. In dem geografisch und politisch fragmentierten Land stellte diese Ehe eine taktische Allianz zwi-

Rechts: Präsident Ferdinand Marcos sucht, wie hier in der Provinz Iloilo, das Vertrauen lokaler Politiker (1966).

Foto: Albrecht G. Schaefer

schen dem kühlen Norden und den eher frivolen, lebenslustigen Visayas dar. 1965 wurde Marcos schließlich zum Präsidenten gewählt.

Die Nutznießer der amerikanischen Subventionen und die alte Landbesitzer-Oligarchie hatten den Inselstaat an den wirtschaftlichen Abgrund gesteuert. Schmuggel, Steuerhinterziehung und Bestechung waren alltäglich. Durch geschicktes Taktieren gelang es Marcos, die meisten der 200 Elite-Familien für sich zu gewinnen. Die Korruption konnte er nicht beseitigen – sie wurde lediglich erträglicher. Auch mit den Amerikanern verstand sich Marcos. Er trat als Nationalist und strammer Antikommunist auf. Die gerade in den Vietnam-Krieg hineinschlitternden USA sahen in ihm einen zuverlässigen Verbündeten und machten ihm Zugeständnisse wie die Pachtverkürzung für ihre Stützpunkte auf nur noch 25 weitere Jahre.

Das Volk belohnte Marcos 1969 mit der Wiederwahl. Damit war er der erste philippinische Präsident mit einer zweiten Amtsperiode, die gemäß der Verfassung auch seine letzte sein sollte. Doch Marcos kündigte Wahlen für eine neue verfassungsgebende Versammlung an. Nach bemerkenswert ehrlicher Abstimmung erwartete die Öffentlichkeit spürbare Veränderungen.

Der Manipulator Marcos aber hatte nur seine Amtsverlängerung im Auge. Das Volk, allen voran die Studenten, misstrauten ihm, gewalttätige Ausschreitungen nahmen zu. Politiker und Hacienderos formierten Privatarmeen, die Terror verbreiteten. Es herrschte ein höchst angespanntes Klima der Gewalt und Gesetzlosigkeit, und Gerüchte, dass Provokateure des Präsidenten dahinter steckten, verbreiteten sich schnell. Am 23. September 1972 rollten Panzer durch Manila. Marcos hatte das Kriegsrecht verhängt. Die Aktion, so rechtfertigte er sich, sei der einzige Ausweg aus dem Chaos. Einer der Verhafteten war Benigno Aquino Jr., ein Senator aus Tarlac, der dem frischgebackenen Diktator noch zum Verhängnis werden sollte.

Zunächst schien die harte Linie erfolgreich. Die Kriminalität und die Un-

Foto: Herman Lumanog (Dreamstime)

ruhen in der Provinz wurden gebremst. Um die ausländischen Investoren zu beruhigen, machte Marcos ihnen Zugeständnisse. Das Streikrecht der Gewerkschaften wurde abgeschafft. Schon im Januar 1973 verkündete Marcos die neue Verfassung, die ihm zusätzlich den Posten des Premierministers zusicherte. Trotzdem akzeptierte die Öffentlichkeit die „Neue Ordnung". Lediglich im Süden, wo die Muslime nach Autonomie strebten, kam es zum Aufstand.

Wenig Beachtung fand zunächst eine letztlich sehr bedeutende Entwicklung. Etliche Studenten gründeten die maoistisch geprägte Neue Volksarmee (*NPA*), die dem unterdrückten Volk im Kampf zur Seite stehen sollte. Die Rebellen, die sich als Nachfolger der *HUK* verstanden, überfielen Militäreinrichtungen, exekutierten korrupte Bürgermeister und verhasste Polizisten. Die Landbevölkerung

forderten sie auf, mit Lebensmittelabgaben ihren Kampf zu unterstützen.

Anfangs versteckten sich die Guerilleros in den Bergen, Mitte der 80er Jahre aber verübten sie als gefürchtete *Sparrow Units* gezielte Attentate in den Städten. Marcos ließ die Streitkräfte von 55 000 (1972) auf über 250 000 Mann aufstocken. Neben Verteidigungsminister Juan Ponce Enrile wurde Fabian Ver, ehemaliger Chauffeur und Leibwächter von Marcos, der starke Mann: Marcos ernannte ihn zum Stabschef.

Dank der USA hatte Marcos vorerst freie Hand. Seine Ehefrau setzte er gleich auf mehrere Posten, sie wurde Gouverneurin von Metro Manila und Ministerin für „Human Settlements", ein Ressort, dem praktisch alle gemeinnützigen Angelegenheiten unterstanden – Pfründe, die besonders ergiebig in Sachen Bestechung und Unterschlagung waren. Imelda Marcos, der „Eiserne Schmetterling", stellte bald ihren luxuriösen Lebenstil zur Schau. Es wurde klar, dass sich das Präsidentenpaar nicht nur politisch perfekt ergänzte. Er, der

Oben: Protestmarsch in Manila gegen korrupte Politiker. Rechts: Dieses Denkmal in Makati, Manila, erinnert an die Ermordung des Marcos-Kritikers Aquino auf einer Flugzeugtreppe 1983.

ehrgeizige *Ilocano*, „verdiente" das Geld, das sie ausgab.

Marcos strebte nach historischem Ruhm, nannte sich nun „Baumeister der Nation". Sein Werk: Eine neue Partei, die *Kulisang Bagong Lipunan (KBL)* „Bewegung für eine neue Gesellschaft". Wohl platziert in Politik und Kultur, beteiligten sich auch die drei Marcos-Kinder am nationalen Werbefeldzug. Die Medien kamen unter feste Regierungshand, obwohl es offiziell keine Zensur gab.

Das Volk war wenig überzeugt. Dem Regime fehlte eine breite politische Basis, zumal sich Ende der 70er Jahre die Wirtschaftslage verschlechterte. Der Investitionseuphorie folgte die Inflation, die 1984 bereits 60 Prozent betrug. Missstände in der Agrarwirtschaft häuften sich, doch Gesetzeslücken verhinderten die lange überfällige Landreform. Tausende von Oppositionellen landeten im Gefängnis, wurden gefoltert und ermordet. Die linke Guerilla erhielt hier und da moralischen Beistand durch die katholische Kirche, einzelne Priester schlossen sich ihr sogar aktiv an. Das Regime geriet ins Wanken und hoffte auf die Hilfe der USA.

Als Marcos 1978 endlich Wahlen zur Nationalversammlung zuließ, zeigte sich die Opposition zwar stark, erhielt aber kaum Mandate. Wahlschwindel warfen nun die politischen Gegner Marcos vor, was die Öffentlichkeit alarmierte. Um die Gefahr zu entschärfen, ließ Marcos den schwerkranken, zum Tode verurteilten Senator Aquino in die USA ausreisen. In einem riesigen Werbemanöver wurde sogar der Papst eingeladen. Kurz vor dessen Ankunft im Januar 1981 hob Marcos das Kriegsrecht auf, um der Kritik aus dem Vatikan zuvorzukommen. Noch einmal wurde die Verfassung geändert, und trotz Boykott der Opposition hielt man im Juni 1981 Präsidentschaftswahlen ab. Marcos gewann 88 Prozent aller Stimmen, und US-Vizepräsident George Bush reiste nach Manila, um ihm zur „Wahrung demokratischer Prinzipien" zu gratulieren.

Foto: Albrecht G. Schaefer

Ein politischer Mord

Der Schein trog. Washington befürchtete ein Abdriften der Philippinen ins kommunistische Lager, hielt zunächst jedoch Distanz und wartete ab – zumal bekannt wurde, dass Marcos ernsthaft erkrankt war. Erholt hatte sich jedoch inzwischen „Ninoy" Aquino und kündigte an, in die Philippinen zurückzukehren. Eine historische Abrechnung bahnte sich an. Aquino landete, trotz aller Warnungen, am 23. August 1983 in Manila, und noch ehe er den Boden seiner Heimat berührt hatte, traf ihn ein Schuss in den Hinterkopf. Trotz eiliger Versuche, den Mord den Kommunisten zuzuschieben, hatte die Marcos-Clique ihren Kredit beim Volk verspielt. Millionen trauerten um Ninoy, überzeugt davon, dass der Präsident, zumindest aber seine Frau und Vertraute, ihren Hoffnungsträger auf dem Gewissen hätten.

Die Parlamentswahlen von 1984 wurden zur Farce, die Demonstrationen gegen das Regime nahmen zu. Kapitalflucht und Inflation begannen, die Wirt-

Foto: Josef Beck

schaft zu ruinieren. Auf Drängen der USA veranlasste Marcos neue Wahlen. Corazon (Cory) Aquino, die Witwe des Senators, trat als Gegenkandidatin für das Präsidentschaftsamt an. Für Kardinal Sin, das Oberhaupt der Katholiken im Land, bahnte sich ein „Streit zwischen Gut und Böse" an.

People's Power

Ein Drama sollte bald die Welt in Atem halten. Am 7. Februar 1986 fanden die letzten Wahlen unter Marcos statt. Der abgefeimte Politiker sah sich einer Frau gegenüber, die nur einen, den moralischen Triumph geltend machte: Sie war die Witwe seines ermordeten Widersachers. Aber ihr gelang, was bislang kein Marcos-Gegner geschafft hatte: Sie konnte das ungeduldige Volk einen, und die Kirche unterstützte sie.

Marcos wartete eine Woche, bevor er das Resultat der von Gewaltakten begleiteten Wahl bekanntgab. Dann verkündete er seinen, mit 53 Prozent der Stimmen knappen, Sieg. Empört gingen Hunderttausende auf die Straße, der Wahlbetrug wurde von internationalen Beobachtern bestätigt. Ungefähr zwei Drittel der Wähler hatten für Cory gestimmt. Verteidigungsminister Enrile, der Vize-Stabschef der Streitkräfte, General Fidel Ramos, und Teile der Truppen liefen zur Opposition über. General Ver drängte auf militärisches Durchgreifen, doch Marcos wollte kein Blutbad. Er forderte die Deserteure auf, sich zu ergeben. Die Massen aber stellten sich mit Blumen und Gebeten vor die Abtrünnigen und hielten auf der EDSA (Epifanio de los Santos Avenue) mit „Wir sind das Volk" – "People's Power" die Regierungssoldaten auf.

Cory Aquino ließ sich nun ihrerseits als Präsidentin vereidigen. Marcos rief die Amerikaner um Hilfe an, aber die schickten nur ein Flugzeug, das den gestürzten Präsidenten, seine Familie und einige Günstlinge nach Hawaii brachte. Marcos beharrte auf seiner Rückkehr,

Oben: Yachtclub in der Manila-Bucht – die sozialen Gegensätze im Land sind groß.

die ihm die USA jedoch verweigerten.

Im Malacañang-Palast, dem Präsidentensitz und nach Marcos' Vertreibung zeitweise Museum, bestaunte man Prunk und Protz des Diktatorenpaares. Auch die 1060 Paar Schuhe von Imelda, die der Ex-First Lady internationale Häme einbrachten, waren dort ausgestellt. Ihr Mann wurde beschuldigt, ein geradezu obszön erscheinendes Vermögen beiseite geschafft zu haben. Man errechnete, dass der im Ausland gehortete Besitz der Marcos' die philippinischen Auslandsschulden – 1986 betrugen sie 25 Milliarden US$ – hätte tilgen können. Erst 1998 zahlten Schweizer Banken auf Anordnung des Berner Bundesgerichts 500 Millionen Dollar an die Philippinen zurück.

Für Cory erwies sich das eigentliche Regieren bald als schwierig. Immerhin wirkte sie bei der Umsetzung demokratischer Spielregeln überzeugend. Eine neue Verfassung sollte folgen, Presse-, Meinungsfreiheit und Streikrecht wurden wiederbelebt. Bald aber bröckelte die Einheit der Mitstreiter. 1987 verübten Soldaten ein Massaker an demonstrierenden Bauern auf der Mendiola-Brücke in Manila, und das linke New Democratic Forum (NDF) brach die Friedensgespräche mit Cory ab. Der Druck des unzufriedenen Militärs auf Aquino nahm zu. Ein Jahr nach der „People's-Power-Revolution" putschten Truppenteile, sechs weitere Umsturzversuche folgten.

Ein Klima des Laissez-faire täuschte über den Autoritätsschwund hinweg. Die Korruption blühte wieder, mit Aquinos Verwandten als Nutznießern. Inflation und Verschuldung gerieten außer Kontrolle. Die New Peoples Army (NPA) und die auf Mindanao aktive Moro National Liberation Front (MNLF) griffen wieder zu den Waffen. Es häuften sich Menschenrechtsverletzungen durch Polizei und Militär. Die Verarmung der Landbevölkerung nahm zu, ebenso das Banditentum. Zudem wurde das Land von Taifunen und Erdbeben heimgesucht. 1991 brach der Pinatubo aus und verwüstete ganze Landstriche. Wiederholt musste sich die Regierung dem Vorwurf der Inkompetenz stellen, und es schien, als hielte nur noch die schützende Hand der USA Cory an der Macht.

Im Oktober 1989 starb Ferdinand Marcos in Hawaii. Cory Aquino verbot die Rückführung seiner Leiche. Da kam es im Dezember zum gefährlichsten der Umsturzversuche, der in Manila über 100 Todesopfer forderte. Erst als US-Militärjets über die rebellierenden Soldaten donnerten, beruhigte sich die Lage. Enrile wurde vorübergehend als Drahtzieher des Aufstands verhaftet.

Die letzten Monate von Aquinos Amtszeit waren von mehreren Ereignissen geprägt. Der Militärvertrag mit den USA lief aus, und fast zeitgleich wurde deren Luftwaffenbasis durch den Pinatubo-Ausbruch zerstört. Dann standen die Wahlen um Aquinos Nachfolge an. Nach sechs Jahren Exil durfte Imelda Marcos zurückkehren – der Leichnam ihres Ehemanns erst ein Jahr später. Zwar warteten über 80 Anklageverfahren auf sie, dennoch nahm sie an den Wahlen teil, und 1996 wurde Imelda sogar in den Kongress gewählt.

Aquino unterstützte Fidel Ramos, zuletzt ihr treu ergebener Verteidigungsminister. Er bemühte sich sechs Jahre lang ziemlich erfolgreich, die Nationalökonomie zu verbessern. Sein Programm „Philippinen 2000" sollte innenpolitische Stabilität, nationale Einheit, sozialen Frieden und mehr Investoren bringen.

Ramos' Ehrgeiz ließ seine Kritiker befürchten, dass er eine zweite Kandidatur anstrebte. Seine Ziele konnte er teils umsetzen. Anfang 1996 war seine Popularität jedoch merklich geschwunden, Preis- und Steuererhöhungen, vor allem ein geplantes, dann abgelehntes Anti-Terror-Gesetz erinnerten viele an Marcos und dessen Methode, Wachstum autoritär erzwingen zu wollen. Immerhin war es Ramos' seriöse Wirtschaftspolitik, die das Land vor schlimmeren Auswirkungen der Asienkrise 1997/98 bewahrte.

Sein 1998 gewählter Nachfolger, der in „Rächer-der-Enterbten"-Filmrollen berühmt gewordene Leinwandheld Joseph Estrada, kündigte den Kampf gegen die wachsende Lücke zwischen Arm und Reich, Korruption und Kriminalität an. Das brachte „Erap" Estrada (von „pare": Kumpel, rückwärts gelesen) Sympathien der sozial Schwachen.

Politik im 21. Jahrhundert

Verunsicherung bei seinen Anhängern und Proteste seitens der Opposition bewirkten im Jahr 2000 die dubiose Anklage gegen Estrada, er habe sich an Tabaksteuern und illegalem Glücksspiel bereichert. Viele Senatoren schützten „Erap", doch Hunderttausende im Land verlangten 2001 seinen Rücktritt. Das Kabinett verabschiedete sich, und das Militär sympathisierte mit der Opposition, die sich hinter Vizepräsidentin Gloria Macapagal-Arroyo formiert hatte. Estrada kam unter Hausarrest, auf das Urteil „lebenslänglich" folgte 2007 die Begnadigung. Arroyo hatte noch während der Demonstrationen 2001 die Staatsführung übernommen.

Die Ökonomin und Tochter eines früheren beliebten Präsidenten konnte zunächst das Vertrauen der Bevölkerung zurückgewinnen. Doch ernste Probleme, Korruption, dümpelnde Wirtschaft, überfällige Landreform, schlechtes Investitionsklima und der anhaltende Widerstand muslimischer Rebellen blieben ungelöst, ebenso Armut und Arbeitslosigkeit. 2004 verkündete Arroyo, die im „Krieg gegen den Terror" wieder die Stationierung von US-Militär („Berater" genannt) auf den Inseln zugelassen hatte, ihre erneute Kandidatur.

Gloria Macapagal-Arroyo legte ein 10-Punkte-Programm vor: u. a. 6 Mio.

neue Arbeitsplätze, verbesserte Schulausbildung, Abbau des Haushaltsdefizits, Ausbau von Strom- und Wasserversorgung, Abschluss des Friedensprozesses, nationale Versöhnung. Allerdings wurden seit ihrem Amtsantritt 800 politische Morde dokumentiert, so viele wie seit Marcos nicht mehr. Ihre zweite Legitimation als Präsidentin blieb umstritten, der Vorwurf der Wahlmanipulation stand im Raum. 2006 schaffte Arroyo die Todesstrafe ab, was ihr die Loyalität der Kirche sicherte.

Im Mai 2007 wählte die älteste Demokratie Asiens eine neue Volksvertretung; sehr demokratisch ging es aber nicht zu: Mit Drohungen und Verhaftungen versuchten Regierung und Militär, Oppositionelle einzuschüchtern. Nach einem erfolglosen Putschversuch Ende 2007 nahmen 2008 die Proteste gegen Arroyo zu. Friedensgespräche mit den Muslim-Rebellen scheiterten. 2009 starb Ex-Präsidentin Cory Aquino, die Ikone der „People's Power"-Bewegung. Die letzte Phase der Amtsperiode von Gloria M.-Arroyo war turbulent: Zwei Taifune forderten mehrere hundert Menschenleben und bremsten die bereits durch die Finanzkrise angeschlagene Wirtschaft. Ein Massaker an politischen Gegnern des mächtigen Ampatuan-Clans in der Provinz Maguindanao mit 57 Toten erschütterte die neu aufkeimende Hoffnung auf Frieden und Stabilität im Süden.

2010 übernahm Benigno „Noynoy" Aquino III. das Amt des Staatsoberhaupts, und gleich zu Beginn seiner sechsjährigen Regierungszeit ging der Sohn des 1983 ermordeten Marcos-Gegners Aquino Jr. gegen die grassierende Korruption vor. Gegen seine gesetzlichen Maßnahmen zur Eindämmung des hohen Bevölkerungswachstums (1,7 %), wie Sexualaufklärung an den Schulen, Erwachsenenbildung und Verteilung von Verhütungsmitteln an Arme, wehrte sich 2011 jedoch die katholische Kirche. Im Hinblick auf nationale Versöhnung herrschte Optimis-

Rechts: Das Bildungsniveau der (oft sehr gut englisch sprechenden) Filipinos ist hoch, doch adäquate Arbeitsplätze fehlen.

Foto: Martina Miethig

mus, nachdem „Noynoy" Aquino den Dialog mit linken und muslimischen Rebellen wiederbelebte.

Die Opposition kritisierte Präsident Aquinos Kampf gegen Korruption, Kriminalität und Armut als zu lasch. Seine zögerliche Haltung bei der Bereitstellung staatlicher Hilfen für die Taifunopfer im November 2013 brachten ihm zusätzliche Minuspunkte ein.

Am 27. März 2014 schlossen Aquino und der Führer der MILF (Islamische Befreiungsfront der Moros) Murad Ebrahim einen Friedensvertrag, mit dem die jahrzehntelangen Kämpfe für die Unabhängigkeit des Muslimgebiets zunächst ein Ende fanden. Er sieht die Gründung der autonomen Region *Bangsamoro* (Moroland) in West-Mindanao und im Sulu-Archipel vor. Geplant war die Enwaffnung der MILF und die Institutionalisierung einer Autonomieregion. Aquinos Fehler sollten seinen Kontrahenten beflügeln; mit 40 Prozent der Wähler im Rücken folgte Rodrigo Duterte im Juni 2016 im Präsidentenamt. Wieder blickte die Welt skeptisch auf die Phil-

ippinen, wo „Rody" oder „Digong", wie sich der wort- und waffengewaltige Ex-Bürgermeister von Davao City auch nennen lässt, drastische Veränderungen ankündigte und die Menschenrechte in arge Bedrängnis brachte. Drogendealer, Abhängige, Kleinkriminelle und Unschuldige starben im ersten Jahr seiner Amtszeit zu Tausenden, von Polizisten und Todeskommandos ermordet, hingerichtet, jedenfalls, nach Dutertes Lesart „in meinem legalen Krieg gegen Drogensumpf und Verbrechen eliminiert". Die Verhandlungen mit den linken Rebellen stoppte die Regierung nach Gewaltaktionen durch die NPA. Der Belagerung der Stadt Marawi 2017 durch die Maute-Gruppe und anderen Sympathisanten des IS entgegnete Duterte mit massivem, fünf Monate dauerndem Militäreinsatz mit über 1200 Toten und der Ausrufung des Kriegsrechts auf Mindanao. Nach dessen Verlängerung bis Ende 2018 befürchtet man, dass Duterte– wie einst Marcos – den Kriegsrechtstatus und so die eigenen Machtbefugnisse ausweiten könnte.

73

Makati, das Wirtschafts- und Finanzzentrum der Philippinen

Foto: Hermes M. Singson

DAS TOR ZU DEN PHILIPPINEN

MANILA

MANILA

Ein klangvoller Name, ein exotischer Ort – Manila ist das Tor zum Inselreich der Philippinen. Romantische Vorstellungen von fernöstlicher Exotik sind in diesem eher westlich geprägten Betonmoloch zwar fehl am Platz, doch trifft man hier auf hundert Prozent asiatisches Temperament – Lässigkeit und Chaos inbegriffen.

14 Millionen Menschen leben im Großraum *Metro Manila*, fast 2 Millionen im City-Bereich. Die Folgen des Wachstums sind erdrückend: Gewühl, Lärm, Staus; Dreck am Straßenrand, Dreck in der Luft. Man muss Stunden reisen, bevor so etwas wie natürliche Umwelt sichtbar wird: Manila ist eine sehr ausgedehnte Stadt – sie bedeckt eine Fläche von 636 km².

Manchmal, vorzugsweise während des betörenden Sonnenuntergangs über der Manila Bay, gelingt es, sich vorzustellen, was die Keimzelle des urbanen Ungeheuers einst war: eine kleine Tropensiedlung am Südchinesischen Meer, ein Malaiendorf des 5. Jh. n. Chr. an der fast kreisrunden Bucht, die noch heute einen der besten Naturhäfen der Erde und ein unverändert fesselndes Panorama bietet. Romantik birgt auch der

Links: Das Rizal Monument im Luneta Park.

historische Name: *May nilad* – „dort, wo weißblühende Wasserpflanzen wachsen" – so hieß der Ort vor der Ankunft der Spanier. Aber am Ufer des trägen verschmutzten Pasig-Flusses wachsen schon lange keine Nilad-Pflanzen mehr.

Am Pasig begann 1570 die niedergeschriebene Geschichte der Stadt. An seiner Mündung war die Vorhut von Miguel Legazpi auf die hölzerne Festung des muslimischen Raja Sulayman gestoßen. Zunächst begnügten sich die Spanier mit der Plünderung, um nach einem Jahr unter der Führung von Legazpi den strategisch günstigen Hafenort erneut zu belagern. Sulayman wurde getötet, und am 24. Juni 1571 erklärte Legazpi die „höchst ehrenwerte und immer getreue Stadt" zum Besitz der spanischen Krone. *Intramuros*, seine neue Festung, liegt noch heute im Zentrum von Manila. „Innerhalb der Mauern", über dem Meeresspiegel, durften zunächst jedoch nur Spanier, allenfalls Mestizos wohnen.

Die *Indios* lebten in den sumpfigen Außenbezirken der Stadt, chinesische Kaufleute mussten sich am Flussufer, in Reichweite der Kanonen, niederlassen. 1584 veranlasste Gouverneur Santiago de Vera weitere Befestigungen einschließlich des nach ihm benannten Fort Santiago, denn Angriffe des chinesischen Piraten Limahong und lokaler Häuptlinge bedrohten die Besitzung.

» Stadtplan S. 78-79, Info S. 89-91

77

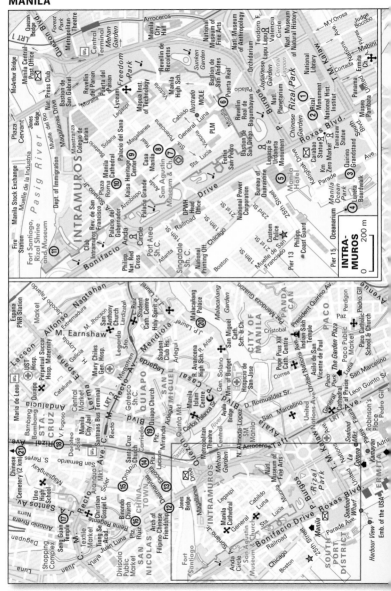

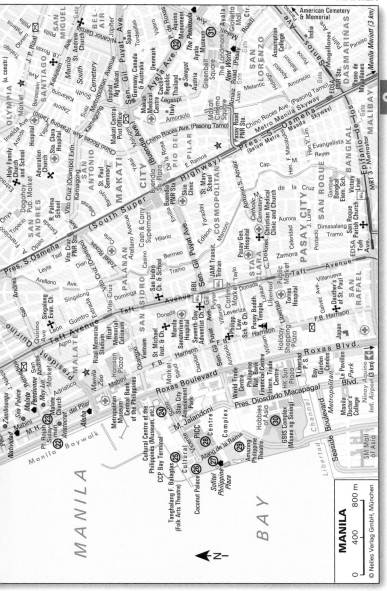

Manila, nun Hauptstadt der Kolonie und katholisches Erzbistum, dehnte sich rasch aus, wurde aber zugleich zum Schauplatz ethnischer Spannungen. Anfang des 17. Jh. brandschatzten Chinesen die Stadtteile Quiapo und Tondo und wagten sogar einen Angriff auf Intramuros. Nur mit Hilfe philippinischer Söldner gelang es den Spaniern, den Aufstand niederzuschlagen. Weitere Angriffe von außen folgten.

Mit dem Galeonenhandel wuchs die Bevölkerung erneut – von 42 000 Einwohnern (1650) auf 86 000 (1780) – und Tausende von Chinesen strömten in die Metropole. Neue Stadtteile entstanden außerhalb der Mauern. Erneut kam es zu sozialen Querelen. Um die 1660 erstmals rebellierenden Filipinos „auf den rechten Weg zurückzuführen", schickte Madrid scharenweise Priester und Mönche, die die Monumente ihres Glaubens in Manila errichteten. Mit dem Bau der San-Augustin-Kirche war schon 1599 begonnen worden; die Santo-Tomas-Universität, Asiens älteste Hochschule, gründeten die Dominikaner 1611.

Nach der englischen Besetzung von 1762 bis 1774, als *Sack of Manila* bekannt, suchte wiederholt die Cholera die Stadt heim. Das Ende des Galeonenhandels 1813 zwang Manila, sich dem internationalen Markt zu öffnen. Zunächst durften Schiffe aus Asien, dann aus der ganzen Welt vor Anker gehen. Die Eröffnung des Suezkanals 1869 war für die Wirtschaft nur förderlich, während die europäischen Ideen von Freiheit und Unabhängigkeit den Kolonialherren weit weniger gefielen. In Tondo, noch heute Inbegriff von Armut und Proletariat, wuchs Andres Bonifacio auf, der 1892 den revolutionären Geheimbund Katipunan gründete.

Mit den Amerikanern hielt deren Anspruch auf Demokratie und Bildung Einzug. Manila, das zwischen 1903 und 1938 von 220 000 auf 620 000 Einwoh-

ner anwuchs, übernahm auch hierin die zentrale Position. Die 1908 in Quezon City gegründete University of the Philippines (UP) ist seitdem des Landes führende weltliche Hochschule.

Gelitten hat die Hauptstadt im 2. Weltkrieg: Nach dem Rückzug von General Mac Arthur wurde sie 1942 zur offenen Stadt erklärt und von den Japanern besetzt. Zwei Jahre später wurde bei erbitterten Kämpfen der größte Teil der jahrhundertealten spanischen Architektur vernichtet. In den 1950er Jahren erlebte Manila die Industrialisierung und Wiederbelebung als Handelsknoten. Das unabhängige Land sollte neue Akzente erhalten: 1948 wurde Quezon City zum Regierungssitz erklärt. Monumentalbauten und Wohnkomplexe schossen in den Himmel, um Progressivität kundzutun und die vom Land hereinströmenden Menschen aufzunehmen. Auf dem Grundbesitz der einflussreichen Ayala-Familie in Makati entstand das multinationale Geschäftszentrum des Landes.

Das Bild vom glitzernden Mekka, das arme Provinzler anlockt, förderten die Marcos ganz gezielt; Imelda verfolgte als Gouverneurin von Manila die Idee, Manila zur *City of Man*, zu einer für alle lebenswerten Stadt zu entwickeln. Das Bussystem wurde verbessert, Bauland durch Aufschütten eines Teils der Bucht gewonnen. Die Slums mussten von den Präsentierstraßen verschwinden oder wurden wie in Tondo durch hübsche Fassaden getarnt.

Dutzende von Gemeinden fasste man 1976 zum Großraum **Metropolitan Manila**, kurz „Metro Manila" zusammen. Die Hauptstadt besteht seitdem aus den alten Distrikten – Intramuros, Tondo, Binondo, Santa Cruz, Quiapo, San Miguel, Santa Ana, Ermita, Malate – und Calaocan im Norden, Quezon City im Nordosten, Pasay im Süden. Dazu kommen weitere 14 Städte und Gemeinden: Navotas, Caloocan City, Malabon, Valenzuela, Port Area, Marikina, San Juan, Pasig, Mandaluyong, Makati,

Rechts: Das Glorietta, modernes Einkaufszentrum in Makati.

Foto: Hermes M. Singson

Pateros, Pasay, Taguig und Parañaque. Man wollte so die Stadtplanung und -verwaltung verbessern. Doch der Besucher wird die Zustände, von den Reichen-Vierteln abgesehen, nach wie vor als etwas chaotisch empfinden, obwohl Fortschritte zu sehen sind: Inzwischen verbinden zügig mehrere Hochbahnlinien (LRT, MRT) verschiedene Stadtteile, Hochstraßen tragen zur Entflechtung der Verkehrsstaus bei. Eine Schnellstraße verknüpft die neue Boomtown Pasig mit Makati, dem älteren Business Center. Und in Pasay ist am Meer mit der **SM Mall of Asia** eines der größten Einkaufszentren der Welt entstanden (390 000 m² Fläche).

Doch weiterhin krankt der Verkehr an Mängeln im Straßenbau, einer veralteten Kanalisation und Stromausfällen. Mit den Jeepneys, die zu Zigtausenden durch die Stadt pendeln, und Bussen fährt man billig, aber unbequem, da sie meist hoffnungslos überfüllt sind. Bei akutem Stadtkoller empfiehlt sich ein Tagesausflug zur Weltkrieg-II-Insel **Corregidor** (s. S. 110).

Rizal Park

Der etwa 60 ha umfassende **Rizal Park** ①, eine grüne Oase inmitten der Stadt, liegt am Nordende des **Roxas Boulevard**, der rund 5 km langen Prachtstraße am Meer. Schon früh am Morgen finden sich in der allgemein als **Luneta Park** bekannten Anlage sportlich Ambitionierte zum Joggen und Chinesen zum *t'ai chi* ein. Sonntags trifft man sich zum *Pasyal*, zum erholsamen Promenieren. Verliebte, Familien und Studenten vermischen sich dann mit Eisverkäufern, Fotografen und Habenichtsen. Auf der schattigen **Chess Plaza** frönen Schachspieler ihrer Leidenschaft. Orchester geben sich die Ehre, auch unter der Woche wird es nicht langweilig. Der **Archipel en miniature** ist in einem Wasserbecken zu bewundern, ein Spielpark mit märchenhaften Tierfiguren lockt täglich Kinder an. Ein **Chinesischer** und ein **Japanischer Garten** bieten Ruhe im Grünen.

Tropenpflanzen, ein künstlicher Wasserfall und eine Kletterwand sind unter

den Attraktionen des **Orchidarium & Butterfly Pavilion**, zwischen Japanischem Garten und dem **National Museum of The Filipino People** im Nordosten des Parks. Zur großen Sammlung des Museums zählen ein Schädelfragment des *Tabon Man*, des ersten bekannten Einwohners der Philippinen (ca. 22 000 v. Chr.), Waffen, Schmuck, Münzen und Porzellan aus dem Wrack einer 1600 vor der Küste von Luzon gesunkenen spanischen Galeone. Direkt vor dem mächtigen Department of Tourism Building ragt die übergroße Statue von **Lapu Lapu** auf. Der „erste Freiheitskämpfer" soll 1521 Magellan erschlagen haben. Das nahe **Planetarium** im Nordwesten des Parks entführt in kosmische Weiten.

Das **Rizal Monument** ② am westlichen Parkrand, genau gegenüber der Null-Kilometer-Marke (Ausgangsmar-

Oben: Blick über Rizal Park und Intramuros, die Altstadt Manilas. Rechts: Ein Golfplatz mitten im Stadtzentrum, vor dem südlichen Teil der alten Stadtmauer.

kierung für alle Entfernungsangaben im Inselreich) erinnert an die Hinrichtung des Nationalhelden José P. Rizal (1861-1896). Am Denkmal ist sein Gedicht *Mi Ultimo Adios* („Mein letztes Lebewohl") zu lesen. Aus dem nahen Brunnen, einem Geschenk des Dorfes Wilhelmsfeld bei Heidelberg, soll Rizal während seiner deutschen Studienzeit (um 1887) getrunken haben – und in Wilhelmsfeld steht nun eine Rizal-Statue.

Lebhaft geht es auch auf der gegenüberliegenden Seite des Roxas Boulevard zu. Schon so manche Kundgebung hat auf dem **Quirino Grandstand** ③ stattgefunden. Westlich davon, in die Bucht gebaut, erstreckt sich auf 5000 m² der **Manila Ocean Park**. Attraktionen des Geländes sind u. a. das **Open Ocean Aquarium** mit Haien und Rochen, eine Seelöwen-Show, ein Greifvogelgehege und die Antarktis-Ausstellung.

In die Manila Bay hinaus wurde der **Luneta Boardwalk** ④ gebaut, eine breite Promenadenplattform mit Geschäften und Restaurants, die über mehrere Brücken zu erreichen ist.

Foto: Volkmar E. Janicke

Nördlich des Quirino Grandstand steht das ★**Manila Hotel** ⑤. Die Nobelherberge, 1912 erbaut und von illustren Gästen wie Hemingway, MacArthur oder dem Herzog von Windsor gebucht, verströmt viel koloniales Flair.

★★Intramuros

Erinnerungen an noch ältere Zeiten werden in ★★**Intramuros** wach. Über 300 Jahre lang stellte die „Stadt innerhalb der Mauern" Herz und Hirn der Klerikalkolonie dar. Mächtige Steinwälle und tunnelartige Tore zeugen mit düsterem Reiz von der Macht der Spanier. Wer den Übergang vom modernen Manila in diese Nische der Vergangenheit ganz gemächlich vollziehen will, mietet sich schon außerhalb der Mauern eine **Kalesa**, die bunte, einachsige Kutsche, die durch das Klappern der Pferdehufe und den Schaukelrhythmus das kolonial-spanische Ambiente betont.

Unweit der **Puerta Real** ⑥ nördlich vom Rizal Park kommt man zu einem der wenigen erhaltenen Meisterwerke altspanischer Baukunst in Manila: zur ★★**Kirche San Agustin** ⑦, die als ältestes Gotteshaus der Stadt gilt. Ihres historischen und kulturellen Wertes wegen untersteht sie als Weltkulturerbe dem Schutz der UNESCO. Legazpi, der dort begraben liegt, soll vor seinem Tod 1572 das Gelände (Ecke General Luna Street / Calle Real) ausgesucht haben. Zunächst als Holzbau errichtet, wurde die Kirche schon im Jahr 1574 bei Angriffen des Piraten Limahong zerstört. Das heutige Gebäude, 1599 begonnen, hat Erdbeben und amerikanische Weltkriegsbomben überlebt. Trotz ihres spanisch-mexikanischen Barockstils zeigt die Kirche dank vieler Details in ihrem Inneren einen eigenen philippinischen Charakter. So sind die 68 **Chorstühle** aus dunklem Molave-Holz handgefertigt, wie auch die **Kanzel**, die eine geschnitzte Tropenlandschaft schmückt.

Das benachbarte Kloster **Convento de San Augustin** beherbergt neben einer Bibliothek das ★**San Augustin Museum** mit der bedeutendsten philippinischen Sammlung religiöser Kunst.

Den Lebensstil spanischer Kolonialkreise zeigt die **Casa Manila** ⑧ gegenüber. Die originalgetreue Rekonstruktion einer Residenz des 19. Jahrhunderts ist ein Symbol des frischen Windes, der nun durch die Mauern von Intramuros bläst. Bereits über 70 % der Wälle wurden wieder aufgebaut. So sind in der Nähe der Casa Manila, an der **Plaza San Luis**, mehrere Cafés, Restaurants und Antiquitätenläden ins alte Gemäuer integriert worden. Konzerte, Ausstellungen, Flohmärkte und Buchmessen finden hier statt. Originell und sportlich lässt sich Intramuros per Bambusfahrrad erkunden. *Bambike Ecotours*, am Plaza San Luis Complex (gegenüber Kirche San Agustin) bietet täglich (außer Mo) geführte und individuelle Ausflüge an.

Nördlich der Casa Manila, an der Ecke Anda / Cabildo St., informiert das **Kaisa Heritage Center** ⑨ über Geschichte und Alltag der chinesischen Minderheit auf den Philippinen.

Die **Manila Cathedral** ⑩, das moderne Gegenstück zu San Agustin, beherrscht die **Plaza Roma** (zwischen General Luna St. und Cabildo St.). Daneben, dort wo einst das *Ayuntamiento* (Rathaus) und der *Palacio Real* (Gouverneurspalast) der Spanier standen, erhebt sich heute ein moderner Verwaltungsblock. Die *Basilica de la Immaculata Concepcíon* („Basilika der Unbefleckten Empfängnis") ist bereits die sechste Kirche an dieser Stelle, da die früheren bei Krieg und Naturkatastrophen zerstört wurden. Der jetzige neuromanische Bau wurde 1958 fertiggestellt. Die **Orgel** mit 4500 Pfeifen stammt aus Holland, sie soll Asiens größte sein.

Nordwestlich von Intramuros liegen die renovierten Reste von ★**Fort Santiago** ⑪ (16. Jh.), der einstigen Verwaltungszentrale der Kolonialherren. Das am Eingang zum Fort Santiago Park untergebrachte **Intramuros Visitors Centre** gewährt Überblick und Hintergrundinformationen. Hauptattraktion der Festung und Nationaldenkmal ist der zweistöckige **Rizal Shrine**, eine ehemalige Kaserne. Hier verbrachte Rizal die letzten sechs Wochen seines Lebens, in der Todeszelle schrieb er sein berühmtes Abschiedsgedicht (s. S. 82). Weitaus gruseligere Kerker sind in der Pulverkammer unter den Außenmauern, in Höhe des Meeresspiegels, zu sehen. Bei Flut mussten die Gefangenen langsam ertrinken, als Hinrichtungsart zuletzt von den Japanern praktiziert.

Heutigen, wesentlich angenehmeren Zwecken dient **Dulaang Rajah Sulayman**, ein Freilicht-Theater, das aus einer spanischen Kasernenanlage im Fort entstanden ist. Dort finden regelmäßig Aufführungen der *Philippine Educational Theater Association* statt. In der Nähe stößt man auf eine Sammlung alter Staatskarossen.

Chinatown

Nördlich des Pasig erstreckt sich **Chinatown** über die Stadtviertel **Binondo** und **Santa Cruz** – hier pulsiert das Leben der chinesischen Gemeinde Manilas. Antiquitäten-, Juwelier- oder Kräuterläden mit exotischen Waren, Teehäuser und Lokale drängen sich in geschäftigen Gassen aneinander.

Jenseits der Jones-Brücke, an der Nordostecke von Intramuros, markiert ein **Chinesisch-Philippinisches Freundschaftstor** ⑫ den Eintritt in diese andere Welt – zwei weitere Tore begrenzen die lange Ongpin Street. Viele Chinesen sind schon vor den Spaniern als Händler ins Land gekommen und lebten vorzugsweise im damaligen Dorf *Binundok*. Später war es geschäftsfördernd, zum Christentum überzuwechseln, denn die katholische Regierung ließ es am religiösen Vorwand für die Diskriminierung nicht mangeln. Einerseits konnten die Spanier die Chinesen aus wirtschaftlichen Gründen nicht entbehren, andererseits steigerten

Rechts: Manila Cathedral und Palacio del Gobernador an der Plaza Roma.

Foto: Robert Riethmüller

sie sich oft genug in die Angst vor der „gelben Gefahr" hinein. So sehr, dass sie die Chinesen wirklich unterdrückten, deren Aufstände mit Massakern und Vertreibung (1603, 1639, 1762) rächten – um sie dann doch wieder ins Land zu lassen. Später zogen auch reiche philippinisch-spanische Mestizos und Ausländer nach Binondo, wo die emsigen Chinesen das Geschäftszentrum der Stadt geschaffen hatten. An diese wenig freundschaftliche Symbiose erinnern nur Reste der einst prächtigen Mischung aus kolonialer und chinesischer Architektur: chinesische Schriftzeichen an schmuddeligen Handelshäusern, die in Arkaden Läden beherbergen, und der von Betonklötzen eingerahmte Stupa des Seng Guan Temple (siehe unten).

Parallel zum Pasig verläuft die **Escolta Street** ⑬, eine der Haupteinkaufsstraßen, und trifft auf die **Plaza Santa Cruz** mit der **Santa Cruz Kirche** ⑭. Das Gotteshaus wurde nach der Zerstörung 1945 originalgetreu im Stil der 1608 errichteten Jesuiten-Kirche wiederaufgebaut.

Ein Bummel durch die geschäftige Einkaufsstraße **Ongpin Street** ⑮ endet im Westen an der **Plaza Calderon de la Barca** mit der **Binondo Church** ⑯ (Santissimo-Rosario-Kirche). Der in den Nachkriegsjahren errichtete Neubau ist eine Nachbildung der 1595 von den Dominikanern gegründeten und 1945 zerstörten Kirche.

In nördlicher Richtung erreicht man den **Seng Guan Temple** ⑰ („Tempel der Zehntausend Buddhas") in der Narra Street nahe des Tutuban-Einkaufskomplexes, das Zentrum der buddhistischen Gemeinde Manilas.

Die **Rizal Avenue** ⑱ bildet die Nord-Süd-Achse Chinatowns. Hier werben handgemalte Filmplakate der größten Kinos, deren Programm dem volkstümlichen, von Zensurbeamten gesteuerten Geschmack von Gewalt und Soft-Erotik huldigt. Rundherum sind unzählige chinesische Restaurants und Essensstände angesiedelt, Straßenmärkte lenken vom dröhnenden Verkehr ab.

Östlich der Plaza Santa Cruz, auf der anderen Seite der Rizal Avenue, liegt an

» Stadtplan S. 78-79, Info S. 89-91   85

Foto: Volkmar E. Janicke

der **Plaza Miranda** ein religiöser Magnet Manilas: die **Kirche von Quiapo** ⑲ (erbaut 1899, restauriert 1935), auch bekannt als „Kirche des schwarzen Nazareners". Ziel Tausender von kniefälligen Bußgängern ist jeden Freitag und vor allem in der Karwoche eine schwarze **Christusstatue**. Ein Azteke soll sie in Mexiko geschnitzt haben, bevor sie im 17. Jh. nach Manila gelangte. Am 9. Januar ist sie alljährlicher Mittelpunkt einer Prozession durch ganz Quiapo.

Von hier aus kann man einen Abstecher zum **Malacañang Palace** ⑳ in San Miguel am Nordufer des Pasig machen. Der 1802 für den spanischen Aristokraten Luis Rocha erbaute Palast (*may lakan diyan*, „hier wohnt ein edler Herr", oder mit Hinweis auf früheres Sumpffieber *mala cana*, „schlechtes Gras") diente den Kolonial-Gouverneuren und den philippinischen Präsidenten als

Oben: Die Kirche von Quiapo beherbergt den „schwarzen Nazarener", eine innig verehrte Christusstatue. Rechts: Prächtiges Interieur in einem der Mausoleen auf dem Chinesischen Friedhof.

Residenz. Malacanang beherbergt seit 1986 ein **Museum**, das u. a. den Marcos-Prunk zur Schau stellt. Inzwischen arbeitet und wohnt hier wieder das Staatsoberhaupt, wenn es nicht, wie derzeit Präsident Duterte, seine private Residenz vorzieht.

Hoffnungslosigkeit und Verschmutzung prägen den Stadtteil **Tondo**, nordwestlich von Binondo. Hier breitet sich einer der größten Slums Asiens aus, den 400 000 Menschen bevölkern – 67 000 Menschen/km². In den stinkenden Gassen an den *Esteros*, offenen Abwasserkanälen, spielen tagsüber die Kinder, nachts regieren hier die Gangster. Auf dem berüchtigten „Smokey Mountain", einer früheren Müllhalde, sind Billigwohnungen entstanden – doch der Untergrund gast aus.

Ruhig, ordentlich und sehr feudal geht es dagegen auf dem **Chinesischen Friedhof** ㉑ (Chinese Cemetery) zu, der – nördlich von Santa Cruz am Ende der Jose Abad Santos Avenue gelegen – eindrucksvoll den chinesischen Ahnenkult manifestiert. Eigentlich ist es

Foto: Albrecht G. Schaefer

eine Stadt für sich, eine Stadt aus prächtigen **Mausoleen** und **Gräberstraßen**. Reiche Familien – der Name *Millionaires' Row* sagt genug – haben sich hier auf über 40 ha schon zu Lebzeiten ihre Gedenkstätten geschaffen: mit Telefon, Toiletten und Klimaanlagen, Wachpersonal und Gärtner. Wenn sie dann in diesen „Palästen" ruhen, erweisen ihnen die Nachkommen die verdienten Ehren und treffen sich vorzugsweise an Allerheiligen ausgelassen und verzehrfreudig am Grab. Doch auch die Hierarchie im Tode folgt der der Lebenden: Zehntausende von ärmeren Chinesen müssen sich mit einem Schubfachgrab in der Friedhofsmauer begnügen.

Ermita und Malate

Attraktiv für Touristen aus der ganzen Welt und für betuchte Filipinos sind die quirligen Stadtviertel **Ermita** und **Malate** südlich des Rizal Parks, beide im späten 16. Jh. gegründet und durch den Roxas Boulevard von der Bucht getrennt. Einst waren sie vornehmen Residenzen der Spanier vorbehalten, in der amerikanischen Zeit wurden sie durch Universitäten (u. a. University of the Philippines, Ateneo de Manila und Asumption College) und Gesundheitseinrichtungen (u. a. Philippine General Hospital, das größte Krankenhaus des Landes) aufgewertet.

Anfang der 1990er machte besonders der etwas verrufene **Rotlichtbezirk** in den beiden nach Patrioten des 19. Jh. benannten Straßen **Marcelo H. del Pilar** und **Apolinario Mabini** von sich reden. Eine „Säuberungsaktion" hatte nur zeitlich begrenzte Wirkung. Die Nightlife-Szene von Ermita und Malate existiert weiter, mit Prostitution – oft das eigentliche „Anliegen" vieler Karaoke-Bars –, Schleppern und Neppern. Das unverfänglichere Bild der beiden Stadtteile machen Restaurants, Bistros, Antiquitätenläden, Künstlerkneipen und Musikclubs aus.

Der ★**Manila Baywalk** ㉒ entlang dem **Roxas Boulevard**, zwischen US-Botschaft und Manila Yacht Club, ist zur beliebtesten Flaniermeile von Ma-

» **Stadtplan S. 78-79, Info S. 89-91**

87

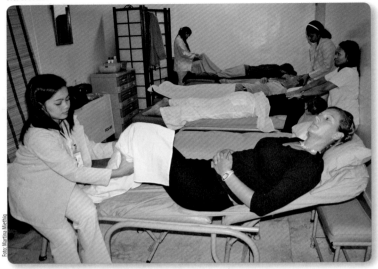

Foto: Martina Miethig

nileños und Besuchern avanciert, vor allem abends, wenn Spaziergänger den ★**Sonnenuntergang** bewundern. Dem jetzigen Bürgermeister „Erap" Estrada ist der Nachtmarkt mit Souvenir- und Essständen zu verdanken, der unregelmäßig am Bay-Ufer ab Pedro Gil Street gegenüber Malate Church hundert Meter in südliche Richtung aufgebaut wird.

Religiöse Macht strahlt die **Malate-Kirche** ㉓, an der Ecke M. H. del Pilar / Remedios Street) aus, dort, wo das früher vornehme Viertel **Malate** beginnt. Die Kirche, eines der ältesten der unzähligen Gotteshäuser der Stadt, ist im 18. Jh. aus den Ruinen einer schon damals 200 Jahre alten Kapelle errichtet worden, in einer Mischung aus spanisch-maurischen Elementen und Motiven aus Mexiko. Vor der Kirche zieren Standbilder der Schutzpatronin *Nuestra Señora de los Remedios* („Unsere hilfreiche Madonna") und des Raja Sulayman die **Malate Plaza**.

Oben: Service am Manila Airport – Massage für erschöpfte Touristen.

Moderne Architektur verkörpert das etwas südlicher an der Kreuzung Vito Cruz/Roxas Boulevard gelegene **Cultural Center of the Philippines** ㉔ (**CCP**). Der 1969 erbaute, sündhaft teure Betonklotz hat es in sich: Hier sind eine **Kunstgalerie**, das **Museum für philippinische Musikinstrumente** und gleich drei **Konzertsäle** untergebracht. Philharmonie und Ballett-Ensemble sind hier zu Hause, einheimische wie ausländische Künstler zu Gast. Dem Komplex angeschlossen ist der Unterhaltungspark **Star City**.

In westlicher Richtung gelangt man zum **Tanghalang Francisco Balagtas** ㉕, einem Freilichttheater. Im benachbarten **Coconut Palace** ㉖, ist das zum Papstbesuch 1981 ganz aus Tropenholz erbaute Ex-Gästehaus der Marcos-Regierung zu bewundern.

Wer einen reizvollen Blick auf die Manila Bay und einen luxuriösen Swimmingpool genießen möchte, sollte das **Sofitel Philippine Plaza Hotel** ㉗ besuchen. Dahinter steht das **Philippine International Convention Center** ㉘

(PICC), von Leandro Locsin anlässlich der UNCTAD-Konferenz 1976 erbaut.

Südlich des Hotels bietet das **Amazing Philippine Theatre** ㉙ **Travestieshows**. Das benachbarte **GSIS Museong Sining** ㉚ zeigt eine große Sammlung moderner philippinischer Kunst.

Makati

In **Makati** fühlt man sich fast wie in Manhattan: Hochhäuser, Straßenschluchten, gehetzte Menschen prägen das Ambiente dieses Stadtviertels. Vom südlichen Roxas Boulevard lässt sich Makati über die Sen. Gil Puyat Ave. oder die EDSA (Epifanio de los Santos Avenue) rasch erreichen. Das Großkaufhaus **The Landmark** und die riesige **Glorietta Mall** (beide Teil des **Ayala Center**) repräsentieren potente Ladenketten, in deren Glitzerwelt sich die weniger kaufkräftigen oft nur am Wochenende zum Staunen aufhalten. Das **Ayala Museum** ㉛ an der Makati Avenue bietet Historisches und Völkerkundliches, sein **Vogelgehege** ist ein Refugium inmitten der Hochhäuser.

Wo sich Ayala Avenue und Paseo de Roxas kreuzen, erinnert eine **Bronzestatue** ㉜ an die Ermordung von **Ninoy Aquino** nach seiner Landung auf dem Flughafen (s. Bild S. 69).

Als nationales Mahnmal gilt auch der nahe des Armeehauptquartiers Fort Bonifacio, in südöstlicher Richtung gelegene **Manila American Cemetery**, wo 17 000 gefallene US-Soldaten des 2. Weltkriegs begraben liegen. Der Bezirk des ehemaligen Fort Bonifacio wurde zur **Bonifacio Global City** umgebaut, einer 215 Hektar großen Satellitenstadt mit Einkaufszentren, Wohnsiedlungen, Luxushotels und Freizeiteinrichtungen.

Forbes Park ist die exklusivste der Edel-Enklaven Makatis, deren Besuch oft nur auf Empfehlung oder in Begleitung eines Anwohners möglich ist.

MANILA (☎ 02)

ℹ️ **Department of Tourism Bldg.**, Mo-Sa 8-17 Uhr, 351 Sen. Gil J. Puyat Ave, Makati, Tel. 459 5200-5230; **Airport Office**, Tel. 832 2964 Fax 832 1687; www.wowphilippines.com.ph.
Polizei, **Ambulanz**, **Feuerwehr**: 117.

🍴 *PHILIPPINISCH*: **Aristocrat**, seit Generationen beliebtes, rund um die Uhr geöffnetes Restaurant, authentische einheimische Gerichte, 432 San Andres St., Ecke Roxas Blvd., Malate, Tel. 524 7671; Filiale: 146 Jupiter St., Bel-Air, Village Makati City.
Barrio Fiesta, breites Angebot philippinischer Speisen zu anständigen Preisen, besonders zu empfehlen ist *Crispy Pata* (knusprige Schweinshaxe), u. a. Maria Orosa St./Arkansas St., Ermita (Tel. 521 2776), und Makati Avenue, Makati.
Harbour View, umfangreiches Menü mit internationalen, asiatischen und einheimischen Gerichten, frischer Fisch aus Aquarien im Restaurant, direkt an der Manila Bay mit herrlichem Blick und einer kühlen Brise ... nicht nur kulinarisch ein Erlebnis, South Road, Ermita, Tel. 524 1532 und 523 2019.
Kamayan, hier wird traditionell mit den Händen gegessen, probieren Sie Meeresfrüchte oder *Kare Kare* (Fleisch- und Gemüseeintopf mit Erdnusssoße), mittags und abends auch Buffet, 523 Padre Faura St., Ermita, Tel. 528 1723.
Seafood Market, exzellentes, teures Fischrestaurant, man wählt die frischen Zutaten selbst aus, erst dann werden sie zubereitet, 1190 J. Bocobo St., Ermita, Tel. 521 4351.
Zamboanga, Meeresspezialitäten, tgl. 20.30 Uhr traditionelle Tanzvorführungen, 1619 Adriatico St., Malate, Tel. 525 8828.
Bistro Remedios, Spezialitäten aus der Pampanga-Provinz, grillte Fleischgerichte, Adriatico St, Malate, Tel. 523 9153.
Seafood Wharf, traditionelle Fischgerichte, besonders schön bei Sonnenuntergang, South Road, Rizal Park, Tel. 400 5066.
CHINESISCH: **Mey Lin**, hausgemachte Nudeln und Riesenauswahl an Nudelsuppen, 1717 Adriatico St., Malate, Tel. 450 0262.
Sea Palace, preiswert, Mabini St., Malate, Tel. 521 6969.

Stone Lion Food House, Filipino und authentische Hokkien-Küche, 609-611 Carvajal St., Binondo.

WESTLICH: **L'Orangerie**, französ., Manila Polo Club Townhouse, Makati, Tel. 817 3174.

Café Adriatico, eurasische bis spanische Gerichte, 1790 M. Adriatico St., Remeolios Circle, Malato, Tel. 524 1532.

Rooftop, australisches Essen und Biergarten, auf dem Iseya Hotel, Padre Faura/M.H. del Pilar St., Ermita, Tel. 523 8166.

Schwarzwälder, deutsche Küche, gute Salatbar, The Atrium, Makati Ave., Makati, Tel. 893 5179.

Steak Town, Adriatico St., Malate, Tel. 522 2631.

L'Opera, Pizza, Pasta, Risotto, The Fort, Bonifacio Global City, Taguig, Tel. 889 3963.

Swagat Indian Cuisine, wahrscheinlich das authentischste Angebot indischer Speisen in den Philippinen, 119 FCC Bldg., Rada St., Legazpi Village, Makati, Tel. 2989 7199.

Ilustrado, span. u. lokale Speisen in stilvollem Ambiente, Kaffee und Ballsaal, Gen. Luna St., Intramuros, Tel. 527 3674.

Ayala Museum, Geschichte, Di-So 9-18 Uhr, Makati Ave., Makati.

Casa Manila, span. Residenz, 19. Jh., Di-So 9-18 Uhr, Gen. Luna St., Intramuros.

Cultural Center Museum, muslim. und zeitgen. philippinische Kunst, Di-So 10-18 Uhr, Roxas Blvd., Malate.

Lopez Memorial Museum, Privatsammlung, Bibliothek, histor. Reiseliteratur, klass. philipp. Gemälde, Mo-Sa 8-17 Uhr, Benpress Bldg., Meralco Ave./Exchange Rd. Pasig City.

Metropolitan Museum of Manila, Münzsammlung, Kunstausstellungen, Mo-Sa 10-17.30 Uhr, Central Bank Compound, Roxas Blvd., Malate.

Museo ng Buhay Pilipino, Möbel, Kunsthandwerk des 19. Jh., Central Bank Mint Bldg., East Ave., Quezon City.

Malacañang Palace (Malacañang Museum), Mo-Fr 9-16 Uhr, Besuch und Führung nur nach Voranmeldung, J. P. Laurel St., San Miguel, Tel. 784 4286, http://malacanang.gov.ph.

UST Museum (Museum of Art and Sciences), Geschichte, Naturgeschichte, Archäologie, Bibliothek der ältesten philipp. Universität, Di-Fr 9-14.30 Uhr, University of Santo Tomas, España St., Sampaloc.

National Museum of The Filipino People, Di-Sa 9-17 Uhr, Padre Burgos St., Ermita.

Museo Pambata ng Maynila, erstes Kindermuseum des Landes, Di-Sa 8-17, So 13-17 Uhr, Roxas Blvd. / South Drive, Manila.

The Galeón, Geschichte der Globalisierung, Ecke Seaside Blvd. u. Sunset Ave., Pasay City, Tel. 862 7648, www.thegaleon.ph.

Rizal Shrine, Di-So 9-12, 13-17 Uhr, Ft. Santiago.

San Agustin Museum, Gemälde, liturgische Requisiten, tgl. 8-12, 13-17 Uhr, San Agustin Church, Gen. Luna St., Intramuros.

Kaisa Heritage Center, Di-Fr 12-17 Uhr, Sa/So 9-17 Uhr, Anda/Cabildost., Intramuros, Tel. 5276083.

Ateneo de Manila Gallery, philipp. Nachkriegskunst, Gemälde, Skulpturen, Mo-Fr 9-19, Sa 9-17 Uhr, Ateneo de Manila University, Quezon City.

The Luz Gallery, mtl. wechselnde Ausstellungen: Bildhauerei, Malerei, Di-Sa 9-17, So 9-13 Uhr, 10 Recoletos St., Makati.

Manila Zoo, u. a. Zwergbüffel und Adler, eher abschreckende Tierhaltung, tgl. 7-18 Uhr, A. Mabini St./Harrison St.

EINKAUFSZENTREN: **SM Mall of Asia**, gigantisches Einkaufsparadies in Pasay, am Wochenende bis zu 1 Mio. Besucher, am meerseitigen Ende der EDSA-Ave.

Glorietta Mall und **Greenbelt**, ausgedehnte Malls, Bestandteil des riesigen **Ayala Center** in Makati, zu dem auch das Kaufhaus **The Landmark** gehört.

SM Megamall, eine der größten Malls des Landes, Edsa, Mandaluyong.

Greenhills Shopping Center, Ortigas Ave., San Juan.

Harrison Plaza, Harrison St., Malate.

Makati Commercial Center, Ayala Ave./Makati Ave.

Robinsons Place, Adriatico St., Ermita.

MÄRKTE: **Baclaran Market**, Roxas Blvd. Baclaran. **Divisoria Market**, Santo Cristo St., San Nicolas. **Paco Market**, Gen. Luna St./Pedro Gil St. **San Andres Market**, San Andres St., Malate.

SOUVENIRS: **Ilalim ng Tulay Market**, Quiapo Market (unter der Quezon Bridge). Läden in United Nations Ave. und A. Mabini St., Ermita. Rustan's, Makati Comm. Center, Makati.

KUNSTHANDEL: Mehrere Geschäfte in: A. Mabini St., United Nations Ave., Ermita. Gutes Sortiment in: El Almanecer, 744 Gen. Luna St., Intramuros. Cortada St., Ermita (muslim.); Arlegui St., Quiapo (muslim.) T'Boli Arts and Crafts, 1362 A. Mabini St., Ermita.

Cultural Center of the Philippines (CCP), Konzerte, Tänze, Theater, CCP Complex, Roxas Blvd., Infotel. 832 1125.

Tanghalang Francisco Balagtas, Ballet, Konzerte, Theater, CCP Complex, Roxas Blvd., Tel. 832 1120.

Philippine Educ. Theater Assoc. (PETA), Filipino-Theater, PETA Theater Center, New Manila Quezon City.

William Shaw Theater, engl. Musicals, Klassiker, Komödie, Shangri-La Shopping Center, Edsa, Mandaluyong, Tel. 633 4821.

Wilfrido Ma. Guerrero Theatre, Avantgarde, Univers. of the Philippines, Quezon City.

Nayong Pilipino, muslim. Volkstänze, Sa 14.30 u.16 Uhr, Airport Rd., Parañaque.

Pistahan sa Plaza, Dinner and Cultural Show, tägl. ab 19 Uhr, Philippine Plaza Hotel, CCP Complex, Roxas Blvd.

Maynila Restaurant, Bayanihan Philippine Dance Company, Mo-Sa 21.30-22.30 Uhr, Manila Hotel.

VERANSTALTUNGSTIPPS: Zeitschrift *What's on in Manila*, erhältlich in Hotels und beim Department of Tourism.

General Post Office, Mo-Sa 8-17, So bis 12 Uhr, Liwasang Bonifacio, Intramuros. **Rizal P. O.**, Mo-Fr 8-18 Uhr, Rizal Park (geg. Manila Hotel), Ermita. **Makati C. P. O.**, Mo-Fr 8-17, Sa 8-12 Uhr, Gil Puyat Ave. Postämter auch an beiden Flughäfen.

Makati Medical Center, 2 Amorsolo St., Legazpi, Makati, Tel. 888 8999. **Manila Doctors Hospital**, 667 United Nations Ave., Ermita, Tel. 558 0888.

Bureau of Immigration, Magellanes Drive, Intramuros. Tel. 524 3824 (Hotline).

FLUG: **Ninoy Aquino International Airport (NAIA)**, Parañaque, 8 km südöstlich vom Zentrum, Verbindung zur Stadt per Taxi.

Domestic Airport, Parañaque, Stadtverbindung per Taxi in ca. 500 m Entfernung (Harrison St.); mit Jeepney und Bus ab South Terminal, Baclaran (umständlich).

FLUGGESELLSCHAFTEN: **Philippine Airlines**, 6/F PNB Center, Ayala Ava., Makati, Tel. 320 8383; Adriatico St./P. Faura, Ermita, Tel. 708 7628. **PAL Express**, R1 Hangar ATC Gate 1, Pasay City, Tel. 855 9000. **Cebu Pacific**, Tel. 702 0888. **AirAsia Zest**, Tel. 851 1796. **SEAIR**, Lao'Centre Blg. Arnaiz Ave./Makati Ave., Tel. 849 0100.

SCHIFF: Fast alle Fähren zu den Inselprovinzen: starten im North Harbour, Tondo. Zwischen Pier 2 und Pier 14 Hafenbüros der Reedereien, z. B. **Super Cat Fast Ferry Corp.**, Tel. 233 7000: Luzon, Visayas, Mindanao. **2 Go Travel**, Hotline (02) 404 3411 local 108: Bohol, Cebu, Negros, Mindanao, Caticlan.

BAHN: nach Südluzon ab Tayuman Station.

BUS: Es gibt kein zentrales Busterminal. Die Busgesellschaften haben eigene Terminals, die über das ganze Stadtgebiet verteilt sind.

Wichtigste Buslinien für den **Norden**: **Baliwag Transit**, Tel 363 4478 (Caloocan) nach: Aparri, Bulacan, Baliwag. **Philippine Rabbit**, Tel. 734 9836 (in Sta. Cruz) nach: Angeles, Baguio, Laoag, S. Fernando, Laoag, La Union Vigan. **Victory Liner**, Tel. 833 4403 (in Pasay City) nach: Alaminos, Olongapo.

Wichtigste Buslinien für den **Süden** (teilw. inkl. Fährstrecken): **BLTB**, Tel. 833 5508-01 (in Pasay City) nach: Batangas, Calamba, Lucena, Naga, Sorsogon, Davao. **Philtranco**, Tel. 851 8078 (Terminal in Quezon City), außerdem nach: Catiklan, Cebu City, Daet, Legazpi, Surigao, Tacloban u. a.

ORTSVERKEHR: Klimatisierte Jeepneys starten in Intramuros beim Nat. Press Club, fahren durch die Altstadt, dann über den Roxas Bd entlang, am CCP vorbei zum Internationalen Flughafen.

Der Vulkankegel des Mt. Mayon beherrscht das Stadtbild von Legazpi City

Foto: Volkmar E. Janicke

LUZON – DIE MUTTERINSEL

**ZENTRAL-LUZON
CENTRAL PLAINS
ZAMBALES-REGION
ILOCANDIA
CAGAYAN VALLEY
CORDILLERA CENTRAL
SÜD-LUZON**

4

Luzon

LUZON

Luzon bietet eine unglaubliche Vielfalt an Eindrücken. Zu den landschaftlichen Highlights gehören die grandiosen, 2000 Jahre alten Reisterrassenlandschaften der Cordillera Central und der schöne Vulkan Mayon mit seiner perfekten konischen Form. Im historischen Vigan an der Nordwestküste Luzons klappern Pferdekutschen (*calesas*) über altes Kopfsteinpflaster, vorbei an eindrucksvollen Gebäuden aus der spanischen Kolonialzeit.

Luzon ist mit 109 000 km² – einem Drittel der philippinischen Landfläche – auch die größte der 7107 Inseln, und dank der Hauptstadt Manila (s. S. 77) nimmt es politisch und wirtschaftlich ebenfalls den ersten Rang ein.

Von Nord nach Süd erstreckt sich Luzon über 830 km, an der breitesten Stelle liegen Südchinesisches Meer und Pazifischer Ozean 240 km auseinander. Eine grobe topografische Gliederung unterscheidet zwei große Regionen: Südlich und südöstlich von Manila fällt die eher zerfleddert wirkende, von vielen Buchten und vorgelagerten Inseln gekennzeichnete Landschaft auf. Der Norden ist dagegen – abgesehen vom

Links: UNESCO-Welterbe – die Reisterrassen um Banaue (hier: Batad).

Lingayen-Golf und der Nordküste – ein weites Gebiet, das von Norden bis Süden von zwei gewaltigen Gebirgsketten durchzogen wird: der Cordillera Central und der Sierra Madre. Dazwischen fließt der Cagayan – mit 354 km der längste Fluss der Philippinen – in dem breiten, gleichnamigen Tal aus der südlichen Sierra Madre bis in den Babuyan-Golf.

Nördlich von Manila beginnt die dichtbevölkerte Zentralebene, die sich östlich der Zambales-Berge bis zum Lingayen-Golf ausbreitet. Ihre wirtschaftliche Bedeutung hat der katastrophale Ausbruch des Pinatubo 1991 allerdings zeitweise eingeschränkt. Am Südende von Luzon ragt der Vulkan Mayon empor, der seit 1900 14-mal ausgebrochen ist. Und noch einen unruhigen Feuerberg hat Luzon aufzuweisen – den kleinen Taal-Vulkan mit seinem spektakulären Umfeld in der Provinz Batangas.

Etwa die Hälfte der Filipinos – rund 50 Millionen – leben auf Luzon. Ihre Lebensweise entspricht ganz der geografischen Vielfalt: Großstädter, Industriearbeiter, Bauern, Fischer, Ureinwohner und traditionelle Bergvölker wie die Ifugao, deren Vorfahren die grandiosen Reisterrassen geschaffen haben. Auf Luzon hatten die Spanier ihre ersten Stützpunkte errichtet, und dennoch konnten sie weite Teile dieser Insel nie durchdringen. Hier flammten später die ersten anti-spanischen Rebellionen auf,

» **Karte S. 96-97 u. S. 114-115, Info S. 138-139**   95

LUZON

ZENTRAL - LUZON

Nummern: ①-㊿

0   12,5   25 km

© Nelles Verlag GmbH, München

SEA

Polillo Strait

Marinduque I.

Dirichican
Pt. Port
Lampon

Tamala   General Nakar   Tignuan

Infanta   Real

Mt. Anglo
1359
1468

Lake Caliraya

Mauban   Sampaloc   Pagbilao

Dingalan

Santa Maria   Santa   Famy   Majayjay   Sampaloc   Tayabas
Maria   Siniloan   Pakil   Paete   ㉔   Lucban
Santo   ㉚   Cavinti   Guisguis   San Juan   Tayabas
Sampaloc   Pagsanjan   LUCENA CITY   Bay
Jalajala   ㉗ ㉘ ㉙   ㉖
㉛ Tanay   Lumban   Santa   LAGUNA   S. PABLO   Dolores   Mt. Banahaw
Morong   Cruz   ㉓   2177   Candelaria   Cristobal
Antipolo   ㉜   Bay   Nagcarlan   ㉒   Tiaong   Sariaya
SAN JOSE DEL MONTE   Cardona   Bdbugo   SLEX   Los Baños   ㉑ Mt. Makiling   Rosario
MONTALBAN   ㉝ LAS PIÑAS   Sta. Rosa   ⑱   ㉒   LIPA CITY   ㉒
CALOOCAN   ㉟ ㉞   BINANGONAN   ⑲   Alaminos   Ibaan   BATANGAS
QUEZON C.   MUNTINLUPA   de TAMNI   CALAMBA   Balete   San Jose   CITY
RIZAL   Cabuyao   ⑰   Tanauan   ⑮   BATANGAS CITY
MARIKINA   ㉟   Laguna   Silang   Tagaytay City   Cuenca   38   968.   Lobo
PASIG   ㉞   Biñan   ⑥   Talisay   ⑬   Pinamucan   Balbago
TAGUIG   Kawit   Carmona   ⑦ Taal   Bauan   ⑪ ⑫   VERDE   Passage
MANILA   ① ③   Naic   CAVITE   Lake   400   ⑭ Taal   San Luis   Mabini   San Andres   Calapan
Bocaue   Carmona   Alfonso   Laurel   Lemery   Tinglog   San Teodoro
MEYCAUAYAN   ㉟   Maragondon   Agoncillo   Balayan   Maimamono   Maricaban
MANILA   Tanza   ④ ⑤   Maga-   Baha   Hukay   Batangas   MARICABAN I.   Car Ferry
Bay   CAVITE CITY   Ternate   Loac   Lian   Bay   Tabinay
Ohando   Maragondon   Calavo Ilanes   Calavo   ⑧   ⑨   Balayan   Bay   Puerto Galera   Tamaraw Falls
MALOLOS   ㉟   Limyn   Nasugbu   ⑩   Bauan   White Beach   Tabuay
HAGONOY   BATAAN   Patungan   Matabungkay   Calatagan   C. Santiago   Wawa
Balagtas   CENTR.   Caylabne Bay Resort   Beach Resort   Mt. Calavite W. L. Sanctuary   Paluan Abra de Ilog
Orani   Abucay   Balanga   South Channel   Talin Pt.   Sanctuary   Mt. Calavite   1521
Hermosa   ㊱ Orion   Limay   Cabcaben   GOLO I.   Del   1521
Sibul   Pilar   ㊲   CORREGIDOR   ㊶   Monte   Bulacan   Talaotao
Mt. Natib   Samat   MARIVELES   ㊷   Bulacan
PENINSULA   552   Mt. Mariveles   ㊸
OLONGAPO CITY   Bagac   1388   Luzon Pt.
Subic Bay Freeport   ㊹   Morong   Bagac Bay
㊺   Mt. Natib   1253   Subic Bay

San Marcelino
(15 km)   ⑦ SUBIC

Club   White Rock   ⑥   Manila (108 km)
Moroco   Beach H.   Arizona   STA. RITA   Kalayaan
PAMANA   ZAMBALES   White Castle   Int. Hotel   Gate   SUBIC   SUBIC
ISLAND   BARRIO   ① Berry's Grill   INDUSTR.   INT'L
BARRETO   ② Sakura   OLONGAPO   PARK   Bay   ②
Wild Orchid Beach Resort   ③ Rama Mahal   CITY   JEST Camp.
Ocean View Beach Resort   Rizal   Arielle's sm   Subic Bay
Kalaklan Gate   Magsaysay Gate   Medical Center
Kokolo Point   Subic Int'l   USS N.Y.   Subic Bay
Lighthouse Marina Res.   Wreck   International
CENTRAL BUSINESS DISTRICT   Airport   SUBIC BAY   FREEPORT ZONE
Gaines Beach   Sean Maru Wreck   Cubi Pt.   Triboa Bay
Subic   All Hands Beach   Zoobic
QUINABUKSAN   Dangaree Beach   Safari Park
LST Wreck   Ocean   Binanga Point
Camoyan   ④ ③ Adventure
Point   El Capitan Wreck   Hidden Beach   ⑤
Grande I. Resort   GRANDE   Bay   FREEPORT ZONE
ISLAND   ⑤

SUBIC BAY ⑰

0   2 km

© Nelles Verlag GmbH

Foto: Albrecht G. Schaefer

und noch heute machen gelegentlich in entlegenen Gebieten NPA-Kämpfer und Autonomiebewegungen der Regierung zu schaffen. Taifune rütteln die Insel durch, bevor sie zum asiatischen Festland ziehen.

ZENTRAL-LUZON

Provinz Cavite

Südlich von Manila erstreckt sich die geschichtsträchtige **Provinz Cavite**. Hier meuterten 1872 philippinische Soldaten gegen die Spanier. Damit begann die Unabhängigkeitsbewegung, die erst 74 Jahre später, nach vielen Opfern und dann gegen die USA, obsiegte.

Las Piñas / ★★Bambusorgel

Bekannt ist **Las Piñas ❶**, das Städtchen, dem Ananaspflanzen seinen Na-

Oben: Die historische Bambusorgel von Las Piñas.
Rechts: In der Jeepney-Fabrik Sarao, Las Piñas.

men gaben, durch die weltberühmte ★★**Bambusorgel** in der **San-José-Kirche** und für seine fröhlich-bunte **Fiesta** am ersten Wochenende im Mai. Mit Jeepneys ab Ermita über Baclaran oder per Bus Richtung Cavite City ist sie in einer Stunde zu erreichen. Die Ende des 18. Jh. erbaute Kirche steht direkt an der Hauptstraße, dem Highway, der in die angrenzende Provinz Cavite führt.

Not machte den spanischen Pater Diego Cera erfinderisch, als er 1816 mit dem Bau der Orgel begann. Mangels besseren Materials und wohl auch aus Sparsamkeit setzte er acht Jahre lang 902 Bambus- und 129 Metallpfeifen in das fünf Meter hohe Instrument ein. Erdbeben, Stürme und Termiten hatten jedoch keinen Respekt vor dem Kunstwerk, so dass man sich 1973 zur Renovierung entschloss. Dafür reiste die Orgel für zwei Jahre ins deutsche Bad Godesberg. Seitdem findet alljährlich im Februar in Las Piñas ein Wettstreit statt, bei dem international renommierte Musiker den Bambuspfeifen Bachfugen und andere sakrale Klänge entlocken.

Auf andere Art geräuschvoll stellt sich eine weitere Attraktion von Las Piñas vor. Die ★**Jeepney-Fabrik Sarao**, in der die populären, lustig aufgetakelten Fahrzeuge geboren werden, ist am Highway, knapp 3 km südlich der San-José-Kirche zu finden. Gerne lässt die Verwaltung Besucher nach Anmeldung (Sarao Jeepney Factory, Tel. 553 0213, oder beim Pförtner, Mo-Fr 7-16 Uhr) in die Werkstatt, wo noch in Handarbeit die philippinischen Nachfahren des Weltkrieg-Jeeps entstehen.

Auf dem Weg nach Cavite City passiert man den Ort **Kawit ❷**. Hier kam 1869 Emilio Aguinaldo, der Präsident der ersten philippinischen Republik, zur Welt. Sein Geburtshaus, der **Aguinaldo Shrine**, ist ein **Museum**, im Garten liegt der alte Revolutionär begraben. Noch heute gelten die Caviteños als heißblütig und kampfesfreudig, wenn auch nicht immer aus demokratischen Motiven.

Foto: Volkmar F. Janicke

Cavite City

Früher war die Provinz Cavite für die spanische Kolonie sehr wichtig, denn in der Hafenstadt **Cavite City** ❸ wurden zur Zeit des Manila-Acapulco-Handels die Galeonen gebaut. Die enge Verbindung mit der Seefahrt und die Einflüsse aus der weiten Welt haben der Provinz ein lebendiges linguistisches Erbe beschert: das *Chabacano*. Dieser spanisch klingende Dialekt (wörtlich: „ungeschickt", „stillos") wird mit lokalen Eigenarten auch in Zamboanga auf Mindanao gesprochen.

Das nahe Manila hat die Region Cavite als Standort verarbeitender Industrie gefördert, bringt aber dem Gebiet durch Verstädterung auch die typischen Probleme. Cavite City und **Sangley Point**, wo nach der amerikanischen heute die philippinische Marine stationiert ist, liegen auf einer schmalen Halbinsel, die wie ein halber Anker in die Bucht von Manila hineinragt. Daher der Name, denn *kawit* bedeutet „Haken". Saubere Strände darf man nicht erwarten.

Ternate und Maragondon

Bei **Ternate** ❹, rund 40 km südwestlich von Cavite City wird die Küste attraktiver. Der **Club Punta Fuego** ist nur eines von mehreren exklusiven Ferienanlagen, die als Naherholungsziele für die zahlungskräftige Klientel Manilas erbaut wurden.

Ein paar Kilometer landeinwärts liegt **Maragondon** ❺, eine von Jesuiten angelegte Stadt, deren reich ausgestattete **Rokoko-Kirche** einmal mehr die Macht des Klerus unterstreicht. Und auch hier eine Erinnerung an die revolutionäre Vergangenheit: Andres Bonifacio, der Lagerarbeiter aus Tondo und Katipunan-Gründer, liegt bei Maragondon begraben.

Taal-See und ★Taal-Vulkan

Zur Kraterlandschaft rund um den Taal-Vulkan, einer der herausragenden, von der Natur geschaffenen Sehenswürdigkeiten des Landes, kommt man von Manila und Cavite City aus auf zwei

Foto: Gunther Deichmann

Straßen. Beide, die Verbindung von Las Piñas über Kawit und Silang, wie auch die aus der Ecke um Ternate über Naic und Indang, münden in die Stadt **Tagaytay City ➏**. Man sollte für die Strecke rund zwei Stunden Fahrtdauer einkalkulieren, vielleicht auch etwas mehr, weil die Obststände entlang der Straße immer wieder zum Anhalten verlocken. Je nach Jahreszeit gedeihen auf dem Lavaboden der **Provinz Batangas** Ananas, Mangos, Rambutan, Lanzones und etliche andere Vitaminspender. So gestärkt kann man den betörenden Ausblick von dem 700 m über Meeresniveau gelegenen Tagaytay oder des nahen **Taal Vista Hotels** genießen: auf den fast 270 km² großen **Taal-See**, aus dessen Mitte sich eine Insel erhebt. Sie gipfelt im 400 m hohen **★Taal-Vulkan ➐**, in dessen nordwestlichem, erloschenen Krater ein zweiter See mit einem Vulkaninselchen schimmert. Ein Wech-

Oben: Taal-See mit Taal-Vulkan. Rechts: Die Lavaerde der Provinz Batangas bringt köstliche Früchte hervor.

sel von Land und Wasser – wie eine Momentaufnahme aus der Entstehungsgeschichte des Archipels. Und die ist an dieser Stelle höchst lebendig. Der Taal ist zwar einer der kleinsten, aber auch einer der gefährlichsten Vulkane Südostasiens. Seit Ankunft der Spanier ist er rund dreißigmal ausgebrochen, viele kamen dabei ums Leben. 1911 starben über 1300 Menschen, und 1965 brach im Südwesten der Insel ein neuer Krater auf, wobei fast 200 Menschen getötet wurden. Jedesmal zogen die Bauern und Fischer zum Vulkan und an die Seeufer zurück – trotz der Zerstörungskraft des Vulkans, von der Fruchtbarkeit des Bodens angezogen. Als sich im Februar 1992 das Wasser im See bis auf 60° Celsius erwärmte und der Berg grollte, mussten die umliegenden Orte erneut evakuiert werden. Dass Taal und Pinatubo in Zukunft ihre Aktivitäten kombinieren könnten, ist eine Schreckensvision. Auf jeden Fall sollten vier einer Besteigung des Taal, den man nach einer Fahrt auf enger Straße zu den Orten **Talisay** oder **Laurel** am Ufer des Taal-Sees und

Foto: Albrecht G. Schaefer

anschließender **Bootsfahrt** erreicht, die Experten der Beobachtungsstation **Vulcano Observatory** in **Buco**, etwas westlich von Talisay, befragt werden.

Die Südwestküste Cavites

Jetzt sind auch angenehme, für jedermann erschwingliche Strandanlagen nicht mehr fern. Die Hauptstraße führt vom Kratersee direkt nach **Lian** an der Westküste von Batangas, wo das Südchinesische Meer in eine Reihe von Buchten hineinbrandet. Zwischen **Nasugbu** ❽ sowie dem südlicheren **Matabungkay** ❾ und **Calatagan** ❿ am Westzipfel der Balayan-Bucht haben sich zahlreiche Ferienanlagen angesiedelt. Diese in Manilas Nähe besten **Strände** bieten von Bambushütten bis zum luxuriösen Club alle Facetten der Badetouristik. Das Beherbergungsgewerbe, das für manche kleinen Fischer zum täglichen Broterwerb geworden ist, dient anderen, wie dem Zobel-de-Ayala-Klan, einer der reichsten Familien Südostasiens, als Hobby; er besitzt das

Luxusresort **Punta Baluarte** – und die Halbinsel Calatagan ebenfalls.

In den Orten **Anilao** ⓫ am Ostufer der Balayan Bay und **Mabini** ⓬ an der Batangas Bay organisieren mehrere Tauchveranstalter Kurse und Unterwasserausflüge zu vorgelagerten Korallenriffen und Inseln wie Sombrero, Maricaban oder Verde Island. Glücklicherweise hat man in dieser Region die Dynamit- und Giftfischerei eindämmen können, denn mit den toten Korallen wäre in kurzer Zeit auch die Geldquelle Tourismus versiegt.

Wer sich zwischen Strand und Schnorcheln wieder nach Geschichte sehnt, kann im Ort **Taal** ⓭ über 200 Jahre alte Kolonialhäuser und die mächtige **Basilica of St. Martin de Tours** (19. Jh.) bewundern. Archäologen haben an der Bucht von Balayan Hinweise auf 250 000 Jahre alte menschliche Siedlungen gefunden. Viel später, im 13. Jh., besetzten Seefahrer aus Borneo die fruchtbare Region, um von hier aus mit Arabern, Chinesen und Indern Handel zu treiben.

» **Karte S. 96-97, Info S. 138-139**   101

Batangas City

Die Provinzhauptstadt **Batangas City ⑭** ist ein quirliger Hafen und als wichtigster Industriestandort in Luzons Südwesten von rund 300 000 Menschen bewohnt. Die bedeutende Hafenstadt mit Ölraffinerien, Werften, Slums und Schmutz wird weiter wachsen, wenn das teilweise an der lokalen Bevölkerung vorbei geplante Industriegebiet rund um die Stadt ausgedehnt wird. Reisende weichen lieber in die nahe ländliche Region aus. Von der Stadt aus legen Auslegerboote und **Fährschiffe nach Puerto Galera** auf Mindoro im Süden ab.

Wer auf Luzon bleiben und nicht auf derselben Route nach Manila zurückfahren will, kann in der Stadt **Lipa ⑮** nordöstlich von Batangas City noch die **San-Sebastian-Kirche** aus dem 17. Jahrhundert besichtigen.

Laguna de Bay

Südöstlich von Manila kann man auf einer Rundfahrt um den großen Binnensee **Laguna de Bay** einige landschaftliche und auch kulturelle Attraktionen besuchen.

Calamba

Einen Tag voller Nervenkitzel und spaßiger Unterhaltung bietet **Enchanted Kingdom ⑯**, Luzons größter Vergnügungspark auf 17 ha. Man erreicht ihn von Manila kommend über den Southern Superhighway bei der Ausfahrt Santa Rosa.

Nächstes Ziel einer Rundfahrt um die Laguna de Bay – mit 922 km² Oberfläche der größte Binnensee des Landes – ist **Calamba ⑰**. Der Ort wartet mit Erinnerungen an die philippinische Geschichte auf, die für jeden guten Bürger des Landes Pflichtlektion sind. Hier

Rechts: International bekannt und sehr erfolgreich – das IRRI-Reisforschungszentrum bei Los Baños.

wurde nämlich der Nationalheld José Rizal geboren, sein als **Rizal Shrine** gekennzeichnetes Geburtshaus ist ein gut bestücktes Museum.

Los Baños

Bei **Los Baños ⑱** im renommierten **International Rice Research Institute** (**IRRI**) dreht sich alles um die Züchtung – auch mit Gentechnik – ertragreicherer und resistenterer Reissorten, die hier auf Versuchsfeldern erprobt und dann weltweit angepflanzt werden (http://irri.org/about-us/visitor-information). Für die Gesundheit gut sind **Los Baños** – „die Bäder", ein beliebter Kurort südwestlich der Stadt, am Fuß des ruhenden Vulkans Makiling. Hier sprudeln heiße **Schwefelquellen**, und Badeanstalten, Hotels und Restaurants leben von den Kurgästen.

Der mächtige **Mt. Makiling ⑲** ragt mit 1144 m zwischen den Provinzen Batangas und Laguna auf. Für Kletter- und Vogelfreunde ist er ein günstiges Nahziel von Manila aus und in zwei Tagen zu besteigen. Sein intakter Urwald beschwört Bilder der Legende von Maria Makiling herauf: Die Fee soll jungen Männern, von den Spaniern zum Militärdienst gezwungen, in dem von ihr behüteten Wald Unterschlupf gewährt haben. Allerdings hat sie sie, so heißt es, nie wieder freigegeben.

Eine andere Dame, Marcos-Tochter Imee, hat 1976 am Fuß des Berges das *Makiling Arts Institute and Academy* (MARIA) – Filipinos lieben Wortspiele über alles – gegründet, als Teil des **National Art Center** (NAC), wo sich begnadete Künstler möglichst unabgelenkt durch Besucher, die nur angemeldet und mit Einverständnis der Leitung Zutritt erhalten, von der faszinierenden Umgebung inspirieren lassen. Diese lässt sich ohne Einschränkung vom **Scout Jamboree Park**, einer angenehm schattigen Anlage mit Zoo und Schwimmbecken in der Nähe des Mt. Makiling bewundern.

Foto: Josef Beck

San Pablo und Alaminos

Im Süden der Laguna wirbt die Stadt **San Pablo** ⓴ mit ihren Attraktionen: sieben **Seen**, deren Fische die örtlichen Restaurants servieren, eine eindrucksvolle **Kirche** (18. Jh.) und das Mitte Januar gefeierte **Coconut Festival**.

Westlich von San Pablo, im „Verborgenen Tal" nahe bei **Alaminos** ㉑, liegt das **Hidden Valley Springs Resort**, eine feine Ferienanlage inmitten eines 92 m tiefen, erloschenen Kraters. Hier kann man in warmen und kalten Quellen baden oder gegen einen Wasserfall anschwimmen, alles unter dichten Urwaldpflanzen mit dem dazugehörigen feucht-schwülen Klima.

Tiaong

Die Kombination von Natur und Touristik hat auch der Haciendero Conrado Escudero geldbringend umgesetzt: Südlich von San Pablo, kurz hinter der Grenze zur Provinz Quezon, liegt bei **Tiaong** ㉒ seine **Villa Escudero**. Einen

Teil der 900 ha großen Kokos- und Reisplantage hat der ehrgeizige Besitzer in eine Sehenswürdigkeit umfunktioniert. Die Gäste fühlen sich hier ganz wie auf dem Land. Sie werden mit Wasserbüffelkarren oder mit Jeepneys durchs idyllische Gelände kutschiert, können im offenen **Wasserfall-Restaurant** unter Urwaldbäumen sitzen oder erleben in einer kleinen Halle die nationale Historie als farbenprächtiges **Tanztheater**, aufgeführt von den Angestellten des *Padron*.

Besonders sehenswert ist auch ein **Museum**, das die Antiquitäten und kuriosen Mitbringsel des weitgereisten Don Escudero beherbergt. Für die Übernachtung stehen gepflegte Bambusbungalows in stiller Flusslandschaft bereit.

Mount Banahaw

Der zweite Bergriese ist der **Mount Banahaw** ㉓ (2177 m), ein erst seit 1743 „schlafender" Vulkan östlich von San Pablo. Der Volksmund kennt ihn als männlichen Partner von Maria Makiling.

Foto: pixmixx (iStockphoto)

Ihn sollen die Mutigen besteigen, damit Kraft und Weisheit nicht nachlassen. Zu den Hängen des geheiligten Massivs des Banahaw und dem sehr reizvollen **Taytay-Wasserfall** gelangt man am besten von San Pablo aus.

An der Nordostseite des Berges liegt **Lucban** ㉔ an der Grenze zur Provinz Quezon. Ein Besuch lohnt vor allem Mitte Mai, wenn die Bewohner das *Pahiyas*-Fest feiern. Zu Ehren von San Isidro schmückt sich die Agrarstadt mit bunter Dekoration aus Früchten, Gemüse, Blumen, Lampions und *Kiping*, Blattimitationen aus Reisstärke. Große Pappfiguren schwingen mit bei der Prozession zur Festmesse vor der alten **Kolonialkirche**.

Wie im sauberen, traditionsbewussten Lucban waren auch im Nachbarort **Majayjay** und in **Nagcarlan** ㉕ die Franziskaner aktiv. Von Zwangsarbeitern ließen sie die sehenswerten **Kirchen** erbauen.

Oben: Floßfahrt bei Pagsanjan zu den Magdapio-Wasserfällen.

Pagsanjan

Sehr touristisch geht es in **Pagsanjan** ㉖ zu, nahe **Santa Cruz**, der Hauptstadt von Laguna. **Shooting the rapids** – „die Stromschnellen hinuntersausen" heißt die feucht-aufregende Attraktion, deretwegen täglich ganze Busladungen von Besuchern in Pagsanjan eintreffen. Der rasanten Bootstour in einer tiefen Urwaldschlucht flussabwärts geht die mühsame Strecke gegen die Stromschnellen voraus. Jeweils zwei der *Bangkeros* (Bootsleute) paddeln und schieben das schmale Boot über Felsen und tückische Strudel. Dann steigt man um auf ein Floß zu den 30 m hohen **Magdapio-Wasserfällen** am Ende der Schlucht. Die Szenerie ist abenteuerlich – besonders frühmorgens, wenn noch keine Ausflügler eingetroffen sind. Hier hat übrigens Francis Ford Coppola einen Teil seines Vietnam-Films *Apocalypse Now* gedreht.

Die Alltags-Akteure, Bangkeros, Kellner, Obstverkäuferinnen und Andenkenfotografen hatten den „Touristen-

Fluss" so vereinnahmt, dass die Behörden die gesamte Anlage wegen Nepp und unverschämter Preisforderungen zeitweise schließen ließen. Inzwischen ziehen das alljährlich im April gefeierte Festival *Ginoong Bangkero* („Mister Bootsmann") und seine originellen Wettkämpfe Gäste aus dem In- und Ausland an.

Caliraya-Stausee

Es liegt nahe, sich vor der Weiterfahrt am Ostufer der Laguna de Bay und durch die Rizal-Provinz – übrigens der am dichtesten besiedelten Region der Philippinen – noch etwas Erholung an den Ausläufern der **Sierra Madre** zu gönnen. In den Freizeitanlagen am **Caliraya-Stausee** ㉗ in der Provinz Quezon gibt es Wassersport- und Reitmöglichkeiten.

Ostufer der Laguna de Bay

Wie Perlen reihen sich dann die Orte am Ostufer der Laguna aneinander. **Lumban** ㉘ an der Seeküste ist eines der renommierten Schneiderzentren des **Barong Tagalog**, des philippinischen Oberhemds für offizielle Anlässe. Aus Ananasfasern (*piña*) und Abacafasern (*jusi*) gewoben und reich bestickt, ist das über der Hose getragene Hemd der Stolz des fein gekleideten Mannes. Es ersetzt den Anzug und gilt als Nationalgewand. Denn die Spanier sollen den Filipinos befohlen haben, das Hemd tailliert und über dem Gürtel zu tragen, um am Körper getragene Waffen schneller entdecken zu können.

Altem Handwerk haben sich auch die nördlicheren Orte **Paete** und das benachbarte **Pakil** ㉙ gewidmet. **Holzschnitzerei** und Pappmaché-Modellieren haben sowohl weltliche wie religiöse Tradition, denn auch hier hatten jahrhundertelang die Padres das Sagen. Doch gerade die Paeteños sind stolz, dass ihr Ortsname nicht einem Heiligen, sondern dem Werkzeug gewidmet ist,

das sie berühmt gemacht hat: *Paet* heißt Meißel. Internationale Preise haben ihre hölzernen Kunstwerke gewonnen, ein Kreuz hängt im Vatikan, von einer hier geschnitzten Kanzel herunter wird in San Francisco gepredigt, und selbst das global geliebte Jojo-Spiel wurde angeblich 1890 in Paete erfunden.

Bei **Siniloan** ㉚ lenken im **Philippine National Botanical Garden** etliche hundert Orchideen und Farne den Blick auf die Natur, die in vielen Landesteilen leider so nicht mehr anzutreffen ist.

Kirchen sind die Sehenswürdigkeiten im südöstlich benachbarten **Mabitac**, in **Tanay** ㉛ (hier locken außerdem die **Daranak-Wasserfälle**) und auch in **Morong**, wo die barocke **San Geronimo-Kirche** steht.

In dem auf einer Halbinsel liegenden Ort **Cardona** ㉜ lebt man vorwiegend vom Hauptprodukt des großen Sees, dem Milchfisch (*Bangus*). In großen, pfeilförmigen Bambusgestellen wird der heringgroße Fisch in der Lagune gezüchtet, dann industriell verarbeitet und auch exportiert. Die vorgelagerte Insel **Cielito Lindo** lädt zum Baden ein.

Im Norden der Laguna – Rizal Provinz

Ebenfalls in der Rizal-Provinz liegt **Antipolo** ㉝ im Hügelland östlich von Manila. Der Magnet des bekannten Wallfahrtsortes ist die schwarze Statue von „Unserer Lieben Frau des Friedens und der Guten Reise" in der **Antipolo-Kirche**. Ein mexikanischer Indianer soll sie geschnitzt und eine Galeone sie über den Pazifik gebracht haben. Seit 1632 zieht sie alljährlich im Mai die Frommen an, die sie küssen und berühren wollen. Sehr oft sind es Gläubige, die eine Auslandsreise planen. Vor den profitgierigen Baufirmen, denen das Abrutschen eines ganzen Wohnviertels infolge starker Taifunregen und zahlreiche Tote im Sommer 1999 angelastet wird, konnte die Heilige nicht schützen.

Für die Reise durch die **Rizal-Provinz**

Foto: Albrecht G. Schaefer

sollte man wissen, dass sie ein amerikanisches Produkt ist. Nomen est omen, dachten sich die Nachfolger der Spanier und gaben dem aus Teilen der alten Manila-Provinz und dem Distrikt von Morong entstandenen Gebilde den Namen des Nationalhelden. Dann wurde die neue Provinz getreu dem American way of life aufgepäppelt. Diese Gegend westlich der dünn besiedelten Sierra Madre ist ein Konglomerat aus Manilas Vororten, Fabrik- und Wohnstädten. Von Antipolo, von wo sich nachts ein toller **Ausblick** auf Manilas Lichtermeer bietet, gerät man bald in die dunstigen Fangarme des Molochs, nach **Pasig** ㉞, wegen der vielfältigen Gesundheitsinstitutionen auch „The Capital of Health" genannt. Im nahen **Pateros** erstrecken sich riesige Entenfarmen, die den Bedarf der Manileños an der Delikatesse **Balut** – angebrütete Enteneier als abendliche Muntermacher – decken.

Im nördlich gelegenen **Marikina** ㉟

schustern etliche Fabriken für die Füße von Millionen. Bei **Montalban** ㊱, in den Hängen der Sierra Madre, staut ein Damm das Trinkwasser für Manila.

Central Plains

Es dauert auch in nördlicher Richtung eine lange Weile, bis Manila dem Blick entschwunden ist. Das große Tiefland, die **Central Plains**, in dem der Northern Expressway parallel zum alten MacArthur Highway bis Angeles City die Hauptverkehrsader darstellt, bedeutet Fruchtbarkeit. Von der Manila Bay bis zum Golf von Lingayen, zwischen Sierra Madre und Zambales-Bergen erstreckt sich die Schwemmlandebene, die rund 30 Prozent der nationalen Reisproduktion sicherstellt. Sie umfasst die Provinzen Bulacan, Pampanga, Tarlac und Nueva Ecija.

PROVINZ BULACAN

Produktiv war die an Metro Manila grenzende **Provinz Bulacan** auch in

Oben: Erfrischendes Bad für Wasserbüffel. Rechts: Nassreisanbau in den Central Plains.

Foto: Josef Beck

Sachen Freiheitsbewegungen. Schon in **Balintawak**, dem nördlichen Stadtteil von **Caloocan City** ㊲, betritt man heroisches Gelände: Es war Andres Bonifacio, der mit dem „Schrei von Balintawak" 1896 den Aufstand gegen die Spanier entfesselte.

Dass die Bulakeños auch heute noch mit der vorspanischen Zeit liebäugeln, bezeugen die vielen Feste der Region. Wenige Kilometer nördlich von Metro Manila finden in **Obando** ㊳ alljährlich Mitte Mai „Fruchtbarkeits-Riten" statt, die zwar christlichen Heiligen gewidmet sind, doch die Erflehung überirdischer Hilfe bei Kindermangel und Ernteausfall reicht in tiefe malaiische Vergangenheit zurück. Ebenso verbindet sich Anfang Juli beim *Pagoda-sa-Wawa*-Fest im nahen **Bocaue** ㊴ der Glaube an die Naturgeister mit der Verehrung des Heiligen Kreuzes. Das haben die Vorfahren nämlich, so weiß es die Legende, vor rund 200 Jahren aus dem Bocaue-Fluss gefischt. Seither wird das Ereignis mit einer lustigen Flussprozession gefeiert.

Marcelo H. del Pilar, ein Freund von Rizal, ist nur einer der vielen Intellektuellen, die aus dieser Provinz stammen. Sein Vorbild war der Dichter Balagtas aus Bigaa – heute heißt der Ort wie sein berühmter Sohn **Balagtas** ㊵. Ende des 18. Jh. geboren, entwickelte sich Francisco Balthazar, der mit spanischem Namen unter den Mönchen aufgewachsen war, zu einem scharfsinnigen Protestpoeten. Mit der Rückkehr zu seinem Tagalog-Namen und vor allem in seinem bekanntesten Gedichtwerk *Florante at Laura* nahm er die Kolonialherrschaft aufs Korn.

In der nordwestlich gelegenen Provinzhauptstadt **Malolos** ㊶ erhoben sich, nachdem der Aufstand gegen die Spanier in Balintawak begann, massenhaft die Revolutionäre, und zwei Jahre später bereiteten Aguinaldos Anhänger hier die Unabhängigkeitserklärung vor. Nördlich von Malolos feiert man in **Pulilan** ㊷ ein weiteres Fest – hier zu Ehren des behäbigen Wasserbüffels *(carabao)*, dem „besten Freund des Bauern". Mitte Mai erhalten Hunderte geschmückter Carabaos vor der Kirche den Segen und

Foto: Eckhard Kiwitt

alle guten Wünsche des Schutzheiligen der Landwirtschaft, San Isidro Labrador.

PROVINZ PAMPANGA

San Fernando

Besonders bizarr wird in **San Fernando** ⑬ dem Christentum gehuldigt. An jedem **Karfreitag** wird die Hauptstadt der angrenzenden **Provinz Pampanga** von Schaulustigen überschwemmt. Dann ist **Kreuzigung**, und gleich mehrere Nacheiferer von Gottes Sohn treten an, um sich auf einem Reisfeld außerhalb der Stadt von echten Nägeln die Hände durchbohren und so auf eigenen Wunsch für fünf Minuten kreuzigen zu lassen. Blut fließt dabei erstaunlich wenig. Doch rundherum und auch in anderen Landesteilen sind an diesem Tag *Flagellantes* eifrig dabei, sich mit „neunschwänzigen Katzen" und Rasierklin-

Oben: Praktisch auch zum Reistrocknen – die Straße. Rechts: Ein vom Lavaschlamm des Pinatubo verschüttetes Haus wird ausgegraben.

gen den Rücken wund zu geißeln. Als zweiter Festhöhepunkt San Fernandos findet am 23./24. Dezember das **Große Laternenfestival** statt. Dann erstrahlt die Stadt im Licht von metergroßen Lampions und Weihnachtssternen (*parol*) aus fein dekoriertem Reispapier und Zellophan, mit modernster Elektronik und unzähligen Glühbirnen ausgerüstet. In auffallend großer Zahl leben in San Fernando chinesische Filipinos. Die Flucht ihrer Altvorderen aus Manila vor den Spaniern hat dem Ort zu wirtschaftlicher Bedeutung verholfen.

Angeles City und Mt. Pinatubo

Ein weiterer Anziehungspunkt der Provinz Pampanga ist die Stadt **Angeles City** ⑭. Erst Boomtown dank Amerikas Gnaden, dann Wüstenei unter Pinatubos Asche, jetzt wieder lebhaftes Zentrum mit aufblühender Industriezone und reaktiviertem Nachtleben. Hier ist erschreckend deutlich geworden, wie abrupt der seit dem Jahr 1380 ruhig gebliebene **Vulkan Pinatubo** ⑮ nicht nur die Landschaft, sondern auch die soziopolitische Situation der Region, ja des ganzen Landes verändert hat.

Angeles City war seit Jahrzehnten bestimmt und abhängig von Clark Air Base, dem amerikanischen Luftwaffenstützpunkt – bis zum Juni 1991, als Ascheregen und *Lahar*, die verheerenden Lawinen aus Wasser und heißer Vulkanasche, vom nur 20 km entfernten Berg den Ort zudeckten, Straßen, Bars und Flugzeuge verwüsteten, Brücken wegrissen und Flüsse blockierten.

Der Pinatubo hat fast einer Million Menschen die Wohnung geraubt. Eine Reisanbaufläche von 80 000 ha ist für Generationen wertlos geworden. Die Amerikaner, durch den auslaufenden Pachtvertrag ohnehin zur Entscheidung gedrängt, sahen sich über Nacht mit der Tatsache konfrontiert, den 53 000 ha großen Luftwaffenstützpunkt, rund 8000 GI-Posten und mehr als 800 philippinische Arbeitsplätze aufgeben zu

Foto: Albrecht G. Schaefer

müssen. Einige Bewohner hatten Glück und fanden neue Jobs in den Betrieben der **Clark Field Special Economic Zone** (CSEZ), die u. a. Hotelkomplexe und Vergnügungsparkanlagen umfasst und ergänzt wird durch das Einkaufsparadies FTZ, die **Free Trade Zone**. Auch das früher berühmt-berüchtigte Rotlichtviertel **Balibago** hat seine Tore wieder geöffnet. Touristen stellen nun das Gros der Kundschaft.

Der graue Belag, der seit 1991 die Landschaftsfarbe rund um Angeles bestimmt, hält sich hartnäckig, und die Gefahr wiederholter Ausbrüche und Lahar-Fluten ist längst nicht gebannt. Das hält jedoch die Reiseagenturen nicht davon ab, für **Abenteuertouren** und **Rundflüge** in das so abrupt entstandene Gebiet aus Asche, Lavasand und bizarren Formationen um den 1760 m hohen Pinatubo zu werben.

Nördlich von Angeles City

Nordöstlich von Angeles City überragt der 1026 m hohe **Mount Arayat** ㊻, ein noch schlafender Vulkan, die Ebene. In seinen geschützten Wäldern können sich Naturfreunde tummeln. Im nahen Ort **Magalang** ㊼ erinnert **Kolonialarchitektur** an vergangene spanische Zeiten.

In unmittelbarer Umgebung wird den Weltkriegstoten beider Seiten gedacht: In **Mabalacat** ㊽ ehrt ein **Mahnmal** japanische Kamikaze-Piloten, beim Ort **Capas** ㊾ in der Nachbarprovinz Tarlac steht das **Death March Monument**, das an den Tod bringenden Marsch alliierter Soldaten in japanische Gefangenschaft erinnert.

PROVINZ TARLAC

Tarlac ㊿ ist Hauptstadt der gleichnamigen Provinz, des Zuckerlands von Luzon. Großgrundbesitzer bestimmen Politik und Wirtschaft – wie die Cojuangcos, deren berühmteste Mitglieder Cory Aquino und ihr Sohn „Noynoy" Aquino (2010-16 Präsident) sind. Deren Landsitz, die 6500 ha große Zuckerplantage **Hacienda Luisita**, war 2004 Schauplatz

» **Karte S. 96-97, Info S. 138-139**

eines Massakers: Polizei löste eine Pro-
testaktion von Arbeitern auf und tötete
12 von ihnen.

PROVINZEN NUEVA ECIJA UND AURORA

Zwischen Tarlac und den südlichen
Ausläufern der Sierra Madre erstreckt
sich die Reiskammer der Philippinen:
Nueva Ecija, die größte Provinz der Region. Dank der fruchtbaren Ablagerun-
gen des Pampanga und drei weiterer
Flüsse, durch künstliche Bewässerung
und viel Regen können die Bauern im
Jahr drei Reisernten einfahren.

Für die Bewohner der Provinz ist die
Central Luzon State University bei der
Hauptstadt **Cabanatuan City 51** ein
wichtiges Bildungszentrum in Sachen
Ackerbau und Viehzucht.

Für Touristen interessant sind der
große **Pantabangan-Stausee 52** nordöstlich von San José City und der **Mi-
nalungao National Park 53** östlich des
Ortes General Tinio mit Karstquellen
und kühler Berglandschaft.

Baler

Die raue Straße über **Bongabon** ermöglicht einen Abstecher durch die
Sierra Madre zur Pazifikküste. **Baler 54**
heißt der attraktive Ort in der Provinz
Aurora. Das Hinterland reizt zu Berg-
wanderungen, doch der Hit und ein
begehrtes Ziel für Surfer sind die Bran-
dungswellen in der **Bucht** von Baler, die
schon in Fr. Coppolas Film „Apocalypse
Now" dramatisch in Szene gesetzt wurde. Zwischen September, wenn der **Aurora Surfing Cup** Sportler aus aller Welt
anlockt, und Februar wird das **Cape
Encanto** („Kap des Entzückens") seinem
Namen gerecht.

*Rechts: Schülerinnen genießen ihre Freizeit in Subic
Bay.*

Zambales-Region

Strandresorts, spannende Tauchspots
und Dschungeltouren vor der Kulisse
des Mt. Pinatubo locken seit dem Abzug der US-Truppen Ausflügler von Manila an die Küste der Zambales-Region.
Westlich und südwestlich der Großen
Ebene und der Zambales-Berge liegen
die Küstenprovinzen Bataan, Zambales
und Pangasinan.

HALBINSEL BATAAN

Die **Halbinsel Bataan** (westlich der
Manila Bay) hat aufgrund ihrer Rolle
während des Zweiten Weltkrieges, als
sie von Japanern und Alliierten um-
kämpft war, historische Bedeutung. Der
„Fall von Bataan" am 9. April 1942 wird
seither als Nationalfeiertag gewürdigt.

Mariveles

Im äußersten Süden der Halbinsel
begann bei **Mariveles 55** und im weiter
nördlich gelegenen Bagac (s. u.) der
„Todesmarsch" von 76 000 Alliierten in
japanische Gefangenschaft. Ein Drittel
kam dabei ums Leben. Um Mariveles
ist 1970 eine Freihandelszone für die
exportorientierte Industrie entstanden. Südlich der Stadt lockt der **Talaga
Beach**, ein Sandstrand in schöner Lage.

★Corregidor Island

Der Südküste von Bataan vorgelagert, am Eingang zur Manila Bay, liegt
die ★**Corregidor-Insel 56**, ein bedeutender Kriegsschauplatz (vom 50 km
entfernten Manila mit **Ausflugsbooten**
zu erreichen). Die verzweifelte Verteidigung der Alliierten gegen das japanische Bombardement im Frühjahr 1942
hat *The Rock* berühmt gemacht. Neben
den Militäranlagen und einem **Krie-
gerdenkmal** hat die 8 km² große Insel
auch landschaftliche Reize zu bieten,
wobei jedoch immer wieder die Spuren
des Krieges auftauchen. Diese werden

» **Karte S. 96-97, Info S. 138-139**

Foto: Kevin R. Hamdorf

heutzutage touristisch kräftig ausgebeutet; so gibt es geführte Tagestouren, eine **Light- und Soundshow** in den **Tunnelanlagen**, aber auch mehrere, teils luxuriöse Hotels.

Bagac

In der Nähe von **Bagac** (57) wartet das 1986 stillgelegte **Atomkraftwerk** am **Napot Point** auf endgültige Demolierung – oder Wiederinbetriebnahme, die einige Politiker und Energiebosse im Sinn haben sollen. Wie ein Kontrapunkt erscheint da die etwas weiter südlich zu findende Anlage **Montemar Beach Club**, die mit einem im Jahr 2003 gegründeten **Meeresschildkrötenschutzprojekt** Aufsehen erregt.

Mt. Samat

Auf dem 553 m hohen **Mt. Samat** (58) erinnern der **Dambana ng Kagitingan** („Schrein der Helden"), ein 92 m hohes **Kreuz** und ein kleines **Museum** an den 2. Weltkrieg. Vom Kreuz genießt man einen weiten Blick über die Manila Bay und das Südchinesische Meer.

Der Nordosten Bataans

Balanga (59), Hauptstadt der Bataan-Provinz, eignet sich als Ausgangspunkt für Ausflüge zum Mt. Samat, es gibt einen bunten **Markt** und eine Kathedrale. Bei **Abucay** (60) rauschen die **Pasukylan-Wasserfälle**, der Ort **Sibul** (61) wartet mit Bademöglichkeiten in einer **Schwefelquelle** auf.

SUBIC BAY

Seit dem Abzug der US-Truppen im Jahr 1992 aus **Subic Bay** (62) hat sich die Region enorm verändert. Freihandelszonen entstanden, Hotels- und Freizeitanlagen wurden gebaut. Besonders attraktiv ist die Bucht heute für Taucher, denn über 20 **Wracks** liegen auf dem Grund der Bucht verstreut.

In der „amerikanischsten Stadt der Philippinen", **Olongapo City** ① im Süden der **Provinz Zambales**, bestimmen seit dem Ausbruch des Pinatubo und dem Abzug der US-Marine internationale Unternehmen das Leben in **Subic Bay Freeport**, einer florierenden zollfreien Industrie- und Handelszone. Sie erstreckt sich auf dem früheren Militärgelände Olongapo. Auf der Schnellstraße SCTex (Subic-Clark-Tarlac-Expressway) brauchen Busse 2-3 Stunden von/nach Manila. Diese Entwicklung brachte auch dem Tourismus neue Attraktionen und dem Regenwald eine neue Überlebenschance: Neben Tauch-, Golf- und Reitsport können abenteuerlustige Besucher im **Jungle Environment Survival Training Camp** ② (östlich des Subic Airport) geführte Touren in den Dschungel einschließlich Survivaltraining und Beobachtung von Flughunden buchen. Per Jeep kann man sich im südwestlich gelegenen, 15 ha großen **Zoobic Safari-Park** auf Tierpirsch (u.a. Tiger, Schlangen) begeben.

Im **Ocean Adventure** ③, einer Art Erlebnis-Zoo südlich der Stadt, kann man Seelöwen, Delfine, Haie und Rochen bestaunen. Sogar Schwimmen mit Schwertwalen wird hier geboten!

Ausflüge zum **Camayan Point** ④ mit dem schönen **Camayan Beach** (Picknickplätze, Getränkeverkauf) und zur **Grande Island** ⑤ mit dem **Grande Island Resort** sind lohnende Ziele in der Umgebung.

Nordwestlich von Olongapo City haben auch die kleinen Nachbarorte **Barrio Barretto** ⑥ und **Subic** ⑦ an Anziehungskraft nicht verloren. Hier findet man ebenfalls eine große Zahl von Resorts, Hotels und Bars.

ZAMBALES WESTKÜSTE

Entlang der Küste und der Berge von Zambales locken gute Strände. Die Küstenstraße führt vorbei an Buchten und vorgelagerten Inseln mit ergiebigen Tauchrevieren bis nach **Iba** ⑬, der Hauptstadt der Provinz Zambales und

Rechts: Hundred Islands National Park.

Ausgangsbasis für Wanderungen in die Zambales Berge mit dem höchsten Gipfel **Mt. Tapulao** ⑭ (High Peak, 2037 m).

Vorbei an **Santa Cruz** geht es weiter nordwärts zur Provinz Pangasinan.

GOLF VON LINGAYEN

Das Wahrzeichen der **Provinz Pangasinan**, einer Hochburg für Fischerei, Reis- und Salzwirtschaft – *pang-asin-an* bedeute ist: „dort, wo Salz gewonnen wird" – ist der **Golf von Lingayen**. Mitte des 16. Jh. hatte der chinesische Pirat Limahong nach der missglückten Einnahme Manilas hier mit 3000 Mann vergeblich versucht, einen Stützpunkt einzurichten. Noch heute ist die Ruine des Tunnels zu sehen, durch den die Chinesen zu ihren Schiffen flohen.

Bolinao

Historisch und naturkundlich Interessierte werden im einstigen Galeonenhandelshafen **Bolinao** ⑮ fündig, wo auch die **Kirche St. James** aus dem Jahr 1609 zu bewundern ist. Die Exponate im **Regional Museum** bieten einen Einblick in Leben und Kultur der Philippinen zwischen dem 7. und 15. Jahrhundert. In mehreren vor **Cape Bolinao** – wo ein **Leuchtturm** steht und der lange weiße **Patar Beach** lockt – und den vorgelagerten Inseln Santiago, Dewey und Silaqui gesunkenen Schiffen könnten noch Schätze auf Entdeckung warten. Im **Bolinao Marine Laboratory**, ca. 1,5 km östlich der Stadt, befassen sich Wissenschaftler der University of the Pilippines mit der Aufzucht der stark bedrohten Giant Clams (Riesenmuschel) und erklären Besuchern gern ihre Arbeit (Mo-Fr 9-17 Uhr).

★Hundred Islands National Park

Eine Naturattraktion ist der ★**Hundred Islands National Park** ⑯ nahe des Orts **Alaminos**. Tatsächlich sind es 120 bewachsene Inselchen mit kleinen

Foto: Dirk Sigmund (Dreamstime)

Strandnischen, die sich für Rundfahrten und Robinsonaden anbieten. Die Unterwasserwelt scheint sich vom Raubbau der Dynamitfischer zu erholen.

Lingayen

Vor Pangasinans Provinzhauptstadt **Lingayen** ➓ und dem weiter östlich gelegenen **Dagupan** ➓, beide im 16. Jh. von den Augustinern gegründet, liegen weite, graufarbene Strände – beliebtes Ziel von abgasgeschädigten Manileños, die für das Weekend die Direktroute durchs Tiefland von Luzon vorziehen.

Wo sich die Lingayen-Golfküste bei **San Fabian** ➓ nordwärts schwingt, rücken die Cordillera-Ausläufer dicht ans Meer und bilden die südliche Grenze von Nord-Luzon.

NORD-LUZON

Ilocandia (Ilocos)

Die **Region Ilocandia** (auch Ilocos oder „Region I" genannt), die nörd-

lichste der Philippinen, ist reich an eindrucksvoller Natur und kulturellem Erbe. Entlang der Küstenlinie erstrecken sich kilometerlang schöne Strände und verstreute Kirchen, Wachtürme und das historische Vigan erinnern an die spanische Kolonialzeit. Zwischen der Cordillera Central und der Küste des Südchinesischen Meeres liegt diese Region, die sich aus den Provinzen La Union, Ilocos Sur und Ilocos Norte im Westen von Nord-Luzon zusammensetzt. Zwischen die beiden Ilocos-Provinzen drängt sich noch die Gebirgsprovinz Abra in Küstennähe.

Ein „ungerechtes" Klima bestimmt die Lebensweise der Menschen. Zwischen November und Mai ist es mäßig heiß, aber sehr trocken. Dementsprechend bauen die Bewohner neben Reis auch Tabak, Zwiebeln, Zuckerrohr und Mais an. Dann aber beuteln besonders zwischen Juli und September wütende Taifune die Gegend und machen harte Arbeit zunichte. Viele Ilocanos – hispanisiert für „Tieflandleute" – sind im Lauf der Zeit aus der rauen Heimat weggezogen, um im Süden des Landes und in Übersee ihr Glück zu versuchen.

Man sagt dem *Ilocano* (oder *Samtoy*) Fleiß, Zielstrebigkeit und Sparsamkeit nach. Und was das Sparen angeht, sollen die Ilocaños den Schotten nahestehen, was entsprechende Witze kolportieren.

Gesegnet mit schönen Stränden ist die **Provinz La Union** ganz im Süden von Ilocandia. Entlang der Küste reihen sich eindrucksvolle Zeugnisse der spanischen Kolonialzeit, die hier 1572 mit der Eroberung von Juan de Salcedo begonnen hatte: wuchtige, wegen Erdbeben und Piraten wie Festungen erbaute Kirchen und Wachttürme.

Agoo

Museen zeigen die bewegte Geschichte, wie das **Museo Iloko** im Städtchen **Agoo** ❼⓿ im südlichen La Union. In der **Basilika** wird die „Mildtätige Madonna" verehrt, und als Kuriosität kann man auf dem entsprechenden großen **Gemälde** zwei Engel ausmachen, die eindeutig die Gesichter von Imelda Marcos und Mrs. Aspiras, Ehefrau eines Tourismusministers und Auftraggeber des Bildes, tragen.

Das Monument schlechthin in Sachen Marcos-Kult hat man dann etwas landeinwärts bei **Pugo** ❼❶ auf der Strecke nach Baguio vor sich: Im **Marcos-Park** hatte sich der Diktator schon zu Lebzeiten in Form einer **Riesenbüste** in Zement verewigen lassen.

Bauang

Strandresorts sind die Attraktion des Küstenortes **Bauang** ❼❷, dessen Name einfach „Knoblauch" bedeutet, denn der gedeiht hier zuhauf. Bis zur 10 km entfernten Provinzhauptstadt San Fernando fesseln weite Strände den Blick. An den Hügeln wachsen zwar Trauben; den lokalen Wein, den rötlichen *Basi*, liefert jedoch gegorener Zuckerrohrsaft.

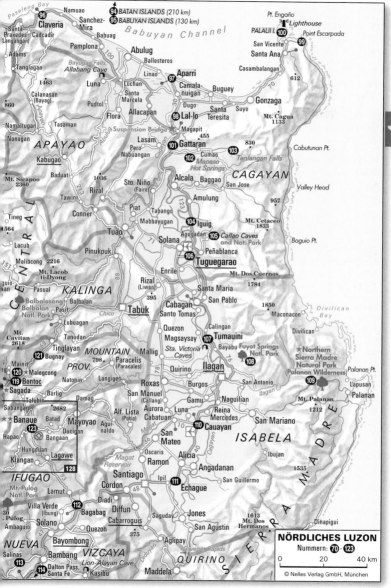

Paseleng Bay

94 BATAN ISLANDS (210 km)
95 BABUYAN ISLANDS (130 km)

Pt. Engaño

96 Claveria
Namuao
Sanchez-Mira
Babuag

Santa Praxedes
Langangan
Cadcadir

Adams

Pamplona
Abulug
Ballesteros

Aparri 97
Camala-nuigan

Buguey

Lighthouse
PALAUI I. 100
Point Escarpada
San Vicente
Santa Ana
99

Casambalangan

612

Tanglagan
1463

Luna
Luchan
Santa Marcela

Linao

Dugo
Santa Teresita

Suyo
Gonzaga
Mt. Cagua
1133

Calanasan (Bayag)
860

Pudtol

Allacapan

Lal-lo 98

Namaltugan
Nanagan

Tasaman
Flora

Magapit

APAYAO
Lasam
455

Suspension Bridge

Gattaran 101
Pero Nabuangan

830
Cabutunan Pt.

Kabugao

Baduat

1036
Cumao 102
Mapaso Hot Springs

103
Tanlangan Falls

Mt. Sicapoo
2360

Rizal
Sto. Niño (Faire)

Alcala
Baggao
San Jose

CAGAYAN
Valley Head

Tineg
4564

Tawini
Conner

Piat
Tabango
Mabbayugan

Amulung
957
Mt. Cetaceo
1833

Baguio Pt.

Lacub

Tuao
Iguig 104

Agugadan
Callao Caves 105
and Nat. Park

Malibcong 2216
Mt. Lacob ti-Dyong

Pinukpuk

Solana

Peñablanca 106
Tuguegarao

guio-san
Pasual

KALINGA

Rizal (Liwan)
395

Enrile
Mt. Dos Cuernos

Balbalasang-Balbalan
Natl. Park
Balbalan
Pasil

Chico

Tabuk

Santa Maria
San Pablo

1784
1850
Maconacon

Divilican Bay

Lubuagan

Cabagan
Santo Tomas

Mt. Cavitan
2618

Tanudan
Tinglayan

Bugnay 121

MOUNTAIN
PROV.
798

Mallig

Quezon
Magsaysay
Sta. Victoria Caves

Calingan
Tumauini 107

Divilican

Mainit
Malecong 120

Paracelis (Paracales)

Bayabu Fuyot Springs
Natl. Park 108

Bontoc 119
Sagada

Natonin

Langigen
78

Quirino

Ilagan

Northern
Sierra Madre
Natural Park
(Palanan Wilderness)

Palanan Pt.

Barlig

Damag

Roxas (Callang)
San Manuel
Burgos
San Antonio

Ilagan

109
Lapusan
Palanan

Sabangan
Talubin
2682

Alf. Lista (Potia)
Aurora
Cabatuan
Gamu
Luna
Naguilian
Reina
Mercedes
Mt. Palanan
1212

Banaue
Batad
Mayoyao 123
Aguinaldo

San Mariano

Hapao
Ducligan
Bangaan

San Mateo
Cauayan 110

ISABELA

Hungduan
Lagawe
Kiangan
128

Oscaris
Ramon
Alicia

Ibujan
1535

IFUGAO
Magat
Reservoir

Angadanan
San Guillermo

Mt.-Pulog
Natl. Park
Lamut

Santiago
Ipil

30
. Pulog
Ambaguio

Villa Verde (Ibung)
Solano

Cordon
Diadi
Diffun
Echague 111

Bagabag
Cabarroguis

Saguday
Jones

1613
Mt. Dos Hermanos

Dinapigui

NUEVA
Salinas

Bayombong
Quezon
375

San Agustin

Bambang
VIZCAYA
113
114 Dalton Pass.
Santa Fe
Lion-Alayan Cave
Kasibu

Aglipay

Governor Rapids

QUIRINO

Maddela

SIERRA MADRE

NÖRDLICHES LUZON
Nummern: 70 - 123

0   20   40 km

© Nelles Verlag GmbH, München

115

Foto: Kevin R. Hamdorf

Von San Fernando nach Santa Maria

San Fernando ⓱ (La Union), 1786 zu Ehren des spanischen Königs Ferdinand gegründet, ist das regionale Zentrum. Hier gewährt das **Museo de la Union** Einblick in die lokale Kulturgeschichte, die **Chinesische Pagode** und der taoistische **Ma-cho-Tempel** ehren den chinesischen Beitrag zur Stadtentwicklung. Spanische **Wachttürme** sind bei **San Juan** ⓴ und den Nachbarorten **Carlatan** und **Bacnotan** erhalten. Alte Handwerkstradition ist in **La Union** zu Hause. In San Juan werden dekorative **Töpferwaren** hergestellt, außerdem gehört der Ort mit seinem **Surf Beach** zu den besten Surfdestinationen des Landes. Aus **Bangar** ⓵, der Grenzstadt zur **Provinz Ilocos Sur**, stammen handgewebte Decken. Sehenswerte **Kirchen** zieren die Orte **Santa Lucia** ⓶, **Candon** ⓷ und **Santa Maria** ⓸.

Oben: Am „Surf Beach" von San Fernando. Rechts: Vigan, die älteste noch intakte spanische Kolonialstadt, wurde mit Mitteln der UNESCO restauriert.

Von Narvacan in die Bergprovinz Abra

Ein weiterer Wachtturm steht bei **Narvacan** ⓹, wo gen Nordosten die Straße zur **Provinz Abra** abzweigt. Diese arme Bergprovinz lebt hauptsächlich vom Tabak und vom Holz ihrer ausgedünnten Wälder. In der jüngsten Vergangenheit waren Teile von Abra wiederholt Schauplatz von Kämpfen zwischen Militär und NPA-Rebellen. Ziele wie der **Kimkimay**-**See** bei **Pilar** ⓺ und die von wilder Berglandschaft umgebenen heißen Quellen von **Bani** bei **Boliney** ⓻ sollte man nur bei geklärter Sicherheitslage ansteuern; auch die eventuelle Weiterreise in die **Mountain Province** sollte gut überlegt sein.

★★Vigan

Die Küstenstadt ★★**Vigan** ⓼ wurde 1572 von Salcedo als *Ciudad Fernandina* gegründet. Ihr **historischer Kern**, die am besten erhaltene spanische Kolonialstadt der Philippinen, wurde 1999 ins

Foto: Mike Shannon (Fotolia)

Weltkulturerbe aufgenommen. In den Ecken und Straßen, die wie die Mena Crisologo Street im Mestizoviertel durch UNESCO-Mittel restauriert werden, lebt die verstaubte *Madre España* fort. Besonders frühmorgens, wenn Sonnenstrahlen die verschlafen wirkenden Warenhäuser und Residenzen aufwecken und die stinkenden *Tricycles* noch nicht herumknattern. Das „Stück Kastilien in Südostasien" ist greifbare Geschichte, in der man sogar wohnen kann.

Bei einer *Kalesa*-Fahrt stimmt mit dem Pferdegetrappel die Nostalgie auch akustisch. Doch die Erinnerung ist nicht nur anheimelnd. In Vigan wurde im 18. Jh. Diego Silang geboren, der Anführer einer tragischen Rebellion gegen die Kolonialmacht. Nach fünfmonatigem Kampf starb er 1762 durch die Pistole eines Mestizo. Seine mutige Witwe Gabriela führte den Aufstand fort, bis sie 1763 in Vigan gehenkt wurde.

Das **Geburtshaus des Priesters José Burgos** –1872 in Manila hingerichtet – erinnert an ein weiteres Opfer der Freiheitsbewegung und zeigt sehenswerte Details aus der Ilocano-Kultur (seit 2017 Teil des Nationalmuseums). Zum Museum gehört nun auch das ehemalige **Provinzgefängnis**. In dem gegenüberliegenden, 1697 erbauten Gebäude wird dem in Vigan geborenen, früheren Präsidenten Quirino (1948-53) und der Basi-Rebellion (1807) gedacht.

Die Zentren der Macht gruppieren sich rund um die **Plaza Salcedo**: Erzbischöfliche Residenz, Provincial Capitol und die **St. Paul's Cathedral** (1574 gegr., neu erbaut 1641 und im 19. Jh.) mit ihrem eindrucksvollen Altar aus gehämmertem Silber. Praktisches gibt es an der Ecke Gomez Street und Liberation Boulevard zu bestaunen, in der Töpferei **Pagburnayan**, die die typischen glasierten Tonkrüge herstellt.

Nördlich von Vigan

Andere sehenswerte Kirchen stehen nördlich von Vigan im Nachbarort **San Vicente** und in **Magsingal** ❸, wo dem Bildnis des St. William zwei Meerjungfrauen assistieren. Das **Magsingal Mu-**

Foto: Kevin R. Hamdorf

seum, ein ehemaliges Kloster, widmet sich dem Volk der **Tingguian**, früheren Kopfjägern, deren Nachfahren noch heute in den Bergen östlich von Vigan leben.

3 km hinter **Cabugao** lohnt ein Ausflug zum **Strand** von **Pugos** ㉞, bevor dann nördlich von Sinait die **Provinz Ilocos Norte** beginnt.

Juan Luna, ein berühmter Maler des 19. Jh., wurde in **Badoc** ㉟ geboren. Das renovierte **Luna House** zeigt einige seiner Werke als Reproduktionen.

Schöne **Strände** bietet **Currimao** ㊱. Wie im übrigen Ilocandia ist hier *Tobacco country*. Ilocos Norte ist außerdem Marcos-Land geblieben: Schon vor der Hauptstadt Laoag sind die Spuren des Diktators überdeutlich.

Paoay

In **Paoay** ㊲ zieht die ★★**San Agustin-Kirche**, eines der eindrucksvollsten

Bauwerke der Kolonialzeit aus dem frühen 18. Jh. (Weltkulturerbe), viele Besucher an, weil sie klotziges Äußeres mit verspielt-javanischen Stilelementen im Inneren vereint.

Etwas nördlich des Ortes liegt der **Nationalpark Lake Paoay**. In dem 70 Meter tiefen See soll der Legende nach eine vorspanische Stadt versunken sein. Heute protzt am Nordufer **Malacañan ti Amianan**, die vormalige Residenz von Marcos, heute ein **Museum**, das einen Einblick in die verschwenderische Lebensweise der Familie des Diktators ermöglicht.

Batac und Sarrat

In **Batac** ㊳, an der Hauptstraße nach Laoag, präsentiert sich das dortige Marcos-Wohnhaus **Balay ti Ili** dem Publikum. Und im nahen **Sarrat** ㊴, dem Geburtsort des Diktators, geht der Personenkult weiter: Hier kann man unter anderem das Bett bewundern, in dem Klein-Ferdinand das Licht der Welt erblickte.

Oben: Eine Korbflechterin bei Vigan. Rechts: Die berühmteste Kirche Ilocandias steht in Paoay.

Foto: Timwege (Dreamstime)

Laoag City

Der Flughafen der Provinzhauptstadt **Laoag City** ⑨ wurde anlässlich der Hochzeit von Marcos'Tochter Irene 1983 erweitert und das exklusive **Fort Ilocandia Resort Hotel** am Dünenstrand von **Suba** damals eigens errichtet. Interessanter als die **St. Williams-Kathedrale** in Laoag City ist ihr 85 m entfernter **Glockenturm**, denn er ist seit dem frühen 17. Jh. geschrumpft. Kirche und „Sinking Tower" sind massige Vertreter des „Erdbeben-Barocks". Das **Rathaus** aus dem 19. Jh. und das **Ilocos Norte Museum** sind ebenfalls einen Besuch wert. Als Dank an den spanischen König Alfonso XII., der das ungerechte Tabakmonopol durch gemischten Ackerbau ablöste, wurde 1882 vor dem Provincial Capitol ein **Denkmal** errichtet.

Eine „Katastrophenkirche" ist auch in **Bacarra** ⑨ zu sehen. Neben dem Gotteshaus aus dem 18. Jahrhundert steht der **Glockenturm**, ein guter Aussichtspunkt. Bis zum Erdbeben von 1930 war er wesentlich höher, und der Erdstoß von 1984 ließ ihn erneut zusammensacken.

Pagudpud

An der Nordküste Ilocandias öffnet sich bei **Burgos** ⑨ östlich des **Cape Bojeador Lighthouse** – ein Turm, der seit 1892 übers Meer blinkt – die palmengesäumte **Bangui Bay**. Nahe **Pagudpud** ⑨ locken herrliche **Strände**, für die die Bezeichnung „Riviera von Nordluzon" wirbt. An Infrastruktur mangelt es zwar noch, doch von November bis Mai ziehen Orte wie **Sand Beach** oder **Kingfisher Beach** Kiteboarder und Windsurfer an.

Vergessene Inseln im rauen Norden

Wo die **Paseleng Bay** die Nordküste in die Ausläufer der Cordillera Central drückt, beginnt die **Provinz Cagayan**, die die Nordostecke von Luzon und die Babuyan-Inseln einschließt. Doch der hohe Norden des Landes ist das noch nicht. Ganz weit draußen, in manchen

» **Karte S. 114-115, Info S. 138-139**

119

Landkarten gar nicht vermerkt, liegt nämlich der Philippinen kleinste und bevölkerungsärmste Provinz: die *Batanes*, die **Batan-Inseln** ⑨. Wo heute etwa 20 000 Menschen leben, waren spanische Mönche erst mehr als 100 Jahre nach Errichtung der Kolonie gelandet. Es sind drei Hauptinseln und einige Landbrocken, die rund 200 km nördlich von Luzon (ca. 850 km nördlich von Manila) in subtropischen Breiten liegen. So geben sie sich eigentlich eher unphilippinisch. Einmal wird hier ein den übrigen Landessprachen kaum verwandtes Idiom, das *Ivatan*, gesprochen. Außerdem bauen die gleichnamigen Bewohner dickwandige, grasgedeckte Steinhäuser, wie sie nirgendwo sonst auf dem Archipel anzutreffen sind. Das raue Klima, Monsune und Taifune haben Land und Leute geprägt.

Auf **Batan**, der wichtigsten der grü-

nen Inseln, dehnt sich sogar prächtiger Urwald um den 1008 m hohen „schlafenden" **Vulkan Iriya** aus. An mediterrane Orte erinnert das Hauptstädtchen **Basco** mit den engen Gassen, der Kirche aus dem 18. Jahrhundert und den weißen Häusern mit Balkonen. Wenige Holperstraßen durchziehen die Insel. Nur ein paar Jeepneys und Motorräder verkehren zwischen einsamen Küstendörfern.

Sabtang und **Itbayat**, die beiden anderen bewohnten Eilande, sind noch urtümlicher. Auf Fremde kurios wirken die typischen Kopfbedeckungen der Ivatan: Gegen Regen und Sonne schützt sie die *Suot,* eine bis über den Rücken reichende Haube aus Naturfasern. Anspruchslos und freundlich, leben die Insulaner von Fischfang und Viehzucht. Besucher müssen die Wetterverhältnisse einkalkulieren. Wenn die Landebahn von **Basco** auf Batan zugeregnet und die Sicht trübe ist, kehrt das Flugzeug um. Doch wer auf den Batanes festsitzt, wird es nicht bereuen – kein schlechter Platz für den modernen Robinson.

Oben: Die Suot, eine Art Naturfaser-Perücke, schützt die Bewohner von Itbayat (Batan-Inseln) vor Regen und Sonne. Rechts: Sportfischer am Point Escarpada.

Lohnend ist eine Bootsfahrt zu den **Babuyan-Inseln** (95), auf halbem Weg zwischen den Batan-Inseln und dem Festland gelegen: Drei aktive **Vulkane** thronen auf **Babuyan** und **Camiguin**, weiter östlich steigt direkt aus der See der **Didicas** empor.

Foto: Kevin R. Hamdorf

Cagayan Valley

Obwohl durch den Rio Grande de Cagayan und seine Nebenflüsse sehr fruchtbar und vor Taifunen geschützt, ist die Region industrielles und touristisches Entwicklungsland. Auf drei Seiten Gebirge – im Westen die Cordillera Central, im Osten die Sierra Madre, im Süden die Caraballo-Berge – und dazwischen ein langes, nach Norden offenes Tiefland: Das ist **Cagayan Valley**. Es bildet die Verbindungslinie der aneinanderhängenden Provinzen **Cagayan**, **Isabela** und **Nueva Vizcaya**.

Claveria

Dort, wo die Cordillera endlich einem zunächst schmalen Küstenstreifen Platz macht, liegt **Claveria** (96), die nördlichste Stadt auf dem „Festland", mit einem breiten Strand.

Auf der vorgelagerten **Insel Fuga,** die weiße Korallensandstrände aufweist, wollte ihr chinesischer Besitzer Tan Yu einmal eine Mischung aus Hawaii und Hongkong erbauen. Angebracht wären aber (vor allem medizinisch) bessere Bedingungen für die rund 2000 ärmlichst lebenden Ilocanos.

Aparri und Lal-lo

Ein holpriger Abschnitt der Nationalstraße 3 führt entlang der Küste über den Abulug-Fluss nach **Aparri** (97) an die Mündung des Cagayan. Salcedo war hier schon 1567 gelandet, doch erst 1581 legten die Spanier im südlicheren **Lal-lo** (98) ein Fort an. Der später vorübergehend *Nueva Segovia* genannte Bischofssitz steht für viele gewaltsame und doch vergebliche Vorstöße der katholischen Eroberer ins Landesinnere. Erbittert hatten die dortigen Stämme – die Ibanag sogar mit Hilfe ihrer Handelspartner aus Japan und Borneo – jahrhundertelang die fremde Macht abgewehrt.

Ausflüge zum Point Escarpada und zur Palaui Insel

Aparri ist das Handelszentrum für die fischreiche Küste geblieben. Von hier aus werden Touren für Sportfischer organisiert, vor allem zum Nordostzipfel und zur Palaui-Insel. Besonders am **Point Escarpada** (99) bei **San Vicente** locken Marlin-Schwärme.

Der kleine Ort **Santa Ana** hat sich zur Basis für **Walbeobachtungstouren** (Febr.-April) entwickelt.

Natur und Einsamkeit sind die Schätze auf **Cape Engaño** im Norden von **Palaui** (100). Wo ein alter **Leuchtturm** die Halbinsel ziert, lassen sich selbst die Dumagat-Negritos öfters vom weiten Seeblick verzaubern.

Von Aparri Richtung Süden ins Große Tal

Von Aparri geht es auf der National-straße 5 nach Süden, zunächst ins 35 km entfernte **Gattaran** ⓿, Stützpunkt für lohnende Ausflüge zu den schwefligen **Quellen von Mapaso** ⓿ und zu den rund 40 km entfernten, 100 m hohen **Tanlagan-Fällen** ⓿.

Auf der Weiterfahrt nach Cagayans Hauptstadt Tuguegarao passiert man **Iguig** ⓿. Hier geht es während der Karwoche entlang des Kreuzweges (Iguig Calvary Hills) sehr fromm zu.

Callao Caves und Tuguegarao

Unter die Erde gehen kann, wer die südöstlich gelegene **Peñablanca Limestone Formation** in den **Callao Caves** ⓿ aufsucht. Mit 192 ha Ausdehnung gelten sie als des Landes größtes „Unterwelt-System". Noch viele Winkel der nach den hier einst nistenden Nashornvögeln (*kalaw*) benannten Höhlen warten auf Erforschung. Das **Cagayan Museum & Historical Research Center** in dem ansonsten langweiligen Durchgangsort **Tuguegarao** ⓿ vermittelt Führer für die Höhlen und für spannende **Trekkingtouren** z. T. mit Booten zu den Dörfern der Sierra Madre. Außerdem beeindruckt es mit Fundstücken aus dem Paläolithikum.

Mittleres Cagayan-Tal

Naturliebhaber kommen auch weiter südlich in den **Santa-Victoria-Höhlen** bei **Tumauini** ⓿ und im nahen **Fuyot National Park** ⓿ auf ihre Kosten.

Das mittlere Cagayan-Tal gehört zur **Provinz Isabela**, so benannt nach Königin Isabella II. von Spanien (1830-1904). Das große Territorium ist Tabakanbaugebiet und stellt die „Reiskammer von Nord-Luzon" dar.

Rechts: Baguio City, 1500 m hoch gelegen, bietet ein angenehmes Klima

★Palanan Wilderness und Cauayan

Unbedingt sehenswert, wenn auch recht abgeschieden und schwierig zu erreichen ist der **★Northern Sierra Madre Natural Park** oder **★Palanan Wilderness** ⓿, mit 360 000 ha größtes Schutzgebiet der Philippinen, das sich bis zum Pazifik erstreckt. Ein Bilderbuchdschungel mit Bambus, Mangroven, Orchideen, Rattan und Farnen. In Lagunen leben Krokodile, in den Baumriesen spähen Adler (Philippine eagle). Die schnellste Art, nach Palanan zu kommen, ist mit den Fliegern von Cyclone Airways, die von **Cauayan** ⓿ und Tuguegarao aus verkehren.

Hier, in Cauayan sowie im nördlichen Tumauini und auch in **Echague** ⓿ werden Bewunderer alter, teilweise arg verwitterter Kirchen fündig.

Der Süden des Cagayan-Tals

Nueva Vizcaya, die südlichste Provinz des Großen Tals, ist für viele Reisende nur Durchgangsgebiet, denn im nördlichen **Bagabag** ⓿ zweigt die Straße zu den berühmten Reisterrassen von Banaue ab (s. S. 128).

Nueva Vizcaya liegt ohne Zugang zum Meer etwa in der Mitte von Nord-Luzon. Wenig entwickelt, besteht es zum größten Teil aus den Hügeln und Bergen der Cordillera und der Caraballo-Ausläufer. Ilongot, Igorot und Dumagat bevölkern noch zahlreich die Randgebiete von Nueva Vizcaya. Mehr als die Hälfte aller Einwohner lebt auf dem Land – vom Gemüse- und Reisanbau, sowie vom Korbflechten. Die wichtigsten Orte der Provinz – **Solana**, **Bambang** und die Hauptstadt **Bayombong** – liegen an der Nationalstraße 5.

Wenige Kilometer westlich von Bambang strahlen weiße Hügel in der Sonne: die Salzquellenablagerungen von **Salinas** ⓿. Auf dem Weg weiter nach Süden legen die Überlandbusse einen regelmäßigen Stop am 943 m hohen **Dalton Pass** ⓿ bei **Santa Fé** ein. Bei

Foto: lovt (iStockphoto)

gutem Wetter besticht die Aussicht, doch eigentlich soll der Kriegshelden gedacht werden: Hier hatte die amerikanisch-philippinische Division des General Dalton die Japaner vertrieben.

Cordillera Central

Eine der großartigsten Landschaften der Philippinen erstreckt sich über die vier zentralen Hochlandprovinzen Benguet, Ifugao, Mountain Province und Kalinga-Apayao. Die abweisende und doch faszinierende Bergwelt der Cordillera Central entspricht so gar nicht dem Bild von den Tropeninseln. Ebenso unterscheiden sich ihre Bewohner, Nachfahren der vor rund 3000 Jahren von Festlandasien eingewanderten Protomalaien, von den Tiefland-Filipinos. Geschützt durch die Berge, konnten sich die Ibaloi, Kankanay, Bontoc, Ifugao und Kalinga lange gegen die goldsuchenden Weißen und deren christliche Missionierung wehren. Erst nach 1850 hatten die Spanier Fuß fassen können bei den kriegerischen **Igorot**, wie die Stämme der Cordillera noch heute pauschal bezeichnet werden.

Die Amerikaner waren erfolgreicher. Auch sie, vom Missionseifer getrieben, wollten die „heidnischen Kopfjäger" bekehren. Immerhin brachten sie nach ersten Gewaltaktionen neben Straßen und Hospitälern mit Hilfe ansonsten penetranter Sekten das Erziehungswesen mit. Doch die Bergvölker fühlen sich weiterhin bedroht. Auch die jetzige Obrigkeit muss sich hier in schon jahrzehntelangen Kämpfen mit Widerstandsbewegungen auseinandersetzen. Die Plünderung der Ressourcen, das Aufweichen ihrer Kultur und die Landflucht der an Entbehrung, aber nicht an Verarmung gewöhnten Menschen bestätigen das traditionelle Misstrauen gegenüber Manila.

Baguio City

Für Tiefland-Filipinos ist schon ein Besuch von **Baguio City** ⓫ in der **Provinz Benguet** so etwas wie die Reise in den „Wilden Norden". Exotisch mutet für sie

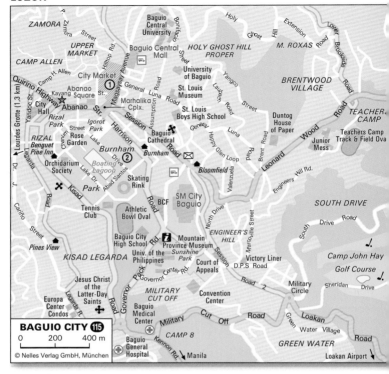

BAGUIO CITY **⑮**

0   200   400 m

© Nelles Verlag GmbH, München

die Region an, auch weil es dort „sehr kalt" ist. Und so lockt die über 1500 m hoch gelegene „Sommerstadt" in den Monaten April und Mai Zigtausende unter der Hitze stöhnende Manileños an, die die kühlen 20 °C in den Pinienwäldern der südlichen Cordillera sehr zu schätzen wissen.

Die Amerikaner machten es möglich; sie hatten zu Beginn des 20. Jh. die frühere Ibaloi-Siedlung *Kafagway* und spätere spanische Expeditionsbasis als Kurort entdeckt, zunächst nur für eigenes Personal, das über die in drei Jahren gebaute Kennon Road von Manila in Urlaub fahren konnte. Dann brachten die Gold- und Kupferminen dem Ort schnelles Wachstum, eine Militärakademie, die St. Louis-Universität mit einer Silberschmiedschule, das Zentrum philippinischer Wunderheiler und natürlich viel Tourismus – bis 1990 ein Erdbeben einen Großteil der Stadt in Trümmer legte und über 1000 Menschenleben forderte. Inzwischen hat sich das ca. 350 000 Einwohner zählende Baguio zu einer pulsierenden Metropole vergrößert und ist bemüht – trotz zunehmender Smog- und Lärmbelastung – seinem Ruf als „Stadt der Pinien, Blumen und Verliebten" weiter zu entsprechen.

Nach wie vor erfrischend ist der **City Market** ① im Stadtzentrum, wo außer Korbflechtarbeiten, Silber- und Schnitzwaren vor allem die begehrten Erdbeerprodukte reizen. Etwas weiter südlich

The Manor at Camp John Hay

erstreckt sich der (nach dem amerikanischen Stadtplaner Baguios benannte) **Burnham Park** ②. Europäern dürfte dort das **Orchidarium** mehr bieten als Bootsfahrten auf dem künstlichen See. **Camp John Hay** ③, das große Erholungsgebiet der amerikanischen Armee am Südostrand von Baguio, wo General Yamashita die Kapitulation unterzeichnete, ist nun ein öffentlicher Freizeitpark, in dem auch Exponate des **Baguio Benguet Mountain Province Museum** ausgestellt sind.

Nördlich vom Camp John Hay liegt der **Botanical Garden** ④ mit Schatten spendenden Benguet-Pinien, chinesich und japanisch inspirierten Anlagen.

Zu Fuß oder auf einem der im be-

nachbarten **Wright Park** ⑤ wartenden Mietpferde lässt sich der angenehme Weg zum **Mansion House** ⑥, ehemaliger US-Gouverneurssitz und bis 1986 Residenz philippinischer Präsidenten, zurücklegen.

Massen pilgern sonntags zur **Lourdes-Grotte** auf den **Mirador Hill** am westlichen Stadtrand. Marias Segen und gute Aussicht über die auf sieben Hügeln erbaute Stadt sind der Lohn nach 220 Stufen. In südwestlicher Richtung erreicht man bald die **Asin Hot Springs**, heiße Quellen als Badeanstalt.

Die neuzeitliche Ifugao-Siedlung **Tam-awan Village** hat die Künstlergruppe Chanum etwas nordwestlich von Baguio bauen lassen. Auch mit der Präsentation indigener Handwerkskunst und der Übernachtungsmöglichkeit in den traditionsgemäßen Häusern will man auf die Kultur der Bergvölker aufmerksam machen.

Die schweren Bedingungen, unter denen früher Gold gefördert wurde, vermittelt eine Tour im **Museums-Bergwerk** von Balatoc, ca. 15 km südöstlich von Baguio (tägl. 9-14 Uhr).

Von Baguio Richtung Norden

Ein Ausflug nach Norden führt mitten in die „Salatschüssel der Philippinen", das für den Anbau europäischer Gemüsesorten bekannte Tal von Trinidad. In **La Trinidad** ⑯, der Provinzhauptstadt, kann das **Benguet Museum** auf die Berglandreise einstimmen. Hier zweigt auch die Straße zum **Ambuklao-Stausee** ⑰ ab. Die atemberaubende Busfahrt in die östliche Hochland-Provinz vermittelt unvergessliche Einblicke in enge Kurven und grandiose Schluchten.

Der Ambuklao-Stausee wird vom Agno-Fluss gespeist und ist einer der wichtigen Stromspender Manilas. Seinem tiefen Tal aufwärts folgt die Piste, zur Rechten ragt der **Mount Pulog** auf, mit 2930 m der zweithöchste Berg des Landes.

Über **Bokod** erreicht man **Kabayan**

Foto: kalha (iStockphoto)

118 – ein heiliger Ort bis vor 500 Jahren, denn so alt sind die Mumien, die man hauptsächlich um den **Mount Timbac** herum gefunden und dem Museum in La Trinidad anvertraut hat. Die Ibaloi, die ihre Toten nackt, in Fötus-Haltung in Holzsärge betteten, konnten nicht voraussehen, dass Plünderer des 20. Jahrhunderts den Ahnen diese letzte Ehre rauben würden. Aus diesem Grund sind einige **Begräbnishöhlen** heute verschlossen. Lokale Führer ermöglichen **Wanderungen** in die Berge, auf den Pulag, zu Seen und Goldminen.

Bontoc und die ★Reisterrassen von Malegcong

Ein besonderes Erlebnis ist die 150-km-Fahrt von Baguio auf dem **Halsema Highway** nach **Bontoc 119**, Hauptstadt der **Mountain Province**. Stellenweise auf über 2200 m win-

Oben: Die hängenden Särge der Igorot bei Sagada.
Rechts: Seit mehr als 2000 Jahren bebauen die Ifugao ihre Reisterrassen.

det sich die Straße rund acht Stunden durch raues Gelände mit aufregenden Panoramen. Im komfortablen **Mt. Data Hotel** können durchgerüttelte Reisende übernachten und sich am Kamin aufwärmen. Bontoc, eine 900 m hoch gelegene, von Wellblech dominierte Kleinstadt ist mehr Basis als Ziel erlebnisreicher Ausflüge. Doch immerhin ist das volkskundliche **Bontoc Museum** eine Pflichtadresse im Ort.

Nach drei Stunden Marsch in Richtung Nordosten faszinieren die steinernen ★**Reisterrassen von Malegcong 120**, deren großartige Architektur kaum eine Steigerung findet. Zischend heiße **Schwefelquellen** und Goldfunde haben den Nachbarort **Mainit** („heiß") interessant gemacht. Noch recht traditionell gibt sich das Dorf **Guinaang**, das man auf dem Rückweg nach Bontoc passiert.

Bugnay

Zuviele Touristen und das Misstrauen gegenüber allen Fremden haben **Bug-**

Foto: ekix (fotolia)

nay ㉑, das noch Anfang der 80er Jahre fast isolierte Dorf am Chico-Fluss in der Kalinga Province, verändert. Fotogebühren und Pflichtführungen wurden eingeführt, sogar Überfälle gab es: Ein Beispiel für die Spannungen zwischen Traditionen, unsanftem Fremdenverkehr und Kulturwandel, die die Gefechte zwischen NPA und Militär im Ifugao- und dem benachbarten Kalinga-Gebiet noch verschärften. Zwar ist das umstrittene Staudammprojekt am Chico River bis auf weiteres gestoppt, doch sicher wähnen die Kalinga von Bugnoy, Busealan und den anderen Dörfern der Gemeinde Tinglayan sich noch lange nicht. Zu viele Bodenschätze lagern unter ihrem Boden, zu viele Bäume und Flüsse locken fremde Profiteure an, und auch Touristen sind letztendlich Eindringlinge im Land der Ahnen.

★Sagada

★**Sagada** ㉒, westlich von Bontoc, ist zwar abgelegen, aber bei Globetrottern zu einem beliebten Reiseziel ge-

worden. Zum besonderen Reiz von Sagada tragen bei: Die Berglandschaft; die kühle Ruhe auf 1500 m ü. M. inmitten von Pinienwäldern und **Reisterrassen**; ein gutes Angebot an einfachen Unterkünften und geführten **Wanderungen** – ins ★**Echo Valley**, zu den **Kankanaey** -**Bergstämmen**, Wasserfällen und Tropfsteinhöhlen wie der spektakulären ★**Sumaging Cave** – und vor allem die **Särge der Igorot** in den Begräbnishöhlen der Karstberge wie der ★**Lumiang Cave** (2 km südl.). Die ★**Hängenden Särge der Igorot** bei Sagada müssen mittlerweile vor Dieben geschützt werden.

Das **Tourist Information Center** in der Stadtverwaltung vermittelt einheimische Führer zu festen Preisen.

In Sagada lebte lange Zeit **Eduardo Masferré** (1909-1995), ein international bekannter Fotograf, dessen Schwarzweißbilder aus der Zeit von 1935-1955 – eine Auswahl ist im Restaurant der Lodge **Masferré Country Inn** im Zentrum ausgestellt – die Igorot einfühlsam porträtieren.

» **Karte S. 114-115, Plan S. 128, Info S. 138-139**   127

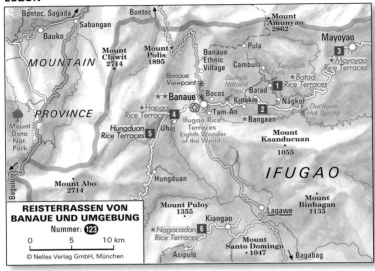

REISTERRASSEN VON
BANAUE UND UMGEBUNG
Nummer: **123**
0   5   10 km
© Nelles Verlag GmbH, München

★★Reisterrassen von Banaue

Ebenfalls auf geheiligtem Terrain wurden die **★★Reisterrassen von Banaue 123** in der Provinz Ifugao angelegt. Vor 2000 Jahren sollen die ins Bergland geflüchteten **Ifugao** in über 1200 m Höhe die von ihnen als „Stufen zu den Himmelswelten" verehrten, als „achtes Weltwunder" titulierten Terrassen geformt haben. Nach drei Stunden Busfahrt von Bontoc liegt einem das **Tal von Banaue** zu Füßen.

Noch grandioser sind die Reisterrassen der Umgebung: In einem Halbrund aus Reisfeldern steht das Dorf **★Batad 1** (s. Bild S. 94) mit seiner Wellblechdachkirche – wie Riesentreppen ziehen sich die Felder die steilen Hänge hinauf. Ebenso malerisch liegt (südlich der Straße nach Mayoyao) das Dorf **★Bangaan 2** (s. Bild S. 44). Auch die Reisterrassen von **★Mayoyao 3**, **★Hapao 4**, **Hungduan 5** und **★Nagacadan 6** (bei Kiangan) lohnen die kurvenreiche Anfahrt.

Die UNESCO zählt die Reisterrassen um Banaue zum Welterbe. Der Schutz, ergänzt von den Ifugao-Geistern *Bulul* und *Lumauig*, kommt hoffentlich nicht zu spät, denn wegen der Abwanderung der jungen Leute wird die jahrhundertealte, arbeitsintensive „Landschaftskunst" immer weniger gepflegt.

SÜD-LUZON

An einen knorrigen Ast mag Astronauten das erinnern, was als **Bicol** oder Süd-Luzon bezeichnet wird und landschaftlich sehr reizvoll ist: Zerteilte Halbinseln wechseln mit tief ins Land schneidenden, von Inseln gesprenkelten Buchten; Berg- und Hügellandschaften und dann eine Kette von Feuerbergen, die der Vulkan Mayon nördlich von Legazpi City krönt. Die auch **Bicolandia** genannte Region, dieses durch eine Landbrücke mit Luzon verbundene Halbinselgebilde, umfasst die Provinzen Camarines Norte, Camarines Sur, Albay und Sorsogon. Geografisch benachbart, gehören zudem der Süden der Provinz Quezon und die Insel Catanduanes, politisch auch die Insel Masbate dazu.

Das Klima der an den Pazifik grenzenden Region hat mit dem des übrigen Luzon die Taifune gemeinsam,. Klar getrennte Jahreszeiten gibt es nicht, der Regen verteilt sich übers ganze Jahr – gut für die Landwirtschaft, die von fruchtbaren Lavaböden profitiert, was eine frühe Besiedlung begünstigte.

Als die Spanier im 16. Jh. in Bicol eintrafen, lebten dort Menschen, die sich und ihr Land *Ibalon* nannten und 300 Jahre zuvor aus Borneo eingewandert waren. Sie stammten, so die Legende, von drei Helden ab, die gegen wüste Ungeheuer gekämpft hatten. Die Spanier interessierten sich zunächst für die Goldadern in Camarines Norte, dann wurde die Stadt Legazpi am Golf von Albay als Station des Galeonenhandels zwischen Mexiko und China – Silber gegen Seide – zum Zentrum der Region. Bicolandia hat außer in Fischerei und Kopraproduktion große Bedeutung als Lieferant von *Abaca* (Manilahanf, Bananenfaser).

Als Reiseziel und lohnender „Umweg" zur Erkundung des südlichen Archipels bietet Bicol viel Panorama und schöne Strände. Es locken Bergtouren und Ausflüge zu Binnenseen wie dem Lake Buhi, Heimat des „kleinsten Speisefisches der Welt". In diesem Landstrich leben freundliche Menschen, die scharf gewürzte Speisen schätzen.

540 km sind es auf dem Pan Philippine (auch Maharliko) Highway von Manila nach Legazpi City.

Der Südosten von Quezon

Von Manila kommend, könnte man die Ankunft in Bicol etwas hinausschieben und von der nördlich der Laguna de Bay nach Südosten führenden Route ausscheren. Bei **Siniloan** ⑫④ überquert eine Nebenstraße die Sierra Madre und endet in **Infanta** ⑫⑤ am Pazifik. Hier und im nahen Ort **Real** legen Boote ab zum kleinen, touristisch kaum bekannten Archipel der **Polillo-Inseln** ⑫⑥.

Von **Santa Cruz** an der Südküste der Laguna de Bay geht es auf holpriger Straße nach **Lucena City** ⑫⑦, der Hauptstadt der Provinz **Quezon**. Lucena City selbst ist nicht sehr interessant. Die Busse aus Manila legen hier vor der Weiterreise in den Süden meist eine Pause ein. Wenig attraktiv ist der verschmutzte Dalahican-Strand vor der Stadt.

Vom wuseligen Fischerhafen in **Dalahican** schippern Fährboote zur **Insel Marinduque** ⑫⑧. Die schlafene, landschaftlich reizvolle Insel ist bekannt für das an Ostern stattfindende ★**Moriones-Festival** (s. S. 152 und 39).

Der Küstenort **Padre Burgos** ⑫⑨ südöstlich von Lucena liegt gegenüber dem Insel-Tandems **Pagbilao Grande** und **Pagbilao Chico** in der Tayabas-Bucht. Viele kleine Höhlen haben Wind und Wasser in die bewachsenen Korallenfelsinseln gefressen, die laut Legende aus der Romeo-und-Julia-Affäre zwischen dem Wind und einer irdischen Schönheit entstanden sein sollen.

Auf Pagbilao Chico begingen Hunderte von gestrandeten Japanern während des Zweiten Weltkrieges Selbstmord. Um der Schande der Gefangenschaft zu entgehen, sprangen sie vom **Estamper Point** in den Tod.

Quezon-Landschaftsschutzgebiet

Empfehlenswert ist es, eine halbe Jeepney-Stunde östlich von Lucena in das **Quezon-Landschaftsschutzgebiet** ⑬⓪ einzutauchen. Trotz der mit Holz befeuerten Kalksteinmühlen auf der Nordseite des Parks steht noch primärer Urwald, den zu durchwandern ein Genuss ist. Mit Glück kann man sogar Nashornvögel zu Gesicht und freche Affen zu spüren bekommen.

Zurück auf der Nationalstraße, liegt an der Nordostküste **Atimonan** ⑬①, wo die ruhige Kleinstadtatmosphäre zur Übernachtung und zum Besuch der alten **Kirche** einlädt. Hier verkehren Boote zur vorgelagerten urwüchsigen **Insel Alabat** ⑬② mit schönen Stränden.

>> **Karte S. 130-131, Info S. 138-139**

LUZON

SÜDLICHES LUZON
Nummern: 124 – 158

0   20   40 km

© Nelles Verlag GmbH, München

130

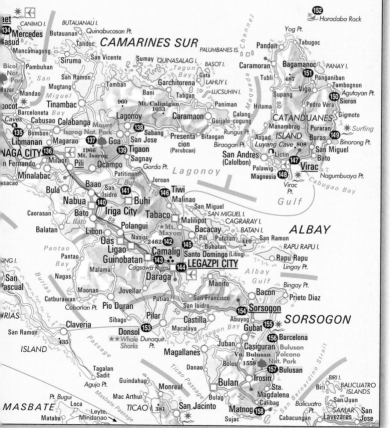

PHILIPPINE

SEA

CALAGUA
HUAG I.
GUINTINUA I.
ISLANDS

NORTE

CANIMO I.
Mercedes Butauanan Quinabucasan Pt.
asud Mancamagong BUTAUANAN I. Tandoc
Siruma San Vicente Sumay QUINASALAG I.
Bicol Pambuhan San San Ramon Tamban Bani Tabgan
Nat. Magtang Miguel Garchitorena LAHUY I.
Park Mandao 960 Mt. Calinigan LUCSUHIN I.
lazar Barceloneta Tinambac 1033 Paniman
Caves Cabusao Calabanga Mount Lagonoy Caramaon
Bombon Isarog Nat. Park Sabang Guijalo
Libmanan Magarao Goa San Jose
NAGA CITY Milaor 1966 Tigaon Sagnay
n Fernando Pili Mt. Isarog Ocampo Gorda Pt.
Minalabac Patitinan
Bula Baao San Joroan
Caorasan Nabua Buhi Tiwi
Balatan Bato Iriga City Malinao
Libon Tabaco San Miguel
Oas Polangui Malilipot Bacacay
Ligao Nasisi 2462 Camalig Pili Pututan
Guinobatan Cagsawa Ruins Santo Domingo Buhatan
Malama Daraga LEGAZPI CITY

CAMARINES SUR

PALUMBANES IS.
BASOT I.
Caramoran Tubli Bagamanoc
Pandan Tabugoc
Yog Pt.
PANAY I.
Viga Panganiban
Supang Pedro Vera Sioron
Hitama Gigmoto
CATANDUANES
Manambrag ISLAND Baras
Asgad Luyang Cave 808 San Miguel
Biraogan Pt. Lictin Virac
San Andres Palawig Bato
(Calolbon) Magnesia Virac
Pt. Cabugao Bay
Lagonoy Gulf

ALBAY
SAN MIGUEL I.
CAGRARAY I.
BATAN I.
San Ramon
RAPU RAPU I.
Rapu Rapu Lingay Pt.
Albay Gulf
Manito Bacon Prieto Diaz
Maonan Jovellar Putiao San Francisco Bingay Pt.
Catburawan Pio Duran San Isidro Sorsogon
Cobarian Pt. Pilar Castilla Gubat
Claveria Sibago Macalaya SORSOGON
San Ramon Donsol Abuyog Juban Barcelona
ISLAND Whale Dunaquit Magallanes Bulusan Volcano
Sharks Pt. Danao Bolos 1559 Nat. Park Bulusan
Tagalan Guindahap Bulan Irosin
Sadit Monreal Bulag Sta. Magdalena
Aguja Pt. Mac Arthur Calibag Balicuatro
MASBATE Loca TICAO I. San Jacinto Matnog
Mataba Leyte Sujac Cabacungan

131

Foto: Art Phaneuf (iStockphoto)

Camarines Norte und Sur

Daet

Die Weiterreise nach Osten führt an einer Mangrovenküste entlang, die Orte wirken verschlafen. Einladender erscheint **Daet** ⑬, Hauptstadt der **Provinz Camarines Norte**. Bald kommt einer der schönsten Strände der Region in Sicht: Der 3,5 km außerhalb von Daet gelegene **Bagasbas-Strand** ist im November und Dezember bei Surfern beliebt. Von Daet kann der Strandwanderer in eineinhalb Stunden den pittoresken Fischerort **Mercedes** ⑬ erreichen. Vor der Weiterfahrt entlang der San Miguel Bay lädt der weiße Strand der vorgelagerten Insel **Apuao Grande** zum Faulenzen ein.

Naga und Mt.-Isarog-Nationalpark

Westlich von Naga, der Hauptstadt von **Camarines Sur**, kann man bei **Lib-**

Oben: Ein typischer Sari-Sari-Shop.

manan ⑬ **Höhlen** besichtigen.

Naga ⑬ hat neben dem Flair einer Provinzmetropole eine lebhafte Studentenszene. Es gibt gute Hotels und – besonders an der **Magsaysay Ave.** – Restaurants, in Eiscafés und Diskos trifft man auf die gelassene Natürlichkeit der Bicolanos. Als *Nueva Caceres* von Extremadura-Spanien 1575 an der Stelle der Ibalon-Siedlung Naga gegründet, zählt der Ort zu den ältesten philippinischen Städten. Doch so früh die Europäer sich hier niedergelassen hatten, so bald wurden sie Naga auch wieder leid. Wiederholte Aufstände der „Indios" zwangen die Spanier, sich schon vor der Übernahme durch die Amerikaner aus Bicol zurückzuziehen. Die 1578 erbaute **San-Francisco-Kirche** wurde bei einem Erdbeben 1915 bis auf einen Turm zerstört und durch ein eher hässliches Gotteshaus ersetzt.

An 15 Patrioten aus Naga, 1896 von den Spaniern hingerichtet, erinnert das **Quinze-Martires-Monument** auf dem Platz gegenüber der Kirche. Ein weiteres Bauwerk aus der Zeit der Franziskaner ist die **Kathedrale** von Naga. 1595 erbaut und mehrfach durch Feuer, Erdbeben und Taifune zerstört, wurde sie 1890 zum vorerst letzten Mal wieder aufgebaut.

Hoch her geht es in Naga alljährlich am dritten Wochenende im September, wenn die Flussparade zu Ehren der Jungfrau von Peñafrancia, Schutzpatronin aller Bicolaner, Stadt und Umgebung in Atem hält. Mittelpunkt des fromm-fröhlichen Festes ist ein aus Spanien stammendes Marienbildnis. Sieben Tage lang wird gefeiert und die Ikone inbrünstigst in der Kathedrale angebetet, um dann in prächtigem Bootskorso zu ihrem angestammten Schrein am Ufer des Naga-Flusses heimzukehren. Außer diesen Attraktionen und der regionaltypischen Spezialität – Pili-Nüssen – gibt es landschaftliche Highlights im östlich gelegenen **Mt.-Isarog-Nationalpark** **137** zu bestaunen. Vom Ort Panicuason mit heißen und kalten Quellen führt eine Piste zum Eingang des Parks. Von hier führen kurze Wanderungen zu den **Nabontolan Falls** und den **Malabasy Falls** mit Bademöglichkeit. Wasser- und Radsportfreunde mögen sich für das Angebot im **Camsur Watersport Complex** (CWC), ca. 10 km südöstlich von Naga im Ort Cadlan, begeistern.

Die Osthänge des Mt. Isarog fallen zum **Golf von Lagonoy** hin ab. Bei Pili ist ein Abstecher nach **Sabang** **138** am Westufer des Golfs möglich, wo Schwertfische gefangen werden. Eine außergewöhnliche „Werft" findet man in **Tigaon** **139** vor; dort werkeln geschickte philippinische Hände am Buddelschiff-Nachschub für den in Deutschland ansässigen Familienbetrieb „Buddel-Bini".

Iriga und Lake Buhi

Ein Knotenpunkt der Region ist **Iriga City** **140**, die nächstgrößere Stadt auf dem Weg nach Süden. Überragt wird sie vom 1143 m hohen **Vulkan Iriga**, auch als Mount Asog bekannt. Die Agta, die „Negritos" von Bicol, leben an den oberen Hängen auf dem Land ihrer Vorfahren, die zu den Ureinwohnern des Landes gezählt werden.

Religiöse Statuen werden gern an besonders schönen Aussichtsplätzen errichtet. So auch in Iriga City, wo der **Emerald Grotto** genannte Marienschrein zum Rundblick über Landschaft und die mächtigen Vulkanberge einlädt. Vom höchsten Punkt der Grotte ist bei gutem Wetter außer Mount Bulusan in Sorsogon die Kette der Bicol-Vulkane sichtbar: Iriga, Masaraga, Mayon und Malinao zur Rechten und der Isarog zur Linken – ein majestätisches Panorama.

Laut neueren Forschungsergebnissen soll der jetzt „schlafende" **Vulkan Isarog** noch Anfang des 17. Jh. ein ähnlich perfekt geformter Kegelvulkan gewesen sein wie der „große Bruder" Mayon im Südosten. Vor dem Jahr 1650 muss eine mächtige Eruption die Südwestflanke des Iriga zertrümmert und durch Aufschüttung den nahen **Buhi-See** **141** gebildet haben.

Nur 15 km östlich von Iriga liegt das pittoreske Gewässer, in dem ein nationaler Superlativ, „der kleinste Speisefisch der Welt", lebt. Dass die knapp 1 cm großen *Sinarapan* dort noch schwimmen können, ist nur strengsten Kontrollen der Fischereibehörde zu verdanken, denn sie wurden erbarmungslos mit feinmaschigen Netzen verfolgt. Der See und der hübsche Ort **Buhi** an seinem Ufer sind allemal einen Besuch wert. Bootsfahrten und Wanderungen zu Wasserfällen bieten sich an, und im **Rathaus** von Buhi zeigen sich die Zwergfische im **Aquarium**.

Albay – unter dem Vulkan

★Mount Mayon

Der ★**Mt. Mayon** **142** in der Provinz **Albay**, mit 2462 m einer der höchsten Berge der Philippinen, wird als „Vulkan mit der perfektesten Kegelform" gepriesen (s. Bild S. 92). Das mag schwärmerisch übertrieben klingen, doch er ist tatsächlich ein schöner Berg. Das bedeutet das Bicolano-Wort *magayon*: schön. Allerdings benimmt sich der malerische Riese mitunter schlecht. Direkt am Rand des Philippinengrabens aufragend, dort, wo sich eurasische und philippinische Platte reiben, erhält der Vulkan ständig Magma-Druck. Der Mayon ist einer der aktivsten und wegen der umgebenden hohen Siedlungsdichte destruktivsten Vulkane des Landes. Seit der ersten dokumentierten Eruption im Jahr 1616 ist er 48 mal ausgebrochen. Die gewaltige Entladung am 1. Februar 1814 war das bislang schlimmste Ereignis in seiner „Karriere". Mehrere Ortschaften wurden völlig zerstört, über 1200 Menschen starben. Von dem Städtchen **Cagsawa** (in der Nähe starten heute Quad-Touren bis 700 m den Berg hoch) an seiner Südseite blieb nur die noch sichtbare Kirchturmspitze übrig – alles andere wurde unter Schlammlawinen begraben. Die Überlebenden errichteten in der Nähe eine neue Kirche und den Ort **Daraga**.

Gefährliche Eruptionen fanden 1984, 1993, 2006, 2009, 2013 (unter den Todesopfern 3 Deutsche) und 2018 statt. Nicht nur giftige Gase, Asche und Lava gefährden bei jedem Ausbruch die Anwohner, sondern auch Schlammlawinen – wie 2006, als von einem Taifun verursachte Erdrutsche 1000 Menschen in den Tod rissen. Im trügerischen „Ruhezustand" stellt der Berg ein Trekkerziel dar, das nie ohne aktuelle Informationen des Tourist Office und kundigen Führer angegangen werden sollte. Einfach ist der mindestens zweitägige Aufstieg nicht, besonders in Kraternähe wird die Tour schwierig und stellenweise gefährlich. Die Gipfelaussicht ist toll; doch mit kleineren, für Wanderer lebensgefährlichen Ausbrüchen ist immer zu rechnen!

Hoyop-Hoyopan-Höhlen

Südlich des Mayon liegen bei **Camalig** ⑭⑧ die **Hoyop-Hoyopan-Tropfsteinhöhlen**. Das Kalkfelslabyrinth hat mehr als Fledermäuse zu bieten: Hier wurden Knochen und Grabbeigaben gefunden, 2000-4000 Jahre alt; im **Museum** bei der Kirche von Camalig sind einige Exponate zu bewundern. Hier am Fuß des Mayon stehen auch noch schöne alte Häuser aus dem 19. Jh.

Legazpi City

Das atemberaubende Panorama von Mayon und der Hafenbucht von **Legazpi City** ⑭⑭ genießt man, am besten zum Sonnenaufgang, vom **Kapuntukan Hill**, einem Hügel außerhalb des Stadtzentrums. Legazpi City, nach dem ersten Generalgouverneur der Philippinen Miguel Lopez de Legazpi benannt, wurde erst 1639 gegründet. Die heutige ca. 300 000 Einwohner große Hauptstadt der **Provinz Albay** am Fuße des Mayon ist wegen der reizvollen Umgebung einen Besuch wert, echte Sehenswürdigkeiten hat die freundliche Stadt selbst nicht zu bieten. **Pacific Mall** und **Embarcadero de Legazpi** heißen die modernen Einkaufs- und Restaurantzentren. Der städtische **Markt** zeigt lokale Handwerksprodukte, meist aus Abaca, und die Spezialität Bicols, die längliche Pili-Nuss. In der 1834 erbauten **Kirche St. Raphael** steht ein klotziger Altar aus einem behauenen Vulkanbrocken. An die von den Japanern getöteten Patrioten erinnert das „**Kopflosen-Denkmal**".

Nahe dem Flughafen von Legazpi wurde das 17 ha große **Albay Park & Wildlife-Terrain** angelegt, wo es viele Vogel-, Reptilien- und Säugetierarten zu sehen gibt.

Nördlich von Legazpi City

Fährt man von Legazpi Richtung Norden, erstreckt sich ein weiterer Lavastrand 11 km entlang der Westküste

Rechts: In der Hoyop-Hoyopan-Höhle.

des Albay-Golfs. Am Ende liegt **Santo Domingo** 145, ein gemütliches Dorf mit kleinen Strandanlagen. Schwimmen kann man auch an den Stränden der vorgelagerten Inseln **Cagraray**, **Batan** und **Rapu Rapu**.

In **Tiwi** 146, nördlich der wichtigen Hafenstadt **Tabaco**, erhebt sich ein **Geothermie-Kraftwerk** (mit 150 Megawatt). In den frühen 80er-Jahren kamen die Stromerzeuger, die den bis dahin verträumten Kurort entwickelten, aber auch den Atem von Mutter Erde für sich abzweigten. Nur wenige der **Thermalquellen** sind noch in Betrieb. Mehr los ist, besonders am Wochenende, an den beiden – nicht allzu reizvollen – Lavasträndern **Sogod** und **Putsan**.

Catanduanes – Insel der heulenden Winde

Von Tabaco braucht die Fähre nach **Catanduanes** vier Stunden. Die Inselprovinz hat den Ruf, der friedlichste Ort im Land zu sein. Wie eine große Familie lebt man hier. Mit einer Ausnahme: Von zwei bis aufs Blut verfeindeten Klans beansprucht jeder für sich, Ronald Reagan während des Zweiten Weltkriegs aus dem Pazifik gerettet zu haben, wo jener notgewassert sei. Manche der Alten schwören sogar, sie hätten des „Kriegshelden" blutende Stirn betupft.

Doch Reagan, der damals in Hollywood arbeitete, hat die USA während des Krieges gar nie verlassen. So gelten die Catandungeños als die Schildbürger im Land. Vielleicht trösten sie sich mit solchen Geschichten, wenn wilde Stürme durch die Nächte toben. An Taifunen mangelt es nämlich nicht auf Catanduanes. Die 151 148 ha große Insel erhebt sich wie ein Wellenbrecher weit draußen im Pazifik, und fast alle der mehr als 20 jährlichen Tropenstürme suchen dieses Bollwerk heim. Was heute neu aufgebaut und gepflanzt ist, kann morgen schon wieder abgerissen sein. Geduld ist somit die besondere Stärke der Menschen auf der „Insel der heulenden Winde".

In **Virac** 147, Hauptstadt der Provinz, wird sich der Reisende nicht lange auf-

Foto: Lostarts (Dreamstime)

halten wollen. Der Ort dient als Fährhafen und Ausgangspunkt für lohnende Tagesausflüge, wie die 15 km westlich gelegene **Luyang Cave** bei **Lictin**, der **Strand von Igang** (8 km südwestlich) und die **Wasserfälle** in **Cubagao**.

Die Unbilden von Klima und Ozean ziehen immer wieder die wenigen Strandunterkünfte an der Küste von Catanduanes in Mitleidenschaft. Für Surfer, aber auch Besucher, die Baden und Fischen reizt, lohnt sich die Gegend bei **Magnesia** **148**.

Sehr malerisch zeigt sich die Ostküste. Leere Strände, wie der beim 30 km nordöstlich von Virac gelegenen **Puraran** **149**, wechseln sich ab mit wilden Klippen, die die schwere Dünung des Ozeans umbrandet. Vor starken, mitunter lebensgefährlichen Strömungen dicht vor der Küste müssen sich Schwimmer und Surfer in acht nehmen.

Oben: Heimkehr der Fischer. Rechts: In Donsol können Naturliebhaber zwischen Februar und Mai in Begleitung von Interaction Officers neben riesigen, sanften Walhaien schwimmen.

Schatzjäger können drei **Galeonen** nachspüren: Die 1576 gesunkene *Espíritu Santo* liegt wahrscheinlich vor **Sioron** **150**; bei **Bagamanoc** **151** soll 1601 die *Santo Tomás* zerschellt sein, und am **Horadaba-Felsen** **152** im Norden ruht seit 1600 die *San Gerónimo*.

Das dicht bewaldete Inselinnere verlockt ebenfalls zu Abenteuern, und wer nur die Abaca-Produkte, aber noch nicht die Pflanze kennt, der kann sich auf Catanduanes belehren lassen. Zeit sollte man haben, denn viel Motorisiertes bietet die Insel nicht. Und das macht wohl auch den herben Reiz der Insel aus.

Luzons äußerster Südosten

★★Walhaie bei Donsol

45 km südwestlich von Legazpi, in einer abgeschiedenen Gegend, wartet eine Unterwasser-Sensation: Seit 1998 die philippinische Regierung die Gewässer wegen der regelmäßig eintreffenden, bis zu 13 Meter langen

Foto: Udo Kefrig

★★**Walhaie** (*butanding*) unter Schutz gestellt hat, sind der Küstenort **Donsol** ⓲ und das örtliche **Visitors Center**, das die für Walhaiausflüge nötigen „Interaction Officers" vermittelt, ein Mekka von Natur- und Meeresfreunden, v. a. von Januar bis Mai. Welch ein Erlebnis, mit den sanften, Plankton fressenden Riesen im Pazifik zu schwimmen und zu schnorcheln! Etwa zwei Stunden dauert die Busfahrt von Legazpi nach Donsol.

Von Sorsogon nach Matnog

Sorsogon ⓲, die Hauptstadt der gleichnamigen Provinz, liegt an einer weiten, kreisförmigen Bucht. Außer dem bunten Markt gibt es in der Stadt nicht viel zu erleben. Für Reisende interessant ist sie als Ausgangspunkt für Bergtouren auf den Vulkan Bulusan und Tauch- bzw. Schnorcheltrips nach Donsol. In **Gubat** ⓲ an der Pazifikküste, eine halbe Busstunde entfernt, sieht es schon besser aus. Südlich von Gubat lockt der 5 km lange und blitzsaubere **Rizal Beach**. Das Wasser ist klar, und

der Pazifik schickt eine schöne Dünung herein. Außer an Wochenenden und Feiertagen ist es hier ziemlich einsam. Unterkunft bieten ein paar mehr oder weniger angenehme Resorts. Dem weiteren Küstenabschnitt ist ein gewaltiges Riff vorgelagert, das sich 60 km lang erstreckt. Gute Tauchmöglichkeiten findet, wer sich gegen Strömung und Brandung zu wehren versteht.

Der nächste südliche Ort heißt **Barcelona** ⓲; er hat aber nur den Namen mit Kataloniens Hauptstadt gemein.

Die Gegend um **Bulusan** ⓲ und den gleichnamigen 1559 m hohen, nur sporadisch aktiven Vulkan wird die „philippinische Schweiz" genannt – nicht zu Unrecht: Abgesehen von der sattgrünen Landschaft ist der Ort auch erstaunlich sauber. Der großartige **Mount Bulusan** mit dem idyllischen **Bulusan-See** in 600 m Höhe ist eine weithin sichtbare Landmarke für Schiffe.

Bis **Matnog** ⓲ am Ende von Luzon ist es nicht mehr weit. Jenseits der gefährlichen **St.-Bernardino-Meerenge** sieht man bereits die Insel Samar.

» **Karte S. 130-131, Info S. 138-139**

137

ZENTRAL-LUZON

BUS: Tägl. von Manila nach Batangas, Los Baños: mit **Jam Transit**, **Tritran** (Pasay City). Tägl. Manila (Pasay City) – San Pablo – Lucena: mit **JAC Liner**, **Philtranco**, **JAM Transit**.

Central Plains

BUS: **Victory Liner**, **Philipp. Rabbit**: Täglich Busse ab Manila – San Fernando (manche direkt, andere über Angeles, dort in Jeepney umsteigen).

SAN FERNANDO

City Tourism Office, City Hall, Consuni St., City of San Fernando, Pampanga (045) 961 5684.

Olongapo & Subic Bay

Tourist Office, tägl. 8-12, 13-17 Uhr, Subic Bay Convention Center, Subic Bay Freeport Zone, Tel. (047) 252 4655, 252 4149

Gerry's Grill, Seafood, einheimische Gerichte, Bar, direkt am Wasser, Mo-Do 11-24 Uhr, Fr/Sa 11-1 Uhr, So 10-24 Uhr, Waterfront Road, Subic Bay Freeport Zone, Tel. (047) 252 3021. **Rama Mahal**, indische Küche, 10-22 Uhr, Crown Plaza, Sampson Road, Subic Bay Freeport Zone, Tel. (047) 252 3663. **Sakura**, japanische Gerichte, tgl. 11-23 Uhr, Lot 5 Time Square Bldg. Ecke Sta. Rita Rd., Subic Bay Freeport Zone, Tel. 0977 718 8291.

Jungle Environment Survival Training Camp, 8.30-17 Uhr, nahe Subic Airport, Tel. (047) 252 1489. **Ocean Adventure**, 9-18 Uhr, Camayan Wharf, www.oceanadventure.com.ph.

WASSERSPORT: **Subic Bay Aqua Sports**, Tauchbasis, geführte Wracktauchgänge, Hauptattraktion unter den sieben Wracks ist die *USS New York*. Jetski, Parasailing, Kayak, Speed Boat etc., 249 Waterfront Road, Subic Bay Freeport Zone, Tel. (047) 252 3005. **Subic Bay Yacht Club**, Boot-, Wasserski-, Kayak-, Wakeboard-Verleih u. v. m., auch Unterricht, 9-17 Uhr, Water Sports Center, Rizal Ave., Subic Bay Freeport Zone, Tel. (047) 499 0695.

ZAMBALES-REGION

BUS: Bataan-Halbinsel: **Genesis Transport**, tägl. Manila – Balanga. **Philippine Rabbit**, tägl. Manila – Mariveles. **Victory Liner**, tägl. von Olongapo – Balanga.
SCHIFF: Schnellfähre **Mt. Samat Express**, Tel. (02) 551 5291, ab Ferry Terminal, CCP, Roxas Blvd.: von Manila nach Orion, tägl. zw. 6-17 Uhr; von Manila nach Olongapo alle 2 Std.
Insel Corregidor: Organisierte Tagesausflüge mit **Sun Cruises** ab Ferry Terminal, Manila, bei CCP. Info: Tel. (02) 834 6857.

Bolinao

National Museum, Mo-Fr 9-16 Uhr.

Sundowner's, Fischrestaurant und Cocktail Lounge, Tel. 554 4203.

ILOCANDIA / CAGAYAN VALLEY

FLUG: **PAL**, **Pacific Cebu**, **Air Philippines** fliegen mehrmals. wöchentlich Laoag City, Tuguegarao, Cauyayan; **PAL** tägl. Manila – Basco, dorthin auch **Pacific Air** unregelm. von Laoag und Itbayat (Batanes) aus. **Chemtrad** fliegt Tuguegarao – Basco tägl., auch zw. Basco und Itbayat.
BUS: **Phil. Rabbit**, **Partas**, **Dominion Bus** mehrm. tägl. von Manila über Angeles City (Dau), Baguio, S. Fernando, Vigan, Laoag City. **Baliwag Transit**, **Autobus Transport Systems Inc.**: Manila nach Aparri, Tuguegarao.

Agoo

Agoo Museo Iloko, religiöse Objekte, Porzellan, Möbel, tägl. 8-17 Uhr, bei Municipal Hall.

San Fernando

Museo de La Union, Mo-Fr 8-17 Uhr, Provincial Capitol Bldg. Gapuz Zigzag Rd.

Vigan

Ilocos Sur Provincial Tourism Office, tägl. 8-17 Uhr, 1 Mena Crisologo St., Tel. (077) 918 8882.

🏛 **National Museum**, Ilokano-Kunst, Schmuck, Instrumente, Gemälde, Werkzeug u. a., tägl. 10-17 Uhr, Burgos House. **Crisologo Museum**, Objekte aus der Crisologo-Dynastie, tägl. 8.30-11.30, 13.30-16.30 Uhr, A. Reyes St., Vigan City. **Museo San Pablo**, religiöse Thematik, alte *santos*, Fotosammlung eines deutschen Apothekers aus dem 19. Jh., Di-So 9-12, 13-17 Uhr, St.-Paul-Kathedrale.

🍴 **Café Leona**, japanische u. lokale Küche, z. T. auch draußen, sehr beliebt, Mena Crisologo St. an der Plaza Burgo.
Grandpa's Inn, gemütlich, besonders gut die lokale Spezialität *Longasina*, 1 Bonifacio St..

Batac
🏛 **Ferdinand E. Marcos Presidential Center**, tgl. 8-12, 13-16 Uhr.

Laoag
🏛 **Museo Ilocos Norte**, Geschichte, Kultur der Region, Bergvölker, Mo-Sa, 9-12, 13-17, So 10-12, 13-17 Uhr, General Luna St., Tel. (077) 770 4587.

Tuguegarao
🛈 **DOT**, 9-16 Uhr, Rizal St., Tel. (078) 304 1503.

🏛 **Cagayan Museum & Historical Research Center** mit Provincial Museum und National Museum, Vor- u. Frühgeschichte, Mo-Fr 8-16 Uhr, Tel. (078) 846 7337.

CORDILLERA CENTRAL

🛫 *FLUG*: **PAL**, tägl. Manila – Baguio, Tel. 523 1554.
BUS: Baguio – Bontoc: **Dangwa Tranco Co.** Bontoc – Sagada: Jeepney. Baguio – Banaue: **Dangwa Tranco Co.** Bontoc – Banaue: Bus u. Jeepney. Manila – Banaue: **Dangwa Tranco Co.** (9 Std.).

Baguio
🛈 **DOT**, Tourism Complex, Gov. Pack Rd., Tel. (074) 442 7014.

🏛 **Baguio Mountain Province Museum**, Di-So 9-17 Uhr, Gov. Pack Rd. (neben DOT).
St. Louis University Museum, Geschichte, Kultur der Bergvölker, Mo-Sa, 7.30-12, 13.30-17 Uhr, A. Bonifacio St., in der Universitätsbibliothek.

Bontoc
🏛 **Museum** (Ethnografie), täglich 8-17 Uhr, Guinaang Rd., Omfeg.

Banaue
🛈 **Tourist Information Center**, tägl. 6-18 Uhr, Banaue, Ifugao.

🏛 Kleines **Volkskundemuseum** im Gebäude des Banawe View Inn, Mt. Province Rd., tägl. 8-17 Uhr.

SÜD-LUZON

🛫 *FLUG*: PAL u. a. mehrm. wöchentl. Manila – Daet, Naga, Legazpi City – Virac.
ZUG: tägl. Manila/Tayuman Station – Legazpi über Calamba, Lucena, Ragay (derzeit eingestellt).
BUS: **Eagle Star**, **Philtranco**: tägl. von Manila nach Lucena, Daet, Naga, Legazpi City (Philtranco sogar direkt bis Matnog); Luxus-Bus: **Gold-Service**, **Superlines** u. a. Gesellschaften fahren weiter bis Tacloban/Leyte und bis Davao/Mindanao.

Naga
🛈 **Tourist Office**, Mo-Fr 8-12, 13-17 Uhr, City Hall Complex, J. Miranda Ave. Tel. (054) 473 4432.

Legazpi
🛈 **DOT**, Mo-Fr 8-12, 13-17 Uhr, Regional Center Site, Rawis, Tel: (052) 742 0242

CATANDUANES

🛫 *FLUG:* **PAL** mehrmals wöchentlich Manila – Virac.
SCHIFF: **Regina Shipping Lines** täglich von San Andres (Tablas) nach Tabaco. Autofähre **Starferry Lines** täglich v. Tabaco nach Virac.

Entspannte Ferienatmosphäre am Strand von Boracay

Foto: Allan Fajardo

DIE INSELN DER MITTE

MINDORO / MARINDUQUE
ROMBLON-ARCHIPEL
MASBATE
DIE VISAYAS:
SAMAR / LEYTE
PANAY / NEGROS
SIQUIJOR / CEBU / BOHOL

5

Die Inseln der Mitte

DIE INSELN DER MITTE

Auf zum „Island Hopping" – hinein in die zentrale Inselwelt, die die ganze Fülle des Tropenstaates in sich vereint, auch die Gegensätze: klimatische, geografische, soziale und kulturelle. Von Insel zu Insel „hüpfen" ist allerdings leichter auf der Landkarte geplant als dann getan. Wer auch nur die prominentesten Ziele der Visayas besuchen möchte, sollte Zeit und Ausdauer im Gepäck haben.

Flache Atolle und Sandbänke, Inselzwerge, die man bei Ebbe fast zu Fuß besuchen könnte. Andere Eilande bestehen nur aus Bergen mit steil abfallenden Küsten und sind noch von Urwald bewachsen. Manche Inseln kennt im Ausland kaum einer, andere haben den Tourismus bereits zum Entwicklungsfaktor ausgeweitet. Mancherorts bestimmen seit Generationen einzelne Familien das Geschick der Insulaner, und schaffen es sogar, ein gewisses Gegengewicht zur Zentrale in Manila aufrechtzuerhalten. Vielfach herrschen jedoch Armut und Ausbeutung, und die Menschen wandern in die Ballungszentren ab.

Taifune, Überschwemmungen, aber auch Trockenheit sind in bestimmten Regionen die Regel, in anderen könnte man das Gelobte Land vermuten, wo genug Reis wächst und jeder sein Auskommen hat. Auf einigen Inseln leben Menschen in fast steinzeitlichen Nischen im Einklang mit der Natur, und das nur ein paar Dutzend Kilometer entfernt von modernem Verkehr mit Lärm und Luftverschmutzung und Überbevölkerung. Derart kontrastreich ist der zentrale Teil des Archipels, der neben den Luzon zugeordneten Inseln Mindoro und Marinduque die Romblon-Gruppe, die zu Bicol zählende Insel Masbate und die vielen Inseln der Visayas umfasst.

Auch in linguistischer Hinsicht ist die Region ein Schmelztiegel. Da ist im Westen Tagalog noch die Heimatsprache, wird aber schon gebietsweise von Eingewanderten mit Visaya- oder bicolanischen Dialekten vermischt. Die Bevölkerung auf der Insel Panay verständigt sich gleich in vier Hauptidiomen. Geografisch wie kulturell unterschiedliche Bedingungen spiegeln sich in den Menschen wider. Malaiische Einwanderer und spanische Eroberer sind häufiger als in manchen Teilen Luzons die direkten Vorfahren der etwas lebenslustigeren Filipinos der zentralen Inseln. Und stärker als im Norden sind die eigentlichen Ureinwohner in die Berge und damit in die Bedeutungslosigkeit abgedrängt worden.

Links: Maskentänzer beim Ati-Atihan-Fest in Kalibo.

» **Karte S. 144-145, Info S. 189-191**

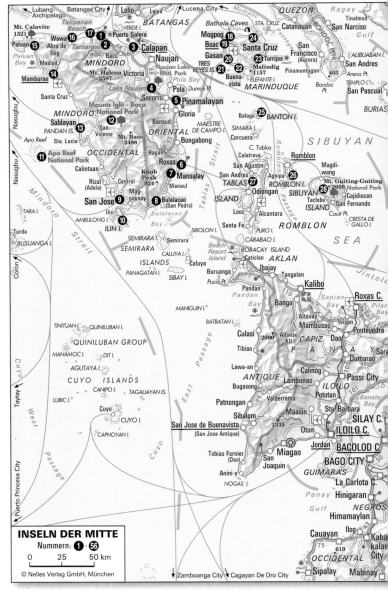

INSELN DER MITTE
Nummern: ❶ - ❺❻
0   25   50 km
© Nelles Verlag GmbH, München

DIE INSELN DER MITTE

MINDORO

Die siebtgrößte Insel des Landes – am besten über den Naturhafen Puerto Galera zu erreichen, in dem einst spanische Galeonen Schutz suchten – teilt sich in zwei Provinzen: Mindoro Occidental (West) und Mindoro Oriental (Ost). Es ist erstaunlich, dass diese Insel, nur fünf Stunden von der Riesenstadt Manila entfernt, reich an schönen Stränden, faszinierender Unterwasserwelt und wildem Bergland, noch eine der ursprünglichsten Regionen der Philippinen darstellt. Im Kontrast dazu steht Puerto Galera, das Touristenmekka. Auch der Nordosten Mindoros mit dem Zentrum Calapan ist gut entwickelt und gilt als eine der „Reisschüsseln" der Philippinen. Und San José im Inselsüden hat schon durch See- und Flughafen einige Bedeutung, nicht erst, seit vor wenigen Jahren Erdölprospektoren fündig geworden sind. Außerdem können kleinere Flugzeuge Calapan und den Ort Mamburao im Nordwesten anfliegen.

Doch außerhalb dieser infrastrukturellen Marksteine stellt die Insel eher Pionierland dar. Zwar wurde die wichtige Straße zwischen Puerto Galera und Calapan ausgebaut, doch stellenweise versinkt man dort nach Regenfällen in knietiefem Schlamm. Auch die Reise auf der westlichen Trasse muss man von der Wetterlage abhängig machen. Denn das regenreiche Klima, die raue Topografie und zudem wiederholte Erdbeben schädigen immer wieder die Infrastruktur.

Das gilt besonders für den Westen, wo zahlreiche Flüsse aus dem gebirgigen Inneren in das Südchinesische Meer münden. Hier kann die Regenzeit um die Jahresmitte sintflutartige Ausmaße annehmen, und nicht selten geht ein ganzes Stück Straße einfach verloren. Außer der Küstenrundstraße, einer Dauerbaustelle, gibt es auf Mindoro keine dauerhaften Fahrbahnen.

Das Innere der rund 10 300 km² großen Insel beherrscht ein von Nordwest

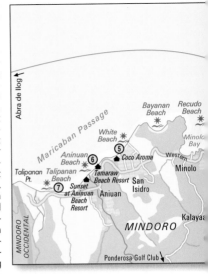

nach Südost reichender Gebirgsblock. Und obwohl dort die Motorsäge schon emsig im Einsatz war, erstrecken sich auf den Bergen immer noch ansehnliche Dschungelgebiete.

Von den Spaniern, die 1570 hier auftauchten, hat Mindoro seinen Namen. *Minas de oro* („Goldmine") hieß die Insel fortan, und bereits damals exportierten die Bewohner das kostbare Metall im Tauschhandel nach China. Einwanderer aus Borneo hatten Mindoro lange vor Ankunft der Europäer unter Kontrolle und konnten vor allem den Westen der Insel für einige Zeit gegen den spanischen Einfluss verteidigen. Gold wird auch heute noch, aber in geringem Maß gefördert.

Die **Mangyan**, die Ureinwohner Mindoros, sind es, die der Insel ihren besonderen Reiz verleihen. Sechs Hauptgruppen mit etwa 80 000 Angehörigen leben auf Mindoro. Sie haben ihre eigenen Sprachen und sogar eine Silbenschrift, die möglicherweise im 13. Jh. aus Indien in die Philippinen gelangte. Die Mangyan sind friedfertige,

 » Karte S. 144-145, Info S. 189-191

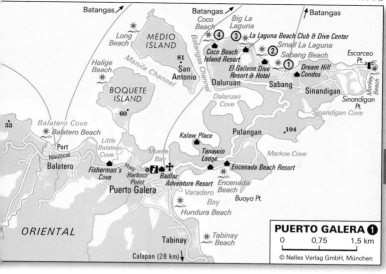

zurückhaltende Waldbewohner, die die modernen Errungenschaften ihrer Umgebung eher ablehnen. Die sogenannte Zivilisation spielt ihnen oft übel mit. So erhielten sie von den „Tagalog", vorwiegend Zuwanderern aus den Ilocos- und Visayas-Provinzen, zuweilen wertlose Entschädigungen für ihr Land und den abgeholzten Urwald. Von Ausnahmen abgesehen, verteidigen die Mangyan daher ihre Identität. Sie folgen uralten Traditionen, lehnen größtenteils auch „andere" Kleidung ab, und manche bleiben sogar dem gewohnten Lendenschurz treu. Seit Menschenrechtsgruppen die Suche der Mangyan nach Selbstbewusstsein unterstützen, machen die Ureinwohner, häufig erfolgreich, ihre Ansprüche geltend.

★Puerto Galera

★**Puerto Galera ①** (1,5 Std. Überfahrt von Batangas / Luzon), der malerischen Naturhafen Mindoros, bot vor Jahrhunderten spanischen Galeonen Schutz. Zu einer Zuflucht anderer Art wurde der Ort in den 1990er Jahren: für zivilisations- und teils gesetzesscheue Zuwanderer aus aller Welt. Alkohol, Drogen, Prostitution und Kriminalität machten Puerto Galera zu einer sehr zweifelhaften Adresse. Doch schon seit etlichen Jahren bemüht sich die Tourismusbehörde erfolgreich um Imageverbesserung, u. a. durch vornehme Hotelanlagen.

Dem landschaftlichen Reiz von Puerto Galera muss man erliegen: Ein in frischem Grün leuchtendes Panorama, der perfekte Naturhafen und in der Umgebung herrlich weiße Strände an blauem Wasser – all das ist für den Neuankömmling geradezu umwerfend. Von den Stränden rund um Puerto Galera sind **Sabang Beach ①** und die in nordwestlicher Richtung anschließenden **Small La Laguna ②** und **Big La Laguna ③** etwas für gesellige Leute. Nachts wird es in den zahlreichen Bars und Discos, besonders in **Sabang** (6 km nordöstlich), lebhaft. Resorts reihen sich aneinander, Tauch- und Schnorchelmöglichkeiten an den vorgelager-

》 **Karte S. 144-145, Stadtplan S. 146-147, Info S. 189-191**
147

ten Korallenriffen sind spektakulär. Per Boot erreicht man **Coco Beach** ④ mit dem familienfreundlichen **Coco Beach Island Resort** in schöner Lage.

Westlich von Puerto Galera geht es auch am **White Beach** ⑤ – populär bei philippinischen Urlaubern – besonders an Wochenenden recht turbulent zu. Die Korallen sind hier weniger interessant als in der Gegend um Sabang. Ruhiger ist es an den schönen Stränden **Aninuan Beach** ⑥ und **Talipanan Beach** ⑦, die man gut mit Auslegerbooten erreicht. Im Ort stellt das kleine **Excavation Museum** bei der Kirche jahrhundertealte Ausgrabungsfunde wie philippinische Töpferwaren und chinesisches Porzellan aus. Abseits des Wassers gelegene Abwechslung bieten zudem der **Ponderosa Golf Club** einige Kilometer südwestlich von Puerto Galera.

Oben: Die Nähe zu Manila, ein schöner Naturhafen und weiße Strände bringen viele Badeurlauber nach Puerto Galera. Rechts: Schwimmbecken an den Tamaraw-Fällen.

Etliche Ausländer leben in Puerto Galera, auch, weil der Ort – von der UN zum „Nature Center" erklärt – Lebensqualität bietet. Doch Mindoro hat auch anderswo seine Reize.

Von Puerto Galera nach Calapan

Allein die Jeepneyfahrt von Puerto Galera nach Calapan in der **Provinz Mindoro Oriental** ist ein kleines Abenteuer. Die teilweise unbefestigte Uferstraße führt in wilden Kurven durch das von Palmen und Urwald bedeckte Küstengebirge zu den imposanten **Tamaraw-Wasserfällen** ❷ hinauf. Ein wunderschöner Ausblick über die malerische Küste und ihre Buchten eröffnet sich dort. Ein **Schwimmbecken** und Restaurants laden zu längerem Aufenthalt ein.

Während der Weiterfahrt machen dann die Berg allmählich Reisfeldern Platz. Doch die südliche Landschaft dominiert weiterhin das gewaltige Massiv des **Mount Halcon**, mit 2587 m Mindoros höchster Berg.

Foto: IOhmdiy (Dreamstime)

Calapan ❸, wichtigster Inselhafen, ist bunt und quirlig, wie es sich für eine rasch wachsende Hauptstadt gehört. Die **Fähren** nach Batangas, Manila und zu den Visayas sind fast immer brechend voll. Menschen, Vieh und Waren aller Art werden auf ihnen transportiert.

Entlang der Ostküste in den Süden Mindoros

Von Calapan fahren auch die Busse der Ostküstenroute ab, die weit im Süden in Bulalacao endet. Zunächst geht es durch flaches Reisland. Der schöne, in einem Naturschutzgebiet gelegene **Naujan-See ❹** und die benachbarten **Bulo-Buloc Caves**, ein verzweigtes Tropfsteinhöhlensystem, sind die ersten landschaftlichen Höhepunkte auf dem Weg nach Süden.

Von nun an geht die Fahrt durch vielseitigeres Gelände. Südlich der Halbinsel Dumali Point liegt das Städtchen **Pinamalayan ❺**, wo Boote zu den vorgelagerten Inseln Maestre de Campo (Sibali Island), Banton im Romblon-Archipel und nach Marinduque verkehren.

In **Roxas ❻** enden die meisten Buslinien. Das heiße, staubige Kaff hat nicht viel mehr zu bieten als die Möglichkeit, vom Ortsteil **Dangay** aus die Seefahrt zu den Inseln Tablas (s. S. 155) und Boracay (s. S. 169) zu beginnen. Die bis zu 80 km breite Tablas-Straße kann jedoch zwischen November und Februar hohen Seegang haben, den man in der geschützten Bucht von Dangay nicht merkt. So muss man sich selbst in größeren Auslegerbooten auf eine nasse, unruhige Überfahrt einstellen.

Trotz der geringen Entfernung unterscheidet sich das Klima im südlichen Mindoro grundlegend von dem im Norden. Von November bis in den Juni hinein ist es sehr heiß und trocken. Unkontrolliertes Abholzen hat überdies dazu geführt, dass weite Landstriche bereits einer Wüste ähneln. Nur im tiefen Inselinneren dehnen sich noch Urwälder aus, in denen die **Mangyan** leben. Die beste Gelegenheit, mit „richtigen" Mangyan in Kontakt zu treten, bietet sich im

» Karte S. 144-145, Info S. 189-191   149

Foto: Remy / Pandan Island Resort

Ort **Mansalay** ❼ und südlich entlang der Straße bis Bulalacao – doch pure Neugier und Fotografierwut sollten nicht das Motiv eines Besuchs sein!

Mansalay ist ein ärmliches Städtchen am Scheitelpunkt einer reizvollen Bucht. An ihrer Nordseite bilden hübsche Inselchen den augenfälligen Kontrast zur teils hässlich kahlen Küstenregion. Ein endlos langer Strand zieht sich am Südufer der Bucht entlang, die dann in gebirgige Klippen übergeht. Nur vereinzelt gibt es hier Dörfer.

Bisher noch in schlechtem Zustand und etwas abenteuerlich ist die Straße von **Bulalacao** ❽ nach San José. Das bergige Gelände und entsprechende Hindernisse zwingen die Bewohner der beiden Orte, vor allem zur Regenzeit, die Bootsverbindung vorzuziehen.

San José ❾, eine recht bedeutende Hafenstadt mit Flughafen, hat kaum touristische Reize. Als Ausgangspunkt

Oben und rechts: Die Pandan-Inseln vor Sablayan bieten wunderbare Palmenstrände und hervorragende Tauchreviere.

für Boots- und Schiffsreisen nach Boracay und Palawan wird sie dennoch für manchen Reisenden zum tagelangen Aufenthaltsort. Dann sind auf den vorgelagerten Inseln **Ilin** ❿ und der kleinen **Ambulong** Abwechslung und ein bescheidener Tropencharme zu finden.

Apo Reef und Mt. Iglit-Baco Nationalpark

Populäre Tauchexkursionen führen von San José oder Sablayan (siehe unten) zu dem weit vor der Westküste gelegenen **Apo Reef National Park** ⓫, wo Unterwassersportler trotz erheblicher Umweltschäden noch auf ihre Kosten kommen. In dem kristallklaren und äußerst artenreichen Gewässer tummelt sich eine Vielzahl von Meeresbewohnern in beeindruckender **Korallenlandschaft**. Mit Glück sind auch diverse Haiarten, Stachel- und Mantarochen oder Schildkröten zu sehen.

Auch Inlandtouren sind von San José möglich, so in die Berglandschaft des **Mounts Iglit-Baco-Nationalpark** ⓬

 》 Karte S. 144-145, Info S. 189-191

Foto: Remy / Pandan Island Resort

Heimat der endemischen, stark gefährdeten **Zwergbüffel** *(tamaraw)*.

Nördlich von San José erstreckt sich zwischen dem Südchinesischen Meer und den Bergen des Hinterlandes eine an Afrika erinnernde Savannenlandschaft. Das Städtchen **Sablayan** ⑬ an der Mündung des Bagong-Sabang-Flusses ist ein guter Ausgangspunkt für Tauchfahrten zum Apo-Riff und zu Expeditionen ins Inselinnere, beispielsweise in die Mounts-Ilgit-Baco-Nationalpark mit dem **Mount Baco**, dem mit 2488 m zweithöchsten Berg Mindoros (organisierte Touren beim Eco-Tourism Office in Sablayan). In seinen Wäldern leben **Mangyan**, die den Kontakt zu Fremden lieber meiden.

Eine kurze Bootsfahrt führt ins tropische Paradies der **Pandan-Inseln** (2 km vor Sablayan). Herrliche **Palmenstrände**, hervorragende Tauch- und Schnorchelmöglichkeiten und nur ein einziges Resort ermöglichen Erholung pur.

Unterbrochen von – vor allem zur Regenzeit – tiefen, breiten Flüssen, breiten sich ab Sablayan endlose Strände aus.

Mit Ausdauer und gutem Schuhwerk lässt sich die gesamte Westküste von San José bis Mamburao im Nordwesten der Insel erwandern, wenn man gelegentliche Flussüberquerungen per Boot in Kauf nimmt.

Mindoros Nordwesten

Mamburao ⑭, die Hauptstadt der **Provinz Mindoro Occidental**, hat außer einer netteren Atmosphäre nicht viel mehr zu bieten als San José. Reizvoll ist schon eher die Fahrt nach **Paluan** ⑮, entlang der gleichnamigen Bucht, die sich vor dem **Mount Calavite** im Norden zu dem markanten Haken in Mindoros Nordwesten formt.

Weiter geht die Inselrundfahrt über eine schlaglochreiche Straße von Mamburao nach **Abra de Ilog** an der Nordwestküste. Vom nahen Küstenort **Wawa** ⑯ verkehren **Fähren** nach Batangas City auf Luzon und unregelmäßig Boote nach Puerto Galera. Solange die Straße von Wawa nach Puerto Galera noch gebaut wird, lässt sich **Talipanan Beach**

❼, Puertos westlichster Strand (s. S. 148), auch auf einem 21 km langen Fußweg erreichen. Er führt unmittelbar an der Küste entlang, wo es einsame Strände und brausende Urwaldbäche zu bestaunen gibt.

Politisch noch zu Mindoro gehört der **Lubang-Archipel** im Nordwesten mit der gleichnamigen Hauptinsel und den kleinen Schwestern Ambil, Cabra und Golo. Auf **Lubang**, das außer Flug- und Schiffsverbindung nach Manila keine touristische Infrastruktur besitzt, hat man 1974 einen *Straggler*, einen freiwillig verschollenen Soldaten der japanischen Weltkriegsarmee entdeckt. Der vorerst letzte dieser „ewigen" Soldaten tauchte 1980 am Mount Halcon auf Mindoro aus der Versenkung auf.

MARINDUQUE

Alljährlich während der Karwoche erwacht die verschlafene Insel Marinduque und das von den Einwohnern mit größtem Eifer gefeierte, farbenfrohe *Moriones*-Festival wird zur touristischen Hauptattraktion. Den Rest des Jahres führt Marinduque ein ruhiges, ländliches Dasein. Die Insel liegt eher unauffällig zwischen Batangas und der Bondoc-Halbinsel in der Umarmung des südlichen Luzon. Neben Eisenerz, Gold und Silber wird vor allem Kupfer abgebaut und exportiert. Ansonsten leben die vornehmlich aus Batangas und Quezon stammenden Marinduqueros von Reis und Kokospalmen, deren Früchte zu Kopra verarbeitet werden. Fischreiche Gewässer umgeben die gebirgige Insel, auf der es rundum friedlich und idyllisch zugeht.

★Moriones-Festival

Während der Karwoche ist die Ruhe dahin – wenn nämlich die drei Küstenstädtchen **Mogpog** ❽, **Boac** ❾ und **Gasan** ❿ das ★**Moriones-Festival**

Rechts: Moriones-Passion auf Marinduque.

feiern und zu brodelnden Passionsspielbühnen werden. Scharen von Einwohnern verwandeln sich dann in römische Legionäre und biblische Figuren. Die Wahrzeichen der Insel, die grimmig dreinblickenden *Moriones*-Helmmasken, werden hervorgeholt, und das mehrtägige „blutige Melodram" beginnt.

Echtes Blut fließt tatsächlich, wenn sich Flagellanten gegenseitig die Rücken auspeitschen. Der Christus-Mime ist ans Kreuz genagelt, und dann schlägt die Stunde von Longinus, dem Hauptdarsteller. Bibelgetreu durchbohrt der Römer Jesus mit dem Speer. Blut schießt aus der Wunde und benetzt das blinde, linke Auge des Soldaten, der daraufhin wieder beidseitig sehen kann. Das Wunder macht Longinus zum Christen, zum Ärger von Pontius Pilatus. Eine Jagd beginnt, auf Marinduque hetzt man Longinus über Reisfelder und Flüsse in die Hügel hinauf. Dreimal wird er gefangen, dreimal entkommt er. Das vierte Mal hat er Pech, die Häscher schleifen ihn zum Richtblock und schlagen ihm triumphierend den Kopf, sprich die Holzmaske, herunter.

Für Besucher ist es zweifellos ein aufregendes Spektakel. Bärtige Europäer sind als Statisten begehrt. In letzter Zeit mag das Fest zum Karnevalstreiben ausgeartet sein. Doch nach wie vor zieht es scharenweise Besucher aus dem In- und Ausland an und liefert der Insel ein stattliches Zubrot. Ein Taschengeld für die Akteure bringen auch die kunstvoll geschnitzten *Moriones*, wie die Masken im Ursprungsland Mexiko heißen, denn sie sind beliebte Souvenirs. Richtig wertvolle Masken und Kostüme sind im Marinduque Museum von Boac an der Plaza, Moreno St. ausgestellt (Mo-Fr 8-12, 13-17 Uhr). Das Schnitzwarengeschäft hat ein findiger Handwerker auf Vögel erweitert. Containerweise „fliegen" die in Heimarbeit gefertigten Holzvögel ins Ausland.

Nach dem Festival verebbt die Hektik schnell. Nur wenige Jeepneys halten

≫ **Karte S. 144-145, Info S. 189-191**

Foto: Alamy (mauritius images)

dann den Verkehr zwischen den Ortschaften aufrecht – eine gute Chance, die Insel zu Fuß zu erkunden.

Der Süden und Osten Marinduques

Marinduques Ruf als Taucherziel ist besonders durch die **Tres Reyes Islands** ㉑ (Dreikönigs-Inseln) im Südwesten und **Elefante Island** ganz im Süden gerechtfertigt. 1980 wurde in der Nähe von **Gaspar** (eine der Dreikönigs-Inseln) das Wrack einer etwa 200 Jahre alten Dschunke entdeckt. Aus dem Wrack barg man kostbares Porzellan aus China, und Marinduque geriet erstmals in die Schlagzeilen. Weitere antike Wracks werden rund um Marinduque vermutet.

Wer ganz weit nach oben will, kann von **Buenavista** ㉒ aus den 1157 m hohen **Mount Malindig**, einen ruhenden Vulkan, besteigen.

Eine eindrucksvolle Route führt von der Provinzhauptstadt Boac nach **Torrijos** ㉓ an der Ostküste. Dort wartet der beste Strand der Insel mit Schnorchelgründen. Solche idyllischen Plätze

findet man auch auf den **Santa Cruz Islands** (Polo, Maniuayan, Mompong), die der größten Stadt der Insel, **Santa Cruz** ㉔, vorgelagert sind. Die Stadt besitzt eine imposante, 1714 erbaute Kirche, und etwas außerhalb geht es in den eindrucksvollen **Bathala-Höhlen** in irdische Tiefen.

ROMBLON-ARCHIPEL

Attraktive Strände, das reizvolle Städtchen Romblon mit seiner mediterranen Atmosphäre oder das artenreiche Bergmassiv des Mt. Guiting-Guiting lohnen die mühsame Anreise zum **Romblon-Archipel**. Die Inselgruppe breitet sich südlich von Marinduque, zwischen Mindoro und Masbate, aus. Die Provinz besteht aus den drei Hauptinseln Romblon, Tablas, Sibuyan und rund 15 kleineren Eilanden.

Banton

Kleinere Inseln im Norden des Archipels sind **Banton** ㉕ und die Nachbar-

Foto: Alexander Shalamov (Dreamstime)

inseln **Maestre de Campo** und **Simara**. Banton ist für seine **Grabhöhlen** bekannt. Kokos- und Bambuswälder wachsen auf den Inseln. Abfahrtshafen ist Pinamalayan auf Mindoro.

Romblon

Unumstrittenes Zentrum und eines der hübschesten Orte im Land ist das Städtchen **Romblon** auf **Romblon Island** ❷, das offiziell „Romblon auf Romblon in Romblon" heißt. Der Wahlspruch der Bewohner lautet entsprechend: *We're rumblin' on* – „Wir werden uns schon durchwursteln!" Es scheint ihnen zu gelingen. Der reizvolle Ort bietet ein maritimes Panorama, das ans Mittelmeer erinnert. Die Stadt im Grünen beherbergt einige hübsche Kolonialstil-Gebäude, die dem Besucher sofort das Gefühl vermitteln, willkommen zu sein. Ein gutes Beispiel altspanischer Architektur ist die um 1650 gegründete **St.-Josephs-Kathedrale**, deren Bau

Oben: Bunte Fischauswahl im Hafenort Romblon.

erst Ende des 18. Jh. vollendet wurde.

Romblon ist die philippinische Marmorinsel. Nicht immer in reinem Weiß, sondern oft bunt „marmoriert", wird das Gestein abgebaut, direkt verschifft oder vor Ort bearbeitet. Der schönste Teil der Insel ist das Strand- und Küstengebiet von **Bonbon**, ca. 4 km südwestlich von Romblon-Stadt.

Im nahen **Agnay** kann man luftige Baumhäuser mieten und direkt am Meer das Zirpen der Zikaden genießen. Das restliche Romblon ist touristisch noch wenig erschlossen. Mit Ausnahme der in den Bergen reizvoll kühl gelegenen Anlage im Ort **Tambac**, südöstlich von Romblon, wohnt es sich besser im Hauptort, in Agnay oder San Pedro; ebenfalls ein guter Ausgangspunkt für Exkursionen.

Schöne Tagesziele sind die Inselchen **Alad**, **Langan**, **Bansud**, die vor der Nordküste liegen. Dort warten auch die Eilande **Lugbung** und **Cobrador**, die stille, weiße Strände mit ein paar Cottages zieren.

Tablas

Tablas ㉗, die größte Insel des Archipels, ist weniger interessant. Vielfach legen Reisende, unterwegs von oder zur südlicheren Ferieninsel Boracay, einen – nicht immer freiwilligen – Stop in den Orten **Odiongan** oder **Looc** ein. Nördlich von **Alcantara** liegt der **Tugdan-Flughafen**, die Schnellverbindung des Romblon-Archipels mit Manila. Das Inselinnere ist gebirgig und teilweise sehr kahl. Nur im Norden zeigt sich die Küste reizvoller. Hier liegen die **Versteckten Seen** bei **Calatrava** und der **Mablaran-Wasserfall** bei **San Andres**.

Sibuyan

Sibuyan ㉘, die mangoförmige und drittgrößte Insel im Romblon-Archipel, besteht vornehmlich aus dem Massiv des 2058 m hohen **Mount Guiting-Guiting**. Die außergewöhnliche Artenvielfalt der Gegend ist im **Mt. Guiting-Guiting Natural Park** unter Schutz gestellt. Wenn auch kein Riese, gilt der Berg doch als sehr schwieriges Kletterziel. Schroffe, von dicken Moosüberhängen verdeckte Abbrüche im oberen Bereich sind tückische Hindernisse einer Besteigung, die 1982 erstmals gelang. Plötzliche Wetterstürze sind eine weitere Gefahr und haben schon Menschenleben gefordert. Das passt zur Legende, denn danach soll ein riesiger Magnet im Berg Kletterer, ja sogar Flugzeuge anziehen und im Moos verschwinden lassen.

Der Inselhauptort **Magdiwang** dient als Basis für Bergsteiger. Ansonsten kann man von **Taclobo** an der Südküste aus das herrliche **Tal des Cantingas** erwandern oder zu den Korallen des Inselchen **Cresta de Gallo** tauchen.

MASBATE

Wie ein betagter Bumerang erscheint die Form der **Inselprovinz Masbate** auf der Karte. Die Nähe zu den Luzon-Provinzen Albay im Norden und Sorsogon im Nordosten hat der Insel und ihren beiden Satelliten **Ticao** und **Burias** die politische Zugehörigkeit zur Bicol-Region eingebracht, geografisch zählen sie jedoch noch zum Romblon-Archipel. Die Spanier haben Masbate schon früh, im 16. Jh., ausgekundschaftet und einige Goldadern entdeckt.

Später machten ihre Galeonen auf Ticao häufig Station, bevor sie nach Mexiko in See stachen. Schließlich wurde ein Teil des Waldes von Masbate für den Schiffsbau abgeholzt, die Werften der Insel hatten in der Kolonie einen guten Ruf. Als um 1900 beim nordwestlichen Ort **Aroroy ㉙** ein Goldrausch losbrach, nahm die Bewohnerzahl schlagartig zu. Auch heute wird in Aroroy noch **Gold** abgebaut.

Man kann die Insel eines der rückständigsten Gebiete der Philippinen nennen, im guten wie im abwertenden Sinn. Die unverfälschte, traditionsbewusste Lebensart auf dem Land macht die Insulaner liebenswert. Andererseits haben politische und wirtschaftliche Verhältnisse Masbate den Titel „Wilder Westen" eingebracht. Die Tatsache, dass auf Masbate in großem Stil Vieh gezüchtet wird und die Insel zur philippinischen Fleischkammer geworden ist, erklärt das Western-Image nur zum Teil – vor allem die Großgrundbesitzer, Viehbarone und deren Eigenart, Meinungsverschiedenheiten durch ihre „Beauftragten" mit dem Schießeisen regeln zu lassen, haben den einschlägigen Ruf gefestigt. Die Mehrheit der Masbateños hat kaum einen Vorteil vom Viehreichtum; die Provinz zählt zu den ärmsten..

Darin dürfte sich auch so bald nicht viel ändern. Denn anders als die umliegenden Inseln besitzt Masbate keine besonders anmutige Landschaft. So hübsch und grün wie die unmittelbare Umgebung der Provinzhauptstadt **Masbate ㉚** stellt sich das Landesinnere infolge großflächiger Abholzung für die Viehzucht schon lange nicht mehr dar.

Hin und wieder zeigen sich Küstenstriche mit verlockenden Stränden,

5

Die Inseln der Mitte

» **Karte S. 144-145, Info S. 189-191**

wie beim Hauptstadtvorort **Tanod**, bei **Mobo** ❸ oder bei **Esperanza** ❸ an der Südostspitze. Doch es gibt weder besonders attraktive Unterkünfte noch bequeme Anreisewege.

DIE VISAYAS

Mit palmengesäumten Bilderbuchstränden, leuchtend türkisem Wasser und üppiger tropischer Vegetation im Inselinneren erfüllen die **Visaya-Inseln** jedes Klischee vom Tropenparadies.

Leuchtend weht die Nationalflagge vor den Rathäusern. Sie, die Aguinaldo am 12. Juni 1898 erstmals gehisst hatte, soll die Tugenden der Filipinos symbolisieren. Sie zeigt ein weißes Dreieck auf blau-rotem Grund, eine strahlende Sonne und drei leuchtende Sterne. Frieden bedeutet die Farbe Blau, Rot steht für Tapferkeit und weht im Kriegsfall denn auch oben, Weiß ist die Reinheit. Die Sonne ist die Freiheit, und ihre acht Strahlen vertreten die acht Provinzen, die sich gegen die Spanier auflehnten. Luzon, die Visayas und Mindanao sind als drei Sterne wiedergegeben.

Mit gutem Recht ist die Region der Visayas im Landeswappen integriert. Machen die vielen Inseln und Inselchen doch mehr als die Hälfte des gesamten Archipels aus. Sie liegen mitunter so dicht, dass manches noch so kleine Eiland ringsherum von Nachbarinseln umgeben ist. Die großen Brocken Panay, Negros und Cebu liegen fast parallel nebeneinander. Zusammen mit dem rundlichen Bohol bilden sie die politische Region der westlichen und zentralen Visayas. Das Inselpaar Samar und Leyte stellt die östliche Region dar.

Ein Gemisch von Völkern, Sprachen und Gebräuchen unter den ca. 18 Mio. Bewohnern ist hier zu Hause. Dörfliche Idylle überwiegt, aber auch provinzielle Verstädterung macht sich breit.

Bittere Armut treibt viele Küsten- und Hinterlandbewohner aus der Rückständigkeit in die hektischen Ballungsräume und in andere Provinzen. Leute aus den Visayas sind überall auf den Philippinen anzutreffen. Schon durch ihre singende Sprache fallen sie auf, ihre Lebensfreude ist sprichwörtlich. Die fast fanatische Hingabe der Männer an den Hahnenkampf, die spielerische und überspielende Lässigkeit, dem Ernst des Daseins das Beste abzugewinnen, werden von Filipinos anderer Regionen teils belächelt, teils bewundert. Doch diese einladende Geisteshaltung und vielfältige geografische Zutaten haben der Visayas-Region ein gewisses touristisches „Privileg" verschafft.

Doch die Hauptwucht des verheerenden Sturms „Yolanda", der im November 2013 die östlichen Visayas heimsuchte, hat weite Teile vom Samar und Leyte verwüstet und Tausende von Menschen getötet. Der Wiederaufbau der Infrastruktur wird Jahre, wenn nicht Jahrzehnte dauern. Viele der nachfolgend beschriebenen Ziele können nur eingeschränkt oder zunächst überhaupt nicht besucht werden.

Anders als Samar und Leyte, wo es ganzjährig immer wieder heftig regnen kann, liegen die zentralen und westlichen Inseln in einer klimatisch günstigeren Zone; deren ausgeprägte, aber gelegentlich von Taifunen oder deren Ausläufern gestörte Trockenzeit (Zentral-Visayas: März-Mai; Westliche Visayas Nov.-Mai), hält ausländische Besucher relativ lange vor Ort. Die internationalen Direktflüge zur Inseldrehscheibe Cebu bestätigen die Schwerpunktlage der Visayas.

Schon der Name der Inselregion hat seinen Ursprung in der Fremde: Einwanderer aus dem Südwesten ließen sich im 13. Jh. hier nieder. Sie waren vor der Tyrannei der muslimischen Sultane von Borneo geflohen, das im Machtbereich des indisierten, vorwiegend buddhistischen Großreichs *Sri Vijaya* lag. Die Bezeichnung *Visayas* war nicht das einzige Mitbringsel der frühen Kolonisatoren,

Rechts: Hahnenkampf – die Männer auf den Visayas verfolgen ihn mit großer Leidenschaft.

Foto: Lostarts (Dreamstime)

denen die lokalen Visaya-Sprachen die Anreicherung durch Sanskrit- und Tamil-Worte verdanken.

Samar

Samar, die drittgrößte Insel der Philippinen, war das erste feste Stück Land in Asien, das der Ausguck von Magellans Flotte 1521 ausrufen konnte. Dem Grundsatz getreu, erst einmal kleinere Eilande vorsichtig auszuspähen, segelten die Europäer jedoch an Samar vorbei und steuerten die der Südküste vorgelagerte Insel Humunu, heute Homonhon, an. Magellan erschienen die Küsten von Samar wohl zu unwirtlich, um dort vor Anker zu gehen. Viel scheint sich bis heute nicht geändert zu haben. Trotz reicher Bodenschätze und riesiger Waldgebiete, die bis zu Beginn des 20. Jahrhunderts noch fast die ganze Insel bedeckten, und trotz fischreicher See ist Samar eine der ärmsten Regionen der Philippinen. Nach den Zerstörungen durch „Yolanda" wird sich daran auf lange Zeit nicht ändern.

Die Insel, von Südluzon durch die tückische **San-Bernardino-Straße** getrennt und im Süden mit Leyte durch die 2 km lange **San-Juanico-Brücke** verbunden, ist mit rund 2 Mio. Einwohnern sehr dünn bevölkert. Samar ist unterteilt in drei Provinzen: Ost-, West- und Nordsamar. Rund 180 kleine Inseln gehören ebenfalls dazu.

Der Tourismus war bisher unbedeutend, mit Superstränden kann die Insel nicht locken, und außerhalb der Hauptstraße entlang der Westküste bis hinüber nach Leyte ist das Verkehrssystem sehr rückständig. Neben der exponierten Lage im Taifungürtel bekommt Samar bis auf die Monate Mai und Juni viel Regen mit. Entsprechend gestaltet sich dann auch das Reisen: ziemlich schlammig.

Dennoch, der spröde Charme der Insel kann faszinieren. Die tosende Brandung der Ostküste, die noch dichten Urwälder im Hinterland, die schönen Tauchreviere im Süden – es gibt einiges zu entdecken, auch die Freundlichkeit der Bewohner.

» **Karte S. 144-145, Info S. 189-191**

Der Norden Samars

Wer auf dem Land- bzw. Seeweg anreist, landet meist mit der Autofähre von Matnog auf Süd-Luzon in **San Isidro** ❸ oder **Allen** etwas weiter nördlich.

Vor der Westküste liegen die vielen Inselchen in der Samar-See. Hier könnte noch mancher Geheimtipp auf Erkundung warten, wie z.B. **Dalupiri** (San Antonio) bei San Isidro, wo einfache Unterkünfte an schönen Stränden auf Gäste warten.

Auch der Nordwestküste sind beschauliche Inselrefugien vorgelagert, wie die **Balicuatro Islands** ❸ – eines der besten Tauchreviere des Landes –, die man per Boot von **San José** ❸ aus erreichen kann.

Catarman ❸ an der Nordküste, eine der drei größten Städte Samars, ist lediglich als gute Exkursionsbasis interessant.

Oben: Häufige Regenfälle machen Reisen auf Samar zu einer schlammigen Angelegenheit. Rechts: Urwüchsige Natur im Sohoton National Park.

Samars Osten – Von Palapag bis an die Südspitze

Im Zentrum des urwüchsigen Nordostens liegt an einer malerischen **Bucht** die Ortschaft **Palapag** ❸, wo einstmals spanische Galeonenfahrer nach stürmischer Pazifikreise verschnaufen konnten.

Der Südosten von Samar entspricht schon eher dem Klischee einer Tropeninsel, und das sollte Samar, direkt am Rand der Südsee, eigentlich auch sein. Das Küstenstädtchen **Borongan** ❸, über eine Straße mit dem Highway im Westen verbunden, bietet eine saubere **Badebucht** und vorgelagerte Inseln, die zu Robinsonaden verleiten. Vereinzelt machen hier auch Mangroven mächtigen Saumriffen und stillen Lagunen Platz.

Die vormals hübsche Stadt **Guiuan** ❸ war der erste Ort, den Taifun Yolanda fast völlig zerstörte. Das pazifische Flair der schmalen (Halb-)Insel, die sich südlich davon in das Meer erstreckt, wo sich gefährliche Riffe mit sanften Strandbuchten abwechseln, verwandelte sich am 7. November 2013 durch den tropischen Wirbelsturm, der hier mit bis zu 380 km/h Windgeschwindigkeit wütete, in die Hölle auf Erden.

Einheimische Taucher sind fast die einzigen Menschen auf der **Calicoan-Insel**, wo sie unter Lebensgefahr die begehrten, sehr wertvollen goldfarbenen **Kauri-Schnecken** aus der See herausholen.

Von Guiuan ist hoffentlich bald wieder die **Homonhon-Insel** ❹ erreichbar. Dort knirscht selbst der Sand gewissermaßen historisch, alles wirkt noch wie im März 1521, als Magellan hier seinen Fuß auf den Strand setzte. Auf halbem Weg dorthin liegen herrliche Riffe auf hoher See.

Weniger abwechslungsreich ist der Rest von Samars Südküste. In **Balangiga** ❹ sollten Besucher den freundlichen Empfang besonders schätzen. Denn hier war der Schauplatz des berüchtigten „Massakers von Balangiga", das 1901 amerikanische Soldaten anrichteten. Als Rache dafür, dass ein Teil der Bewohner ihre Garnisonsbesatzung überfallen und zur Hälfte niedergemacht hatte, brachten die Kolonialherren Tausende Filipinos aus der Ortschaft um und terrorisierten Balangiga zwei Jahre lang. Immerhin wurde der verantwortliche General Smith zum Ruhestand verurteilt, nachdem in den USA die Öffentlichkeit protestiert hatte. Eine **Gedenktafel** erinnert an das brutale Geschehen.

Sohoton-Nationalpark

Der südwestliche Ort **Basey** ist Ausgangspunkt für die Flussexpeditionen zum **Sohoton-Nationalpark** ❹. Das beeindruckende Tropfsteinhöhlen-System ist zu Samars erstem Touristenziel geworden. Nach etwa fünf Stunden **Bootsfahrt** und kurzem Fußmarsch erreicht man die **Sohoton-Tropfstein-höhle**, deren Formationen zu den schönsten im ganzen Land gehören.

Foto: Albrecht G. Schaefer

Samars Westen

Fährt man an der Westküste wieder Richtung Norden wartet bei **Calbiga** eine weitere Naturattraktion: Die **Calbiga Cave** ❹ ist das größte Karsthöhlensystem der Philippinen.

In nordwestlicher Richtung folgt **Catbalogan** ❹ mit einem ruhigen, autofreien Zentrum und einem stattlichen Rathaus.

Auch die nächste größere Stadt **Calbayog** ❹ macht vor allem als Basis für Ausflüge auf sich aufmerksam. Auslegerboote fahren vom quirligen Hafen am Calbayog-Fluss zu vorgelagerten **Inseln** mit Bade- und Schnorchelmöglichkeiten. Andere lohnende Ziele sind Wasserfälle, heiße Quellen, die 750 m lange **Malajog-Zipline**, der unterirdische Fluss in der **Guinogo-an-Höhle**, das **Samar Archeological Museum** und die **St. Peter and Paul Cathedral**.

Die Taifune werden nicht nachlassen, ebensowenig der Überlebenswille der Samareños, die hoffen, dass künftig mehr Besucher kommen.

» Karte S. 144-145, Info S. 189-191

DIE INSELN DER MITTE

Leyte

Mit rund 8000 km^2 steht **Leyte** auf Platz acht der philippinischen Inselgrößen. Zwei Idiome teilen die Bewohner von Leyte: Im Nordosten und Osten wird, wie auch auf Samar, *Waray-waray*, im Süden und Westen *Cebuano*, die Sprache der Nachbarinsel gesprochen. Zur Nationalgeschichte hat sie wichtige Daten beigesteuert: Im April 1521 ließ Magellan auf dem südlich vorgelagerten Eiland Limasawa die erste katholische Messe auf philippinischem Boden lesen. Im Herbst 1944, nachdem die Alliierten die Schlacht im Golf vom Leyte für sich entschieden hatten, watete General MacArthur an der Ostküste an Land, um sein Versprechen einzulösen, die Japaner zu verjagen. 1991 forderte die Flutkatastrophe von Ormoc 7000 Opfer und machte deutlich, dass der Raubbau an den philippinischen Wäldern ein Ende haben muss. Reich an Geschichte, aber arm an Existenzgrundlagen ist die Insel für die meisten der rund 2 Mio. Leyteños. Denn das Innere ist von einem kaum erschlossenen Gebirge durchzogen, das den Großteil der Bevölkerung an die Küsten zwingt. Den bisher größten Schaden brachte der Super-Taifun Yolanda im November 2013, der weite Teile von Leyte ausradierte und mindestens 5000 Tote zurück ließ.

Tacloban City

Tacloban 🕖, Hauptstadt und Wirtschaftszentrum im Nordosten und Drehscheibe der östlichen Visayas, erholt sich erstaunlich rasch von den katastrophalen Taifunschäden. Die Energie der Bewohner lässt hoffen, dass ihre Stadt bald als Fremdenverkehrsziel wieder aufleben wird.

Von der Plaza Libertad, die eine Freiheitsstatue überragt, ist es nicht weit

Rechts: Die Landschaft um Ormoc City ist von Nassreisfeldern geprägt.

bis zum Stadtmarkt und den Hafenanlagen. Gegenüber ragt das 1907 im neoklassizistischen Stil erbaute Provincial Capitol-Gebäude auf. Zwei Reliefs zieren seine Seiten: Das linke erinnert an die erste im Land zelibrierte katholische Messe (Ostern 1521 auf der Insel Limasawa); rechts wird der Rückkehr von General MacArthur gedacht. Außer dem Botanical Garden am Magsaysay Blvd., dem Santo Niño Shrine and Heritage Museum in der Real St., wo u. a. Antiquitäten von Imelda Marcos, geboren im Ort Tolosa, zu bestaunen sind, ist das Museum auf dem Campus der Divine World Universität wegen seiner Sammlung an regionalen Artefakten und archäologischen Funden sehenswert.

Einen weiten Blick über Stadt und San Pedro Bay genießt, wer sich auf den Calvary Hill südlich vom Hafen quält.

Im 2013 verwüsteten **Palo** 🕗, südlich von Tacloban an der Ostküste, geht MacArthur mit sechs weiteren Kriegern erneut an Land – die bronzenen, überlebensgroßen Statuen der **MacArthur-Gruppe** (s. Bild S. 65) markieren den Beginn der verlustreichen Rückeroberung der Philippinen am 20. Oktober 1944.

Leyte Mountain Trail

Bei **Dulag** zweigt eine Straße Richtung Inselinneres ab, bis **Burauen** 🕘 fahren Autos.

Von hier aus kann man den sich in südlicher Richtung erstreckenden **Lake Mahagnao Volcanic National Park** 🕙 erkunden, außerdem ist Burauen Ausgangspunkt für den 40 km langen **Leyte Mountain Trail**. Der Fußpfad führt vorbei an malerischen Seen, Wasserfällen und durch den Regenwald unterhalb des 1350 m hohen **Mt. Lobi** und endet entweder am **Lake Danao** oder in Ormoc an der Westküste. Ursprünglich diente er wie eine Art Ho-Chi-Minh-Pfad den Kämpfern der kommunistischen NPA-Guerilla als Versorgungsweg. Bester Startpunkt für Wanderer ist

» **Karte S. 144-145, Info S. 189-191**

Foto: Kevin R. Hamdorf

der Parkeingang, den man mit dem Bus aus Tacloban und per Motorradtaxi aus Burauen erreicht.

In den Süden Leytes

Die Südspitze Leytes ist vor allem wegen ihrer erstklassigen **Tauchgründe** und der zahlreichen **Walhaie**, die sich von Zeit zu Zeit in der **Liloan Bay** versammeln, berühmt.

Etwa 20 km südlich von Dulag drängen bei **Abuyog** Steilküsten die Nord-Süd-Fernstraße ins bergige Inselinnere ab. Bei **Sogod** gabelt sie sich. Die Abzweigung Richtung Südosten endet an der imposanten **Hochbrücke** nach **Liloan ㊿** auf der **Insel Panaon**. Fährt man jedoch westlich der Sogod Bay weiter, erreicht man **Padre Burgos ㊿**. **Tangkaan Point** im Süden des Orts ist nur einer von mehreren schönen Stränden an der Südspitze Leytes. Die abwechslungsreiche Unterwasserlandschaft mit Steilabbrüchen und intakten Korallenriffen bietet Tauchern von Februar bis April beste Chancen Haien, Mantaro-

chen, Schildkröten und gelegentlich Walhaien zu begegnen.

Wer sich hier zur **Insel Limasawa** übersetzen lässt, erreicht den Ort, wo Magellan seine erste Messe für Filipinos feierte.

Leytes Westküste

Entlang der Westküste gibt es in **Maasin ㊾**, der Hauptstadt der Provinz Süd-Leyte, sowie in **Hilongos ㊿** und **Baybay ㊿** Kirchen zu bewundern.

Die nächste große Küstenstadt ist das unglückselige **Ormoc City ㊿** im nördlichen Leyte. Zwar geht es hier wieder normal zu, doch die Sintflut nach einem Regensturm am 5. November 1991, mit tausenden Toten, hat noch lange nachgewirkt. Erstmals suchte man – vorbildlich in den Philippinen – nach einem ökologischen Schuldigen: Illegale Abholzung der Berghänge hatte die früher den Regenwasserabfluss bremsenden Wälder vernichtet.

Von Ormoc aus empfiehlt sich ein Ausflug zum schönen **Lake Danao**

(Bademöglichkeit), oder man kann den **Leyte Mountain Trail** entlang wandern – in umgekehrter Richtung, mit **Burauen** (⓭) als Ziel.

Biliran

Im Norden prägt zunächst die bäuerliche Insel **Biliran** ⓭, seit 1992 eigenständige Provinz, das Landschaftsbild. Die schmale Passage überspannt eine **Brücke**.

Der 1340 m hohe **Mount Biliran**, ein erloschener Vulkan, ist ein schnell erreichtes Ziel, wenn man sich mit einem Miet-Jeepney bis zum Camp fahren lässt. Von dort ist es etwa eine Stunde zum Gipfel. Ansonsten lohnt sich der Besuch der romantischen **Bucht** bei **Almeria** im Nordwesten.

Panay

Bekanntestes Urlaubsziel im Nordwesten Panays ist die kleine Insel Boracay. Viele Besucher lockt das farbenprächtige *Ati-Atihan*-Fest in Kalibo an.

Panay, in vorspanischer Zeit Ziel malaiischer Einwanderer, ist die mit 11 700 km^2 größte Insel der Visayas. Sie umfasst die vier Provinzen Iloilo, Antique, Aklan und Capiz. Etliche vorgelagerte Inseln gehören dazu. Topografisch prägen Panay die unzugängliche gebirgige Westhälfte, die große Tieflandebene in der Inselmitte und das mäßig hohe Bergland im Nordosten. Reis ist das Hauptprodukt der rund 3,5 Millionen Einwohner. Besonders Iloilo, die größte Provinz, gilt als südliche „Reiskammer" der Philippinen. Zuckerrohr und Fisch sind ebenfalls wichtige Erwerbsquellen auf Panay.

Die Insel ist kulturell nicht homogen. Vier Hauptdialekte teilen die Bevölkerung: *Hiligaynon* (oder Ilonggo) und *Kiniray-a* spricht man in Iloilo und Antique; *Capiceño*, eine Kombination aus beiden, in der Provinz Capiz und *Aklanon* in Aklan. Einen gemeinsamen Nenner haben die Provinzen: die Be-

siedlung durch malaiische Einwanderer und der Umzug der heimischen Ati ins Hinterland. Dabei fand um das kostbare Terrain statt, der soziografisch bis heute nachwirkt und alljährlich auflebt in bunten Festen wie *Ati-Atihan* in Aklan, *Dinagyang* in Iloilo und *Binirayan* in Antique.

Die Spanier, die 1566 in *Ogtong*, dem heutigen Oton, Fuß fassten, ließen es sich auf Panay gutgehen, auch wenn sie des öfteren – Festungsruinen und wuchtige Kirchen entlang der Südküste erinnern daran – Angriffe muslimischer und europäischer Neider abwehren mussten. Die Reisproduktion und vor allem der Zucker von der Nachbarinsel Negros machten Panays Hauptstadt Iloilo zu einem wichtigen Wirtschaftszentrum. Die Fremdenverkehrswerbung von heute betont, dass Iloilos Einwohner schon mit chinesischen, arabischen, persischen und indischen Kaufleuten handelten, „lange bevor Magellan in Portugal im Kindergarten war". Unter der Herrschaft der Spanier blühte die 1896 mit dem Ehrentitel *La Muy Leal y Noble Ciudad* („Sehr loyale und ehrbare Stadt") belobigte Stadt nach Manila zur zweitwichtigsten Metropole der Kolonie auf. Unter US-Verwaltung ging es weiter bergauf mit Panay, insbesondere Landwirtschaft und Infrastruktur wurden entwickelt, eine Eisenbahnlinie längs durch die Insel gebaut. Auch die Amerikaner verliehen Panay einen Titel: „Alaska der Philippinen", womit sie die lukrative Fischindustrie ansprachen. Stolz verkünden die Annalen, dass sich die Ilonggos den japanischen Besatzern nicht ergeben haben; ein erbitterter Guerillakrieg tobte in der Tat auf Panay.

Iloilo City

Die 450 000 Einwohner von **Iloilo City** ⓭ sind stolz auf ihre Stadt, die 2005 als „The Cleanest and Greenest Highly Urbanized City in Western Visayas" ausgezeichnet wurde. Wenn auch etliche alte spanische Villen aus der

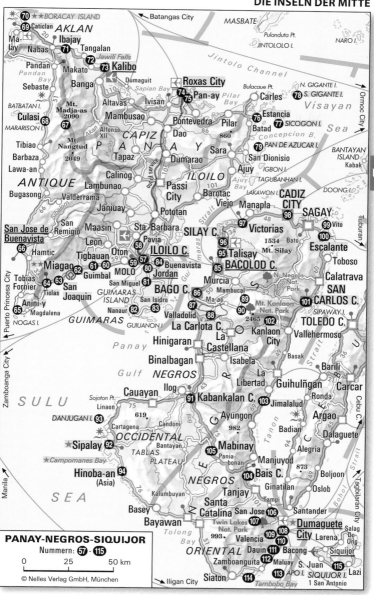

PANAY-NEGROS-SIQUIJOR

Nummern: **57** - **115**

0   25   50 km

© Nelles Verlag GmbH, München

163

DIE INSELN DER MITTE

Foto: sherlsen (iStockphoto)

algisch oder modern, im Jeepney lässt sich Iloilo vorzüglich erkunden. Man freut sich über Besucher, und mit dem neuen **Iloilo Convention Center**, wo 2015 die APEC-Staatsvertreter tagten, werden es sicher mehr.

Am Beginn eines Stadtbummels sollte die Besichtigung des **Museo Iloilo**, ebenfalls am Bonifacio Drive, stehen. Kulturhistorische und ethnografische Objekte geben einen guten Einblick in die Vergangenheit der Region. Glanzstück ist die **Blattgoldmaske** eines Toten, die neben anderen Grabbeigaben aus vorspanischer Zeit bei Oton etwas westlich von Iloilo gefunden wurde. Sehenswert sind auch Teile der Ladung eines im 19. Jahrhundert vor Guimaras gesunkenen Seglers aus England.

Der **Markt** im Stadtzentrum an der Ecke Iznart/Rizal Street bietet eine Fülle einheimischer Handwerksprodukte und natürlich emsiges Treiben an den Fisch- und Gemüseständen. Immer haben Naturheiler ihr Sammelsurium an *Native Medicine* auf dem Pflaster ausgebreitet. Kleine Essenstände in den Außenmauern der überdachten Markthalle servieren die stärkende Fleischnudelsuppe *Batchoy*, eine der landesweit beliebten Delikatessen von Iloilo.

Vom Markt kommt man auf der Rizal Street, die weiter östlich in die Gen. Hughes Street mündet, zum **Fort San Pedro** am San Pedro Drive an der Seeseite von Iloilo City. Heute stehen von der 1617 erbauten Festung nur noch ein paar Mauern, zwischen denen sich ein Freiluftrestaurant etabliert hat. An jedem vierten Wochenende im Januar drängen sich nicht nur hier die Menschen. Dann feiert nämlich die Stadt ihr *Dinagyang*-Festival. Eine schillernde Parade von Masken und in *tribus* (Stämmen) marschierenden Kostümgruppen hält die Erinnerung an den alten Handel zwischen Malaien und Ati wach – christlich aufgewertet durch *Santo Niño*, das Jesuskind. Ein zweiter Höhepunkt ist die Paraw-Regatta am dritten Februarwochenende. Dann zeigen die pfeil-

Blütezeit des Zuckerhandels verfallen sind, die Bahn nach Roxas im Norden eingestellt ist und die Slumviertel am Hafen den Ehrentitel Lügen strafen – die Provinzhauptstadt ist eine Boomtown. Neue Hotels und Shopping Malls entstehen, ihre Bars und Discos sind über die Provinzgrenzen hinaus beliebt, der Seehafen wurde modernisiert und ein internationaler **Flughafen** eröffnet.

Dicht an dicht schieben sich täglich im Stadtkern, auf der **J. M. Basa Street** und ihren Nebenstraßen, Menschentrauben unter den Arkaden der alten, meist chinesischen Ladenhäuser hindurch, Autos stauen sich hupend an den Kreuzungen – und doch fehlt jegliche nervöse Eile. Früher im Cadillac-Design prunkende **Jeepneys** wurden verdrängt von steril gestylten, poppigeinfältigen Vehikeln, die weniger durch Sitzkomfort als durch die Lautstärke ihrer Stereoanlage auffallen. Ob nost-

Oben: Bambusbrücke bei Igbaras. Rechts: Eine Spezialität in den bewaldeten Bergen um Igbaras ist gebratene Fledermaus (Adobo).

164　　　» Karte S. 163, Info S. 189–191

Foto: sherbien (iStockphoto)

schnellen Auslegersegler in der Straße von Guimaras ihr Können.

Historische Gemäuer sind rar in der Universitätsstadt. Schöne spanische **Kolonialhäuser** gibt es im nördlichen Stadtteil **Jaro** zu sehen, wo auch die **Jaro-Kathedrale** von 1874 steht.

Auf Tempel des Konsums wollen die modernen Ilonggos nicht verzichten: **SM City** und **Gaisano City** sind die größten Einkaufszentren von Iloilo.

Blumen und die Naturfaserstickereien der **Sinamay-Webstube** sind der Stolz des Vorortes **Villa Arevalo**, wo die Spanier schon früh Werften und Depots für ihre Angriffe gegen die Muslime anlegten. Im späten 16. Jh. diente der Ort als Verwaltungszentrum der westlichen Visayas.

Nördlich von Iloilo City liegt der Ort **Pavia** ⑤⑧, wo alljährlich am 3. Mai die aufregende *Carabao Carroza*, ein Wasserbüffelrennen, stattfindet.

Eine sehenswerte **Kirche aus Korallengestein** hat im Westen von Iloilo City der Vorort **Molo** ⑤⑨ zu bieten. In einer Mischung aus neugotischem und Renaissance-Stil wurde das Gotteshaus 1831 erbaut. Am westlichen Ortsausgang von Molo lohnt sich ein Besuch im **Asilo de Molo**, ein Waisenhaus, in dem Mädchen höchst dekorative Handarbeiten aus Ananas- und Abaca-Fasern (*piña* und *jusi*) anfertigen.

Kulinarische Leckerbissen offeriert der Ort ebenfalls. Wie im Stadtteil La Paz die *Batchoy*-Suppe, ist in Molo *Pancit Molo* zu Hause, denn hier gibt es bekannt leckeres Gebäck aus der ältesten Bäckerei der südlichen Philippinen.

Panays Kirchenküste

An der Südküste Panays liegen verstreut einige schöne Beispiele für den „Erdbeben-Barock", den philippinischen Kirchenbaustil, der eher an mittelalterliche Trutzburgen erinnert.

Auf der asphaltierten Straße von Iloilo nach Westen in die Provinz Antique

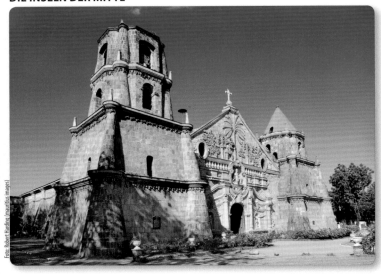

Foto: Robert Harding (mauritius images)

fährt man zunächst durch **Oton**, die erste spanische Besitzung auf Panay, und findet dann in **Tigbauan** ⑥⓪ und **Guimbal** ⑥① alte Kirchen, aus Sandstein und Korallenblöcken erbaut. Am Strand von Guimbal ragen drei verwitterte **Wachttürme** auf, von denen man nach Piraten Ausschau hielt. Rings um **Igbaras**, von Guimbal 9 km landeinwärts, gibt es bewaldete Berge zum Wandern und auch Felsen zum Klettern.

Der Warnung vor Gefahr dienten auch die Glockentürme der ★★**Kirche von Miagao** ⑥②, einem Paradebeispiel für den „Erdbeben-Barock". Mehr einer Trutzburg als einem Hort des Friedens ähnlich, dominiert das 1787 erbaute, nun zum UNESCO-Weltkulturerbe zählende Gotteshaus das Städtchen. Beeindruckend ist seine kunstvoll reliefierte ★★**Fassade**: Inmitten tropischer Vegetation ist St. Christophorus dargestellt, der das Jesuskind trägt und – in

Oben: Die Kirche von Miagao zählt zum UNESCO-Welterbe. Rechts: Wasserbüffel kämpfen bei der Fiesta von San Joaquin.

eindeutiger Symbolik – den Heiden das Seelenheil bringt.

Wie die Nachfahren der Bekehrten leben, kann man nach Verlassen des Ortes am Strand beobachten. Hier sind die Fischerfamilien noch größtenteils auf ihre *Baroto*, kleine Segelboote, angewiesen. PS-starke Konkurrenz stellen die *Basnigan* dar, mächtige Auslegerboote, die nach nächtlichen Fischzügen vor der Südküste Panays ankern. Auf eine andere Art gewinnt man während der Trockenzeit an den Stränden zwischen Guimbal und Miagao Salz: Die Salzfarmer fangen das Meerwasser in langen Bambusrohr-Gestellen auf und „ernten" allabendlich die weißen Kristalle, nachdem das Wasser in der heißen Sonne verdunstet ist.

Hoch über der Küste zeigt die **Korallenstein-Kirche** von **San Joaquin** ⑥③ ein martialisches Gesicht: Das **Relief** an der Fassade zeigt die Schlacht von Tetuan, in der die Spanier 1859/60 – zehn Jahre vor der Errichtung der Kirche – in Marokko die Mauren besiegten.

Etwa gleich alt ist die **Steinbrücke**

Foto: Albrecht G. Schaefer

inmitten eines Reisfeldes, die der Ingenieur Felipe Diez wenige Kilometer vor San Joaquin errichten ließ. Historisch ist auch der **Friedhof**, der 1892 vor dem Ortseingang angelegt wurde. Weitaus älter als alle Bauwerke sind die versteinerten Korallen im Uferhang unterhalb der Schule.

Kaum wiederzuerkennen ist der verschlafene Ort, wenn am zweiten Januarwochenende *Pasungay* gefeiert wird. Das Fest findet seinen Höhepunkt in Büffelkämpfen hinter der Kirche. Dann wird gewettet, was das Zeug hält, und zwei mit Hilfe einer Büffelkuh sichtbar erregte *Carabao*-Bullen lassen ihr Gehörn aufeinanderdonnern, dass der Knall meilenweit zu hören ist.

Auch Schatzsucher könnten hier fündig werden. Noch immer fahndet man nach dem *Golden Salakot*: dem goldenen Hut, den drei borneische *Datus* in der Nähe von San Joaquin im 13. Jh. beim „Handel von Panay" gegen das Land der Ati eingetauscht haben sollen.

Beim Marktort **Tiolas** ❻❹ hat man von der sich durch die Gebirgsausläu-

fer in die Provinz Antique windenden Straße einen herrlichen Blick weit übers Meer bis nach Guimaras und Negros. In **Anini-y** ❻❺, im äußersten Südwesten von Panay, prangt wiederum eine Kirche aus weißem Korallengestein (1880 vollendet). Entspannung bietet eine **Schwefelquelle**, die in einem Badebecken gefasst ist. Vorgelagert lockt die **Insel Nogas** Taucher an.

Die Westküste Panays

Ab Anini-y erstreckt sich die **Provinz Antique** über den größten Teil der Bergkette von Panay. Von der Provinzhauptstadt **San José de Buenavista** ❻❻ mit Hafen, Pensionen und Lokalen führt eine schlechte Straße entlang des schmalen Küstenstreifens in den Nordwesten. Die nahen Berge waren lange Schlupfwinkel der NPA-Guerilla. Deshalb hat die Westküste nie viele Besucher angezogen. Doch Bergsteiger schätzen den **Mt. Madja-as** ❻❼, mit 2090 m der höchste und noch dicht bewaldete Inselberg. An seinem Fuß liegt

DIE INSELN DER MITTE

Foto: mundosemfim (Shutterstock.com)

der Ort **Culasi** 68, günstig für Ausflüge zur vorgelagerten **Mararison-Insel**.

Im Dorf **Pandan** an der Nordwestecke Panays führt die Hauptstraße direkt an die Nordküste nach Kalibo weiter, während sich eine enge Serpentinenstraße ganz außen herum zum nördlichsten Ort der Insel, nach **Catiklan** 69, schlängelt. Und dort liegen ein kleiner **Flughafen** und der **Zubringerhafen** zur nahen „Trauminsel" Boracay (Boote alle 15 Min.).

★★Boracay

Die vielen Besucher haben auf der 7 km langen Tropeninsel ★★**Boracay** 70 zwar Spuren hinterlassen, aber die – heute vorwiegend asiatischen – Urlauber finden noch immer, was sie vor allem suchen: Sonne, Strand und Spaß. Anfang der 1980er begnügten sich Weltenbummler mit warmem Bier und genossen am kilometerlangen White

Oben: Die Insel Boracay lockt mit herrlichen Stränden.

Beach den feinen Sand und die Sonnenuntergänge. Mittlerweile drängen sich zwischen Kokospalmen Hunderte von Touristen-Bungalows; Restaurants, Surf- und Tauchschulen, Tattoo-Studios, Bars, Massagebuden, Reisebüros, sogar die Vertreter der Immigrationsbehörde haben sich etabliert. Strombetriebene Geräte sind modern und praktisch, mitunter aber laut. Über die nun befestigte Inselhauptstraße kommt der Nachschub schneller voran, es knattern aber auch Mopeds bis spät in die Nacht, und die Discos drehen voll auf. Der Sand am White Beach, den außer Feriengästen unzählige fliegende Händler und Masseurinnen bevölkern, ist nicht mehr jungfräulich weiß, und das Wassersportangebot hat enorm zugelegt. Boracay ist der nationalen Tourismusbehörde unterstellt, die sich bemüht, die Insel als eines der führenden Ferienziele Südostasiens zu behaupten. Exklusive Hotels sind entstanden, aber auch die einfacheren Unterkünfte haben aufgerüstet und servieren längst auch kalte Getränke und haben Internetanschluss.

》 **Stadtplan S. 168, Karte S. 163, Info S. 189-191**   169

Foto: Art Phaneuf (iStockphoto)

Zentrum des Touristentrubels sind die Dörfer **Angol** ① und **Balabag** ② am langen ★★**White Beach** mit feinstem Sand. Kleinere, ruhigere Strände liegen im Norden: **Diniwid** ③, **Balinghai** ④ und **Punta Bunga** ⑤. Der nördliche **Puka Beach** ⑥ bei **Yapak**, ebenfalls mit leuchtend türkisem Wasser und feinem weißen Sand, wird gern zum Schnorcheln aufgesucht.

An der felsigen Ostküste ist es ruhiger. Dort, am langen, windigen, zum Schwimmen weniger geeigneten **Bulabog Beach** ⑦, geben sich Wind- und Kitesurfer ein Stelldichein, und die Unterwasserwelt bietet viel Abwechslung.

Auch der **Manoc-Manoc Beach** ⑧ an der Südspitze Boracays bietet schöne Schnorchelmöglichkeiten.

Die meisten Gäste empfangen die 16 000 Dauerbewohner Boracays in der Trockenzeit von Dezember bis Mai. Das Meer ist dann ruhig und (abgesehen von dem seit Jahren wiederkehrenden

Oben: Nachschub für die zahlreichen Fischimbisse am Baybay-Beach bei Roxas.

Algenteppich) ideal zum Schwimmen, Windsurfen und Segeln. Und wenn abends die Motorboote verstummt sind, Schwärme von Flughunden von der Insel zum Festland hinüberziehen und die Sonne glutrot im Meer versinkt – dann wird der Zauber Boracays wieder spürbar.

Ibajay und Kalibo – farbenfrohe Feste

Zurück auf Panay führt die Nordküstenstraße Richtung Kalibo zuerst vorbei an **Ibajay** ㉒. Hier kann man eine Woche nach dem *Ati-Atihan*-Fest von Kalibo das „echte", weil kaum kommerzialisierte *Ati-Atihan* erleben. Abkühlung bieten die **Jawili-Wasserfälle** ㉒ bei **Tangalan**, etwas weiter östlich. Lohnend ist auch ein Ausflug zum Dorf **Laserna**, 15 km westlich von Ibajay. Das nahe **Regenwaldgebiet** bietet die Chance, seltene Tierarten wie Hornvogel und Panay-Waran sowie Wasserfälle und Naturpools zu erleben.

Vom Boom auf Boracay profitiert

auch **Kalibo** (73), Versorgungszentrale mit **Flughafen** (Verbindung mit Manila und Cebu; Bustransfer nach Catiklan ca. 2 Std.). Landesweit berühmt ist die Hauptstadt von Panays **Provinz Aklan** durch das farbenprächtige *Ati-Atihan*-Fest, das am dritten Januarwochenende den Küstenort aus seiner Lethargie reißt. Dann lockt die Bevölkerung mit fantastischen Kostümen und Masken, mit Lärm und karnevalsähnlicher Ausgelassenheit Besucher aus aller Welt an – die während dieser vier Tage für Kost und Logis allerdings etwa viermal so viel bezahlen wie sonst. Das Geschäft mit den Fremden blüht, vielleicht als Wiederholung des Handels zwischen den unbedarften Ati und den schlauen Fremden aus Borneo im 13. Jh. Denn daran soll das *Ati-Atihan* erinnern, als die Einwanderer sich die Gesichter schwärzten, um den dunkelhäutigen Ati mit List und Tücke das fruchtbare Küstenland abzuluchsen. Die heutigen Ati sind allerdings keinen Schritt weitergekommen. Während Leute aus Kalibo und Touristen als Ati auftreten, kommen die wahren Ureinwohner als Bettler in die Stadt, die überschwänglich die Dreieinigkeit von malaiischem Tam-Tam, katholischer Frömmelei und westlichem Kommerz feiert.

Der Nordosten Panays

Nördlich des Zentrums der Stadt **Roxas** (74) (Provinz Capiz) erstreckt sich der kilometerlange **Baybay-Beach**, gesäumt von Imbissbuden, die frischen **Fisch** anbieten. Im Vorort **Pan-ay** (75) ist die angeblich größte **Kirchenglocke** (2 m, 10,4 t, 1878) Asiens zu bewundern – die der Kirche **Santa Monica**.

Früher war Roxas die Endstation der Panay-Bahnlinie aus Iloilo. Heute ist man auf die Überlandstraße längs durch Panay angewiesen – eine rund fünfstündige Busfahrt über Dao, Passi und Pototan – eine Gegend, wo der Sturm Yolanda gewütet hat.

Reizvoll ist die Ostküste von Panay. Von **Estancia** (76) im Nordosten fahren Boote zu den vorgelagerten Inseln. Das exklusive Resort auf der paradiesischen **Sicogon Island** (77) hat jedoch vor einigen Jahren die Tore geschlossen. Einfache Unterkünfte bieten **Gigante Sur** (78) und die Nachbarinsel **Gigante Norte**. Dafür gibt es zahlreiche Höhlen und einen schönen Strand zu erkunden. Idylle zeichnet auch die Nachbarinselchen Cabugao Norte und C. Sur aus.

Der philippinische Zuckerhut ragt östlich des Ortes **San Dionisio** als Insel **Pan de Azucar** (79) aus der Concepcion Bay auf, inmitten mehrerer Inseln mit ganz wenig Infrastruktur: Eine echte Erholung nach dem Rummel auf Boracay, bei liebenswürdigen Menschen, die gern ein Quartier anbieten und in der natürlichen Umgebung den Charme von Panay noch unverfälscht vermitteln.

Mango-Insel Guimaras

Nur 30 Minuten dauert die Fahrt mit der Fähre von Iloilo City auf die Insel Guimaras nach **Jordan** (80). Vielleicht wird ein kühnes 10-Milliarden-Peso-Projekt koreanischer Investoren in einigen Jahren wahr werden: Eine Seilbahn, die Iloilo City mit Guimaras verbinden soll. Wenn man am Karfreitag hier eintrifft, bietet der biblisch getaufte Hauptort der Provinz Guimaras tatsächlich Sehenswertes aus dem Neuen Testament: *Ang Pagtaltal sa Guimaras* – die lokale Version der Passionsspiele. Auch ohne echte Kreuzigung zeigen Darsteller und Bevölkerung eindrucksvoll, wie sehr sie die Ostergeschichte verinnerlicht haben.

Balaan Bukid, eine durch ein großes Kreuz markierte Wallfahrtsstätte am **Bondolan Point** gleich westlich der Stadt, und das einzige **Trappistenkloster** der Philippinen beim nahen Dorf **San Miguel** (81) vervollständigen die religiösen Sehenswürdigkeiten der Insel.

Erlebnisreich ist eine dreitägige Inselrundreise im gemieteten Jeepney.

» Karte S. 163, Info S. 189-191

Foto: Ammmei (iStockphoto)

Die Piste führt an Cassawa-Feldern und unzähligen **Mango-Bäumen** vorbei. Deren schmackhaften Früchte – die Guimarasnons sind überzeugt, die besten und süßesten der Welt zu produzieren – haben Guimaras den Beinamen „Mango-Insel" eingebracht. Wer das Obst näher kennen lernen will, hat bei rechtzeitiger Anmeldung im **National Mango Research & Development Centre** nahe San Miguel die Gelegenheit. Gleichwohl leben viele Insulaner, insbesondere die **Ati**, die Ureinwohner, in ärmlichen Verhältnissen.

Ausgerechnet diese fruchtbare Provinz, deren Bewohner sich entschieden für Naturerhaltung einsetzen, hat im August 2006 durch die bisher größte Ölkatastrophe der Philippinen Schaden genommen. Ein havarierter Tanker hatte 200 000 Liter Öl verloren. Entschädigungen seitens der Verursacher tröpfelten inzwischen, nur langsam erholen sich Mensch und Umwelt. Und so ist zu

hoffen, dass sich die Schnorchelausflüge über den Korallenriffen bei den vorgelagerten Eilanden wie **Tandug** und **Nagarao** im Süden Guimaras bald wieder lohnen werden. Insbesondere dem Deutschen Martin Stummer, langjähriger Besitzer der kleinen Insel Nagarao, war es zu verdanken, dass seine Insel und andere Gebiete von Guimaras zum Vorbild in Sachen Ökotourismus wurden.

Die Südspitze und Südostküste sind ausgesprochen reizvoll. So steht nahe dem Ort **Nanaur** 82 ein riesiger, uralter Mangobaum, zwischen **San Isidro** 83 und dem nordöstlich folgenden **Sebaste** gewinnen die Leute während der trockenen Monate Februar bis Mai auf traditionelle Weise Salz aus dem Meer. Sehenswert sind die **Windräder**, die das Wasser auf die Salzfelder pumpen.

Fährt man entlang der Ostküstenstraße wieder Richtung Norden, trifft man bei **Buenavista** 84 auf die **Daliran-Höhle** – eine landschaftliche Attraktionen. In der **Oro Verde Mango Plantation** bei Buenavista kann man viel

Oben: Strand auf der Insel Guimaras.

Interessantes über die Mango-Frucht erfahren.

Negros

Zucker und Zuckerbarone bestimmen seit über 100 Jahren das Leben auf der **Insel Negros** – auf Gedeih und Verderb. Denn mehr als die Hälfte der mit 13 330 km² viertgrößten Insel des Landes (2,8 Mio. Einwohner) ist mit **Zuckerrohr** bepflanzt, mit dem Gras, das das Leben der Plantagenbesitzer versüßt, das ihrer Ernte- und Mühlenarbeiter, der *Sacadas* aber in bedrohliche Abhängigkeit führt. Allein die Schwankungen des Zuckerpreises auf dem Weltmarkt sorgen immer wieder für wirtschaftliche und soziale Probleme. Die wiederum nährten die Ambitionen der kommunistischen NPA, die Negros als „Kuba Südostasiens" vom feudalen Joch befreien wollten; seit dem Jahr 2000 haben die Aktivitäten der Linksrebellen abgenommen, mit Zwischenfällen ist aber immer noch zu rechnen.

Buglas hieß die Insel, bevor der Spanier Esteban de Rodriguez 1565 hier landete. Seine Landsleute tauften sie dann Negros, wohl beeindruckt von den dunkelhäutigen Ureinwohnern, deren Nachfahren heute in abgelegenen Gebieten des Inselinneren leben.

Nach 300 Jahren kolonialer Bedeutungslosigkeit erhielt die Insel 1856 durch Nicholas Loney ihre schicksalhafte Neubestimmung. Der britische Konsul und Kaufmann animierte die durch Textilfabrikation und -handel reichgewordenen Mestizos Panays zu Investitionen im Zuckerrohranbau auf der Nachbarinsel Negros. Allerdings hatte Loney vorgearbeitet und die Textilproduktion der Visayas durch Billigimporte aus Manchester mürbe gemacht. Die Welt gierte nach Zucker, und der Boom begann. Man schwatzte den Bauern das Land ab und entschädigte sie unangemessen. Ein Denkmal in Iloilo City ehrt noch heute Loney als „Vater der Zuckerindustrie".

Die Anbauflächen der teils riesigen Haciendas haben sich seitdem nur wenig zu Gunsten anderer Agrarprodukte und der Garnelenzucht an den Küsten verringert. Noch immer ist der politische Einfluss des Zuckeradels spürbar.

Mit zunehmender Verarmung der Bevölkerung entwickelte sich Negros zu einer NPA-Hochburg. Allen militärischen und staatlichen Behauptungen zum Trotz genossen die Rebellen auf der Insel große Sympathien. Ausbeutung, Armut, Hunger und Krankheit machen das Elend der Landarbeiter auf Negros aus, ebenso wie die Unfähigkeit der bisherigen Regierungen, die Situation zu verbessern. Immerhin scheint man eingesehen zu haben, dass die Zuckermonokultur auf Dauer auch den Reichen kein Glück bringt. Besonders an den Küsten forciert man nun die Garnelenzucht. Und deren Erlöse sind beträchtlich, zumal Japan ein zuverlässiger Großabnehmer ist.

Die 1890 erfolgte politische Teilung in die Provinzen Negros Occidental im Westen und Negros Oriental im Osten entspricht der räumlichen Trennung durch den Gebirgszug in der Inselmitte, aber auch der soziokulturellen Beeinflussung durch die Nachbarinseln, wo die meisten Zuckerarbeiter herstammen. So spricht man im Westen vorwiegend das *Hiligaynon* von Panay, im Ostteil *Cebuano*. Auch auf Negros haben Vulkane die ertragreichen Böden geschaffen: Den Norden beherrschen die beiden schlafenden Feuerberge Silay (1534 m), Mandalagan (1880 m) und der aktive Vulkan Kanlaon, mit 2465 m höchster Berg der Region.

Außer vom Zuckerrohr leben die Negrenses hauptsächlich vom Fischfang. Daneben sind Bergbau (u. a. Gold, Kupfer, Schwefel, Silikat, Mangan), Kopra, Gemüseanbau, Holzschlag und in jüngster Zeit verstärkt der Fremdenverkehr ihre Erwerbsquellen. Wie auf Panay fällt die Trockenzeit in die Monate Januar bis April, immer wieder belasten allerdings lange Dürreperioden die Visayas.

5

Die Inseln der Mitte

≫ **Karte S. 163, Info S. 189-191**

Bacolod City

„Stadt des Lächelns" wird **Bacolod City** ⑧⑤ schmeichelhaft genannt. Die Hauptstadt von **Negros Occidental**, ist mit rund 520 000 Einwohnern eine der größten philippinischen Städte. Erst im 19. Jh. aus einer kleinen Siedlung angewachsen, hat Bacolod kaum altehrwürdige Sehenswürdigkeiten zu bieten. Schachbrettartig und flach verlaufen die Straßen. Schön gestaltet ist die **City Plaza**, eine Grünanlage mit einem **Musikpavillon**, der Komponisten wie Haydn, Beethoven und Mozart gewidmet ist – ein direkter Hinweis auf die Ambitionen der Oberschicht, die dank des Zuckerbooms ihre westliche Orientierung ausleben konnte.

Zucker-Ära, aber auch vorspanische Zeiten sind Thema des **Negros Museums** in der Nähe des **Provincial Capitols** (Lacson St.). Sehenswert sind die an der Plaza erbauten **San-Sebastian-Kathedrale** von 1876 und der **Palacio Episcopal** mit einer Kunstsammlung.

Im Südosten der City Plaza lockt der **Public Market** (*palenque*) mit reichem Fisch- und Obstangebot. Westlich der City Plaza entwickelt sich die „Stadt der Zukunft" mit dem riesigen **SM City Mall-Komplex** auf einem dem Meer abgetrotzten Terrain. Nach Süden hin hat sich Bacolod schon seit geraumer Zeit ausgeweitet. Dort ist mit dem **Golden Field Commercial Complex** ein Stadtteil der Freizeitaktivitäten, der Restaurants, Spielkasinos und Hotels entstanden. Mit dem **Convention Plaza Hotel**, das im Fassadendesign das Manila Hotel imitieren will, hat Bacolod sein modernes Flair einmal mehr aufpoliert. Hinsichtlich Infrastruktur und Lebensqualität steht die dynamische *City of Smiles* an erster Stelle der philippinischen Städte.

Alljährlich im Oktober feiert Bacolod

mit großem Trubel das **Mass-Kara Festival**. Bunt kostümiert und in lächelnden Masken paradieren die Einwohner lautstark durch die Stadt, die auch in ihren Volksfesten den Nachbarmetropolen Cebu und Iloilo nicht nachstehen will. Bekannt sind außerdem Bacolods Keramikwaren, die vorwiegend in den **Töpfereien** am Stadtrand hergestellt werden.

Als angenehmer Stützpunkt für Ausflüge in die nähere Umgebung spielt Bacolod nun zunehmend eine Rolle im regionalen Tourismus. Zwar fehlen gute Strandanlagen in der Nähe, doch Naturliebhaber sollten sich das **Biodiversity Conservation Center** in der South Capitol Street ansehen, wo in einem geschützten Waldstück bedrohte Tierarten wie Hirsche, Wildkatzen und Vögel Zuflucht gefunden haben.

Bago City

Historisch interessant ist ein Abstecher nach **Bago City** ⑧⑥, 21 km südlich von Bacolod, in eine der wenigen Städte des Landes, wo die Chinesen wegen des energischen Widerstands der reichen Mestizenklans niemals sesshaft wurden. Doppelte Symbolik strahlt das renovierte **Araneta-Haus** aus. Einmal zeigt es in Baustil und Einrichtung den opulenten Lebensstil der herrschenden Familien. Zum anderen wurde hier ein Anführer der Negros-Revolution von 1898, General Juan Araneta, geboren. Er gehörte der wohlhabenden Intelligenzia an, die sich erst gegen die Spanier und dann für die Amerikaner erhob – in der Hoffnung auf eine baldige Autonomie und eine Sicherung eigener Pfründe.

Im nahen **Valladolid** ⑧⑦ steht eine sehenswerte **Kirche** des 19. Jh.

Rund um den Mt. Kanlaon

Östlich von Bago erstrecken sich die schier endlosen Zuckerrohrfelder um **La Carlota** ⑧⑧ und das etwas nordöstlich gelegene **Ma-ao** von der Küste bis zu

Oben: Die San-Sebastian-Kathedrale in Bacolod City. Rechts: Abtransport der Zuckerrohrernte zur Zuckerraffinerie.

Foto: Art Phaneuf (iStockphoto)

den fruchtbaren Hängen des **Kanlaon-Vulkans**. La Carlota ist auch beliebt als Ausgangsbasis für Wanderungen in den Mt.-Kanlaon-Nationalpark (s. u.). Vereinzelt schnaufen noch Dampfloks auf der schmalspurigen Plantagenbahn, die immerhin ein Schienennetz von fast 300 km unterhält.

Rund 30 km südöstlich von Bacolod liegt am Fuß des Kanlaon der kühle Erholungsort **Mambucal** ⑧⑨ auf etwa 400 m Meereshöhe. Mehrere Unterkünfte, kalte und schwefelhaltige heiße Quellen, Schwimmbecken, Hochseilgarten und Wasserfälle im **Mambucal Mountain Resort**, einem 24 ha großen Vergnügungspark, machen den Ort zu einem beliebten Wochenendziel der Städter.

Ebenfalls von Mambucal aus lässt sich nach 5 km Marsch der **Mount Kanlaon National Park** ⑨⓪ erkunden. Hier beginnt auch die Trekkingroute auf den eindrucksvollen Berg, für dessen Besteigung von dieser Seite, der Westseite, drei bis vier Tage einzuplanen sind. Führer auf den zuletzt 2006 aktiven Vulkan

vermittelt das **Informationsbüro** an der City Plaza in **Bacolod** (⑧⑤), das auch alljährlich eine Osterbesteigung organisiert (s. S. 177).

Der Westen von Negros

Entlang der Westküste führt eine gute Straße Richtung Süden bis Ilog. Südöstlich liegt **Kabankalan** ⑨①, wo alljährlich am dritten Jaunarwochenende das *Sinulog*-Fest mit Pferdekämpfen und bunten Umzügen gefeiert wird.

Im Südwesten von Negros sind die wunderbaren Strände von **★Sipalay** ⑨② – **Sugar Beach**, **Punta Ballo White Beach** – in vier Busstunden (schneller per Taxi) von Bacolod erreichbar. Ideal für Unterwassersportler ist die **★Campomanes Bay**. In den Bergen hinter Sipalay locken Höhlen und Wasserfälle.

Ein bemerkenswertes Ökoprojekt hat die winzige Insel **Danjugan** ⑨③ 15 km nördlich von Sipalay bei Naturfreunden bekannt gemacht: **Danjugan Island Marine Reserve and Sanctuaries** (DIMRS), wo etliche Land-und Seetiere

» **Karte S. 163, Info S. 189-191**

175

(u. a. Schildkröten, Adler, Fledermäuse) nun besseren, sicheren Zeiten entgegensehen können. Besucher melden sich an bei: PRRCFI (Philippine Reef and Rainforest Conservation Foundation) in Bacolod, Tel. (034) 4411658.

Sensationelle Goldfunde und ein Goldrausch samt Mord, Totschlag, einstürzenden Stollen und Glücksrittern aus aller Welt machten den Ort **Hinobaan** ➒ 1982 berühmt. Das ist lange vorbei, seit nur noch staatlich zugelassene Firmen in den **Goldminen** schürfen dürfen. So bleibt Durchreisenden, die zur Ostküste von Negros unterwegs sind, der lange **Sandstrand**.

In den Norden von Negros

Nicht weniger aufregend und wegen gut ausgebauter Straßen bequemer ist die Fahrt durch den Norden von Negros Occidental. 7 km nördlich von Bacolod City kann man kurz vor **Talisay** ➒ das

Oben: Eine charmante Verkäuferin in ihrem kleinen Sari-Sari-Laden auf Negros.

gut erhaltene **Haus von General Ancieto Lacson**, dem Revolutionshelden und späteren Präsidenten der Revolutionsregierung von Negros, besichtigen. Leider nur von außen, denn das denkmalgeschützte Gebäude aus dem 19. Jh. haben publikumsscheue Mönche einer Sekte gekauft.

Ein weiterer historischer Markstein ist das Städtchen **Silay** ➒ mit rund 30 *Balay Negrense,* Kolonialstilhäusern aus der Epoche um 1860. Damals war es als Kulturzentrum der Zuckerinsel, als „Paris von Negros", bekannt. Wie die Zuckerbarone wohnten, vermittelt ein Besuch im **Gaston Museum**, der früheren Residenz der wohlhabenden, noch heute in Silay ansässigen Familie französischer Abstammung.

Das Tourismusbüro in Silay organisiert geführte **Wanderungen** in den östlich der Stadt gelegenen **Patag-Nationalpark**, mit heißen Quellen, Wasserfällen und Kratersee.

Versüßen sollte man sich das Leben mit Leckerbissen aus Reis und Kokosnuss von der **Ideal Bakery** an Silays

Hauptstraße. Der dazugehörige Zucker kommt aus der Nähe, aus der laut Werksleitung größten Zuckerraffinerie der Welt bei **Victorias** ❼. Die **Vicmico** (Victorias Milling Company, inzwischen im Besitz der Gläubigerbanken) ist eine von rund einem Dutzend verbliebenen Zuckermühlen von Negros. Das dortige PR-Büro (Kontakt unter Tel. 034/3993378, 3993002) bietet eine Führung über einen Teil der weitläufigen Anlage an, auch einige größtenteils ausrangierte Exemplare der alten **Dampflokomotiven**, die einst auf ca. 350 km betriebseigenem Schienennetz die Ernte einfuhren, sind hier zu besichtigen.

International bekannt ist der „**Zornige Christus**", das große Altarbild in der **St.-Josephs-Kapelle**, inmitten der Zuckermühlenstadt. Es ist nicht einfach, den grimmigen Gesichtsausdruck Christi zu deuten; jedenfalls ist das Gemälde ein erfrischender Kontrast zu den ansonsten eher kitschigen Jesusbildnissen. Zumal der „Angry Christ", wie auch die Heiligen, die innerhalb der Kapelle gemalt und außerhalb im Glasscherbenmosaik dargestellt sind, eindeutig philippinische Züge trägt. Angesichts des bitteren Zuckers von Negros hat er auch nicht viel zu lächeln. Das Gemälde wurde 1960 von der in Belgien geborenen Künstlerin Ade de Bethune entworfen und von Alfonso Ossorio, Sohn des Vicmico-Gründers Miguel Ossorio, fertiggestellt.

Vor **Cadiz City** ❽ an der Nordküste liegt die **Insel Llacaon** (Lakawon) mit einer netten Bungalowanlage an einem sauberen Strand. Wenige Kilometer vor Escalante führt eine Holperpiste durch ein typisches Stück Negros, wo deutlich wird, wie ärmlich das Leben der Kleinbauern und Lohnarbeiter im Vergleich mit dem feudalen Luxus der Haciende-ros ist. Am Ende der 5 km langen Strecke überrascht in dem Dörfchen **Vito** ❾ die schmucke **Kirche San Vicente Ferrer**. Die Holzstatue ihres Schutzpatrons soll angeblich Heilkräfte besitzen, und jeden ersten Freitag im Monat pilgern die Gläubigen von weit her zu dem Gotteshaus aus dem Jahr 1866.

Im Hafenort **Escalante** ❿, mittlerweile zum Inbegriff staatlichen Unrechts geworden, erinnert eine **Gedenktafel** an das Massaker, das im September 1985 Marcos-Soldaten unter protestierenden Zuckerarbeitern anrichteten. 20 Demonstranten wurden dabei getötet.

Entlang der Ostküste nach Dumaguete City

Gen Süden führt die Straße entlang der Ostküste nach **San Carlos City** ⓫. Der beschauliche Ort hat außer einem herrlichen Blick auf den im Sonnenuntergang glühenden Mount Kanlaon nicht viel zu bieten.

Auf der vorgelagerten, rund 5 km langen Koralleninsel **Sipaway** (auch Refugio Island) laden flache Strände, dichte Mangroven und beschauliches dörfliches Ambiente zur Erholung ein. Der *tuba*, der vergorene Kokospalmsaft, schmeckt bei den netten Bewohnern besonders süffig. Das Eiland zieht auch Ornithologen an, denn etwa 30 Vogelarten bereichern die Idylle.

Durch teils terrassierte Zuckerrohrfelder klettert die Nebenstraße – nun in der **Provinz Negros Oriental** – nach **Kanlaon City** ⓬ auf 900 m über Meeresniveau hinauf. In der Umgebung des freundlichen Städtchens gibt es heiße Quellen und malerische Wasserfälle. Der zum Greifen nahe **Vulkan Kanlaon** im **Mt. Kanlaon National Park** ❾⓿ reizt zu Höherem. Der Legende nach lebte einst ein siebenköpfiger Drachen auf dem Berg und terrorisierte die Inselbevölkerung, bis der Gott *Khan Laon* in Menschengestalt mit Hilfe von Ameisen, Bienen und Adlern dem Ungeheuer die feuerspeienden Häupter abschlug. Der nach dem Heldengott benannte Vulkan wurde jedoch keineswegs entmachtet: Allein in den Jahren 1978-98 hat er zehnmal Asche und Schwefel gespuckt. Nach Auskunft der Vulkanologen von Kanlaon verhält sich der Berg mit einem

5

Die Inseln der Mitte

erloschenen und einem aktiven Krater relativ zahm, dennoch wird er von drei Stationen rund um die Uhr beobachtet. Man kann ihn von dieser Seite an einem Tag besteigen; der rund 9 km lange, steile Marsch ist allerdings anstrengend. Die Vegetation ist weniger üppig als auf der westlichen Route von **Mambucal** (**89**) aus. Doch der Rundblick von dem 2465 m hohen „Dach der Visayas" und der Einblick in den fast 300 m tiefen, brodelnden Krater bleiben unvergesslich. Ein Führer ist zu empfehlen: Wer sich verirrt, riskiert sein Leben!

Tierfreunde sollten auf dem Weg entlang der Ostküste nach Süden 15. Januar nicht in **Jimalalud** (**103**) anhalten. Dann feiern die Bewohner die Jahresfiesta und lassen ihre Pferde gegeneinander kämpfen. Diesen seltsamen, für die Tiere oft tödlichen „Sport" pflegen auch die Ortschaften **La Libertad** (27. April) etwas nördlich von Jimalalud, **Bais City** (**104**) (10. September) und das südlich benachbarte **Tanjay** (24. Juli). Bais City ist populär wegen seiner **Whale-Watching-Touren**. Zwischen Mai und September schwimmen Wale und zahlreiche Delfine durch die schmale Tañon Strait zwischen Negros und Cebu. Im artenreichen Naturschutzgebiet **Talabong Mangrove Forest** kann man, auf langen Stegen laufend, vielerlei Vogelarten entdecken.

Kurz vor Bais City zweigt eine Straße nach Westen Richtung **Mabinay** (**105**) ab. In der Nähe haben im Jahr 1990 Speläologen im Karstgebiet des Inselinneren beim Dorf **Paniabonan** das fast 9 km lange **Odloman Cave System**, das bisher zweitgrößte Höhlenlabyrinth der Philippinen, entdeckt.

Von **San José** (**106**) und dem Nachbarort **Tampi** starten täglich Fähren nach Cebu. Über San José erreicht man die in etwa 800 m Höhe mitten im Dschungel gelegenen beiden Kraterseen **Balinsasayao** und **Danao**. Bleibt zu hoffen,

Rechts: Im Oktober findet in Dumaguete das große Buglasan-Festival statt.

dass die Idylle des **Twin Lakes Nationalparks** (**107**) nicht, wie geplant, einem Wasserkraftwerk zum Opfer fällt.

★Dumaguete City

Gibt es die angenehmste Stadt der Philippinen? ★**Dumaguete City** (**108**), die anmutige Hafenstadt mit rund 120 000 Einwohnern, kann diesen Titel beanspruchen. Geprägt hat die 1890 gegründete Hauptstadt von Negros Oriental die erste außerhalb Manilas entstandene Universität des Archipels. Die international bekannte **Silliman University**, die einzige protestantische des Landes, hatte Dr. Horace B. Silliman 1901 ins Leben gerufen. Mittlerweile sind hier und in sechs weiteren Hochschulen der Stadt über 30 000 Studenten eingeschrieben.

Sehenswert ist das kleine **Ethnografische Museum** mit Kunstgegenständen aus dem 18. Jh., Handwerkszeug der Ureinwohner und Ausgrabungsfunden der Umgebung. Schon das Gebäude selbst hat Museumswert – es ist ein Theaterhaus aus New York, das in Teile zerlegt, verschifft und 1903 in Dumaguete wiederaufgebaut wurde.

Gute Restaurants und Unterkünfte, die gepflegte **Uferpromenade**, dunkle, saubere Strände im Norden, eine bezaubernde Landschaft zwischen Meer und der von dem erloschenen Vulkan Cuernos de Negros oder Mount Talinis beherrschten Bergkulisse und die offene, warmherzige Bevölkerung animieren dazu, in Dumaguete auszuspannen und das Leben zu genießen.

Von Dumaguete bis zur Südspitze von Negros

Die Umgebung geizt nicht mit tropischem Charme und Ausflugszielen. Neben dem Twin Lakes-Nationalpark ist auch das **Geothermische Kraftwerk** bei **Palinpinon** nahe **Valencia** (**109**) sehenswert, wo heiße Quellen Strom für ganz Negros liefern und man sich im

Foto: Patrimonio (Dreamstime)

Schwimmbecken des **Banica Valley Resort** erfrischen kann. Oberhalb von Valencia liegt der Aussichtspunkt **Camp Lookout**.

An der Küste sind in der **Kirche** von **Bacong** ⑩ ein alter Altar und eine betagte Orgel zu bewundern. Vom Glockenturm wurden die Leute einst mit dem Ruf *Bacon, bacon!* („Auf in den Kampf!") vor Piraten gewarnt. Auch in **Dauin** ⑪ stehen am Strand jahrhundertealte **Wachttürme** und eine sehenswerte **Kirche**. Kurz vor Zamboanguita zieht das Dorf **Maluay** ⑫ (**Malatapay**) mittwochs mit dem **Wochenmarkt** am Meer viele Besucher an. Da wechselt Vieh den Besitzer, rotieren Spanferkel über dem Feuer, liegen bunte Fische zum Kauf aus. Der *Tubá* mundet, die Quacksalber haben Hochbetrieb. Zwei Strandresorts in der Nähe bieten angenehme Unterkunft.

Boote setzen von Maluay und dem südlicheren **Zamboanguita** aus über zur 8 km entfernten Insel **Apo** ⑬. Deren einzigartige Unterwasserfauna wird vom Marine Biological Laboratory der Silliman-Universität geschützt. Wer in den Gewässern vor Apo Island tauchen will, hüte sich vor den gefährlichen Strömungen. Ansonsten kann man es sich in zwei Resorts am weißen Strand gut gehen lassen.

Wer den äußersten Süden von Negros entdecken will, erreicht über die Küstenstraße und den Abzweig bei **Siaton** die herrliche, geschützte **Tambobo Bay** ⑭, wo ein paar einladende Strandhotels Fuß gefasst haben.

Siquijor

Wen wundert's, dass **Siquijor** ⑮ lange kaum bekannt war, wenn der Reisende schon auf Negros und Cebu vor einem Besuch der kleinsten Visayas-Inselprovinz gewarnt wurde. Nicht Rebellen, nein, Hexerei heiße die Gefahr. Noch immer gilt die inzwischen als Ferienziel beliebte Insel als Zentrum Schwarzer Magie. Und das in einem Land, wo der Aberglaube Berge versetzen kann. Ein paar Dutzend der rund 80 000 Siquijodnons werden es schon sein, die als *Magbabarang*, „schwarze" Hexer oder Hexen, angeblich Unheil und Tod herbeizaubern können. Besser gelitten sind die *Mananambals*, „weiße" Geistheiler(innen), die Kranke wundersam gesunden lassen.

Unheimlich war das Eiland schon den Spaniern, die es, von mysteriösem Lichtschein verwirrt, *Isla del Fuego* tauften. Und eine „Feuerinsel" ist Siquijor auch laut Legende – danach hat es sich urplötzlich mit Blitz und Donner aus dem Meer erhoben. Wer heute jedoch von Dumaguete City aus Siquijor ansteuert, findet sich auf einer total friedlichen Insel wieder. Freundlich winken die Menschen bei der Landung im Hafen von **Larena**. Eine gute Straße führt entlang der Küste, die oft steil aufragt, um dann wieder Mangroven und einladenden Stränden Platz zu machen.

Wie Larena ist auch **Siquijor**, die Provinzhauptstadt, ein geruhsamer Ort. 2 km südöstlich von **San Juan** liegt das komfortable **Coco Grove Beach Resort** an einem der besten Strände der Insel. Zuweilen flammende Sonnenuntergänge lassen Siquijor und das am Horizont aufragende Negros wahrlich wie Feuerinseln erscheinen. Auch die Strandanlagen bei **Palitan**, **Salag Do-Ong** im Osten und **Sandugan** nördlich von Larena beweisen, dass sich Siquijor aus der „verhexten" Isolation gelöst hat.

Historisch bedeutsam ist die größte und älteste Klosterschule des Landes aus dem Jahr 1891 in **Lazi**, wo noch heute auf knarrenden Dielen die Leviten gelesen werden. Etwas westlich steht ein von der Natur geschaffenes Heiligtum: Der **Enchanted Balete Tree**, ein gut 400 Jahre alter Banyon-Baum.

Wer dem Naturglauben der Siquijodnons auf die Schliche kommen will, sollte während der Karwoche nach **San Antonio** reisen. Dort treffen sich dann die *Mananambals* und brauen aus Pflanzen und Insekten das Elixier für das nächste Jahr. Auch auf dem Krokodilsberg im Hinterland von Lazi kommt man in einer sommerlichen Vollmondnacht

zusammen, um beim Hexenfest neue Zauberkraft zu tanken.

Cebu

Wo begann der Weltgeschichte längste Kolonialzeit? Wo steht die älteste katholische Kirche, wo wurde die erste europäische Festung der Philippinen gebaut? Auf der **Insel Cebu**, und dort warten noch mehr Rekorddaten. Denn hier in der Provinz aus 168 Inseln mit der gleichnamigen Hauptstadt nahm mit der Landung Magellans im Jahr 1521 und der Errichtung eines Holzkreuzes auf Mactan Island die spanische Eroberung des Archipels ihren Anfang.

Doch bereits lange vor der Ankunft der bärtigen Weißen war die Siedlung *Zubu* an der Ostküste ein wichtiges Ziel für Schiffe aus Asien, Indien und Arabien. Magellans Landung folgte die Bekehrung von Humabons Volk. Das damals aufgestellte Kreuz – oder was davon übrig sein soll – wird noch heute als nationales Heiligtum verehrt. Wer weiß, vielleicht wird im Jahr 2021 die „Entdeckung der Philippinen" ebenso Thema einer kontroversen Diskussion sein wie die 500. Wiederkehr von Columbus' vergleichbarer Tat. Immerhin bezeichnen philippinische Historiker der Gegenwart das Auftauchen der Spanier heute bereits als „das Unglück der Befreiung" – wenn auch Magellans Tod am 27. April 1521 auf Mactan den Insulanern zunächst eine Verschnaufpause von vier Jahrzehnten einbrachte. Als aber Miguel Lopez de Legazpi 1565 die Siedlung *Zubu* zu *La Ciudad del Santissimo Nombre de Jesus* („Stadt zum heiligsten Namen Jesu") beförderte, stand sie bis zur Eroberung von Manila 1571 als Hauptstadt der Kolonie im Vordergrund. Was keineswegs heißt, dass die Cebuanos, die schon nicht viel für Magellan übrig hatten, sich bereitwillig unterwarfen. Im Gegenteil: Die Spanier mühten sich mit Kreuz und Schwert, die Insel zum Stützpunkt für ihre Expeditionen zu den umliegenden Regionen auszubauen.

 ≫ **Karte S. 163 u. S. 181, Info S. 189-191**

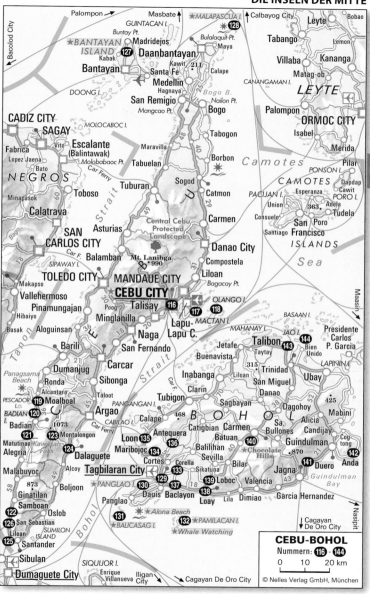

181

DIE INSELN DER MITTE

Foto: Eckhardt Kiwitt

Unter US-Verwaltung blieb der nun Cebu City genannten Stadt ihre wichtige Rolle als Sitz regionaler Militär- und Zivilbehörden erhalten. Dann übernahmen die Japaner für kurze Zeit das Zentrum der Visayas. Während des Vietnamkrieges hoben vom Mactan Airport die Bomber ab; GIs sonnten sich an den vielen Stränden, die ab den frühen 1970er Jahren dann Cebus Ruf als Touristeninsel begründeten. Cebu City strebt heute an, sich zur potentiellen Rivalin von Manila zu entwickeln.

Die 220 km lange, maximal 40 km breite Insel wird von einer bis zu 1000 m hohen Bergkette durchzogen. Die rund 4 Millionen Cebuanos leben von Bergbau (vor allem Kupfer, Gold, Silber), Fischfang, Getreide-, Mango- und Maisanbau. Und natürlich vom Fremdenverkehr mit Zulieferbranchen wie Rattanmöbel-, Muschel- und Korallenschmuck-Industrie. Auf Mactan hat die exportorientierte Industrie Cebus ihr Standbein.

Oben: Taoistischer Tempel über Cebu City.

★Cebu City

★**Cebu City** ⑯ ist mit fast 1 Mio. Einwohnern die drittgrößte Stadt der Philippinen. Sie wirbt als älteste spanische Siedlung mit einigen Superlativen: So besitzt die älteste christliche Stadt im Fernen Osten mit der nach Christoph Columbus (eigentlich ja Cristobal Colon) benannten **Colon Street** ① die älteste Straße des Landes. Zwar etwas außerhalb des alten Zentrums, aber von zentraler Bedeutung für Historie und Kultur ist das **Museo Sugbo** im ehemaligen Provinzgefängnis in der M. J. Cuenco Ave. Wertvolle Exponate datieren vom 10. bis ins 20. Jh.

In der Motini Street zieht das **Heritage of Cebu Monument** mit detailreichen Darstellungen der Kolonialisierung die Aufmerksamkeit auf sich. Heute drängen sich hier im Herzen von **Downtown**, der so genannten Unterstadt, Kaufhäuser und Geschäfte.

Die älteste Kirche der Stadt und ein wahrer Hort von Frömmigkeit ist die **Santo-Niño-Kirche** ②, ebenfalls in der Unterstadt. In der 1740 erbauten Steinbasilika zieht eine kleine Jesuskindfigur alltäglich Massen von Gläubigen an. Magellan soll sie der Frau seines Blutsbruders Humabon zur Taufe geschenkt haben. Einer von Legazpis Soldaten habe sie dann 1565 wiedergefunden. Beim *Sinulog* oder *Fiesta Señor*, Cebus größtem Fest am 3. Januarsonntag, drehen sich Umzüge, farbenprächtige Kostüme, wilde Trommelrhythmen und Prozessionen ebenfalls um *Santo Niño*.

Neben der Kirche, nur ein paar Schritte entfernt, trifft man auf ein Wahrzeichen der Stadt: **Magellans Kreuz** in der Magallanes Street. In einem Pavillon nahe des Rathauses sollen sich in dem Kreuz aus Tindaloholz die Reste des Originals befinden. Wie man sich die schicksalhafte erste Taufe auf Cebu am 14. April 1521 vorzustellen hat, zeigt anschaulich das Deckengemälde.

Geht man von hier nach Süden zum Meerufer, so kommt man jenseits des

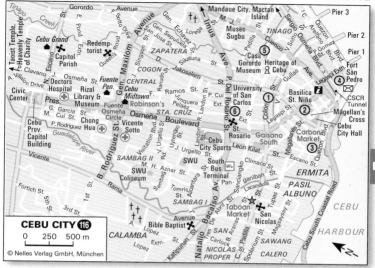

CEBU CITY 116
0   250   500 m
© Nelles Verlag GmbH, München

Quezon Blvd. zum bunten **Carbon Market** ③, der neben Lebensmitteln aller Art die unterschiedlichsten Handwerksprodukte von Cebu und den Nachbarinseln anbietet.

Der Quezon Boulevard führt am Meer entlang Richtung Osten zum **Fort San Pedro** ④ der ersten und kleinsten Festung im Land. Als Holzburg 1565 gegründet und benannt nach Legazpis Flaggschiff, wehrte sie lange Zeit Piraten ab. Ende der 1960er Jahre wurde die spanische Festung zu einer adretten Parkanlage umgestaltet; seitdem befindet sich dort das **National Museum**.

Den Lebensstil der spanischen Aristokratie vor 100 Jahren veranschaulicht das **Museum Casa Gorordo** ⑤ an der Lopes Jaena Street nördlich des Forts.

Bereits 1595 wurde Cebus **University of San Carlos** ⑥ als erste philippinische Hochschule gegründet. Sehenswert ist das angegliederte volkskundliche **San Carlos Museum**, das auch ethnologische Exponate aus den Nachbarländern zeigt.

Die an den Bergen klebende **Ober-**

stadt wurde bereits durch neue Straßenführung, noble Hotels und gute Restaurants aufgewertet. Am **Hafen** hat man die Ufer trockengelegt, um ein lukratives Shopping- und Unterhaltungsparadies zu schaffen. Der neue **Asia-IT Park** unterstreicht die Bedeutung der Wirtschaftsmetropole. In Downtown aber haben Verkehrschaos und Schmutz zugenommen. Durch den Boom wächst die Zahl der Privatautos, die zusätzlich zu Jeepneys und *Tartanillas*, den Pferdekutschen von Cebu, die Straßen verstopfen. Auf der Kehrseite des Fortschritts leben Obdachlose, Bettler und Gauner, die nun in die Unterstadt strömen.

Solche Sorgen hat das Millionärsviertel **Beverly Hills** im Stadtteil Lahug nicht. Dort thront der **Taoistische Tempel** über Cebu City. Zusammen mit dem etwas unterhalb davon gelegenen **Heavenly Temple of Charity** ist er religiöser Mittelpunkt der taoistischen Gemeinde und Hinweis auf den mit 15 Prozent starken chinesischen Bevölkerungsanteil.

» Stadtplan S. 183, Info S. 189-191

Foto: Ershow_Maks (iStockphoto)

Einen wirklich spektakulären Blick über Cebu City besonders bei Sonnenuntergang hat man von der **Tops Lookout Area** (bekannt als „Tops"), einem Aussichtspunkt auf dem 700 m aufragenden **Busay Hill** (ca. 13 km nördlich des Stadtzentrums).

Mactan Island

Unter größtem Verkehrsgewühl in der mit Cebu City zusammenhängenden Stadt **Mandaue** geht es über die 860 m lange Brücke zur kahlen, flachen Insel **Mactan** ⑰. Im Hauptort **Lapu Lapu City**, dem früheren Opon und Standort des Industrieparks Mactan Export Processing Zone (MEPZ), erinnert ein kleines Denkmal an Lapu Lapu, jenen ersten Nationalhelden der Philippinen, der den Eroberer Magellan ins Jenseits beförderte.

Die – teils recht exklusiven und teuren – **Strandhotels** liegen alle an der **Ostküste** von Mactan. Flache, weiße

Oben: Die Kawasan-Fälle bei Matutinao.

Strände laden dort zum Faulenzen ein. Wahre Tropenidylle will sich jedoch angesichts des durch Abfall verschmutzten Inselinneren nicht so recht einstellen. Auf **Punta Engano**, der nordöstlichsten Spitze von Mactan Island, liegt die **Magellan-Bucht**, wo 1521 der historische Kampf stattgefunden hat. Beiden Helden hat man **Denkmäler** errichtet. Das für den portugiesischen Weltumsegler **Magellan** steht bereits seit 1866, **Lapu Lapu** in Stein und sehr martialischer Pose folgte später. Alljährlich am 27. April wird die spanische Schmach wieder lebendig, wenn Laiendarsteller im seichten Wasser die gegnerischen Krieger mimen und aufeinander eindreschen.

In **Maribago** an der Ostküste Mactans werden in alter Tradition Gitarren, Mandolinen und Ukulelen hergestellt.

Auslegerboote setzen zur östlichen **Insel Olango** ⑱ über. Auf der als Erholungsort bekannten Insel ist das *Wildlife Sanctuary* (Tel. 915 286 2314, 346 9177) **Schutzgebiet** für Mangrovenfauna und Raststätte für Tausende von Zugvögeln.

Der Süden Cebus

Mit dem Tourismus haben die Cebuanos schon lange Erfahrung. Doch ebenso lange haben sie Umweltfrevel an Wäldern und Gewässern geduldet – erst langsam erholen sich die (auch durch Taifune) geschädigten Korallen. Wie im beliebten Badeort **Moalboal** **119** im Südwesten, wo das reizvolle Unterwasserrevier der einige Kilometer entfernten **Pescador Island** als **Marine Park** geschützt ist. Die meisten der Unterkünfte und Tauchbasen liegen am einladenden **Panagsama Beach**.

Einige Kilometer weiter südlich haben sich auf **Badian Island** **120** in einer lagunenartigen Bucht einige Strandresorts etabliert. Reizvoll ist auch ein Ausflug nach **Matutinao** **121** südlich von Badian. Nach kurzem Marsch landeinwärts kann man neben den erfrischenden ★**Kawasan Falls** eines der letzten Fleckchen Regenwald auf Cebu erleben. Fast am Südwestende von Cebu, in Sichtweite zu Negros, liegt der Ort **Samboan** **122**, wo häufig Wale und Delfine vorbeiziehen und ein vorgelagertes Korallenriff zum Schnorcheln einlädt.

Von Badian führt eine Bergstraße quer über die Insel, vorbei an **Montalongon** **123** mit seinem Gemüsemarkt, inmitten von Chrysanthemenfeldern, auf die andere Seite der Insel nach **Dalaguete** **124**, einem Strandparadies der Ostküste. Doch auf Cebu setzen oft Monsunregen den Bergstraßen zu; so kann es sein, dass man den kühlen Ort Montalongon (etwa auf halber Strecke) nur von Dalaguete aus erreichen kann.

Von der Südspitze der Insel verkehren Fähren nach Negros. So gelangt man von **Liloan** **125** und dem Nachbarort **Santander** **126** nach Sibulan und von **San Sebastian** **126** nach Tampi.

Inseln im Norden Cebus

Wie so manchem Eiland im philippinischen Inselreich ist es auch einigen Nebeninseln Cebus ergangen: erst "Geheimtipp" und schließlich auf der Reiseroute etabliert. So ziehen die hervorragenden Strände der ★**Bantayan-Inseln** **127** 110 km nordwestlich von Cebu City, zunehmend Besucher an, die über den Hafen **Hagnaya** auf Cebu zum Hauptort **Bantayan** im Südwesten oder nach **Santa Fe** im Südosten reisen, zumal die größten Schäden durch Taifun Yolanda beseitigt und erste Unterkünfte wieder aufgebaut wurden.

Gerade einmal 2,5 km lang und 1 km breit ist ★**Malapascua Island** **128**, 40 Bootsminuten von **Maya** im Nordosten von Cebu gelegen. Inzwischen drängen sich etliche, vorwiegend einfache Unterkünfte am südlichen **Bounty Beach**, dem prominentesten der zwölf schönen Inselstrände. Taucher können in diesem Revier die eher seltenen Fuchshaie und Mantarochen sichten.

Bohol

Dicke Tränen, so erzählt eine Legende, muss der Riese Arogo aus Trauer um den Tod seiner menschlichen Geliebten Aluya vergossen haben. Die "Ergüsse" kann man noch heute bestaunen, zu Stein geworden und groß wie Hügel sind sie – die landschaftliche Attraktion von Bohol – die "Chocolate Hills" im Inneren der Insel (s. S. 188).

Nicht ganz so auffällig, aber ebenso schützenswert ist eine Sensation aus dem Tierreich – der Koboldmaki oder Tarsius, ein mit 28 cm Körpergröße (einschließlich Schwanz) und max. 160 g Gewicht wahrlich putziger Vertreter der in Südostasien (Borneo, Leyte, Samar, Mindanao und Bohol) vorkommenden Trockennasenaffen.

Bohols Bekanntheitsgrad hat jedoch vor allem die Nebeninsel Panglao mit ihren schönen Stränden und Tauchgründen erhöht. Noch findet der Besucher beschauliches Leben unter den liebenswürdigen Bewohnern vor.

Eine fruchtbare Hochebene breitet sich im Inneren aus, die Südostküste bricht steil zur Mindanao-See ab. Vor

5

Die Inseln der Mitte

Foto: Hansenn (Dreamstime)

den meist gemächlichen West-, Nord- und Nordostufern sind 72 weitere, zur Provinz gehörende Inseln verstreut.

Die rund 1,3 Million Boholanos leben v. a. vom Anbau von Mais, Reis, Yams und den Produkten der Kokos- und Nipapalmen. Mit kolonialen Sehenswürdigkeiten ist Bohol gut bestückt. Einige von ihnen zerstörte das Erdbeben im Oktober 2013 (Stärke 7,2), das ca. 160 Menschenleben forderte. Negativ auf den Tourismus wirkten sich auch die Gefechte aus, die sich am 12. April 2017 Soldaten und Polizisten mit muslimischen Abu Sayyaf-Rebellen auf der Insel lieferten.

Die Siedlungsgeschichte der Insel reicht weit zurück, wie Ausgrabungen von vorzeitlichen Gräbern, bootsförmigen Särgen und über 600 Jahre altem chinesischen Porzellan belegen. Bemerkenswert ist, dass es der Bevölkerung gelang, sich 85 Jahre lang (1744–1829) der Kolonialherrschaft zu widersetzen.

Oben: Die „Schokoladenhügel" von Bohol. Rechts: Flussfahrt auf dem Loboc.

Anführer der Rebellion war Francisco Dagohoy, der 20 000 Männer gegen die Spanier mobilisieren konnte. Dabei hatten Bohols Ost-West-Kontakte im Jahr 1565 zunächst hoffnungsvoll begonnen: Als „Blutpakt von Bohol" ist der Brüderschaftsvertrag in die Annalen eingegangen, den Legazpi mit Datu Sikatuna im Ort **Bo-ol**, 3 km östlich von Tagbilaran City, ausgehandelt hatte. Ein **Steinrelief** an der Küstenstraße erinnert an diesen Friedensbund.

Tagbilaran City

Tagbilaran City ⑫⑨ an der Südwestküste ist mit **Flughafen** und **Fährhafen** auch wirtschaftlicher Mittelpunkt Bohols. Der lebhafte **Torralba-Markt**, die großzügige **Plaza Rizal** mit dekorativer **Kathedrale**, das kleine **Bohol National Museum** (u. a. Keramikfunde, Modelle von Kirchen und Wachtürmen) an der Plaza und Meeresspeisen, in luftigen **Pfahlbautenrestaurants** am Fähranleger serviert, lohnen einen Aufenthalt hier.

Foto: Martina Miethig

★Panglao, ★Balicasag und ★Pamilacan Island

Dicht bei Tagbilaran City verbinden zwei **Brücken** die **Insel ★Panglao** ⑬⓪ mit Bohol.

In Panglaos Hauptort **Dauis** sprudelt vor dem Hochaltar der **Kirche** aus dem 18. Jh. angeblich heilendes Wasser aus einer **Quelle**.

Im Südwesten der kleinen Insel stehen mehrere, teils vornehme Resorts an den schönen Stränden ★**Alona Beach** (viel besucht) und **Doljo Beach**. Ausflüge zu nahen Inselchen und zu dem kühlen See in der **Hinagdanan**-**Höhle** bieten sich an.

Die vorgelagerte ★**Insel Balicasag** ⑬① ist bei Tauchern und Schnorchlern sehr beliebt, denn ihre ★**Schwarzen Korallen** stehen unter Naturschutz.

Südlich von Bohol lockt ★**Pamilacan Island** ⑬② ebenfalls mit seinen Stränden und einer bunten Unterwasserwelt. Etliche der Insulaner bieten sich als Führer bei ★**Walbeobachtungen** (v. a. zwischen April und Juli) an.

★★Philippine Tarsier Foundation

In den Wäldern bei **Corella** ⑬③, 10 km nordöstlich von Tagbilaran City haben sich glücklicherweise die kleinen Koboldmakis (Tarsier) in dem eigens eingerichteten Reservat ★★**Philippine Tarsier Foundation Inc.** vermehren können. Das **Tarsier Visitors Centre** bietet geführte Wanderungen auf dem **Tarsier Trail** durch den Wald zu den winzigen Trockennasenaffen mit den riesigen Augen an („Gespenstaffen"). Gleich neben dem Center leben etwa 100 der nachtaktiven Koboldmakis in einem Gehege (Blitzlichtverbot).

Wie viele andere Inseln hatte auch Bohol Ärger mit Piraten, wie der 1796 gebaute **Punta-Cruz-Wachtturm** bei **Maribojoc** ⑬④ 15 km nördlich von Tagbilaran bekundet. Die Kirche von **Loon** ⑬⑤ (1753) zierten bis zum Eunsturz 2013 sehenswerte Deckengemälde. Im Inselinneren liegt **Antequera** ⑬⑥, dessen **Sonntagsmarkt** die Fingerfertigkeit der Bewohner im Korbflechten präsentiert.

DIE INSELN DER MITTE

Foto: Gunther Deichmann

Kirchen östlich von Tagbilaran City

Ein nationales Monument ist die **Kirche** von **Baclayon** ⓭, rund 10 km östlich von Tagbilaran City. Die älteste Kirche Bohols, von 1595 – eine der ältesten des Landes – wurde beim Erdbeben 2013 schwer beschädigt, auch der Glockenturm und die kostbare Innenausstattung wie die geschnitzte Kanzel, der Altar und die Gemälde.

Die einst sehenswerte Kirche in **Loay** ⓭ an der Mündung des Loboc ist im Oktober 2013 eingestürzt. Am Loboc flussaufwärts führt die Straße in Richtung Hochland. Auch die 1602 erbaute **San-Pedro-Kirche** in **Loboc** ⓭, mit Deckenmalereien aus dem 19. Jh., hat durch das Erdbeben schwere Schäden erlitten.

Eine **Bootsfahrt** ab Loay oder Loboc auf dem idyllischen ★**Loboc-Fluss** mit üppigem, tropisch-grünem Uferbe-

Oben: Im Reservat Philippine Tarsier Foundation Inc. bei Corella (Bohol) vermehren sich die bedrohten Koboldmakis wieder.

wuchs zu den **Tontonan-Wasserfällen**, ist ein erfrischender Kontrast zu den altehrwürdigen Kirchen. Man kann die Fahrt auch mit einem **Schwimmenden Restaurant** machen

★Chocolate Hills

Die Straße zum Inselmittelpunkt **Carmen** und den ★**Chocolate Hills** ⓮ ist mittlerweile recht gut ausgebaut.1268 Hügel ragen auf über 50 km² bis zu 50 m hoch dicht an dicht aus der Erde. Die Trockenzeit verleiht ihrem Grasbewuchs die braune Schokoladenfarbe. Für ihre Form gibt es mehrere Erklärungen: Wetter und Wind hätten frühere marine Gesteinsformationen zu Kegeln geschliffen, meinen die Geologen. Auch unterseeischer Vulkanismus könnte eine Rolle gespielt haben. Der Volksglauben hingegen macht Riesenkräfte verantwortlich: Demnach wären die Hügel entweder Arogos Tränen (s. S. 185) oder die versteinerten Ausscheidungen eines riesigen Wasserbüffels, oder die Wurfgeschosse zweier streitender Giganten. Jedenfalls hat das letzte Erdbeben bei einigen der Schokohügeln Erdrutsche ausgelöst.

Der Südosten Bohols

Im Dorf **Taytay**, in der Gegend von **Duero** ⓯ an der Südostküste, pflegen 130 Familien des **Eskaya-Stammes** altes Brauchtum und u.a. bewahren noch eine archaische Bilderschrift.

Strände findet man etwas weiter östlich beim Dorf **Anda** ⓰, wo zwei attraktive Resorts auf Gäste warten.

Im Norden ist **Talibon** ⓱ das Sprungbrett nach Cebu und zu den vorgelagerten Inseln.

Einen idealen Ankerplatz und eine kleine Bungalowanlage bietet die **Insel Jao** ⓲. Ringsum ist das Meer gesprenkelt mit flachen Eilanden, auf denen das Leben der Fischer noch gemächlich abläuft und Zugvögel auf mangrovenbewachsenen Sandbänken rasten.

INSEL MINDORO

FLUG: **Air Asia Zest**, mehrm. wöchtl. Manila – San José. **Cebu Pacific** mehrm. wöchentlich Manila – Lubang.

BUS: Von Manila nach P. Galera: **Si-Kat**, Tel. (043) 708 9628, in Kombination mit Fähre in Batangas, Abfahrt in Manila: City State Tower Hotel; **Island Cruiser**, Tel. (043) 525 8541, Abfahrt in Manila: Swagnan Hotel, 4 Flora St, Ermita. Von Puerto Galera zu den Stränden: Jeepney, Boot oder zu Fuß. Bus, Jeepney nach Calapan – Roxas – Mansalay – Bulalacao, in der Regenzeit von dort mit dem Boot nach San José, auch Verbindung San José-Mamburao.

SCHIFF: **Montenegro Shipping Lines** (nach Balatero, ca. 2,5 km westl. v. P. Galera) 2x tgl. große Auslegerboote Batangas – Sabang / White Beach, ca. stündl. (6-16.30 Uhr). Tägl. Autofähre Roxas – Catiklan/Panay. Fähre Mi-Fr und großes Motorboot (mehrm. wöchentl.) Roxas – Odiongan/Romblon. Motorboot (unregelm.) zw. Manila und Tilik/Lubang Island; zw. San José über Tilik nach Coron/Calamian Islands (Nordpalawan).

Puerto Galera

Tourist Center Puerto Galera, Sabang, Tel. (043) 287 3045.

Excavation Museum, Mo-Sa 8-11.30 und 13.30-17 Uhr, P Conception St., neben der Kirche.

Harbour Point, empfehlenswerte einheimische u. europäische Gerichte, auch Bar, schöner Blick auf den Hafen, am Pier.

INSEL MARINDUQUE

Provincial Tourism Office, Capitol Ground, 2 km westl. von Boac Centre, Tel. (043) 754 0136.

FLUG: **PAL**, mehrm. wöchtl. Manila – Boac.
SCHIFF: Autofähre der **Montenegro Shipping Lines** mehrm. tgl. Balanacan – Lucena, 1x tgl. Cawit – Lucena.

ROMBLON-ARCHIPEL – TABLAS / SIBUYAN / MASBATE

Masbate Town: Tourist Office, City Mayor's Office, Tel. (056) 582 0781. **Looc**: Tourist office, Town plaza.

FLUG: **Phil. Air Express**: Manila – Masbate, mehrmals wöchentlich.

SCHIFF: Nach Manila, Lucena, Batangas. Regelmäßiger Verkehr Cebu – Masbate. Auslegerboote verkehren zw. den Inseln.

BUS: Masbate – Mandaon; ansonsten Jeepneys.

INSEL SAMAR

Sohoton Natural Bridge National Park: **Tourism Office Samar**, Tel. (055) 543-8980.

FLUG: **PAL Express**, Manila – Calbayog, Manila – Catarman.

SCHIFF: Mehrm. wchtl. Cebu City – Calbayog; mehrm. tgl Matnog/Luzon – Allen.

BUS: **Philtranco** u. **Eagle Star**: Tägl. Manila – Catarman, Catbalogan, Calbayog. Tägl. Tacloban/Leyte – Catarman, Catbalogan, Calbayog.

INSEL LEYTE

Tacloban

DOT, Baranguy 25, Kanhuraw Hill, Magsaysay Blvd., Tel. (053) 320 0901.

FLUG: **Air Philippines**, **Philippine Airlines** Manila – Tacloban.

SCHIFF: **Sulpicio Lines**: 1x wchtl. Manila – Ormoc via Masbate. **Cebu-Ferries**: 1x wchtl. Cebu – Tacloban, andere Fährgesellsch. mehrm. wchtl. Tacloban – Baybay, – Hilongos, – Ormoc. Maasin – Ubay/Bohol. Maasin – Surigao/Mindanao. Liloan – Surigao.

BUS: **Philtranco**: Tägl. Manila – Tacloban. **Van Vans**: Tgl. Ziele auf Leyte, nach Samar und Davao/Mindanao.

Dream Café, australische und philippinische Küche, günstig, 222 del Pilar St., Tel. (053) 325 8222.

Giuseppe's, Pizza, italienische Pasta und philippinische Speisen, recht gemütlich, Ave. Veteranos, Tel. (043) 321 4910.

INSEL BILIRAN

DOT, Biliran Provincial Capitol, Naval, Biliran, Tel: (053) 500 9627.

FLUG: siehe Tacloban, weiter nach Naval mit Bus.

SCHIFF: **MY Shipping Lines**: mehrm. wchtl. Naval – Cebu City. Tägl. Auslegerboote Naval – Calubian/Leyte.

BUS: Z. B. **Philtranco** kombiniert mit Fähre tägl. Manila – Naval. **JD Bus Lines** mehrm. tägl. Naval – Ormoc/Leyte.

INSEL PANAY

Iloilo

DOT, Bonifacio Drive, Tel. (033) 337 5411.

FLUG: **PAL Express**, **Philippine Airlines**, **Cebu Pacific Air** tägl. Manila – Iloilo, mehrm. wchtl. nach Roxas, Kalibo, Cebu City, Puerto Princesa, Davao.

SCHIFF: U.a. **2GoTravel**, **WG&A Superferry**, **Trans-Asia Shipping** Iloilo – Manila – Cebu, – Bacolod, – Davao, – Tacloban. **Milagros J. Shipping** 2x wchtl. Iloilo – Puerto Princesa via Cuyo Islands.

BUS: **Ceres Bus Liner** tägl. Iloilo – Catiklan, – Roxas, – Estancia, – Cubao/Manila (einschl. 3x Fähre), Jeepneys zwischen allen großen Orten auf Panay.

Museo Iloilo, tgl. 8-17 Uhr, Bonifacio Dr..

INSEL BORACAY

DOT Office, Balobag; **Boracay Tourist Center**, Tel. (036) 288 3689.

FLUG: **Inter Island**, **Corporate Air**, **SEAIR** von Manila nach Catiklan (frühzeitig buchen!), und von Cebu nach Catiklan tägl.

SCHIFF: Tagsüber alle 15 Min. Bootstransfer Caticlan – Boracay. **Negros Navigation** 1x wchtl. direkt Manila – Caticlan. Andere Schiffe von Manila via Tablas u. Lipata/Panay, Botangas. Große Auslegerboote Caticlan – Romblon, – Carabao Island, – Roxas/Mindoro.

BUS: **Ceres Liner**: Tgl. Iloilo – Catiklan, – Kalibo, – Roxas City. Bus Catiklan – Kalibo (Flughafen): 2 Std.

Treehouse (früher Da Mario), köstliche italienische Küche, Garten unter Palmen, am südlichen Strandende. **English Bakery**, sehr gutes Frühstück, 3 Filialen am White Beach. **Mango Ray**, Gourmetküche unter Palmen, etwas südl. von D'Mall.

INSEL GUIMARAS

Tourist Office, am Anleger der Personenfähren, Jordan, Tel. (033) 237 1134.

FLUG: siehe Iloilo.

SCHIFF: Fährboote von Iloilo, Ortiz Anlegepier nach Jordan, alle 15 Min., Überfahrt dauert nur 15 Min. Auslegerboote nach Buenavista ab Iloilo Parola Pier/Muelle Loney St. Auslegerboote Pulupandan/West-Negros – Suclaran/NO-Guimaras. Bootsservice bieten auch die Hotels.

BUS: Tgl. mehrm. Jeepneys zw. Jordan und mehreren Inselorten

INSEL NEGROS

Bacolod

Tourist Information Office, Bacolod Plaza, Tel. (034) 29021; **Negros Occidental Tourism Center**, Prov. Capitol Bldg. Tel. (034) 433 2515.

FLUG: **PAL Express**, **PAL**, **Cebu Pacific**, tgl. nach Manila, Cebu City, mehrm. wchtl. Davao, Tacloban.

SCHIFF: u.a. **SuperCat**, **SuperFerry**, **2GoTravel**, mehrm. wchtl. nach Manila, Iloilo, Mindanao (Ozamis, Iligan, Cagayan de Oro).

BUS: **Ceres Bus Liner** täglich zu allen größeren Orten auf Negros (Dumaguete, San Carlos). Jeepney nach San Carlota, Mambucal.

Negros Museum, Mo-Sa 9-18 Uhr, Gatuslao St., Tel. (034) 433 4764.

Biodiversity Conservation Center, Mo-Fr 9-12 und 13.30-16.30 Uhr, South Capitol Street, Tel. (034) 433 9234.

Dumaguete

Dumaguete Tourism Office, City Hall, Tel. (035) 225 0549.

Provincial Tourism Office, E. J. Blanco Dr., Tel. (035) 225 1825.

FLUG: PAL Express, **Cebu Pacific Air**, Manila – Dumaguete, Cebu – Dumaguete täglich.

SCHIFF: **Ocean Fast Ferries**: Wöchentlich Dumaguete – Bohol, – Cebu. **Delta Fast Ferry**: mehrmals wöchentlich Dumaguete – Siquijor.

Supercat Fast Ferry: mehrm. wchtl. nach Bohol, Cebu, Mindanao, Siquijor.

WG&A: Mehrmals wöchentlich nach Bohol, Manila, Mindanao.

BUS: **Ceres Liner**, mehrm. tgl. nach Bacolod, San Carlos u. a. Orte auf Negros, Jeepney-Verbindung nach Süd-Negros.

Anthropology Museum and Centre for the Study of Philippine Living Culture, geöffnet Mo-Fr 8.30-11.30 und 14.30-17 Uhr, Silliman University, Eintritt Hibbard Avenue.

Chin Loong, günstige chinesische Gerichte, lokale Spezialitäten, zu empfehlen ist das „Special Menue", Rizal Blvd.

INSEL SIQUIJOR

FLUG: **PAL**, **Cebu Pacific** tgl. Verbindungen via Cebu City, Bacolod City – Dumaguete.

SCHIFF: **Ocean Jet**: Mehrm. tgl. Cebu – Larena, Tagbilaran – Larena. **Delta Fast Ferry**, **Montenegro Lines**: Mehrm. tgl. Dumaguete – Larena, Larena – Iligan u. Plaridel auf Mindanao.

BUS: Jeepneys verbinden die Inselorte.

INSEL CEBU

FLUG: Intern. Flüge versch. Airlines; PAL Express, Cebu Pacific Air, PAL, Air Asia Zest, SEAIR, nach Manila mehrm. tgl.; Flüge zu zahlr. Inlandflughäfen (u.a. Iloilo, Bacolod, Zamboanga, Davao, Catiklan, Kalibo, Siargao, Cagayan de Oro). Air Island Tours bietet nun tägl. Flüge von Cebu nach Bantayan an.

SCHIFF: Regelmäßig von u. nach Manila, sowie zu zahlreichen Hafenstädten des Landes.

BUS: Nach Norden: Northern Busterminal, Soriano St. Nach Süden: Southern Busterminal, Bacalso Avenue; ABC-Liner Terminal (Bus-Fähre n. Negros), San José Street.

Cebu City

DOT, LDM Bldg., Ecke Legazpi / Cuenco St., Tel. (032) 254 2811, 0717 854 8308 (Airport). **Cebu City Tourism Commission CCTF**, Inc. Office of the Mayor CHAC Bldg., Osmeña Blvd., Tel. (032) 412 4355.

irport Tourist Information Desk, 24 Std., kostenlose Broschüre „Your Guide to Cebu", Mactan Intern. Airport, Tel. (032) 340 8229. M**Casa Gorordo Museum**, Di-So 10-18 Uhr, 35 Eduardo Ahoitiz St.. **University of San Carlos Museum**, Mo-Fr 8.30-12 u. 13.30-17.30, Sa 8.30-12 Uhr, Del Rosario St. **Museo Sugbo**, Mo-Sa 9-17.30 Uhr. 731 M. J. Cuenco Ave., Tel. (032) 239 5626.

Cebu Doctors Hospital, Osmeña Blvd., Tel. (032) 253 7511-34, 255 5555. **Chong Hua Hospital**, Fuente Osmeña St., Tel. 255 8000.

Immigration Office, Mo-Fr 8-17 Uhr, Centre Bldg. A.S. Fortuna St., Mandaue City, Tel. (032) 345 6441. **Polizei**: Task Force Turista, 24 Std., Tel. (032) 253 5636

Golden Cowrie Native, köstliche einheimische Küche z. T. auf Bananenblättern serviert, Fisch und Meeresfrüchte, Mangosaft, schöne überdachte Veranda, Lahug, Salinas Dr.

INSELN BOHOL / PANGLAO / JAO

City Tourism Information & Assistance Centre, Tagbilaran, CP Garcia North Ave., 9-17 Uhr, Mo-Sa, Tel. (038) 411 3666, 501 9186; **Tourist Centre**, Panglao, Alona Beach, Tel. (038) 502 9126; **DOT**, Port Area, Tel. 0907 799 1088. **Tourist Police**, Rona's Corner, Tel. (038) 502 9077.

FLUG: **PAL**, **Cebu Pacific**: Manila – Tagbilaran, mehrm. tgl.

SCHIFF: Mehrere Reedereien (u.a. **Ocean Jet**, **Weesam**, **Kinswell**) mehrm. tgl. Tagbilaran – Cebu. **Ocean Jet**: mehrm. wchtl. Tagbilaran – Dapitan/Mindanao, – Dumaguete, – Larena. **TransAsia**: mehrm. wchtl. Tagbilaran – Cagayan de Oro. **Super Shuttle**: tgl. Jagna – Mambajo Balbagon (Camiguin).

BUS: Tagbilaran – Panglao: Minibus ab Agora Market, Bus ab Noli Me Tangere St. Bus von Tagbilaran – Carmen (Chocolate Hills: vorher halten lassen) – Talibon und Jeepneys nach Panglao und auf Bohol.

El Nido Resort auf Lagen Island, Bacuit Archipel, Palawan

Foto: Martina Miethig

PALAWAN – FAST EIN PARADIES

RUND UM PUERTO PRINCESA

SÜD-PALAWAN

NORD-PALAWAN

CALAMIAN-ARCHIPEL

PALAWAN

Ein Eldorado für Naturfreunde – das ist **Palawan**. In weiten Teilen der Insel stehen noch Regenwälder, wo seltene Tiere und Pflanzen beheimatet sind. Weiße Strände säumen die Küsten und Inseln, über Korallengärten ragen schroffe Felsen empor.

Auch die geografische Lage beeindruckt: Wie ein riesiger Wall liegt die 435 km lange und maximal 40 km breite Hauptinsel zwischen Südchinesischem Meer und Sulu-See. Nur wenige Meilen trennen ihre Südspitze von Borneo. Im Norden zerfasert sie in Buchten, Fjorde und Hunderte von Inseln. Mit über 1770 Nebeninseln und insgesamt 650 km Länge ist Palawan die größte Provinz der Philippinen.

Über eine bis zur letzten Eiszeit bestehende Landbrücke mit Borneo konnten Tiere, Pflanzen und schließlich Menschen nach Palawan einwandern. Etliche philippinische Baum-, Orchideen- und Farnarten finden sich nur hier im dichten Regenwald der bis zu 2000 m hohen Berge. Von den über 1000 Tierarten sind allein 232 Spezies endemisch, darunter das Ameisen fressende Schuppentier, die Palawan-Bärenkatze, eine

Links: Unterwegs auf dem Jungle Trail im Puerto Princesa Subterranean River National Park.

Marderart und der „Maushirsch" *Pilanduk*, die kleinste Rotwildart der Welt. Außerdem leben Nashornvögel, Warane, Königskobra und handtellergroße Schmetterlinge auf der Insel. Einzigartig ist auch das Leben unter Wasser in den stellenweise noch intakten Riffen.

Als „Wiege der philippinischen Zivilisation" gilt Palawan, seit 1962 in den Tabon-Höhlen bei Quezon mindestens 22 000 Jahre alte Menschenknochen gefunden wurden. Möglicherweise ist der *Homo sapiens* auf dieser Insel aber bereits vor 50 000 Jahren umhergezogen, wie entsprechend datierte Steinwerkzeuge vermuten lassen. Chinesische Händler gingen im 9. Jh. n. Chr. in *Pa-Lao-Yu* („Land mit schönem sicheren Hafen") vor Anker. Auch Schiffe aus den Sultanaten von Brunei und Jolo liefen Palawan an, um dann mit Edelholz, Perlen und Perlmutt, Honig und Baumharz, Trepang (getrocknetes Seegurkenfleisch) und essbaren Schwalbennestern, ja sogar mit versklavten Einheimischen wieder auszulaufen. Ab dem 16. Jh. kamen Spanier, Briten und Holländer, und noch während der amerikanischen Kolonialzeit unterhielten die Japaner hier Fischereistützpunkte.

Zwar wurde die Region schon 1967 unter Naturschutz gestellt, doch begünstigt durch Korruption und Armut ging der Raubbau an Wäldern und marinen Ressourcen weiter. Die inzwischen

6

Palawan

Foto: Albrecht G. Schaefer

strengen Kontrollen seitens Regierung und regionalen Behörden, u. a. durch eine Küsten- und eine Waldwachorganisation, lassen hoffen, dass sich die Natur erholen kann.

Geld und Initiative – ein guter Teil davon kommt aus dem Ausland – helfen, die bedrohten Gebiete zu schützen. Wie ihre Vorfahren sind die heute noch ansässigen Ureinwohner aus Tradition darauf bedacht, ihren Lebensraum zu bewahren. Hoffnungsvoll stimmt die wachsende Einsicht, dass der propagierte Ökotourismus nur dann lohnt, wenn das angekündigte Naturerlebnis im gern *The Last Frontier* genannten Palawan auch real existiert.

Ob der Ausbau der Straßen ein Segen für die Natur ist, bleibt abzuwarten. Immerhin scheinen die Kontrollen der Küsten- und Waldwachbehörden den illegalen Holzschlag und das Fischen mit Dynamit eingedämmt zu haben. Noch ist die Provinz mit einer Bevölkerung

Oben: Nationalheld Rizal dominiert den Park vor Puerto Princesas Kathedrale.

von rund 850 000 eher dünn besiedelt. Doch weiterhin gilt Palawan, auch im Zuge des Tourismus und der entstandenen Arbeitschancen, als „Land der Verheißung". Vor allem aus den armen Gebieten der Visayas, insbesondere aus Negros, zieht es Menschen in diese Inselwelt im Westen der Philippinen.

Den Reisenden, der sich an der allgegenwärtigen Kombination Wald-Wasser-Strand, an erlebnisreichen Trekkingtouren und an meist kristallklarem Seewasser erfreuen kann, erwartet außerdem ein gesundes Nahrungsangebot: Fisch und Meeresfrüchte beherrschen den Speiseplan, Seegras ist eine regionale Spezialität, und jede Jahreszeit hält köstliche Früchte bereit.

Rund um Puerto Princesa

Ausgangspunkt für Erkundungen in alle Himmelsrichtungen ist **Puerto Princesa City ❶**, die freundliche Hauptstadt an der gleichnamigen Bucht. Die knapp 260 000 Einwohner große Provinzkapitale wurde erst 1872

196   **» Karte S. 197, Info S. 207**

dem Urwald abgetrotzt. Im weitläufigen, übersichtlichen Straßenbild (mit 240 000 ha Fläche zweitgrößte Stadt des Landes) ist nur die **Kathedrale** am **Rizal Park** sehenswert (20. Jh.). Die Reize der Stadt liegen dort, wo sich täglich viele der freundlich-gelassenen Palaweños aufhalten: Am **Hafen**, der von den **Pfahlbauten** der Fischer umgeben ist, auf dem **Markt** an der Malvar/Burgos Street und auf dem **Baywalk**, der breiten Uferpromenade, wo am Abend nicht nur der Sonnenuntergang, sondern auch Getränke- und Essensstände zum Bummeln animieren. Nahe beim Markt liegt am **Mendoza Park** ein kleines **Museum** mit Exponaten zu Palawans Ureinwohnern.

Etliche Pensionen, Hotels und Restaurants stehen für in- und ausländische Gäste bereit. Ed Hagedorn, der frühere Bürgermeister und Umweltpionier, beförderte Puerta Princesa zur „Eco-Capital of the Philippines". Ihm sind die ersten Elektro-Tricycles in Puerto Princesa zu verdanken.

Tagesausflüge in die Umgebung

Einen guten Einblick in Palawans Vielfalt an Faltern, Schmetterlingen, Echsen und anderen bodennahen Krabbeltieren gewährt der private **Palawan Butterfly Garden** in **Santa Monica**, ca. 7 km nördlich des Zentrums.

Auf der Straße ins 23 km entfernte Iwahig im Westen von Puerto Princesa kommt man in **Irawan** an der offiziell **Wildlife Reserve and Conservation Center** genannten **Krokodilfarm** vorbei. Die stark bedrohten Echsen werden für spätere Auswilderung großgezogen.

In der 11 km weiter auf gleicher Strecke gelegenen **Iwahig Prison and Penal Farm** wird offener Strafvollzug betrieben. Die 2300 Insassen leben – ohne Gitter – von Reisanbau, Viehzucht und dem Verkauf selbst hergestellter **Souvenirs**. Man heißt also Besucher willkommen – die diese Art von Strafanstalt aber nicht für landestypisch halten

» **Karte S. 197, Info S. 207**

Weiter südwestlich laden bei **Napsan** ❹ ebenfalls schöne Strände zum Baden ein.

★★Tubbataha National Marine Park

Etwa 150 km vor Puerto Princesa in der Sulu-See, wartet der **★★Tubbataha National Marine Park** ❺ auf erfahrene Sporttaucher. Das 1993 zum UNESCO-Weltnaturerbe erklärte **Riffgebiet** mit spektakulären **Korallenwänden** gilt als eines der zehn schönsten Tauchreviere der Erde. Hier tummeln sich u. a. Riffhaie, Thunfische, Stachelrochen und Schildkröten. Eine **Rangerstation** auf einer Sandbank im nördlichen der beiden Atolle bewacht das Naturwunder. Agenturen in Puerto Princesa bieten von März bis Juni mehrtägige Tauchfahrten auf gut ausgerüsteten Kajütbooten zu dieser Wunderwelt unter Wasser an. Bereits die Anfahrt dauert rund 12 Stunden.

sollten. Weiter südlich trifft man auf das Dorf **Santa Lucia**, noch Teil der Strafkolonie, von wo ein 7 km langer Fußweg zu einer **heißen Quelle** führt.

Nette Ausflugsziele mit teils komfortablen, teils einfachen Unterkünften und Strandanlagen sind die Inselchen in der **Honda Bay** ❷: **Snake**, **Starfish** oder **Arecife Island** (Dos Palmas Resort) heißen nur einige Stationen für Inselhüpfer. Mangroven und Sandbänke, Korallenriffe und Badestellen verleihen der Bucht ihre Anziehungskraft.

Verlockend ist der **Strand von Nagtabon** ❸ im Nordwesten von Puerto Princesa am Südchinesischen Meer, nach circa zweistündigem Jeepney-Trip und Fußmarsch zu erreichen. Den dortigen Blick auf Huhn- und Hahn-Inseln verleiden eigentlich nur die blutsaugenden *Nik-nik*, winzige Sandfliegen, die manchen der paradiesischen Strände des Landes umschwirren.

Süd-Palawan

Die Küste der Sulu-See südlich von Puerto Princesa ist relativ gut erschlossen. Erholung am Meer findet man am sauberen, weißen Strand nahe des Fischerdorfes **Tigman** ❻.

Die Straße führt weiter über Narra bis **Brooke's Point** ❼ und Bataraza. Bedeutung für die Seefahrt hat der **Leuchtturm** im Handelsstützpunkt Brooke's Point, von wo Wege in die Berge rund um **Mount Mantalingajan**, mit 2086 m höchste Erhebung Palawans, führen.

Der äußerste Süden Palawans

Hinter **Rio Tuba** ❽ verliert sich die Straße in der Wildnis. Der äußerste Süden, der Brückenkopf der Moro-Befreiungsbewegung auf Palawan, sollte besser gemieden werden, so reizvoll die Landschaft, vorgelagerte Inselchen und die dörfliche Lebensweise der überwiegend muslimischen Bewohner auch sind.

Oben: Anemonenfisch mit Seeanemone. Rechts: Einfahrt in das Höhlensystem des Underground River.

» **Karte S. 197, Info S. 207**

Foto: Roland Nagy (iStockphoto)

Tabon-Höhlen

Quezon ❾ ist ein verschlafenes Städtchen, hat aber aus archäologischer Sicht nationale Bedeutung erlangt. Am bergigen **Lipuun Point** außerhalb des Ortes sind nämlich die prähistorischen **Tabon-Höhlen** zu besichtigen, ein Komplex aus 200 Grotten, die längst nicht völlig erforscht sind und noch einige wissenschaftliche Überraschungen verbergen könnten. Die Höhlen (nur 7 sind zugänglich) stehen unter staatlichem Schutz; ein Wächter ist zu Führungen bereit; den kompletten Ausflug samt Bootsfahrt organisiert das Palawan Museum in Quezon. Die wertvollsten Stücke, so ein 22 000 Jahre altes Schädelfragment des „ersten Filipino" werden jedoch im National Museum in Manila aufbewahrt. An Palawans Westküste hat man viele andere Höhlen entdeckt, die einst als Begräbnisstätten dienten. Sie geben Aufschluss über die frühe Besiedlung der Insel und belegen die Rolle Palawans als historischer Handelstreffpunkt der asiatischen Völker.

Nord-Palawan

★Underground River im ★Puerto Princesa Subterranean River N. P.

Zu den Highlights einer Palawanreise zählt in jedem Fall eine Bootsfahrt auf dem Underground River in die einzigartige Höhlenwelt des Puerto Princesa Subterranean Nationalparks. Die Anreise von Puerto Princesa in den rund 50 km Luftlinie entfernten Park lohnt sich schon wegen der Provinz- und Berglandschaft lohnend. Man kann bis zu den Orten **Baheli** ❿ oder zum etwas nordöstlich gelegenen **Macarascas** an der Ulugan-Bucht über Land fahren und sich dann zur Höhle schippern lassen; zwischen Juni und September verbieten jedoch Südwestmonsun und hohe Wellen eine Seefahrt. Schneller und deshalb beliebter ist die 81-km-Jeepney- bzw. Busfahrt von Puerto Princesa bis zum Fischerort **Sabang** ⓫, wo Unterkünfte unterschiedlichen Standarts zur Übernachtung bereitstehen. Vom **Pier** in Sabang, wo man den National-

PALAWAN

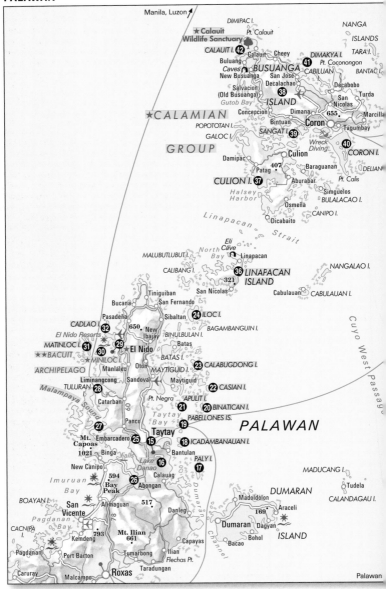

Manila, Luzon ↗

DIMIPAC I.

NANGA

Pt. Calauit

★Calauit
Wildlife Sanctuary

ISLANDS

TARA I.

CALAUIT I. **42** Calauit

Cheey

DIMAKYA I.

Buluang

41 Pt. Coconongon

Caves

CABILUAN

BANTAC I.

New Busuanga

San Jose

BUSUANGA

Decabobo

Salvacion
(Old Busuanga)

Decalachao

38

Turda

San
Nicolas

Gutob Bay

ISLAND

Dimana

655

Marcilla

Concepcion

Bintuan

★**CALAMIAN**

POPOTOTAN I.

SANGAT I. **39**

Coron

Tagumbay

GALOC I.

GROUP

*Wreck
Diving*

40

CORON I.

Damipac

Culion

407

Baraguanan

DELIAN

CULION I. **37**

Patag •

Aburabar

Pt. Calis

*Halsey
Harbor*

Simguelos

BULALACAO I.

Osmeña

CANIPO I.

Linapacan

Strait

Dicabaito

*Eli
Cave*

MALUBUTLUBUT I.

*North
Bay*

Linapacan

NANGALAO I.

CALIBANG I.

36 **LINAPACAN
ISLAND**

321

San Nicolas

Cabulauan

CABULAUAN I.

Tiniguiban

Bucana

San Fernando

Pasadena

Sibaltan

24 *ILOC I.*

CADLAO I. **32**

650

New
Ibajay

BAGAMBANGUIN I.

El Nido Resorts

29

BINULIBULAN I.

MATINLOC I. **31**

30

★El Nido

Batas

★★**BACUIT**

MINILOC I.

Oton

BATAS I.

23 *CALABUGDONG I.*

Manlalec

MAYTIGUID I.

ARCHIPELAGO

Sandoval

Maytiguid

22 *CASIAN I.*

Malampaya Sound

Liminangcong

28

Pt. Negra

APULIT I.

Catarban

21

20 *BINATICAN I.*

Panco

PABELLONES IS.

PALAWAN

27

*Taytay
Bay*

19

**Mt.
Capoas**

Embarcadero **25** **15**

18 *ICADAMBANAUAN I.*

1021

Binga

Taytay

Bantulan

Falls

16

PALY I.

New Canipo

*Lake
Danao*

Calauag

17

594

Abongan

26

MADUCANG I.

**Bay
Peak**

*Imuruan
Bay*

Alimaguan

DUMARAN

Tudela

BOAYAN I.

**San
Vicente**

517

Danleg

Madoldolon

Araceli

CALANDAGAU I.

*Pagdanan
Bay*

169

Dagyan

*CACNIPA
I.*

793

**Mt. Ilian
661**

Capayas

Dumaran

Bohol

ISLAND

Kemdeng

Bacao

Pagdanan

Port Barton

Ilian
Flechas Pt.

Caruray

Malcampo

Tumarbong

Taradungan

Roxas

Palawan

San Agustin
San José
Manila, Luzon
Central
Magsaysay
Carmen
Ilin
Ambulong
AMBULONG I.
Alibug
ILIN I.
Mindoro Strait
Mindanao
TINITUAN I.
QUINILUBAN I.
35 QUINILUBAN GROUP
PAMALICAN I.
MANAMOC I.
DIT I.
OKO I.
MARACANAO I.
Agutaya
AGUTAYA I. **34**
MATARABIS I.
CUYO ISLANDS
PAMITINAN I.
PATUNGA I.
TAGAUAYAN ISLANDS
LUBIC I.
CANIPO I.
COCORO I.
Cuyo
Rizal
33 CUYO I.
Bisucay
185
Balaguen
QUIMINATIN IS.
CAPNOYAN I.
Panay, Negros, Mindanao

NORDEN PALAWANS/ CALAMIAN-GRUPPE

Nummern: **15** - **42**

0   12,5   25 km

© Nelles Verlag GmbH, München

lawan

parkeintritt bezahlt, setzen **Boote** über. Wer lieber läuft und sich für Flora und Fauna interessiert, kann von Sabang aus auf dem ca. 2 km langen **Monkey Trail** oder dem etwas längeren **Jungle Trail** zum Underground River wandern (ca. 1,5-2 Std., geeignete Schuhe und für den Monkey Trail Badesachen empfehlenswert).

Der ★**Underground River** im 3900 ha großen ★**Puerto Princesa Subterranean River National Park** **12** ist der längste schiffbare unterirdische Fluss der Welt (Gesamtlänge 8,2 km, befahrbar 4,2 km). Erst Anfang der 1980er Jahre wurden er und das höchst abwechslungsreiche Höhlensystem mit riesigen Domen und Tropfsteinformationen von einem australisch-philippinischen Forscherteam entdeckt. In kleinen **Paddelbooten** und unter Aufsicht der staatlichen Ranger kann man ein Stück in die Unterwelt eindringen: auf etwa 1200 m zeigt die Erde ihre Eingeweide – scharfe Stalaktiten, die bis dicht übers Wasser herunterhängen, oder die schnurgerade „U-Bahnstrecke", die „Kathedrale", eine „schmerzensreiche Jungfrau Maria" und viele andere, im Lampenschein unheimlich oder biblisch-beruhigend wirkende Formationen. Dazu Tausende von **Schwalben** und **Fledermäusen**. Vor der gezackten, etwas gruselig anmutenden Einfahrt lädt ein weißer **Strand** (leider mit Sandfliegen) zum Baden ein. Sehr lehrreich ist ein Bootsausflug auf dem **Poyuy-Poyuy-Fluss**, den man vom Ostende des Sabang-Strands aus durch Mangrovenvegetation mit Naturführer unternehmen kann (Tel. 0912 322 3665, tägl. 8*12, 13-17 Uhr).

In den hohen Norden

Der Highway, der von Brooke's Point entlang der Ostküste nach Norden führt, ist geteert. Spannend ist die Fahrt, es geht stellenweise durch dicht bewaldete Landschaft – wie die rund um **Cleopatra Needle** **13**, mit 1593 m höchster

6

Palawan

» Karte S. 197, Info S. 207

Punkt in Palawans mittlerem Norden.

Hier leben die negritischen **Batak**, vor allem entlang der Wasserläufe, die glasklar den Berg herabfließen. Die indigenen Menschen vertreten die bekannteste der 8 Ethnien auf der Insel. Als Halbnomaden, Jäger und Sammler vom Regenwald abhängig, sind die (im Jahr 2016 nur noch knapp 300 Mitglieder zählenden) Batak vom Aussterben bedroht. Rücksichtslos drängten Holzindustrielle und brandrodende Siedler sie immer tiefer ins Inselinnere. Malaria, Tuberkulose und hohe Kindersterblichkeit stellen zudem ernste Bedrohungen dar. Fremden begegnen sie zurückhaltend, als billige Fotomotive wollen sie nicht herhalten. Wer zu ihnen vordringt, sollte den Führer oder Familienoberhaupt Geschenke wie Salz, Zucker, Trockenfisch, Reis und Nudeln übergeben (Kontakt: Batak Visitor Center in San Rafael).

Port Barton ⑭ an der mit Inseln übersäten Pagdanan-Bucht zieht immer wieder Reisende an, etliche Aussteiger sind hier mit Restaurants, Tauchstationen und Bungalowanlagen eingestiegen. Bekannt für Island-Hopping und Unterwasserwelt, die früher sehr durch das Dynamitfischen leiden musste, hat sich Port Barton zu einem – noch geruhsamen – Touristenzentrum entwickelt. Das Hinterland bietet Urwald, Wasserfälle und Wildbäche.

Taytay / Inseln vor der Ostküste

Taytay ⑮ ist die frühere Hauptstadt von Palawan. Eine 1667 erbaute **Festung** steht als markante Ruine am riffbewehrten Meer. Die über 300 Jahre alte **Kirche** zeugt ebenfalls von kolonialer Vergangenheit. Doch die isolierte Lage und eine zu flache Küsteneinfahrt bewogen die Spanier, den ungünstigen Hafenort wieder zu verlassen. Nicht mehr so schwierig ist die Zufahrt über Land heute noch. Im Sommer versinkt

Rechts: Ein Bootsausflug im Bacuit-Archipel.

der Jeepney aus Roxas im Sand, zur Regenzeit im Schlamm. Eine bequemere Anreise ermöglicht – wenn in Betrieb – der ziemlich neue **Sandoval Airport** am Nordende der Taytay Bay, von dem vor allem die exklusiven Hotels in Nord-Palawan profitieren.

Mehrere Ausflüge lassen sich von Taytay aus unternehmen. Der malerische **Lake Danao** ⑯ liegt nicht weit entfernt im Süden. Mit dem Boot erreicht man zahlreiche vorgelagerte Inselchen. Ganz im Süden lockt **Paly Island** ⑰ mit hohen Wasserfällen und schönen Stränden die Besucher.

Idyllisch sind auch die Inselchen **Icadambanauan** ⑱ und die benachbarte **Calabadian Island**. Auf den **Pabellones-Inseln** ⑲ gibt es steile Klippen und Höhlen. Prächtige Tauchreviere umgeben **Binatican** ⑳ und **Apulit** ㉑. Letztere bietet mit dem luxuriösen Ökoresort ★**Club Noah Isabelle** teuren Urlaub in idyllischer Lage.

Fast überall nördlich von Taytay hat die Unterwasserwelt viel zu bieten. **Casian** auf **Casian Island** ㉒, ist ein hübsches Inselstädtchen dieser Region.

Die Nachbarinseln **Cagdanao**, **Maobanan** und **Calabugdong** ㉓ wetteifern um die schönsten Küsten. **Flower Island** vor der Nordspitze Calabugdongs bietet ein kleines Strandresort. **Iloc Island** ㉔, fast am der Nordspitze Palawans, könnte ein kleines Boracay sein, es mangelt nur – zum Glück – an Touristen. Je weiter nördlich, desto unbekannter und einsamer sind die Inseln.

★El Nido und ★★Bacuit-Archipel

Seit einigen Jahren lässt sich auch El Nido auf einer Allwetterstraße erreichen, die in **Embarcadero** ㉕, 6 km westlich von Taytay beginnt. Alternativ und schnell, auch direkt aus Manila, kann man durch die Luft anreisen und auf dem nahen **El Nido Airport** landen. Wer die Seereise vorzieht, ist mehr vom Wetter abhängig; Embarcadero und **Abongan** ㉖ heißen die beiden mögli-

Foto: Pichole Galapre (iStockphoto)

chen Ablegeorte. Zunächst geht es den Abongan-Fluss abwärts, durch wildes Mangrovenspalier, in dem sich Affen und Vögel tummeln. Dann fasziniert der lange, gut 40 km ins Land schneidende **Malampaya-Sund ㉗**. **Mount Capoas** ragt hoch in die Wolken, zackige Felsinseln weisen den Weg ins Südchinesische Meer.

Zwischenstation kann der Fischereihafen **Liminangcong ㉘** sein. Von hier verkehren **Fähr- oder Mietboote** nach El Nido, eine bei ruhiger See angenehme Reise, vorbei an kurios geformten Inseln bis zu den Felsklippen des Bacuit-Archipels.

★**El Nido ㉙**, „das Nest", wie es die Spanier tauften, weil hier die Vogelnester für die berühmte Suppe an den Kalksteinklippen „wachsen", schmiegt sich zwischen dunkle Marmorriesen und hellen Strand. Ein traumhaftes, ein herrliches „Ende der Welt" ist das hier! Nein, weltvergessen ist der Ort längst nicht mehr, der Einfall fremder Besucher hat El Nido viele Baustellen, Lärm und bislang unbekannte Hektik beschert.

Das Wunder währt jedoch fort, wenn es zur Erkundung in den ★★**Bacuit-Archipel** geht, dessen zahlreiche Inselchen vor El Nido im Meer verstreut liegen. Steinklippen steigen wie Schiffe aus glasklarem Wasser auf, weiße Strände blitzen über bunten Korallen, Lagunen verstecken sich hinter schroffen Felsmauern.

Taucher fühlen sich hier wie im Paradies. Atemberaubende Unterwasserlandschaften mit Tunneln und Toren, die man durchtauchen kann, Schwärme farbenprächtiger Fische, Barrakudas oder Schildkröten versetzen einen in eine andere Welt.

Ein lohnender Ausflug im Bacuit-Archipel ist der Besuch des ★**El Nido Marine National Park** auf **Miniloc Island ㉚**. Das 96 000 ha große Areal umfasst mehrere Ökosysteme – mit Regenwald und Mangroven, weißen Sandstränden, Korallenriffen und einer Vielzahl von Fischen. Mit Glück sind Mantarochen und Seekühe zu beobachten. Wie in einem Südseetraum fühlt man sich in den riesigen Naturpools von **Big Lagoon** und

Foto: Martina Miethig

CUYO-ARCHIPEL

Weit östlich liegen die Inseln des **Cuyo-Archipels** in der Sulu-See verstreut und gehören doch noch zur Provinz Palawan. Leider sind die gerade für Taucher interessanten etwa 40 Inseln schwer zu bereisen. Die Verwaltungsstadt **Cuyo** auf der Hauptinsel **Cuyo** ㉝ bietet unverfälschte Provinzatmosphäre, bereichert durch alte Häuser und eine 1677 von den Spaniern erbaute **Wehrkirche**.

Nur in die Nachbarschaft der Hauptinsel Cuyo Island bestehen regelmäßige Bootsverbindungen, nach **Bisucay** (im Südwesten), **Cocoro** (im Nordosten) und **Agutaya Island** ㉞ mit besonders eindrucksvollen Tauchrevieren.

Auf dem privaten **Pamalican Island** ㉟ in der Quiniluban-Gruppe betreibt die Soriano-Familie die exklusivste Ferienanlage des Landes: das von einem Meeresschutzgebiet umgebene ★★**Amanpulo Resort** (ab 500 US$ pro Tag). Eigene Flugzeuge bringen Urlauber aus Manila hierher. Alle Wassersportarten sind möglich, die **Tauchspots** zählen zu den besten der Welt.

★CALAMIAN-ARCHIPEL

Die landschaftliche Anmut und das Erlebnispotential hat den Archipel nördlich der Hauptinsel Palawan nicht nur bei Tauchern bekannt gemacht. Nirgends sonst in den Philippinen ist eine relativ kleine Meeresfläche so stark mit Landflecken besetzt. Nach Busuanga, Culion und Coron folgt größenmäßig **Linapacan Island** ㊱. Vor seiner Westküste wird Erdöl gefördert, doch gibt sich die dünn besiedelte Insel weiter bescheiden. **Linapacan Town** am nordöstlichen Ende ist ein gemütlicher Ort, in dem sich wenige Häuschen um die Kirche drängen.

Wie Konfetti liegen die meist unbewohnten Inseln ringsherum verstreut. Überall strahlen Korallen aus der See

Small Lagoon im Inselinneren, umgeben von Karstfelsen und nur per Boot – besonders schön auf einer **Kayaktour** – zu erreichen.

Attraktion auf **Matinloc Island** ㉛ ist der **Secret Beach** an der mittleren Westküste. Zu dem kleinen Sandstrand mit Lagune, abgeschirmt vom Rest der Welt durch hohe, schroffe Karstfelsen, gelangt man schwimmend durch ein **Felsentor** (Vorsicht, nicht bei unruhiger See!). Sehenswert ist auch der **Matinloc Shrine**, ein christliches Heiligtum im Norden der Insel. Kaum zu überbieten sind die ★**Schnorchelmöglichkeiten** in der **Tapiutan Strait** zwischen Matinloc und der Nachbarinsel.

Auch **Cadlao Island** ㉜, größte und höchste Insel im Bacuit-Archipel, fasziniert über und unter Wasser, mit grün überwucherten Felsen und bunten Korallengärten in der **Cadlao-Lagune**.

Oben: Traumstrand auf Pangulasian Island, bei El Nido. Rechts: Luxus pur im Amanpulo Resort auf Pamalican Island.

Foto: Paul Spierenburg

herauf. Selbst vor dem Ort Linapacan zieht sich ein intaktes Riff entlang.

Culion Island ❸ ist die zweitgrößte Insel der Calamianen. Ihre Besonderheit: 1906 machten die Amerikaner sie zur Leprakolonie (mittlerweile aufgelöst), mit Leprahospital in dem – schön gelegenen – Ort **Culion** an der Nordostküste. Zu besichtigen sind dort das alte **Spanische Fort** mit der großen **Kirche** und das **Lepra-Museum** im Culion Sanitarium. Außerdem gibt es Strände auf den vorgelagerten Inselchen.

Busuanga Island

Busuanga ❸, die größte der Calamian-Inseln, ist dichter bevölkert und gut erschlossen. 40 000 ha des Inselinneren gehören der Yulo King Ranch, einem der größten Viehzuchtbetriebe Asiens. Lebhaftes Treiben herrscht in der Inselhauptstadt **Coron**. Wie es sich für das „Tor zu Nordpalawan" ziemt, ist der Hafen stets gut besucht. Im Norden liegt der Flughafen mit Verbindungen von/nach Manila.

Sprunghaft entwickelt sich der Tourismus in der Busuanga-Region. In Coron haben sich mehrere Hotels etabliert, größtenteils an der weiten Bucht. Einfachere Resorts liegen im Südwesten von Busuanga. Es verkehren regelmäßig Boote zwischen Busuanga Island, El Nido und Taytay.

Seit die US-Fernsehgesellschaft Nickelodeon ernsthaft plant, bei Coron ein Unterwasser-Resort anzulegen, sind Umweltgruppen wie SPS (Save Pilippines Seas) alarmiert. Sie fürchten, dass – wie so oft – das Ökosystem zu Gunsten des Kommerzes ge- und zerstört werde.

Unterseeische Reize warten auf Taucher um **Sangat Island** ❸ (auch bekannt als Tangat): Hier haben US-Flugzeuge 1944 japanische Schiffe versenkt, etwa ein Dutzend der **Wracks** ruht zwischen 6 und 40 m Tiefe.

Hinter der unheimlich anmutenden Steilküste der **Insel Coron** ❹, die keilförmig südlich der gleichnamigen Stadt liegt, warten weitere Abenteuer: sieben türkisfarbene **Süßwasserseen** inmitten einer schroffen Felslandschaft.

»» Karte S. 200-201, Info S. 207   205

Ansonsten halten sich hier häufig **Tagbanua** auf, Angehörige einer ethnischen Gruppe, die als Halbnomaden in Nord-Palawan umherziehen. Sie riskieren ihr Leben, wenn sie barfüßig und flink wie Eidechsen die scharfkantigen, senkrechten Felswände hinaufklettern, um die teuer bezahlten Nester der Salanganenvögel, einer Art Mauersegler, einzusammeln. Sie sind die Hauptzutat für die in der chinesischen Küche als Delikatesse geschätzte Schwalbennestsuppe.

Auf dem nördlichen Eiland **Dimakya** ❹ ist, angenehm abgelegen und Ort eines **Schutzgebiets für Dugongs** (Seekühe), der luxuriöse **Club Paradise** angesiedelt, mit einem langen weißen Sandstrand und Tauchen am exzellenten Riff direkt vor der Haustür.

Oben: Eine denkwürdige Begegnung vor Dimakya Island (Calamian-Archipel).

★Calauit Wildlife Sanctuary

Ein sicherer Platz für Tiere sollte **Calauit** ❷, die Halbinsel im Nordwesten von Busuanga werden. 1976 ließ Ferdinand Marcos hier ostafrikanische Giraffen, Zebras, Gazellen und andere **Steppentiere** ansiedeln, die sich zusehends vermehrten. Fast zeitgleich entstand das Wiederaufzuchtprojekt für bedrohte **Palawan-Tiere** wie das Mouse Deer (Hirschferkel), die kleinste Rotwildart der Welt; den Calamian-Hirsch, den Bear Cat, einen Dschungelmarder; Schildkröten und Krokodile. Die Gemeinschaft aus afrikanischen und selten gewordenen einheimischen Tieren scheint sich zum Vorteil beider Seiten zu entwickeln. Auch das Meer rund um Calauit ist im Radius von einigen Meilen Schutzgebiet. Besucher werden gegen eine kleine Gebühr durch das ★**Calauit Wildlife Sanctuary** gefahren. Neben anderen Unterkünften und Veranstaltern in Coron organisiert den Ausflug auch der Club Paradise auf Dimakya.

HAUPTINSEL PALAWAN

FLUG: **PAL Express**, **Cebu Pacific**, **PAL**: tägl. bzw. mehrm. wöchtl. zw. Manila und P.P.; zw. Cebu City/über Iloilo und P.P. **SEAIR** tgl. bzw. mehrm. wöchtl. Manila – Puerto Princesa, Taytay;. 1x wöchtl. von Boracay – P. P. (über Cuyo). *SCHIFF*: Fährverbindungen nach Palawan stellen u. a. **SuperFerry** zw. Manila in Puerto Princesa (Fr hin, So zurück) via Coron **Milagrosa Shipping** (1x wchtl. Iloilo-City). Palawans Küstenverkehr mit reg. und/oder Charterbooten (Auslegerbooten), z. B. zw. P.P. – Honda Bay, zw. Sabang – Port Barton; zw. Abongan – El Nido.

JEEPNEY / BUS: oft überfüllt. Straßen können während der Regenzeit unpassierbar sein. Teurer, aber angenehmer sind Miet-Jeepneys und Miet-4WD-Jeeps. Ab P.P. San José Terminal 7 km nördl. des Zentrums (Tricycle ab Stadtmitte) tgl. nach Quezon, Brooke's Point, Sabang, Port Barton, Roxas, Taytay, El Nido, u.a.

Puerto Princesa (P. P.)

ℹ **City Tourism Office**, City Hall Bldg., Sta. Monica Hights, Tel. (048) 4344211. **Provincial Tourist Office**, Provincial Capitol Bldg., Rizal Ave. Tel. (048) 433 2968. **Tourist Information & Assistance Center**, Transport und Erlaubnis für Puerto Princesa Subterranean Nat. Park, 8-17 Uhr, Sabang, Pier, Rizal Ave. Tel. (048) 434 4211.

🏛 **Palawan Museum**, Mo/Di/Do/Fr 9-17 Uhr, City Hall, Mendoza Park.

Crocodile Farming Insitute, Mo-Fr 13-16 Uhr, So geschl., Iwaran.

TAUCHEN: **Tubbataha Riff**, mehrtägige Tauchfahrten auf „Liveaboard"-Schiffen (April-Juni) ab P.P., www.moonshadow.ch, www.expeditionfleet. com.

Kamarikutan Café & Gallerie, gutes Frühstück, Sandwiches, Erfrischungen, originell eingerichtet mit Bambusmöbeln u. philippinischem Kunsthandwerk, Rizal Ave., nahe dem Flughafen.

Kalui, bestes philippinisches Seafood, auf keinen Fall versäumen, ausgefallenes Ambiente, Rizal Ave.

Café Arturo, exzellentes Essen, besonders lecker *bulalo steak* oder Knoblauch-Krabben, 5 km nördl. des Stadtzentrums, nähe Memorial Park.

Badjao Seafront, einheimische Küche, Seafood, schöne Lage direkt am Meer, etwas teurer, Bagong Sikat.

Taytay

Casa Rosa Cottages & Restaurant, Seafood, Pizza, toller Blick über die Bucht, auf dem Hügel hinter dem Rathaus.

EL NIDO / BACUIT ARCHIPEL

El Nido Boutique & Art Café, Flug- und Boottickets, Geldwechsel, Trekking-Touren, Inselhüpfen, Resortbuchungen, Telefon, Infos, Café, Sirena St., Buena Suerte, Tel. 0920-902 6317, 0917-560 4020, www.elnidoboutiqueandartcafe. com.

TAUCHEN: **El Nido Marine Club**, Tauchsafaris, -kurse, Hama St., Tel. 0916-668 2748.

Artcafé, Frühstück, Pizza, Nudeln, Snacks, sehr zu empfehlen, guter Service, siehe oben.

Blue Karrot Bar, mit den Füßen im Sand genießt man eiskaltes Bier, Cocktails und Säfte, gute europäische und philippinische Küche, El Nido, Beachfront.

CALAMIAN-ARCHIPEL / CUYO-INSELN

FLUG: **SEAIR**: mehrm. wöchtl. Manila – Busuanga, Cuyo, El Nido, 2x wchtl. Cuyo – Clark, 1x wchtl. Cuyo – Boracay u. P. P. **Soriano Aviation**: Manila – Pamalican Isl.

SCHIFF: **Milagrosa Shipping**, Tel. (033) 337 8627, Cuyo – Panay. **Superferry**, Tel. (02) 528 7000, Manila – Coron. Fähr- und Auslegerboote zw. den einzelnen Inseln.

Calauit Island, Tel. Manila (02) 433 1532, 0926-114 4443, www.calauitisland.com.

Busuanga Island

TAUCHEN: **Discovery Divers**, Tauchsafaris zu Wracks, Süßwasserseen auf Coron etc., Coron Town u. Decanituan Island, Tel. 0935-403 1618, www.ddivers.com.

6

Palawan

T'boli-Frauen aus Süd-Mindanao

**UNRUHIGES
MINDANAO**

**NORD-MINDANAO
OST-MINDANAO
SÜD-MINDANAO
WEST-MINDANAO**

MINDANAO

Verlockend und geheimnisvoll klingt ihr Name, reich und vielseitig hat die Natur die zweitgrößte Insel des Archipels ausgestattet: Mindanao oder eigentlich *Magindanao*, was „Menschen vom Land der Seen" bedeutet, ist mit einer Landfläche von 95 581 km² größer als Österreich. Das Eiland ist gekennzeichnet mit vielen Halbinseln, weiten Buchten und mehreren, meist von Nord nach Süd verlaufenden Gebirgsketten. Nahe der Stadt Davao erhebt sich in der Zentralkordillere der Mount Apo, mit 2854 m höchster Berg der Philippinen. Östlich der Pazifischen Kordillere fällt das Meer bis in 10 540 m ab, hier verläuft der zweittiefste Meeresgraben der Erde. Den bogenförmigen Westen prägt ein bis zu 1500 m hohes Gebirge. Vom zentralen Norden bis in die Inselmitte erstreckt sich ein Hochplateau, zwei große Tiefebenen haben die Flüsse Agusan im Osten, Buluan und Alah im Süden geschaffen.

Reiche Bodenschätze an Nickel, Gold, Silber, Kupfer und Eisenerz, weiträumige Plantagenwirtschaft, Regenwald, auf das ganze Jahr verteilte Niederschläge

Links: Ein Arbeiter auf der Insel Daku (nahe Siargao) transportiert Nipapalmblätter für den Bau einer Strandhütte.

und eine mit knapp 25,5 Mio. Einwohnern vergleichsweise geringe Besiedlungsdichte nähren den Ruf Mindanaos als „Land der Verheißung". Und lebenswichtiges Wasser gibt es in Hülle und Fülle, schließlich fließt hier der Pulangi, im Unterlauf Rio Grande de Mindanao genannt und schiffbar. Seit Menschengedenken bewässert der mit 320 km zweitlängste Fluss der Philippinen das fruchtbare Tiefland von Cotabato.

Mindanao – so heißt auch das schwermütige Tagalog-Lied des philippinischen Sängers Freddie Aguilar. Es schwärmt von dem schönen Land, beklagt aber auch den von der Welt fast vergessenen Bruderkrieg der Filipinos, der seit den späten 1960er Jahren mehr als 120 000 Menschenleben gekostet hat. Gegenwärtig leben hier ca. 63 Prozent Christen, ca. 32 Prozent Muslime und fünf Prozent Angehörige animistischer und anderer Glaubensrichtungen.

Über die Sulu-Inseln im Südwesten drang im 14. Jh. der Islam in die Philippinen vor, 140 Jahre vor Magellans Ankunft. Nach den Jahrhunderte andauernden Versuchen der katholischen spanischen Kolonialherren und ihrer nordamerikanischen Nachfolger, die muslimischen Gebiete durch Waffengewalt und Grundbesitzmanipulationen zu unterwerfen, führten fast alle bisherigen philippinischen Regierungen den Konfrontationskurs weiter. Sei es

7

Mindanao

≫ **Karte S. 212-213, Info S. 232-233**

211

durch gezielte Umsiedlungspolitik, die Christen nach Mindanao brachte (1913 betrug der muslimische Bevölkerungsanteil noch 98 Prozent), sei es – wie besonders während der Marcos-Diktatur – durch militärische Unterdrückung zur Sicherung kultureller wie ökonomischer Dominanz. Ausländische Minengesellschaften und Agrarkonzerne geben in der Wirtschaft den Ton an.

Die *Moros*, wie die Spanier nach der Vertreibung der Mauren von der Iberischen Halbinsel auch die Muslime Asiens abfällig nannten, schreiben heute das Schimpfwort als Leitmotiv des Befreiungskampfes auf ihre Fahnen. Seit Jahrzehnten setzt sich die MNLF (Moro National Liberation Front) für einen Muslim-Staat ein, der aus den Inseln Mindanao, Palawan, Basilan und dem Sulu-Archipel bestehen soll. Nur auf internationalen Druck hin war die Marcos-Regierung zu Zugeständnissen bereit. Nach zähen, langwierigen Verhandlungen und einer Volksabstimmung in den betroffenen Landesteilen wurde 1990 der Bezirk Autonomous Region of Muslim Mindanao – *ARMM* – in Cotabato City ins Leben gerufen. Doch nur die Provinzen Lanao del Sur, Maguindanao, Sulu und Tawi-Tawi stimmten für eine Integration in den neuen autonomen Bezirk. 2001 traten Marawi City und Basilan, ohne deren Hauptstadt Isabela City allerdings, dem ARMM bei.

Trotz des 1996 geschlossenen Friedensabkommens zwischen dem damaligen Präsidenten Ramos und den Rebellenführern flammen immer wieder Unruhen auf. Verschärft hat sich die Situation, seit die islamistische Abu-Sayyaf-Gruppe wiederholt durch Terrorakte und Entführungen auf sich aufmerksam macht. Religiös motivierte Auseinandersetzungen werden von beiden Seiten gerne in den Vordergrund gerückt, es sind aber eher wirtschaftliche Interessen auf der ressourcenreichen Insel, die den Konflikt schüren.

Die Hoffnung auf Frieden ist seit der Belagerung von Marawi City 2017 durch

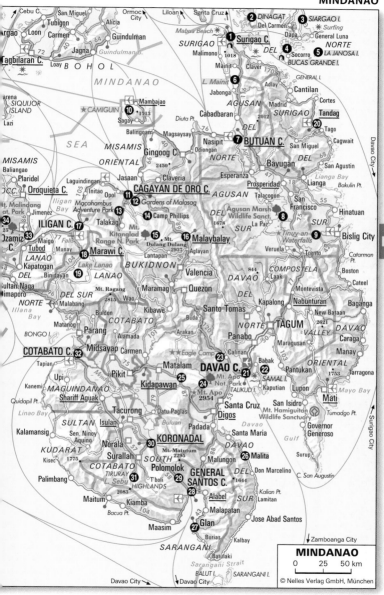

Foto: Eckhard Kiwitt

IS- Kämpfer und die monatelangen, erbitterten Kämpfe zwischen ihnen und dem Militär mit über 1000 Toten wieder versiegt. Das Kriegsrecht, das Präsident Duterte bis mindestens Ende 2018 über ganz Mindanao ausrufen ließ, hat außerdem die Vorbereitungen für *Bangsamoro*, eine neue, die ARMM ersetzende autonome Muslimregion, gestoppt.

NORD-MINDANAO

Surigao City

An der Nordspitze Mindanaos liegt **Surigao City ❶**, die Hauptstadt der **Provinz Surigao del Norte**, Verkehrsknoten der Region und „Tor zu Mindanao". Von Dezember bis Februar hält Surigao mit 1570 mm in 3 Monaten den nationalen Regenrekord. Ansonsten, vor allem zwischen April und Juni, in die auch Taifune hineinstürmen können,

Oben: Fischer südlich von Placer, nahe Surigao.
Rechts: Imposant – die Tinuy-an-Wasserfälle bei Bislig City.

ist die Stadt ein Tor zu lohnenden Abstechern und Abenteuern. Das Markttreiben, der Hafen und ein Besuch am 12 km entfernten **Strand von Mabua** bieten allerlei Abwechslung. Da gibt es, neben anderen Höhlen, die **Silop-Höhle** 7 km außerhalb; 5 km jenseits der Stadt liegt das schwimmende Dorf **Da-asin**, und etwas weiter südlich kann man in Mati eine Art **Museumsdorf** der **Mamamwas-Ethnie** besichtigen.

Dinagat und Siargao

Erlebnisreich kann es auf den Inseln im Norden und Osten von Surigao werden. So bietet die etwa 50 km lange Nachbarinsel **Dinagat ❷** wunderbare Wanderwege und saubere Badestellen an wildromantischer Küste. Wild-sportlich geht es auf **Siargao ❸**, der größten östlichen Insel zu, v.a. wenn sich von September bis Oktober internationale **Surfer** am Strand **Cloud Nine** und in der gleichnamigen, bis drei Meter hohen Brandung zur *Siargao surfing competition* treffen. Der Sport mit den

Foto: Hugo Maes (Dreamstime)

Brettern, die für Wasserfreaks den ultimativen Kick bedeuten, hat der einst kaum bekannten Insel zu Ruhm verholfen, einiges an Infrastruktur, vor allem in den Orten **Dapa** und **General Luna**, und außerdem eine Gemeinde von ausländischen Langzeitgästen beschert.

Wen es nicht nur in die Wellen zieht, der hat Gelegenheit zur Erkundung von Höhlen, Wasserfällen, Mangrovensümpfen und zur Sichtung von allerlei Tieren (z. B. Tarsier und Krokodil). Reizvoll sind auch die Nebeninseln wie **Bucas Grande ❹** mit der **Sohoton-Höhle** und **La Janosa ❺** mit guter Brandung zum Surfen und sehr einfacher Unterkunft.

Butuan City

Eine der beiden Routen von Surigao City nach Süden führt auf gut ausgebauter Straße am reizvoll gelegenen **Lake Mainit ❻** („Heißer See") vorbei nach **Butuan City ❼**, der Hauptstadt der **Provinz Agusan del Norte**. Hier, an der Mündung des **Agusan**, Mindanaos zweitlängstem Fluss, haben sich schon

vor Jahrhunderten ein wichtiger Hafen und ein bedeutendes Kulturzentrum entwickelt. Berühmt wurde Butuan, als man 1976/77 im Ortsteil Libertad Teile zweier vorspanischer Boote fand. Schnell wurden sie mit den *Balanghai* in Verbindung gebracht, dem Bootstyp, den Magellans Chronist Pigafetta 1521 beschrieben hat. Die Fundorte der mindestens 600, möglicherweise über 1000 Jahre alten Planken gaben nicht nur Hinweise auf den Verlauf der einstigen Hafenfront. Zusammen mit später entdeckten Skelettresten, Grabbeigaben, Schmuck und chinesischem Porzellan bestärkten sie die Archäologen in der Vermutung, Butuan sei die älteste Stadtsiedlung und ein bedeutender vorspanischer Hafen der Philippinen. Gestützt haben die Bootsfunde die Überzeugung internationaler Seefahrtsarchäologen, dass schon die Austronesier, Vorfahren der Malaio-Polynesier und Madagassen, mit ähnlich konstruierten Schiffen ihre weiten Fahrten über Pazifik und Indischen Ozean durchführten. Zeigen die Butuan-

≫ **Karte S. 212-213, Info S. 232-233**   215

Boote doch die gleiche Technik, mit der nachweislich vom 3. Jh. v. Chr. bis in die Gegenwart Bootsplanken miteinander „vernäht" werden. Ein (teilrestauriertes) Boot ist im **Balanghai Shrine** am Ausgrabungsort, etwa 5 km außerhalb des Stadtzentrums, zu besichtigen. Etliche Funde beherbergt das **Butuan National Museum** bei der City Hall in Butuan, viele andere stellt das **Museum of Three Cultures** in Cagayan de Oro aus.

60 Kilometer südlich der Stadt breitet sich in der Ebene des Agusan das größte Süßwassersumpfgebiet der Philippinen aus. Im ★**Agusan Marsh Wildlife Sanctuary** ❽ existiert ein Manobo-Dorf, schwimmend auf Bambusplattformen, umgeben von diesem Paradies für Vögel, Fische, Krokodile, Schlangen und Warane. Einen Ausflug in den Sumpf (Führer nötig!) vermittelt u. a. das Tourist Office in Butuan.

Von **Bislig City** erreicht man per Motorradtaxi in 45 Minuten die imposanten, mehrstufigen ★**Tinuy-an-Wasserfälle** ❾ – 95 m breit und insgesamt 55 m hoch (Bild S. 215).

★Camiguin, Insel der Vulkane

Von Butuan aus erreicht man auf einer gut ausgebauten Küstenstraße Richtung Westen, vorbei an Gingoog City in der **Provinz Misamis Oriental**, den Fischerhafen **Balingoan**, wo die Fährschiffe nach ★**Camiguin Island** ❿ ablegen. Seit der **Flughafen** auf der bergigen, fruchtbaren Insel 1998 ausgebaut wurde, hat sich die beschauliche Atmosphäre zwangsläufig geändert. Trotzdem kann Camiguin seinen ländlichen Charme noch bewahren. Ende Oktober sind die leckeren Lanzones-Früchte reif, ihnen zu Ehren feiert Camiguin dann ein Fest.

Das nur etwa 300 km² kleine Camiguin bietet vor allem großartige Landschaften. Sieben Vulkane dominieren das Panorama, davon ist der 1332 m

Rechts: Die Santo Niño Cold Springs bei Catarman.

hohe **Hibok-Hibok** ❶ der höchste und einer von drei noch nicht erloschenen Feuerbergen hier. Schön und bedrohlich ragt er hinter dem Hauptstädtchen Mambajao (s. S. 217) auf, das er beim großen Ausbruch von 1951 beinahe ausgelöscht hätte. Durch die Eruption, die 160 m weit zu sehen war, und durch eine talwärts rasende Gaswolke kamen ungefähr 2000 Menschen um. Die daraufhin gegründete nationale Institution der Vulkanbeobachtung hat seither ein wachsames Auge auf den unberechenbaren Hibok-Hibok.

Die vierstündige **Hibok-Hibok-Besteigung** beginnt man – nachdem man im **DENR Office** in Mambajao Führer und Permit besorgt hat– in **Ardent Hot Spring** bei Mambajao.

Der Vulkan bietet einen herrlichen Anblick: Überall steht gesunder Urwald, Baumfarne gedeihen in schattiger Kühle, und Quellen sprudeln aus der Erde. Wasser fällt auch erfrischend und geradezu spektakulär von oben in ein Felsbecken: aus 70 m am **Katibawasan-Wasserfall** und etwas bescheidener aus 30 m Höhe am **Tuwasan-Fall**.

Die 65 km lange Inselrundfahrt lässt sich im Jeepney in wenigen Stunden bewältigen. Zu einem längeren Aufenthalt animieren die faszinierende Natur, die Freundlichkeit der Camigueños und Sehenswürdigkeiten wie Kirchenruinen und ein „versunkener Friedhof" bei **Bonbon** ❷, die **Santo Niño Cold Springs** bei Catarman und ein 300 Jahre alter Wachturm bei **Guinsiliban** ❸ im Süden.

Viel weißen Sand bietet **Mantigue Island** ❹, auch Magsaysay Island genannt, an der Ostseite von Camiguin und von **Binone** oder **Mahinog** aus zu erreichen, doch leider sind auch hier die Korallenriffe überfischt worden. Ein positives Beispiel für Umweltbewusstsein sieht man am kleinen **Kabila White Beach** am Südostzipfel, wo mehrere Arten der bedrohten **Riesenmuscheln** gezüchtet werden. Die Sorge um die Natur tut not, damit die Besucher wahr

» **Karte S. 212-213, Plan S. 212, Info S. 232-233**

machen, was der Name der Insel anklingen lässt: „Come again!"

Setzt man die Rundfahrt weiter Richtung Inselhauptstadt fort, kommt man in **Magting** 5 an prähistorischen **Höhlen** vorbei.

Mambajao 6 kann eine Reihe netter Hotels, Pensionen und die erste Shopping Mall der Insel vorweisen. Außerhalb locken dunkle **Lavastrände**, wo zu den teils luxuriösen Resorts weitere hinzukommen werden.

Das oft gepriesene **White Island** 7, das aus bergiger Höhe wie ein leuchtendes Hufeisen im Blau der Mindanao-See wirkt, ist lediglich eine größere Sandbank mit wenig Schatten und begrenzten Schnorchelgründen.

Cagayan de Oro

Wirtschaftliches und kulturelles Zentrum von Nordmindanao ist **Cagayan de Oro** 11. Der Hafen der Provinzhauptstadt von **Misamis Oriental** nützt vor allem dem Hinterland, der gebirgigen Provinz Bukidnon und der an der Nord-

küste angesiedelten Industrie. Der Legende zufolge ist Cagayan de Oro kein guter Ort: Die Bukidnon-Siedler von Kalambagohan waren durch die eingewanderten Maranao in die heutige Provinz Bukidnon abgedrängt worden. Einer ihrer Häuptlinge wollte durch Krieg das verlorene Land zurückholen und konnte sein Volk zum Kampf begeistern. Da verliebte sich jedoch der Datu ausgerechnet in eine Maranao-Prinzessin, die er bald heiratete. Das Kriegsbeil wurde begraben, doch die Bukidnon fühlten sich betrogen. Sie gaben ihr früheres Wohngebiet für immer auf, nicht ohne es *Kagayhaan*, „Platz der Schande", getauft zu haben. Spanisch verballhornt und mit dem auf Goldfunde abgestimmten Zusatz *de Oro*, hat die heute über 680 000 Einwohner zählende Stadt schließlich ihren Namen erhalten.

Sehenswert ist das **Museo de Oro** in der jesuitischen **Xavier-Universität**. Es zeigt neolithische Stücke aus den nahen **Huluga-Höhlen** und Objekte der Bukidnon und Manobo, der eigentli-

Foto: Junpinzon (Dreamstime)

chen Einwohner der Region. Die „Stadt der Goldenen Freundschaft" feiert ihre Fiesta am 27./ 28. August mit Tänzen, Pferdekämpfen und Schönheitswettbewerben.

Umgebung von Cagayan de Oro

Die Umgebung von Cagayan de Oro bietet lohnende Ausflugsziele. Im Meer baden kann man am **San-Pedro-Strand** im westlichen Nachbarort **Opol**.

10 km südöstlich der Stadt erfährt man in den **Gardens of Malasag** ⑫ Interessantes über Ökologie und kulturelle Minderheiten Nord-Mindanaos. In dem etwa 7 ha großen Naturpark mit Schmetterlingen und Vögeln gibt es ein **Ethnologiemuseum** und ein *tribal village*, außerdem ein Restaurant, Übernachtungsmöglichkeit und einen Swimmingpool (vor dem Dorf Cugman rechts abbiegen und anschließend 3 km

Oben: Rafting bei Cagayan de Oro. Rechts: Ornamentale Holzschnitzerei am Haus des Sultans in Marawi (19. Jh.).

in die Berge hinauf). Ein kleines Stück weiter südöstlich stürzen die **Catanico Falls** über sieben Magmafelsstufen herab. Man erreicht sie in etwa 20 Minuten über die Straße, vorbei an Cugman oder in 45 Minuten per Boot.

14 km südlich von Cagayan de Oro (mit dem Jeepney in Richtung Talacag) gibt es im Makahambus **Adventure Park** ⑬ Nervenkitzel satt. Beispielsweise, wenn man am Drahtseil hängend in 40 m Höhe über den Dschungel flitzt oder auf einer extrem schmalen, 150 m langen **Hängebrücke** die eigene Courage testet. Und ein garantiert feuchtes **Rafting-Abenteuer** gibt es außerdem. Von einer Aussichtsplattform kann man in die **Schlucht** schauen, und 200 m vom Park entfernt befindet sich die **Makahambus-Höhle**. Ähnlich abenteuerliche Abwechslung zu Gunsten eines Wiederaufforstungsprojekts bietet der **Mapawa Nature Adventure Park**, der 3 km von Gardens of Malasag liegt.

Um **Camp Phillips** ⑭, circa 35 km südöstlich von Cagayan de Oro, breitet sich eindrucksvoll aus, was ein wichtiges wirtschaftliches Standbein Mindanaos darstellt: das „grüne Gold", riesige **Ananasplantagen** (95 ha!) des US-Fruchtkonzerns Del Monte, der den Ort eigens für die Obstarbeiter anlegen ließ. Die Besichtigung des Geländes, von Clubhaus und Golfplatz ist nach Reservierung möglich.

Im Süden erstreckt sich die Mt. Kitanglad Range. Der **Mt. Dulang Dulang**, nach aktuellen Messungen mit 2937 m der zweithöchste Berg der Philippinen, und **Mt. Kitanglad** (2500 m) im **Mt. Kitanglad-Nationalpark** ⑮ fordern Kletterer und Trekker heraus.

An den Süden von Misamis Oriental grenzt **Bukidnon**, die größte der nördlichen Mindanao-Provinzen. Mächtige Berge wie der 2938 m hohe **Mount Kaatoan** prägen diese touristisch kaum bekannte Landschaft des zentralen Hochplateaus.

An einem Nebenfluss des Pulangi River liegt die Provinzhauptstadt **Ma-**

Foto: Kevin R. Hamdorf

laybalay ⑯, die zumindest einmal im Jahr, zum *Kaamulan*-Fest im November, Besucher anlockt.

Iligan City

Iligan City ⑰, die Hauptstadt der **Provinz Lanao del Norte** südwestlich von Cagayan de Oro, gilt als bedeutendes Industriezentrum der Südphilippinen. Außerhalb der Hafenstadt wurden etliche Zement-, Stahl- und Düngerfabriken angesiedelt. Außerdem werden hier Chemikalien, Autoreifen, Mehl, Kokosöl, Rohre sowie Kekse produziert.

Energiespender für Iligan und weite Teile Mindanaos ist das in den 1950er Jahren entstandene Wasserkraftwerk an den **Maria-Cristina-Fällen**. Dieses 8,5 km südwestlich gelegene Wahrzeichen der Stadt ist nicht nur für interessierte Ingenieure ein lohnendes Ausflugsziel. Aus über 80 m stürzen die Wassermassen aus dem Agus-Fluss senkrecht herunter.

Den starken Bevölkerungsanteil der Cebuanos belegt das alljährlich am

29. September gefeierte *Sinulog*-Fest. Zu Ehren von Santo Niño tanzen dann auch die Higaonon, die Nachfahren der frühen Siedler des Hinterlandes.

Marawi City – islamische Hochburg am Lanao-See

Die Reise von Lanao del Norte nach **Lanao del Sur**, vom mehrheitlich christlichen Iligan City zum 30 km entfernten, fast ausschließlich muslimischen **Marawi City ⑱** wird vielleicht irgendwann wieder möglich und sicher sein. Über 200 000 Einwohner groß, ist die Hauptstadt der südlichen, offiziell autonomen Lanao-Provinz das kulturelle Zentrum der philippinischen Muslime. Die hier ansässigen **Maranao**, die Mehrheit der Einwohner, sind nach Maguindanao und Tausug zahlenmäßig die drittstärkste muslimische Ethnie des ganzen Archipels.

Marawi City liegt am Ufer des von Mythen besungenen **Lake Lanao ⑲**, der sich, auf fast 780 m über dem Meeresspiegel gelegen, zwischen hohen Ber-

gen ausbreitet, unter denen der 2815 m hohe **Mount Ragang** im Südosten der höchste tätige Vulkan der Philippinen ist. Der mit 357 km² zweitgrößte See des Landes ist Lebensquell von einer halben Million Maranao. Oft aber sinkt dessen Wasserspiegel, weil gleich sechs Kraftwerke den aus dem See fließenden Agus River anzapfen.

Auf 50 Milliarden Peso schätzt die Regierung die Wiederaufbaukosten für die während der 5 Monate dauernden „Schlacht um Marawi" zerstörten Stadtteile. Viele Monate werden vergehen, bis die Tausenden von Flüchtlingen in die Heimat zurückkehren können. Dorthin, wo die Atmosphäre in friedlichen Zeiten eher indonesisch-malyisch anmutet, wo Moscheen die Orte dominieren, wo Sarimanok, der Zaubervogel und andere Ornamente in *okir*, der charakteristischen Dekorationskunst, Häuser und Gerätschaften verzieren.

Die sonst bei Filipinas beliebten

Oben: Ausritt auf dem Carabao (Wasserbüffel).
Rechts: Ein abgelegenes Dorf in Mindanao.

Jeans sind hier im Land des *Malong,* des bunt-gemusterten Hüfttuchs, seltener. Männer weisen sich durch Tragen der muslimischen Kopfbedeckung *Kepiah* als *Hadj,* als Mekkapilger aus.

Exotisch gibt sich auch der **Markt** von Marawi. Besonders groß ist das Angebot an zisieliertem Messinggeschirr, Behältern, Kesseln, Tellern, Vasen – vorwiegend im 22 km entfernten Tugaya am Nordwestufer des Lanao-Sees hergestellt – sowie an Gongs und anderen Musikinstrumenten, an gewebten Stoffen und Palmfasermatten.

Etwas außerhalb der Stadt wurde 1961 die **Mindanao State University** erbaut. Ihr eingegliedert ist das kleine, sehenswerte **Agha Khan Museum**, das über die reiche islamische Kultur von Mindanao informiert. Ebenfalls auf dem Campus ragt das höchste Minarett der Philippinen in den Himmel, als Teil der modernen **König-Feisal-Moschee** und des Instituts für Arabische Studien.

Das nahe **Marawi Resort Hotel** bietet komfortable Unterkunft und ein schönes See-Panorama.

Der „Heilige Berg" an der Straße von Iligan nach Marawi soll Besteigern Unglück bringen. Freude bereiten dagegen die Tänze der Maranao. Sie fallen durch besonders grazile Bewegungen auf, wie sie auch dem *Kini-kini,* dem stolzen, schwingenden Gang der Frauen eigen sind; kostbare Dekoration und der *Singkil,* ein leichtfüßiger Tanz zwischen zwei zusammengeschlagenen Bambusstangen, sind weitere typische Elemente, vorgeführt z. B. beim Maranao-Fest *Kalilang.*

OST-MINDANAO

Wenn es auf der touristischen Landkarte der Philippinen einen weißen Fleck gibt, dann ist es der Osten von Mindanao, genauer die **Provinz Surigao del Sur**. In aktuellen Reisebüchern ist sie meist nicht einmal erwähnt. Das Department of Tourism informiert mit einladenden Worten über kulturelle

Foto: Christovsky (Dreamstime)

Schätze wie alte Kirchen und koloniale Spuren in der Hauptstadt **Tandag** ⑳ und anderen Ortschaften. Die Landschaft geizt ebenso wenig mit Sehenswürdigkeiten in der dem offenen Pazifik und Taifunen trotzenden Region, wo es labyrinthartige Inselbuchten, Steilküsten, absolut einsame Strände und weite noch intakte Regenwaldzonen zu entdecken gibt.

Spanische Seefahrer wie Rui Lopez de Villalobos richteten hier Mitte des 16. Jh. erste Anlaufhäfen für die Schiffe aus Peru ein, doch sie fanden das Gelände zu rau, unwirtlich und unzivilisiert. Auch in der heutigen Zeit sind die Einwohner so gut wie unter sich, denn zu viele – meist wahre – Geschichten der unheimlichen Art über Banditen, Rebellen und Privatarmeen reicher Hacienderos schrecken ab; zusätzlich sorgen alle paar Jahre Berichte von sensationellen Goldfunden und den daraus resultierenden Sicherheitsrisiken für Aufregung. Vor allem die **Manobo**, Angehörige einer ethnischen Minderheit im Hinterland von Tandag, sind seit Jahrzehnten im Kreuzfeuer der unterschiedlichen Interessengruppen, die ihre Pfründe erweitern – Plantagen, Holzindustrie, Fischerei, Gold.

Kurz – wer den „Wilden Osten der Philippinen" kennen lernen will, sollte sich über die eher bescheidene Infrastruktur und das eine oder andere Abenteuer nicht wundern.

SÜD-MINDANAO

Im Süden von Mindanao liegt die zweitgrößte Stadt der Philippinen; Reisebusse legen auf dem gut ausgebauten Highway von Surigao City die 350 km lange Strecke, vorbei an Butuan City und durch die **Provinz Agusan del Sur**, im Eiltempo zurück.

Davao City

Davao City ㉑, mit ca. 1,7 Mio. Einwohnern und 2440 km² die unumstrittene Metropole Mindanaos ist eine der flächenmäßig größten Städte der Erde. Als scheinbar unaufhaltsame „Boomtown" stellt sich inzwischen dar, was

Foto: Robert Riethmüller

die Spanier im 19. Jh. als die Siedlung *Nueva Vergara* gegründet hatten. Diese Entwicklung wäre noch vor zwei Jahrzehnten Utopie gewesen. Galt doch die Stadt als Zentrale des Verbrechens mit einer Kriminalitätsrate, die selbst die Manilas übertraf. Außerdem war Davao City in den frühen 1980ern eine Hochburg der militanten kommunistischen NPA („Neue Volksarmee"). Die nach Aquinos Amtsantritt legalisierten Todesschwadronen haben ihre Brutalitäten eingestellt. Security-Personal ist heute überall präsent, und Davao lockt erfolgreich Investoren und Touristen an. Zum südlichen Nachbarn halten Schiffs- und Flugverkehr nach Manado in Nordsulawesi und ein indonesisches Konsulat Verbindung, sogar nach Singapur gibt es Direktflüge.

Wie alle rasch gewachsenen Städte hat auch Davao in der City wenig

Oben: Auf dem Fruchtmarkt von Davao – saftige Durian- und Rambutanfrüchte. Rechts: Ein schmusender Philippinen-Adler im Eagle Camp bei Malagos.

Sehenswertes zu bieten. Interessant ist der **Fruchtmarkt** (Madrazo Fruit Center) im Zentrum an der Kreuzung Bangoy / Mabini Street. Hier wabert der markante „Duft" der Durian. Dieser kopfgroßen, mit spitzen Noppen besetzten Baumfrucht, die „wie die Hölle stinkt und wie der Himmel schmeckt" hat Davao den Beinamen *City of Durian* und ein eigenes **Durian-Denkmal** auf der Plaza Rizal zu verdanken.

Im Stadtteil **Lanang**, nahe des exklusiven **Waterfront Insular Hotels**, ist das **Davao Museum** sehenswert, denn es repräsentiert die Volksgruppen der Region: Manobo, Mansaka, Mandaya und Bagobo. Feine traditionelle Websachen und anderes Kunsthandwerk stellt das angegliederte **T'boli Weaving Center** vor. Geschichte, Kunst und Kultur von 10 muslimischen Ethnien sind Ausstellungsthemen im sehr lehrreichen **Museo Dabawenyo** beim Osmena Park.

Der **Lon-Hua-Tempel**, die größte buddhistische Gebetsstätte Mindanaos, wurde 1965 für den großen chinesischen Bevölkerungsanteil an der

Cabaguio Avenue im Norden der Stadt errichtet. Blumenfreunde können nahebei im **Puentespina Orchid Garden** lustwandeln, wo auf 3800 m² auch die berühmte Waling-waling (*Vanda sanderiana*) zu bewundern ist. Ein herrlicher Panoramablick über Stadt und Davao-Golf bietet sich vom **Shrine of the Holy Infant Jesus of Prague**, des Schutzpatron von Davao, 5 km südlich der Stadt. In Ma-a, 7 km nordwestlich des Zentrums, bietet der **Crocodile Park** am Davao-Fluss Abwechslung, zu der auch andere Tiere (Vögel, Schlangen, Tiger) und die Möglichkeit zu Wildwasserfahrten beitragen. Für Nachtschwärmer hat die (fast) rauchfreie City außerdem einen angemessenen Bestand an Hotels, Restaurants, Diskos und Nachtklubs zu bieten.

Foto: Eckhard Kiwitt

★★Eagle Camp und ★Mount Apo

Zu „Tourist Zones" erklärt hat man die vorgelagerten Inseln **Samal** ㉒ und die kleine Nachbarinsel **Talikud**. **Pearl Farm Beach**, **Paradise Island** und **Coral Reef** heißen die Vorzeige-Resorts auf Samal, die das wiedergeborene Touristenziel Davao City mit dem notwendigen Erholungsfaktor und herrlichen Tauchgründen aufwerten. Die Strände bei Davao selbst sind allerdings verschmutzt, weil die Abwässer der Riesenstadt direkt ins Meer fließen.

Große Bedeutung für die bedrohte Natur hat das ★★**Eagle Camp** ㉓ bei **Malagos**, nahe des 35 km nordwestlich von Davao gelegenen und von dort per Bus oder Taxi leicht erreichbaren Ortes **Calinan**. Hier sind die Anstrengungen der engagierten Mitarbeiter der *Philippine Eagle Conservation Foundation* den vom Aussterben bedrohten Königen der philippinischen Lüfte eine Chance zu geben, erfolgreich. Mit den im **Aufzuchtgehege** gehaltenen (derzeit 32) und geborenen (16) Tieren beläuft sich die Zahl des zweitgrößten Adlers der Erde (7 kg, 2 m Flügelspannweite) – nur die südamerikanische Harpyie wiegt

etwas mehr – auf inzwischen etwa 200 Paare auf Mindanao. Der **Philippinen-Adler** (*Pithecophaga jefferyi*), auch Affenadler genannt, obwohl er überwiegend andere Beute schlägt, hat kaum noch Lebensraum, denn jährlich verschwinden 200 000 ha philippinischen Waldes.

Nur 2 km südlich des Camps offeriert das **Malagos Garden Resort** außer Pool und Restaurant einen sehenswerten **Orchideengarten**.

Westlich von Davao City erhebt sich der ★**Mount Apo** ㉔, der 2954 m hohe „Großvater der Berge", eine Herausforderung für Gipfelstürmer. Er liegt inmitten des über 70 000 km² großen **Mt.-Apo-Nationalparks**, der den außergewöhnlich artenreichen **Urwald** jedoch kaum vor Übergriffen schützt. Schon zu Marcos' Zeiten versuchte man, den Mount Apo Park kurzerhand umzusägen. Nur internationale Proteste konnten den Frevel verhindern. Dennoch hat das Reservat durch illegales Abholzen und Brandroden *(kaingin)* ständig an Substanz verloren. 1992 hat man

» **Karte S. 212-213, Info S. 232-233**

7

Mindanao

Foto: Kevin R. Hamdorf

trotz aller Proteste mit dem Bau eines Thermalkraftwerks inmitten des Parks begonnen. Das nach Meinung der Betreiber „absolut saubere" Projekt ist eine Antwort auf die Dürreperioden, die seit mehreren Jahren Mindanao Strommangel bescheren. Davor war der höchste philippinische Gipfel schon 1988 und 1989 in die Weltpresse geraten, weil Bergsteigergruppen von NPA-Rebellen kurze Zeit gefangen gehalten worden waren. Auch weiterhin wird geraten, sich vor Bergtouren im Tourist Office in Davao City nach der Sicherheitslage zu erkundigen.

Die **Besteigung des Apo** ist eines der schönsten Erlebnisse einer Philippinenreise. Von dem am Westhang gelegenen **Kidapawan** ㉕, wo das Büro des dortigen **Tourism Council** (ebenso wie das Tourist Office in Davao) das unbedingt erforderliche Permit ausstellt und Führer vermittelt, wird der Berg am

Oben: Ausgelassene Stimmung beim Tuna-Festival in General Santos City. Rechts: Am Lake Sebu, dem Siedlungsgebiet der T'boli.

häufigsten angegangen. Die Route des insgesamt 3-4 Tage dauernden Treks weist wenig Infrastruktur auf.

Zwei Haupttrails, die **Kapatagan-Route** (durch Regenwald und sehr steile Hänge hinauf) und der **Kidapawan-Pfad** mit Stopps an den **Tudaya Falls** und den Seen **Agco** und **Venado** führen auf den Gipfel, wo nachts die Temperaturen bis auf 4 °C fallen können.

Von Davao City in den äußersten Süden Mindanaos

Die südlich von Davao City weit in die Celebes-See ragende Halbinsel mit Kap Tinaca liegt fernab moderner Verkehrswege. Zwar weisen viele Karten eine Küstenstraße aus, sie endet aber schon in **Malita** ㉖. Bestenfalls Fußwege verbinden die vielen Dörfer entlang des Davao-Golfes in der **Provinz Davao del Sur**. Motorboote halten den Kontakt mit der Großstadt aufrecht, die jedoch im Frühjahr während des Nordostmonsuns an der offenen Küste oft nicht landen können. Dann ist es hier auf der

 » **Karte S. 212-213, Info S. 232-233**

Foto: Kevin R. Hamdorf

Halbinsel einsam, und die gastfreundlichen Bewohner freuen sich über Besuch. Erst ab **Glan** ㉗ führt eine Straße wieder in „zivilisiertere" Regionen und um die Sarangani-Bucht nach General Santos City, die größte Stadt der **Provinz South Cotabato**.

Pioniere des Südens

Dadiangas („Dornenbusch"), wie die im Mündungsgebiet des Buayan-Flusses gelegene Stadt **General Santos City** ㉘ auch heißt, lässt sich natürlich auf dem Highway von Davao City schneller erreichen als über die Halbinsel der Provinz Davao del Sur.

Schon ab circa 3500 v. Chr. war die für Seefahrer so einladende **Sarangani-Bucht** willkommenes Ziel protomalaiischer Einwanderer. Im 15. Jh. ließen sich mit Sharif Kabungsuan von Arabien muslimische Siedler im fruchtbaren Tiefland des südlichen Mindanao nieder. Einige der ansässigen Stämme wie die B'laan, Tagabili und T'boli zogen in die umliegenden Berge, wo sie die Leh-

re Mohammeds und anfangs auch das Christentum nicht stören konnte.

Dann kamen die Pioniere aus den Visayas und Luzon. Zu Ehren des als „Held des Fortschritts" gepriesenen Generals Paulino Santos, der 1939 den ersten großen Siedlertrupp nach Dadiangas brachte, wurde der Ort im Jahr 1968 umbenannt. Den Pioniergeist übernahmen auch die Früchtemultis Dole und Stanfilco, die einen Großteil von der Provinz Südcotabato zu Ananas- und Bananenland einebneten.

Die fast 700 000 Einwohner zählende, schnell wachsende Stadt hat ein etwas nichtssagendes Gesicht, was durch die schachbrettartige Straßenanordnung betont wird. Der Ausbau von See- und Flughafen hat wesentlich dazu beigetragen, Industrie und Kapital in diese wichtige Drehscheibe des philippinischen Südens zu bringen. Sehr bedeutend sind die Fischereierträge, „GenSan" hat inzwischen den Ruf einer „Tuna Capital" (Thunfischhauptstadt). Auch die Tourismusbehörde ist nicht untätig und wirbt mit **Kalilangan-Festival** (22.-27.

Foto: Hugo Maes (Dreamstime)

Febr) und **Tuna-Festival** (1.-5. Sept.), mit Kletter- und Ökotouren im **Kalaja-Karstgebirge** in der Nähe der City.

Über den Ort **Polomolok** ㉙, von wo ein Besuch der umliegenden **Dole-Ananasplantagen** möglich ist, führt die Straße an den Ausläufern des Mount Matutum (2295 m) entlang nach **Koronadal** ㉚. Wer hier Halt macht, sucht meist nur den Anschlussbus oder -jeepney (mit Umsteigen in **Surallah**) zum Lake Sebu, der Heimat der T'boli. Einige Entführungsfälle in den letzten Jahren seitens muslimischer Extremisten geben Anlass, sich hier oder in General Santos City nach der aktuellen Sicherheitslage zu erkundigen!

Lake Sebu ㉛, der eigentlich aus drei verbundenen Seen – Sebu, Lahit, Siluton – besteht, erstreckt sich inmitten zauberhafter Landschaft. Das satte Grün, die kühle Frische der circa 900 m hoch gelegenen Region, eine spektakuläre siebenstufige Kaskade am

Nordausgang des Sees und die erholsame Stille rundherum vermitteln den Eindruck, eine Insel des Friedens im unruhigen Mindanao erreicht zu haben. Lange Jahre war die Welt in den **Tiruray-Bergen** auch für die rund 150 000 Angehörigen der **T'boli** in Ordnung. Zunehmend drängen jedoch Ilonggos, Bicolanos und Cebuanos ins Hinterland. Sie geben vor, die T'boli „zivilisieren" zu wollen und kaufen deren Land auf. Seitdem dort Gold gefunden wurde, ist die traditionsreiche Kultur des Bergvolkes noch mehr bedroht.

Im Umkreis des Sees und im Ort **Lake Sebu**, dem Verwaltungssitz, hat sich die ansässige Santa-Cruz-Mission für die Rechte der T'boli stark gemacht. Der Besucher, dem Gästehäuser zur Verfügung stehen, kann auf Wanderungen um die Seen und in den Bergen einiges von der genügsamen, gastfreundlichen Lebensweise der T'boli erfahren. Der **Samstagsmarkt** beim Ort Lake Sebu ist die beste Gelegenheit der verstreut siedelnden Menschen, Waren und Informationen auszutauschen. Und wenn

Oben: Eine Bauernfamilie kehrt vom Feld heim.
Rechts: Die neue Große Moschee in Cotabato City.

die T'boli dazu ihre farbenprächtige traditionelle Festtagskleidung angelegt haben und Betelnüsse kauend miteinander palavern, stören die zugewanderten Händler aus dem Tiefland mit ihren Synthetikstoffen, Plastikspielwaren und plärrenden Musikgeräten besonders.

Das Dilemma der kulturellen Anpassung hat auch eine andere Minderheit Südcotabatos auszustehen: die knapp zwei Dutzend Mitglieder des 1971 „entdeckten" Stammes der **Tasaday**. Die 15 Jahre lang der Weltöffentlichkeit als „letztes Steinzeitvolk" präsentierten Menschen leb(t)en in Höhlen in einer unwegsamen Region der Tiruray-Urwälder westlich des Lake Sebu, die die Marcos-Regierung zu ihrem Schutz zum hermetisch abgeschirmten Reservat erklärte. 1986 wurden sie Thema einer vorläufig ad acta gelegten Kontroverse über die Authentizität ihrer steinzeitlichen Lebensweise.

Foto: Antonio Oquias (Dreamstime)

7

Mindanao

Cotabato City – Islamische Wurzeln

Eine Weiterreise über Land in Süd-Mindanao hängt von der aktuellen Sicherheitslage ab; die Provinzen **Maguindanao**, **Shariff Kabunsuan** und **Lanao del Sur** sind Teil der **ARMM-Region** und gerade wegen des derzeitigen (2018) Ausnahmezustands unsicher.

Doch ein Überblick über die große, zu einem Drittel muslimische Insel Mindanao wäre unvollständig ohne **Cotabato City ㉜**, Verwaltungssitz der ARMM-Region. Sie selbst gehört mit den Provinzen South Cotabato, Cotabato, Sultan Kudarat, Sarangani und der Stadt General Santos zum Bezirk *SOCCSKSARGEN* (Akronym). *Kuta wato*, wovon sich der Name der Stadt ableitet, bedeutet in der Magindanao-Sprache „Fort aus Stein"; aus Borneo eingewanderte Muslime erbauten es 1475 im Delta des **Rio Grande de Mindanao** (Pulangin), an dem heute P.C. (Pedro Colina) Hill genannten Ort. Schon über 100 Jahre zuvor war der Islam über diese nach Indonesien ausgerichtete

Pforte an der weiten Illana-Bucht in die Philippinen gekommen. Bis heute hat die Stadt Cotabato ihr muslimisches Flair nicht verloren. Erst 1872 gelang es spanischen Jesuiten, im 7 km südwestlich gelegenen Tamontaka mit dem Bau einer Kirche den christlichen Einfluss zu markieren. Heute leben in der Universitätsstadt über 270 000 Einwohner, 60 Prozent von ihnen sind Christen, 40 Prozent Muslime.

Einen guten Einblick in die Kulturgeschichte der Gegend gibt das **National Museum**, das im **Regional Autonomous Government Center** eingerichtet ist. Die **City Hall** (Rathaus) an der Plaza in der belebten Unterstadt ist ein rund 100 Jahre altes Gebäude in islamischem Stil, mit vielen Spitzen, Türmchen und geschwungenen Dachformen. Auf den modernen Supermarktkomplex ist die Stadt stolz, doch uriger geht es auf dem **Alten Markt** in der Nähe des Pulangi-Ufers zu. Hier ist Muslim-Gebiet, die Kopftücher der Frauen, Kaftan und Gebetsmützen der Männer sind nicht zu übersehen. Wenn man dann an ei-

» **Karte S. 212-213, Info S. 232-233**   227

nem der Essenstände zu süßen Backwaren den starken *native coffee* schlürft und die Leute mit einem freundlichen „Salamu alaikum!" begrüßt, ist die Basar-Stimmung perfekt.

Auch am Flussufer, wo die Fähren anlegen, wirkt die orientalische Atmosphäre eigenartig entrückt von dem westlich-modernen Ambiente rund um die Plaza. Helle Moscheen heben sich beiderseits des Rio Grande vom Grün der Palmen ab, emsig sind schlanke Einbäume auf dem brauntrüben Fluss zwischen Pfahlbaudörfern unterwegs. Hinter der Quirino-Brücke liegt der Vorort **Lugay-Lugay**, wo in der **Kalanganan Brasswares Cooperative** Messinggeschirr und die *Kulintang*, vielstimmige Gong-Instrumente, entstehen. In Heimarbeit weben die Magindanao die typischen *Malong* (sarongähnliche Hüfttücher) und *Tubao*, buntkarierte Kopftücher. Waren aus Singapur und Malaysia gibt es im **Cotabato Barter Trade Center** in der Gov. Gutierrez Avenue im Stadtzentrum.

WEST-MINDANAO

„Ein guter Platz zum Festmachen der Boote"! So sollen der Überlieferung nach vor vielen Generationen Zeit die Samal- und Badjao-Leute ausgerufen haben, die ihre Boote in der kleinen Siedlung zwischen Sulu-See und Moro-Golf an den *sabuan*, den Stakhölzern vertäuten. *Samboangan* hieß der Ort deswegen in ihrer Sprache. Kommt daher der Name der Halbinsel, die einem riesigen Henkel ähnlich aus dem Südwesten von Mindanao herausragt? Oder geht er auf noch älteren Ursprung zurück, auf die liebevolle Bezeichnung des Ortes als *Jambangan*, als „Land der Blumen", die die malaiischen Subanon dem einladenden Hafen gaben?

Die gebirgige **Zamboanga-Halbinsel** mit den Provinzen Misamis Occidental, Zamboanga del Norte, Zamboanga del Sur und Zamboanga Sibugay ist nur an den Küsten dichter besiedelt.

Zwischen den größeren Städten pendeln überregionale Busse und Jeepneys. Die Küstenorte verbinden Boote, die auch zu den Pagadian City vorgelagerten, reizvollen Inselchen **Dao-Dao** und **Tucuran** fahren, doch die sehr bedenkliche Sicherheitslage verhindert derzeit einen nennenswerten Tourismus.

Von Ozamis an die Nordküste

Ozamiz City ㉝, das Wirtschaftszentrum der **Provinz Misamis Occidental** ist aus touristischer Sicht nur interessant als Ausgangspunkt für Trekking-Touren in den **Mt. Malindang-Nationalpark ㉞**. In den dichten Wäldern des landschaftlich eindrucksvollen Parks (höchster Gipfel 2425 m ü. M.) mit seinen Schluchten, Wasserfällen und einem klaren Kratersee leben zahlreiche seltene Arten, wie z. B. Koboldmaki und Philippinischer Adler.

Vorbei an der ruhigen Provinzhauptstadt **Oroquieta City** findet man nahe der Stadt **Dapitan City ㉟** im ★**Dakak Beach Resort** ein paradiesisches Plätzchen. Die Anlage liegt zwischen hohen, bewaldeten Felsen in einer abgeschiedenen Bucht und bietet auch Tauchern großartige Entdeckungen.

An der Landesgeschichte Interessierte werden sich im Ort umsehen wollen, denn hier hielt sich von 1892-96 José Rizal auf. Unfreiwillig, denn die Spanier hatten ihn hierhin verbannt. Dafür, dass der geruhsame Ort mit der sehenswerten **St.-James-Kirche** unter rotfunkelnden Flamboyant-Bäumen durch ihn bekannt wurde und er selbst das Mindanao-Relief auf der Plaza angelegt hat, sind die Bewohner dem Helden noch heute dankbar. Der gepflegte **Rizal Shrine**, das Haus seiner Exiljahre, ein Park, Soldaten und Rizal in Bronze am Sunset Blvd. und nach seinen Romanen benannte Straßen zeugen davon.

Unaufdringlich ist auch **Dipolog City**

Rechts: Ein muslimischer Messingwarenhändler in der Nähe von Zamboanga City.

》 Karte S. 212-213, Info S. 232-233

㊱, die einstige Subanon-Gründung und Hauptstadt von Zamboanga del Norte. Von dort verkehren Ausleger-boote zur **Insel Aliguay**, einem nahen Ausflugsziel für Strand- und Unterwas-serfreunde.

Zamboanga – das Tor zur Sulu-See

Keine andere Stadt der Süd-Philippi-nen blickt auf eine derart wechselvolle Vergangenheit zurück wie **Zamboanga City ㊲**. An der Südspitze der Halbinsel gelegen ist sie seit Jahrhunderten im Spannungsfeld zwischen Ost und West exponiert, ein Bollwerk und Schauplatz der bis in die Gegenwart reichenden, nicht immer friedlichen Koexistenz von Kreuz und Halbmond, eine Plattform für die Handelsbeziehungen und das Ver-schmelzen der Kulturen. Heute leben hier mindestens 1,8 Mio. Menschen, rund 65 Prozent bekennen sich zum Christentum. Unter ihnen ist der regio-nale Dialekt *Chavacano*, ein Konglome-rat aus lokalen Idiomen und Spanisch, als Umgangssprache sehr beliebt. We-gen dessen lateinischem Ursprung trägt die Stadt auch den Beinamen „Asia's La-tin City" – ein Titel mehr neben „Stadt der Blumen", „Konferenz-Hauptstadt des Landes", und „Sardinen-Hauptstadt": weil 70 % des landesweiten Konsums und Verkaufs dieser Fischart aus lokalen Gewässern und Fabriken stammt. Die Rolle von Zamboanga als Metropole an der Sulu-See, die schon in vorkolonialer Zeit als wichtiger Tauschplatz zwischen Insulanern, Seenomaden und Festland-siedlern diente, unterstreichen außer-dem der internationale Flughafen, der im Ausbau befindliche moderne Hafen, vier Universitäten und ein halbes Dut-zend Krankenhäuser, eine ansehnliche Zahl von Banken, Shopping Malls und die starke Militärpräsenz.

Sogar Magellans Restmannschaft soll – so hat man aus Pigafettas Tage-buch herausgelesen – auf der Suche nach den Gewürzinseln durch die heu-tige Basilan-Straße gesegelt sein und im Oktober 1521 an der Südspitze der Zamboanga-Halbinsel Gewürznelken gegen Messer eingetauscht haben.

» **Karte S. 212-213, Info S. 232-233**

Doch erst ab 1593 konnte das Christentum in der seit dem 14. Jh. islamisierten Gegend setzen Fuß fassen. In La Caldera, dem heutigen Recodo westlich von Zamboanga City, errichteten spanische Mönche eine katholische Mission. Aus ihr gingen die 1635 erbaute Festung, die noch heute als (teilrestauriertes) Fort Pilar erhalten ist, und die fortan Zamboanga genannte Stadt hervor.

Wiederholt war die spanische Bastion Angriffen von Muslimen, Holländern, Engländern und Portugiesen ausgesetzt. Als Handels- und Zufluchtsort zog Zamboanga Siedler aus den Visayas, aus Luzon und von den benachbarten Sulu-Inseln an. Die *Leal y Valiente Villa* („Treue und Tapfere Stadt") Zamboanga behauptete zwar den christlichen Brückenkopf auf Mindanao, doch die Missionierung blieb auf die nächste Umgebung begrenzt. Die gleichfalls hartnäckigen Tausug der Sulu-Inseln und die übrigen Muslime ließen den spanischen Siedlern keine Ruhe.

Auch die amerikanische Provinzregierung hatte den Widerstand der *Moros* zu fürchten, und zu Marcos' Zeiten war die „Stadt der Blumen" erst recht eine Stadt der Waffen.

Eine multikulturelle Drehscheibe ist Zamboanga geblieben. Außer den Kolonialmächten haben Händler und Missionare aus Arabien bis China ihre Spuren hinterlassen. Die Geschichte lebt fort in alten Gemäuern und in den Gesichtern ihrer Bewohner.

Bunt und ausgelassen geben sich die Zamboangueños auch heute, besonders vom 7.-12. Oktober, wenn sie mit Folklore, Regatta und Prozession das *Zamboanga Hermosa Festival* feiern.

Wer heute im ehrwürdigen ★**Lantaka Hotel by the Sea** absteigt, hat gleich drei historische Bezugspunkte ganz nahe: Der Hafen, das Fort Pilar und eine Kanonen-Replik als Wahrzeichen des Hauses – als *Lantaka* bezeichneten die Spanier

die schweren Bronzegeschütze ihrer Gallonen – rufen die Kolonialgeschichte in Erinnerung. Besonders angenehm kann der Besucher an der offenen **Talisay-Bar** die Sinne in die Vergangenheit schweifen lassen, mit dem freien ★**Blick** über den Hafen und die Schiffe auf der Sulu-See. Hinter der flachen Strandinsel **Great Santa Cruz**, wo die Badjao („Seezigeuner") ihre Toten begraben, erhebt sich am Horizont die Insel Basilan.

Nicht weit vom Lantaka endet die Valderroza Street am ★**Fort Pilar**, in dem das **Marine Life Museum** sehr interessante Ausstellungen zur Unterwasserwelt und Archäologie zeigt. Zu den Exponaten zählen unter anderem Teile des 1986 geborgenen Ladung eines 1761 bei Basilan Island gesunkenen britischen Schiffes. An der Ostmauer des Forts beten täglich Gläubige vor dem Schrein der Stadtheiligen Señora del Pilar de Zaragoza. Südlich schließt sich der **Paseo del Mar** an, ein Gelände für Veranstaltungen und Spaziergänge.

Weiter östlich zeigt das Minarett einer Moschee das **Campo Muslim** an. Von diesem Ortsteil führt eine Holzbrücke nach **Rio Hondo** („Tiefer Fluss"). Die Bewohner mögen keine aufdringlichen Fototouristen; ein einheimischer Begleiter kann mit den zurückhaltenden Tausug, Badjao und Samal eher Kontakte knüpfen.

Auf dem Rückweg ins Zentrum und nach einem Besuch im Büro des **Department of Tourism**, neben dem Lantaka Hotel, fällt die im Kolonialstil erbaute **City Hall** (Rathaus) auf. Noch bemerkenswerter war sie zur Zeit des unvergessenen Bürgermeisters *Cesar Climaco*. Der entschiedene Marcos-Gegner hatte nicht nur geschworen, sich für die Dauer des Kriegsrechts seine Haare nicht schneiden zu lassen. Er ließ auch täglich auf einer großen Tafel am Rathaus als Protest die aktuellen Zahlen der Ermordeten, Entführten und Beraubten der Stadt anzeigen. 1984 wurde der stets unbewaffnete Volksliebling auf offener Straße erschossen.

Rechts: Pfahlbauten muslimischer Fischer in Zamboanga City.

≫ **Karte S. 212-213, Info S. 232-233**

Foto: Josef Beck (Imagebroker)/Arco-Images)

Die **Plaza Pershing,** gegenüber vom Rathaus, ruft die Zeit von 1909 bis 1913 in Erinnerung, als Brigadegeneral John „Black Jack" Pershing als erster US-Gouverneur in Mindanao gnadenlos gegen die Moro-Rebellen vorging.

Auf dem nahen **Public Market,** der an den lebhaften **Fish Market** grenzt, sind nicht nur Früchte, Messingwaren und bunte Samal-Matten im Angebot; hier gibt es ist auch den **Barter Trade Market** für zollfreie Waren aus Indonesien und Malaysia.

Zamboangas **Sonnenuntergang** wirkt besonders eindrucksvoll am **R. T. Lim Boulevard,** wenn sich die rote Feuerkugel hinter dem Mastenwald der riesigen, aus den Visayas stammenden *Basnigan*-Fischerboote verabschiedet.

Prunkvoll und blendend mutet der im Moscheestil erbaute **Astanah Kasañangan** („Palast des Friedens") an, etwa 5 km nördlich der Stadt; Sitz der Autonomen Regierung der Region IX. Weit reicht der Blick von der Palastterrasse, bis er sich in der blau flimmernden Sulu-See verliert.

Rund 2 km weiter nördlich beginnt der **Pansonaca Park,** eine große Freizeitanlage mit Swimmingpools, Freilichttheater und Picknickplätzen. Hier steht auch das berühmte **Baumhaus,** in dem man nach Anmeldung beim Bürgermeister recht komfortabel übernachten kann. Von hier ist es nicht weit bis zum Grab von Cesar Climaco im **Climaco Freedom Park.**

An der Westküste, 7 km außerhalb der Stadt, am **Zamboanga Beach Park** mit Golfkurs vorbei, zeigen muslimische Yakan von der Insel Basilan ihre feine Webkunst im **Yakan Weaving Village.**

22 km westlich der Stadt ist man stolz auf den offenen Strafvollzug in der **San Ramon Penal Farm ❸❽,** wo die weniger schweren Jungs mit ihren Familien wie normale Reisbauern die Felder bestellen und Souvenirs anfertigen dürfen.

20 km nordöstlich von Zamboanga liegt eine weitere muslimische Enklave, das Wasserdorf **Taluksangay ❸❾,** auf einer Sandbank. Die Samal und die von See an Land gedrängten Badjao betreiben mit Fischfang und Bootsbau.

» **Karte S. 212-213, Info S. 232-233** 231

NORD-MINDANAO

FLUG: : **PAL**, **Cebu Pacific** tgl. Manila – Cagayan de Oro. **Asian Spirit**, tgl. Manila – Surigao, mehrm. wöchentl. Cebu – Surigao; **PALexpress** und **Cebu Pacific** tägl. Cebu nach Camiguin.

SCHIFF: **Superferry**, **Negros Navigation (2GoTravel)**: mehrm. wchtl. Manila – Cagayan de Oro, – Iligan. Ebenfalls regelm. mind. einmal wchtl. Fährverkehr Cagayan d. O. – Cebu, – Iloilo/Panay, – Dumaguete/Negros, – Jagna/Bohol. Tgl. Fähre Balingoan – Benoni/Camiguin. Tgl. **Super-Shuttle**-Fähre zw. Jagna/Bohol u. Mambajao/Camiguin. **Paras Sea Cat**, tgl. Cagayan de Oro – Camiguin – Bohol – Camiguin, Tel. (088) 857 2727.

BUS: **Philtranco**: tägl. Manila – Cagayan de Oro via Tacloban. Tägl. Verbindung Surigao – Butuan, – C. de Oro, – Iligan, – Davao; C. de Oro – Malaybalay, – Davao, – Cotabato, Gen. Santos. Mehm. Jeepneys/Sammeltaxis Iligan – Marawi.

Surigao

City Tourism Assistance Center, Luneta Park, Tel. (086) 826 8064.

Adriano's, leckeres Seafood zu moderaten Preisen, schöner Blick, am Ende der Borromeo St. direkt am Meer. Im Hafenbereich befinden sich zahlreiche kleine Restaurants mit Fisch- und Grillgerichten.

Butuan

DOT, Pili Drive, Tel. (085) 815 6040.

National Museum, März-Okt. Mo-Fr 9-17, Nov.-Feb. Mo-Fr 9-16 Uhr, 2 km westl. von Zentrum, Tel. (085) 527 4192, 975 827 1511. **Balangay Shrine Museum**, Mo-Sa, 8.30-16.30 Uhr, Libertad (Richtung Airport), Tel. (085) 816 2716.

Weegool's Grill House, köstliche einheimische Grillspezialitäten, preiswert, Montilla Blvd..

Camiguin

Tourist Office, Provincial Capitol Bldg., Mambajao, Tel. 0909 931 5681.

TAUCHEN: **Camiguin Action Geckos**, auch Canyoning, Besteigung des Hibok-Hibok, Mopedverleih, Schnorcheln/ Tauchen auf White Island, Wandern; Camiguin Action Gecko Resort am Strand von Agoho (auch Büro in Mambajao), Tel.(088) 387 9146.

Cagayan de Oro

DOT, Department of Tourism Gregorio Pelaez Sports Center, A. Velez Street, Tel. (088) 880-0172.

Xavier Museo de Oro, Di-Sa 8-12 u. 13-17 Uhr, Corales Ave., auf dem Gelände der Xavier University, Tel. (088) 858 3116 local 1310/1313.

Sea King Garden, gehobenes Lokal, chinesische und philippinische Gerichte, im Grand City Hotel, Apolinar Velez St. **Blueberry Café**, Nudelgerichte, Cordon bleu, vor allem aber Kuchen (Heidelbeertorte) und Cappuccino, Velez St.

Marawi

DOT, Ford Guest House Nr. 2, MSU.

Aga Khan Museum of Islamic Arts, Mo-Fr 9-11.30 u. 14-16.30 Uhr, Mindanao State University, Tel. 0918 918 0530.

OST-MINDANAO UND SÜD-MINDANAO

In Placer, Tandag, Lianga, Bislig, Mati und Tagum gibt es eine bescheidene touristische Infrastruktur. Zu sicheren Unterkünften (Privatquartier, einfache Strandresorts) erteilen das DOT in Surigao, Bus-, Jeepneyfahrer und Bürgermeister Auskunft.

FLUG: **PAL**, **PAL Express**, **Cebu Pacific** u.a. fliegen tägl. v. Manila nach Davao, Cotabato; von Cebu City nach Davao, G. Santos, Cotabato; Cagayan de Oro – Cotabato. Mehrm. wöchtl. verkehrt **PAL Express** zw. Iloilo und G. Santos.

SCHIFF: **WG & A**: mehrm. wchtl. Manila – Davao, – Gen. Santos; 1x wchtl. Cotabato – Manila. **Sulpicio Lines**: 1x wchtl. zw. Manila – Cotabato,

– Gen. Santos. Mehrm. wchtl. Verbindungen zw. diesen Städten und Cebu City. Tägl. BooteDavao (ab Lanang) – Insel Samal; Samal – Talikud. Tägl. Fährbootverkehr Cotabato – Pagadian.

BUS: **Batchelor Express:** tägl. Surigao – Butuan. **Philtranco:** Tägl. Davao – Manila. **Ceres Liner:** Tägl. Davao – Cagayan de Oro. **Yellow Bus:** Tägl. Davao – Cotabato. Tägl. Gen. Santos – Koronadal/ Marbel; Koronadal – Surallah; – Lake Sebu.

Davao City

📋 **DOT**, Lanelco Center, J. P. Laurel Ave., Tel. (082) 221 6955, 225 1940.

🏛 **Dabaw Museum**, Ethnien, Kunsthandwerk, Mo-Sa 9-12 u. 13-17 Uhr, Lanang, ca. 12 km von Zentrum bei Waterfront Insular Hotel. **Mandaya Weaving Center**, direkt hinter diesem Hotel. **Museo Dabawenyo**, Mo-Sa 9-18 Uhr, Andres Bonifacio Rotunda, Tel. (082) 222 6011.

❌ **Luz Kinilaw Place**, bester Fisch u. Meeresfrüchte, gegrillter Thunfisch, einfaches Ambiente, Quezon Blvd. **Tsuru**, sehr gute, teure, japanische Küche, u. a. Sushi, J. Camus St.

General Santos

📋 **City Mayors Office**, City Hall, Sergio Osmeña St., Tel. (083) 554 4214, 552 7321. **DOT**, Tel. 228 8667.

🛂 **Immigration: Bureau of Immigration General Santos Field Office**, Robinsons Place, J. Catolico Sr. Ave., Tel. (083) 552-3442.

🏛 **Museum of Muslim and tribal culture**, MSU (Mindanao State University) Campus.

Koronadal

📋 **DOT**, (Sub-office) in Marvella Plaza Hotel, Gen. Paulino Santos Drive, Tel. (083) 2288667.

Cotabato

📋 **DOT**, Comse Bldg, Quezon Ave., Tel. (064) 421 1110.

🏛 **National Museum**, islamische Regionalkultur, Mo-Fr 9-16 Uhr, Regional Autonomous Government Center.

WEST-MINDANAO

🛫 **FLUG:** **PAL**, **PAL Express**, **Cebu Pacific Air** u.a. tägl. Manila – Zamboanga City, Dipolog. Flüge n. Zamboanga City: Cebu City – Pagadian od. Dipolog. Von Davao und Cotabato; Mehrm. wöchtl. Cebu City – Zamboanga City. Cebu City – Ozamis.

SCHIFF: **WG & A:** 2x wchtl. Zamboanga – Manila; 1x wchtl. – Iloilo; 1x wchtl. – Davao via Gen. Santos. 1x wchtl. Dapitan/Dipolog – Tagbilaran. **George & Peter Lines:** 2x wchtl. Zamboanga – Dumaguete via Dipolog/Dapitan; 2x wchtl. – Cebu City. Schnellfähren Dipolog – Dumaguete, – Cebu. **Sulpicio Lines:** Wöchtl. Verbindungen Zamboanga – Cotabato, – Gen. Santos, – Iloilo, – Manila. Tägl. Fährverkehr Zamboanga – Basilan, – Bongao, – Jolo. Mietboote ab Pier zwischen Lantaka Hotel und Fort Pilar nach Great Santa Cruz Island: Expressboote verkehren 2x wöchtl. nach Sandakan in Sabah (Borneo).

BUS: Nach/von Pagadian, Cagayan de Oro, Dipolog, Iligan: ab Guiwan (4 km nördl. Zamboanga City); nach San Ramon, Yakan Weaving Village: ab Gov. Lim Ave.; nach Taluksangay: Jeepneys ab Markt. Ortsverkehr Zamboanga: Jeepneys, Tricycles (z. Airport), Taxis.

Zamboanga City

📋 **DOT**, Info für Zamboanga Region und Sulu-Inseln, Lantaka Hotel Bldg., NS Valderosa St., Tel. (062) 992 6242.

🛂 **Immigration: Bureau of Immigration Zamboanga Field Office**, Radja Bldg. Gov., Camins Ave. Tel. (062) 991-2234.

🏛 **Fort Pilar National Museum**, Ausstellungen zur Unterwasserwelt, Archäologie, Geschichte, Anthropologie, Mo-Fr 9-16 Uhr, südöstlich des Zentrums, Tel. (062) 991 6029, 527 4192.

❌ **Alavar Seafood House**, gute lokale u. chinesische Küche, Fisch und Meeresfrüchte, Don Alfaro St., Barangay Tetuan.

7

Mindanao

SULU-SEE – UNSICHERE INSELWELT

**BASILAN ISLAND
SULU-ARCHIPEL**

SULU-SEE

Aus der Luft betrachtet, erscheinen die von Riffen umsäumten Inseln wie Kleinode in der blaugrünen See – ein wunderbarer Anblick. Doch ein ruhiges Gewässer war es nie, das Meer zwischen den westlichen Visayas, Mindanao, Palawan und Borneo. Im Lauf der Geschichte tummelten sich dort außer friedlichen Seenomaden, Händlern und Missionaren auch Expeditions- und Kriegsflotten und Seeräuber. Die Sulu-See und die dort auf 300 km Länge verteilten Inseln sind nicht nur wegen der Riffe ein schwieriges Terrain für Seeleute – sie sind das innenpolitische „Sorgenkind" der Philippinen. Rebellen, Piraten, Schmuggler – oft besser ausgerüstet als die Küstenwache – und Militäraktionen machen Schlagzeilen. Im Ausland gilt der Sulu-Archipel, besonders die Hauptinseln Basilan und Jolo wie auch Siasi, seit Jahrzehnten als Krisengebiet; aus Sicherheitsgründen kommen nur wenige Besucher hierher.

BASILAN ISLAND

Vor allem die der Stadt Zamboanga vorgelagerte Insel **Basilan**, eine

Links: Ein Auslegerboot der Badjao-„Meeres-Zigeuner" mit farbenfrohem Segel.

der ARMM zugehörige Provinz mit ca. 350 000 Einwohnern, leidet unter dem Krisen-Image, seit separatistische Muslime Anfang der 1970er Jahre die Waffen gegen die philippinische Regierung erhoben; seit 1991 dient die Insel außerdem der dort gegründeten Islamistengruppe Abu Sayyaf als Stützpunkt, die durch Terrorakte, Entführungen und Enthauptungen von sich reden macht. Regierungssoldaten schlagen, auch mit US-Hilfe, mit großer Härte zurück.

Die Mehrheit der Bevölkerung, zu der auch Chabacano, Visayas-Siedler und Chinesen zählen, sind friedliebende Yakan, die austronesischen Ureinwohner der Insel, die im 14. Jh. von muslimischen Einwanderern aus Sumatra und Borneo ins Hinterland abgedrängt wurden. Früher Halbnomaden, leben die zum Islam konvertierten Yakan heute als sesshafte Bauern.

Im Norden der gebirgigen Insel herrscht ein ausgeglichenes Klima mit gleichmäßig verteilten Niederschlägen, während es im Süden zwischen November und April sehr heiß und trocken ist. An landwirtschaftlichen Erzeugnissen hat Basilan einiges zu bieten. Vorrangige Produkte sind Holz und Gummi von Kautschukplantagen, die teilweise mit internationaler Beteiligung bewirtschaftet werden. Kaffee, Kakao, Pfeffer, Abaca, Kopra und Palmöl werden ebenfalls ausgeführt. Reiche Leute aus

» **Karte S. 237, Info S. 239**

Sulu-See

8

Foto: Albrecht G. Schaefer

April gefeierte Erntefest *Lami-Lamihan*. In der Nähe von Lamitan lockt der **Palm Beach**, der **Bulingan-Wasserfall** ❸ liegt 12 km von Lamitan entfernt im Inselinneren.

Wann diese Attraktionen und auch das Fischerdorf **Maluso** ❹ an der Westküste wieder gefahrlos besucht werden können, lässt sich derzeit kaum einschätzen.

SULU-ARCHIPEL

Geologisch wie historisch sind die rund 500 Inseln und Inselchen des über 300 km langen Sulu-Archipels die Brücke zwischen Borneo und den Philippinen. Für den Tourismus ist die Muslim-Region kaum erschlossen und momentan zu unsicher, und auch die meisten Filipinos des Nordens interessieren sich wenig für die abgelegene Gegend. Dabei haben sie im Lauf der Geschichte so manchen kulturellen Impuls gerade aus dieser islamischen Ecke des Landes, einem der Zentren antikolonialer Bewegungen, erhalten. Jolo, die Pangutaran-, Tapul- und Tawi-Tawi-Gruppe sind die bekanntesten Inseln.

Lupah Sug – „Land der Meeresströmung" – heißt die Provinz Sulu bei den *Tau sug*, den „Menschen der Strömung". Über das Meer kam denn auch im Zuge der südostasiatischen Migration die „Kulturwelle", die Sulu so mächtig werden ließ. Nachdem schon im 12. Jh. muslimische Seefahrer die Inseln erreicht hatten, setzte um 1380 mit Karim al-Makdum als arabischer Gelehrter seinen Fuß in die später als Sultanat von Sulu von den Spaniern gefürchtete Region.

Aus Minangkabau auf Sumatra folgte zehn Jahre darauf Raja Baginda, der die Insulaner zum Islam bekehrte. Ebenfalls aus dem alten Malaysia reiste im Jahr 1450 Abu Bakr an, der das von Baginda gegründete Sultanat zu einem mächtigen Staatsgebilde ausweitete. Drei Expeditionen der Spanier schlugen fehl; der vierte Versuch, die Macht der Mo-

Basilan, aus den Visayas und Luzon investieren auf der Insel und halten als Großgrundbesitzer die Fäden in der Hand. So bebauen die Yakan nun seit fast 100 Jahren für andere das Land, das sie seit Urzeiten besessen haben. Die ungerechte Besitzverteilung spielt eine bedeutende Rolle in den noch andauernden Konflikten, die offiziell nur rein religiöser Natur sein sollen.

Isabela ❶, die kleine Hauptstadt von Basilan, liegt an der Nordküste direkt im Windschatten der vorgelagerten **Insel Malamaui**. Die aus Zamboanga City kommende Fähre fährt vorbei an den Pfahlbauten der Badjao und Samal, die auf der kleinen Insel siedeln.

Lamitan ❷, der zweite wichtige Ort auf Basilan, liegt etwa 30 km östlich von Isabela. Interessant ist der hiesige Markt (donnerstags und sonntags, morgens), der alle Bevölkerungsgruppen zusammenführt. Selbstbewusste Yakan-Kultur zeigt das alljährlich Ende März / Anfang

Oben: Tanzendes Yakan-Mädchen beim Lami-Lamihan-Fest auf Basilan.

ros zu brechen, gelang insofern, als die Truppen von Governor-General Corcurera 1638 die Stadt Jolo besetzen konnten. Nur für kurze acht Jahre, dann stand die Insel bis zum Bau einer spanischen Festung im Jahr 1876 wieder unter dem Zeichen des Halbmonds. Die Amerikaner, die den philippinischen Muslimen ihren „Fortschritt" aufdrücken wollten, hatten ebenso wenig Erfolg wie die japanischen Besatzer. Jedoch gliederte die US-Verwaltung das Sultanat Sulu 1940 in den Philippinischen Commonwealth ein. Die Tausug, die sich bisher gegen alle fremden Mächte wehrten, lassen ihrerseits ihre zahlenmäßig schwächeren Nachbarn, die Samal und Badjao, ihren Herrschaftsanspruch über die Sulu-See spüren.

Wie eine Grenzmauer erstreckt sich der Sulu-Archipel zwischen Celebes- und Sulu-See. Etwa 600 000 Menschen, davon 95 Prozent Muslime, bevölkern die Inseln. Haupterwerbszweige der Suluanos sind Bootsbau, Fischerei, das Weben von Naturfasermatten, Anbau und Verarbeitung von Kaffee und Obst.

Jolo Island

Die vulkanische Insel **Jolo** ist das Zentrum des Sulu-Archipels. Spektakuläre Entführungen von Ausländern und die blutigen Auseinandersetzungen zwischen Militär – auch ca. 2500 US-Soldaten sind auf Jolo stationiert – und Abu-Sayyaf-Mitgliedern haben die Anziehungskraft des traditionellen Einwandererziels stark vermindert. Touristen haben derzeit wenig Chancen, die Insel zu bereisen.

Die Stadt **Jolo** ❺, von etwa 130 000 Menschen (ca. 50% der Inselbevölkerung) bewohnt, hat seit Beginn der Kämpfe um Autonomie in den 1970er Jahren stark gelitten. Von **Walled City**, der berühmten, weil kleinsten „befestigten Altstadt", sind nur noch Trümmer übrig, und auch der Palast von Sultan Jamalul Kiram ist fast verschwunden. Kultureller Mittelpunkt der überwiegend muslimischen Stadt ist die **Tulay-Moschee**. Auf dem Fischmarkt am Hafen herrscht stets Betrieb. Waren aus Borneo landen hier und werden auf

Foto: Albrecht G. Schaefer

dem **Barter Trade Market** angeboten.

Wann sich an den schönen Stränden **Quezon**, **Tandu** und **Tadjung** nahe der Stadt wieder Urlauber erholen können, ist unklar. In **Bud Datu**, circa 9 km südlich der Stadt, ist Raja Baginda, der erste islamische Führer der Sulu-Inseln, begraben. Mit 853 m ist „der weinende Berg" **Tumantangis** ❻ höchster Punkt der Insel Jolo, er trägt fast immer eine Wolkenmütze.

Tawi-Tawi-Gruppe

107 Inseln und Inselchen, darunter die näher an Palawan liegenden Inseln um Cagayan de Tawi-Tawi (Cagayan Sulu), Turtle Island und die Möwenkolonie San Miguel gehören zur **Provinz Tawi-Tawi**. Rund 370 000, zu 90 Prozent muslimische Bewohner haben als Hauptort Panglima Sugala (44 000 Einw.). Die Samal, die größte Bevölkerungsgruppe, sind überall im Archipel

Oben: Ein muslimischer Badjao, ein „Mensch des Meeres" im Tawi-Tawi-Archipel.

238

als Fischer, Händler, Bauern und Bootsbauer anzutreffen. Die von Jolo ausgeschwärmten Tausug siedeln vornehmlich auf der Hauptinsel Tawi-Tawi, wo sie Ackerbau und den lukrativen Handel mit *Agar-Agar*, in der Chemie verwendbarem Seetang, betreiben. Sie nehmen oft einflussreiche Verwaltungsposten ein. Ganz unten auf der sozialen Stufenleiter stehen die Badjao, die, teils verächtlich, teils romantisierend „Seezigeuner" genannt, sich selbst als „Menschen des Meeres" bezeichnen.

Für Besucher tabu sind die Hauptinsel **Tawi-Tawi** ❼ und der Norden von **Sanga-Sanga Island** ❽, wo Piratenbanden und Rebellen Unterschlupf finden. Dennoch konnten dort 1984 in **Port Languyan** europäische Abenteurer ein waghalsiges Unternehmen starten: Mit dem von einheimischen Handwerkern aus Urwaldhölzern gebauten Auslegerboot *Sarimanok* segelten sie auf den Spuren vorzeitlicher austronesischer Seefahrer nach Indonesien und über den 7000 km weiten Indischen Ozean bis nach Madagaskar.

Bongao Island ❾, seit Beginn der Militarisierung einer der Zufluchtsorte der Seezigeuner, ist auch für Touristen eine der wenigen sicheren Inseln im Umkreis der Hauptinsel Tawi-Tawi. Der **Markt** im Verwaltungssitz **Bongao** und das bunte Treiben am Pier zeichnen das Bild eines abgelegenen Hafens, der die Menschen von noch isolierteren Inseln am Horizont anlockt. Handwerksarbeiten, Hüte aus Palmenblättern, gemusterte Matten, Gewürze und Spielzeug liegen an den Ständen aus, Fisch wird gehandelt, und schwer beladen laufen die Segel- und Motorboote wieder aus. Im sauberen Wasser des Hafens plantschen Kinder. Ein schöner **Strand** liegt an der Westküste von Bongao. Dicht gedrängt stehen in der Hafenbucht unterhalb des Provincial Capitol die Pfahlhütten der „sesshaften" Badjao – die Behörden wollen sie zu Landbewohnern machen, vom ungebundenen Leben auf ihren Hausbooten weglocken.

» **Karte S. 237, Info S. 239**

Überragt wird Bongao Island vom **Mount Bongao**, einem 314 m hohen bewaldeten Felsklotz, den man vom Dorf **Pasiagan** aus besteigen kann. Auf dem Gipfel des heiligen Bergs liegt Anjaotal, ein fürstlicher Ahne, begraben.

Zwischen Bongao und Simunul lockt das Eiland **Sangay-Siapo** mit feinem Strand und Korallenriff. Auf **Simunul Island** ❿ betritt man heiligen Boden: Im Ort **Tubig Indangan** ließ Scheich Karim al-Makdum 1380 die erste Moschee der Philippinen erbauen, 4 Holzpfosten sind noch erhalten.

Gute Bootsbauer leben auch auf **Sibutu Island** ⓫, einer langen flachen Insel südlich der Tawi-Tawi-Gruppe. Ihre *Kumpit*, schnelle Einrumpfschiffe, sind das landesweit gefürchtete Wahrzeichen der Piraten. Meist sind sie aber als motorisierte Fähr- und Frachtfahrzeuge im Archipel unterwegs.

Sibutu und die am Rand einer weiten Riffkette gelegene Schwesterinsel **Sitangkai** ⓬ – auch „Venedig der Philippinen" genannt – sind Stützpunkte der **Badjao**, die hier teils in Pfahlbausiedlungen, teils auf ihren *Lipa* leben, großen, seetüchtigen **Hausbooten**. Die Nomaden des Meeres, die jahrtausendelang die südostasiatischen Gewässer befuhren, sind zum Treibgut der politischen Wirren geworden. Um zu überleben, versuchen die friedlichen Badjao, sich aus den Konflikten herauszuhalten. Den Tausug, die sie wie *Luwaan* („Menschen, die man anspucken kann") behandeln, beugen sie sich, indem sie ihrem Naturgeisterglauben den Islam überstülpen. Ihre Abneigung gegen festes Land, Sitz allen Übels, haben die See-Menschen nicht völlig abgelegt. Oft in ärmliche Pfahlbauten umgesiedelt, bleiben sie ihrem Element treu. Mit Fischfang ernähren sie sich, verkaufen Muscheln, Schnecken etc. Die Badjao verkörpern noch die Symbiose von Mensch, Meer und Boot, die die weiten Siedlungsreisen der frühen Austronesier in die Südsee und nach Madagaskar erst ermöglicht haben.

SICHERHEIT: Die Inseln Basilan, Jolo und Siasi sind unsichere Krisengebiete mit hoher Kriminalitätsrate. Das Auswärtige Amt rät dringend von Reisen in die Region ab. Auch bei Reisen zu anderen Inseln wird ausdrücklich dazu geraten, sich bei **DOT** und im **Office for Muslim Affairs** (Tel. (062) 991 3156) in **Zamboanga City** über die aktuelle Lage zu erkundigen und gegebenenfalls die Reiseroute zu hinterlassen. Nicht von größeren Orten entfernen.

INSEL BASILAN / INSEL JOLO

FLUG: SEAIR, **PAL Express**, **Cebu Pacific** mehrm. wöchtl. von Zamboanga nach Jolo und Tawi-Tawi.

SCHIFF: **Aleson Shipping** und **Montenegro Lines** verkehren 2x wöchtl. zw. Zamboanga und Jolo, Bongao, Siasi, Sitangkai.

BUS: Auf der Insel Basilan: Mehrmals tägl. Isabel – Lamitan. Bus/Jeepney: Isabela – Maluso. Auf der Insel Jolo: Miet-Jeepney oder -Tricycle (für Kurzstrecken).

JEEPNEY / TRICYCLE: Auch auf den derzeit zugänglichen Inseln nur nach Abklärung der Sicherheitslage benutzen!

Insel Basilan

ISABELA: **New International Restaurant**, einfach, General Merchant.

INSEL BONGAO / INSEL SITANGKAI

FLUG: **PAL** täglich Zamboanga City – Insel Bongao.

SCHIFF: Täglich (nicht immer zuverlässig) Zamboanga City – Inseln Bongao, Sibutu, Sitangkai (über Inseln Jolo, Siasi). An- und Ablegen: Commercial Pier, Insel Bongao. Kleinere Fähr- und Auslegerboote von der Insel Bongao zu umliegenden Inseln, unregelmäßiger Fahrplan. An- und Ablegen: Chinese Pier, Insel Bongao.

JEEPNEYS / TRICYCLES: Vom Airport auf Sanga Sanga (6 km von der Insel Bongao) und innerhalb von Bongao.

Insel Bongao

BONGAO (Ort): **Beachside Inn & Restaurant**, einfach, beim Hafen.

» Karte S. 237

8

Sulu-See

REISEVORBEREITUNGEN

Einreisebestimmungen / Visum

Reisenden aller Länder, mit denen die Philippinen diplomatische Beziehungen unterhalten (u. a. EU, USA, Kanada, Australien, Neuseeland, Japan, ASEAN-Staaten), wird ein kostenloses **Visum bei Ankunft** in Manila, Cebu und Davao erteilt, das zu einem Aufenthalt bis zu 30 Tagen berechtigt. Es ist am Einreiseflughafen bzw. beim Bureau of Immigration für 3130 Peso für insgesamt bis zu 59 Tage, also um 29 Tage, **verlängerbar**.

Besucher aus visumpflichtigen Ländern und solche, die länger als 30 Tage bleiben wollen, wenden sich vor der Reise an die Botschaft und Konsulate der Philippinen in ihren Heimatländern (s. S. 249). Dort erhalten sie gegen Gebühr (in Deutschland derzeit 27 € für einmalige Einreise innerhalb von 3 Monaten, 54 € für mehrmalige Einreise innerhalb von 6 Monaten, 81 € für mehrmalige Einreise innerhalb eines Jahres) ein **Touristenvisum**, das einen Aufenthalt bis zu 59 oder 90 Tagen gewährt. Anträge sind erhältlich auf: www.philippine-embassy.de.

Die **Verlängerung** eines 59-Tage-Visums durch die Einwanderungsbehörde (Bureau of Immigration) kostet (zzgl. eventueller Expressgebühr 500 Peso) für 1 zusätzlichen Monat 5300 Peso, für 2 Monate 5800 Peso. Bei Aufenthalt länger als 59 Tage wird eine gültige ACR-I-Card ausgestellt. Außer in Manila verlängern auch die Provinzbüros der Behörde (Adressen: siehe Infoboxen Manila, Cebu, Davao; regionale Büros u. a. in Cagayan de Oro, Cebu, Davao, Iloilo, Pampanga, San Fernando, Tacloban, Dumaguete). Für einen Aufenthalt von mehr als 6 Monaten kann die Behörde die Bewilligung der Verlängerung vom Ergebnis eines Aids-Tests abhängig machen.

Bei der Ausreise über einen internationalen Flughafen wird ein „Terminal Fee" von 555-750 PHP erhoben; jedoch nicht bei Abflug von Manila: Dort ist die Gebühr bereits im Ticketpreis enthalten.

Geld

Die nationale Währung ist der **Peso** (PHP), offiziell Piso genannt. Er ist unterteilt in 100 sentimos (c). In Umlauf sind Münzen zu 1 c, 5 c, 10 c, 25 c; 1 P, 5 P, 10 P und Banknoten zu 10 P, 20 P, 50 P, 100 P, 200 P, 500 P, 1000 P. Es sind nur noch die bereits seit 2010 im Umlauf befindlichen **„neuen" Peso-Scheine** gültig; Aufpassen also beim Geldwechsel, dass man nicht alte Scheine angedreht bekommt!

Ungefährer Wechselkurs: 1 € ≈ 65 PHP; 1 US\$ ≈ 52 PHP. Den tagesaktuellen Wechselkurs erfährt man z. B. unter www.oanda.com.

Mit der **EC-Karte** (Maestro/ Cirrus) erhält man Pesos an **Geldautomaten**; Tageslimit je nach Bank 4000 bis 30 000 PHP. Empfehlenswert ist zudem die Mitnahme von Euro (bzw. CHF) oder US-Dollar in bar (dabei auf intakte und saubere Scheine achten).

Kreditkarten der verbreiteten Firmen wie Master Card, Diners Club, Amexco, Visa werden von Geldautomaten und von vielen Hotels, Reisebüros, Airlines, Restaurants und größeren Geschäften akzeptiert. Vorsicht: **Kreditkartenbetrug** kommt vor!

Fremdwährung kann ohne Deklaration bei der Central Bank bzw. deren Büro bei Zollabfertigung bis zu einem Wert von 10 000 US\$ (oder deren Äquivalent) ein- und ausgeführt werden. Geldbeträge in nationaler Währung müssen bei Ein- und Ausreise deklariert werden, wenn sie 10 000 Pesos übersteigen. Zur Kontrolle werden am Flughafen Hunde eingesetzt!

Außer Banken, die auch an den Flughäfen von Manila, Davao und Cebu Filialen besitzen, sowie größeren Hotels und Resorts tauschen die offiziellen Wechselbüros (Authorized Money Changer, häufig in großen Einkaufszentren) in

Manila, Cebu und einigen anderen Städten liegt in der Regel etwas über dem der Banken, und große Scheine werden besser bewertet als kleine (nachzählen!). Wechseln Sie keinesfalls bei Schwarzhändlern – diese sind unseriös.

Kleingeld sollten Sie immer parat haben, vor allem in Taxis, Bussen und kleinen Restaurants. Man spart Zeit und unfreiwilliges Trinkgeld. Versuchen Sie zu handeln: beim Mieten von Fahrzeugen, Führern, länger gebuchten Unterkünften, in Souvenirläden, auf Märkten. Selbst Taxifahrer bieten oft eine Pauschale an.

Generell gilt: Ein guter Handel geht freundlich, aber bestimmt vor sich, trifft sich irgendwo zwischen den beidseitigen Forderungen und hilft jedem Beteiligten, das Gesicht zu wahren.

Gesundheit

Vorgeschrieben sind Impfungen nur, wenn man aus einem Infektionsgebiet einreist. Zu erwägen ist, je nach ärztlichem Rat, **Hepatitis A**-Impfung Prophylaxe (für Trekkingtouren in Risikogebiete eventuell Typhusprophylaxe); möglicherweise ist eine Auffrischung des Diphterie- und Tetanusschutzes nötig. Vor Keuchhusten schützt eine einmalige Impfung.

Ein **geringes Malariarisiko** herrscht unterhalb von 600 m ü. M. in Mindoro, Nord- und Ostluzon, Palawan und anderen Feuchtgebieten – z. B. Urwaldregionen in Ost-Mindanao, Sulu-Inseln. Dort könnten, besonders während der Regenzeit Juni - November, dämmerungs- und nachtaktive Anopheles-Mücken Ungeschützte mit Malaria infizieren. In diesen Regionen sollten Sie sich vor Insektenstichen schützen und die von kompetenten Stellen (Tropeninstitut, Gesundheitsamt) empfohlene Malariaprophylaxe einhalten.

Die das virale **Dengue-Fieber** auch in Manila (!) übertragenden Mücken sind tagaktiv. 2016 gab es 100 000 Dengue-Fieber-Fälle und etwa 420 Todesfälle.

Selbst an den schönsten Stränden können kleine Sandfliegen zur Stechplage werden. Juckende Mückenstiche nicht aufkratzen, sondern mit Eukalyptuscreme einreiben!

Nützlich sind Medikamente zur Wundversorgung, Desinfektionsmittel und Verbandszeug. Persönliche Sauberkeit wird in den Philippinen sehr groß geschrieben, doch nicht immer entsprechen die sanitären Anlagen westlichem Standard. In den Städten wird das Leitungswasser mit Chlor trinkbar gemacht. Mineralwasser in Flaschen ist weit verbreitet. In einfachen Unterkünften und Restaurants ist Vorsicht geboten, dort sollten Sie notfalls um abgekochtes Wasser bitten. Verzichten Sie auf Eiswürfel in Getränken! Für Trekkingtouren empfiehlt es sich, Wasserdesinfektionschemikalien einzupacken.

Was Sie an Arznei gegen Malaria, Durchfall, Infektionen und Erkältungen nicht dabei haben, können Sie in den Apotheken (Pharmacy, Drugstore, Botica) der Ortschften kaufen. Philippinische Ärzte haben einen guten Ruf und viel Erfahrung mit Tropenkrankheiten. In besonders ernsten Fällen nehmen Sie die unter den Kapiteln zu Manila und Cebu genannten Krankenhäuser in Anspruch. Mücken- und Sonnenschutzmittel sind erhältlich, letztere oft mit dem Vermerk „garantiert nicht bräunend" – einheimische Touristen legen Wert auf helle Haut.

Klima, Reisezeit, Kleidung

Die Philippinen bieten die ganze Palette tropischer Klimaerscheinungen. Es ist also generell das ganze Jahr über warm, mitunter drückend heiß mit hoher Luftfeuchtigkeit. So variieren in Manila die mittleren Temperaturen von 25° Celsius während der kühleren Trockenzeit (Dezember bis Februar) bis zu über 35° Celsius in der zweiten Hälfte der Trockenzeit (März bis Mai). In Mindanao und auf den Sulu-Inseln ist die Nähe

9

Reise-Informationen

zum Äquator spürbar, wenn auch an den Küsten maritimes Klima durch den Wechsel von Land- und Seewind etwas Erfrischung gewährt. Niederschläge fallen nicht nur in die Regenzeit von Juni bis November. Hauptreisezeit sind die relativ trockenen Monate von Dezember bis Mai, wobei es von März bis Mai immer heißer wird.

Kleidung sollte aus leichten, robusten; schnell trocknenden Stoffen bestehen, außerdem brauchen Sie Regenschutz und wärmere Kleidung für den Aufenthalt in Bergregionen oder für zugige Fahrten zu Lande und zu Wasser. Schuhe mit Profilsohle leisten bei Fußmärschen gute Dienste, Flip-Flops oder Sandalen reichen aus für Strandaufenthalte. Vor Korallen und Seeigeln schützen Badeschuhe. Kräftige und hochgewachsene Besucher sollten beachten, dass ihre Kleider- und Schuhgrößen auf den Philippinen schwer zu bekommen sind. Problemlos vor Ort können Sie Hüte und Mützen erwerben, die vor Hautkrebs und Sonnenstich schützen. Setzen Sie sich nicht zu sehr den oft zu kalt eingestellten Klimaanlagen aus.

ANREISE

Mit dem Flugzeug

In der heutigen Zeit erreicht man als Besucher aus Europa den Archipel fast ausschließlich auf dem Luftweg. Hauptflughäfen sind der Ninoy Aquino International Airport (NAIA) in Manila und der Mactan International Airport von Cebu. Internationale Flughäfen haben auch die Städte Davao City (mehrm. wöchtl. von/nach Indonesien, Singapur, Malaysia), Laoag (mehrm. wöchtl. von/nach China, Hongkong, Taiwan), Clark/Angeles City (tgl. von/nach Südkorea, mehrm. wöchtl. von/nach Hongkong), Iloilo (mehrm. wöchtl. von/nach Hongkong, Singapur), Kalibo (mehrm. wöchtl. u.a. Honkong, S.-Korea), Puerto Princesa (Taiwan).

Mit dem Schiff

Auf dem Seeweg gelangten bisher allenfalls Kreuzfahrtpassagiere oder Frachterreisende an philippinische Küsten. Die Verbindungen Manado / Sulawesi – Davao City und Zamboanga – Sandakan (Malaysia) haben den Schiffsverkehr zwischen den drei Staaten für Normaltouristen wieder interessant gemacht.

REISEN IM LAND

Mit dem Flugzeug

Das bevorzugte Verkehrsmittel zwischen den Inseln ist das Flugzeug für alle, die sich einen zwischen 3000 und 9000 PHP (abhängig von Strecke, Saison und Airlines, Zus. Gebühren und Steuern) teuren Flug leisten können. Landesweit operieren einige zuverlässige Gesellschaften mit Jet-, Turboprop- und kleinerem Propellerfluggerät. Besonders zu Stoßzeiten (Weihnachten, Osterwoche, Ferienbeginn und -ende) muss man mit Engpässen rechnen und immer frühzeitig reservieren. Verspätungen kommen vor, der Flugplan kann sich während eines Jahres mehrmals ändern. Die Flughafengebühr für Inlandsverkehr beträgt 200 Peso, in kleine Flughäfen nur 20-30 Peso. Bei Inlandsflügen sind diese Gebühren bereits im Ticketpreis enthalten, außer bei Flügen von Clark (Angeles City).

Immerhin bieten einige der Gesellschaften gelegentlich sog. Promo-Fares an, gewährt Studenten und Senioren (ab 60 Jahren mit Wohnsitz in Philippinen) bei Vorlage entsprechender Ausweise 20 % Rabatt. Dazu sollten Sie sich bei der Buchung zu Hause oder in den inländischen Airline-Büros in jedem angeflogenen Ort (Adressen bekommen Sie am Flughafen und in Hotels) informieren.

Derzeit (2018) bedienen 10 Fluggesellschaften das nationale Netz oder fliegen auf Charterbasis. Außer Philippine Airlines (PAL), in Manila mit eigenem Terminal (NAIA Terminal 1 oder Centennial Terminal), operieren regulär und offiziell zugalassen: PAL Express, Cebu Pacific, cebgo, Philippines AirAsia Zest, Skyjet, Airswift. Zu beachten sind Gepäcklimits bzw. zusätzliche Gebühren. Alle diese Airlines benutzen in Manila den Domestic Airport. Es lohnt sich, die Preise zu vergleichen und frühzeitig zu buchen!

Mit dem Schiff

Philippinische Fährschiffe hatten vor einigen Jahren, als die Unfallserie im Untergang der *Doña Paz* mit über 4000 Passagieren gipfelte, ihren zweifelhaften Ruf kundgetan. Inzwischen haben große Reedereien Service und Schiffe erheblich verbessert. Das sind u. a. Gothung Southern, 2GoTravel, SuperCat, SuperFerry, Montenegro Shipping, Oceanjet, Fast Ferry, Weesam Express, Cokaliong Shipping, Romblon Shipping, Trans-Asia Shipping, die mit sicheren und schnelleren Passagierschiffen werben. Eine günstige Alternative zum Flugzeug können die Fähren von 2GoTravel beispielsweise für Reisen zwischen Luzon und den Visayas sein. Bei ruhigem Wetter und aufmerksamer Crew kann eine Seereise in der Deck- oder Kabinenklasse tatsächlich ein erholsames Erlebnis sein, vom zuweilen chaotischen Gedränge in den Häfen abgesehen. Über Restaurants und sogar Diskos verfügen die großen Schiffe, auf kleineren Fähren muss man sich selbst verpflegen.

In den Stadt- und Hafenbüros der Reedereien erfahren Sie die Fahrpläne und wo es die Tickets gibt. Frühzeitige Reservierung ist angebracht. Kürzere Strecken zwischen den Inseln legen meist motorisierte Auslegerboote (*pumpboat, banca*) zurück. Auch hier gilt: bei schlechtem, stürmischen Wetter an Land bleiben!

Mit Zug, Bus und Jeepney

Die Philippine National Railway (PNR) hat 2016 den Zugverkehr auf der einzigen noch existierenden Langstrecke von Manila (ab Tayuman Station) nach Naga City (früher bis Legazpi City) bis auf Weiteres eingestellt.

Das schnellste öffentliche Landfahrzeug ist der Bus. Recht bequem sind die klimatisierten, häufig mit Video bestückten Expressbusse. Die regulären Busse bieten keine Verpflegung. Sie halten mehrmals an Restaurants, zudem bedingt jeder Stopp in größeren Orten eine regelrechte Invasion von Händlern, die Getränke und Esswaren anbieten. Das Gepäck wird auf dem Dach und im Passagierraum befördert, unter den Sitzen, im Gang, neben dem Fahrer oder im Heck. Fahrscheine erhalten Sie vor Abfahrt oder im Bus. Immer wieder steigen Kontrolleure zu, die mehr die Ehrlichkeit der Schaffner als die der Fahrgäste zu überwachen scheinen.

Der Jeepney ist das Nahverkehrsmittel schlechthin, und dort, wo die Straßen für Busse zu schlecht sind, bedient er auch weite Strecken. Als Passagier im Jeepney mitzufahren ist eine gewisse Herausforderung, vor allem für langbeinige Europäer. Auf niedrigen Bänken unter dem Wagendach, das bei jeder Bodenwelle die Schädeldecke massiert, stundenlang auszuhalten, ist anstrengend. Aber man ist ja nicht allein. Je voller, um so weniger kann der Einzelne hin- und herrutschen, und um so voller auch die Kasse, was den Fahrer begeistert auf Hupe und Gas drücken lässt.

Anders als die meisten Stadt-Jeepneys fahren die auf dem Land erst los, wenn sämtliche Notsitze besetzt, Hühner unter den Bänken verstaut und Schweine oder Fischkisten am Heck angebunden sind. Der Platz rechts außen auf der Fahrerbank ist der beliebteste, und wer schlau ist, lässt sich diesen „front seat" möglichst schon am Vortag reservieren. Start und Ziel sind auf/über der Windschutzscheibe und

9

Reise-Informationen

an den Außenwänden angeschrieben. Das Fahrgeld kassieren Fahrer oder Assistent. Ansonsten bewährt sich das Begleitpersonal beim Gepäckverladen und Pannen.

Wer gerne oben auf dem Dach frische Luft und gute Aussicht genießen will, soll wissen, dass er/sie meist beim nächstgrößeren Ort wieder nach unten muss. Denn der Fahrer möchte ungern eine Strafe an die Polizisten zahlen, die sich zwecks Gehaltsaufbesserung bevorzugt an Jeepneys halten.

Will man unterwegs zusteigen, hält ein noch nicht völlig überladener Jeepney auf Handzeichen überall an. Das Signal zum Aussteigen ist: Laut ans Dach klopfen oder vernehmlich zischen!

Wie der kleine Verwandte wirkt das Tricycle, das knatternde, stinkende Moped mit angeschweißter Passagierkabine. Ebenso bunte Lebensfreude auf Rädern, mit frechen oder frommen Sprüchen verziert, ist das Gefährt bis in die tiefste Provinz unterwegs. Weit vielseitiger als beim Jeepney sind die regionalen Designvarianten. Ihnen allen gemeinsam ist ihr aufreizender Lärm und die enorme Ladekapazität.

Pedicabs oder Trisikad heißen die gemütlichen, weil (fast) geräusch- und abgaslosen Fahrradrikschas, die sich in den Provinzorten wachsender Beliebtheit erfreuen.

Light Rail Transit

In Metro Manila haben sich die Hochbahnen (LRT = Light Rail Transit) bewährt. Metrorail oder LRT 1 pendelt zwischen 5 und 21 Uhr alle paar Minuten zwischen Caloocan (Station North Terminal/Monumento) und Pasay (South Terminal/Baclaran). Metrostar (MRT 2, Metro Rail Transit) verbindet zwischen 6 und 22 Uhr Quezon City mit dem South Terminal in Pasay City. Die dritte Bahn, Megatren (LRT 2 oder Purple Line), verkehrt von 5-22 Uhr zwischen Pasig City und Santa Cruz.

Mit Mietwagen oder Taxi

Mietwagen mit Fahrer vermitteln Hotels und Reiseagenturen. Wer selbst steuern will, findet die Vertretungen der internationalen Gesellschaft Avis Rent-A-Car in Manila (u. a. Ninoy Aquino Int. Airport, Terminal 3, Tel. 8795263, Terminal 1, Tel. 551 5584); auf Cebu (Mactan Airport, Lapu-Lapu Rd., Tel. 268 2497); Davao City (Int. Airport, Tel. 296 3569); Cagayan de Oro City (East Rapala Hotel, Nat. Highway, Tel. 522 2208); Baguio (Victory Liner Passenger Centre, Utility Rd., Tel. 442 4018) und in anderen Großstädten. Dort sind auch vereinzelt die Firma Hertz sowie lokale Agenturen vertreten.

Wer selbst Auto fahren möchte, benötigt einen **Internationalen Führerschein**. Das oft chaotisch wirkende Verkehrsverhalten ist allerdings gewöhnungsbedürftig.

In Manila stehen Tausende von klimatisierten (Aircon-) Taxis zur Verfügung. Die Fahrer müssen den Taxameter einschalten. Häufig aber funktioniert dieser angeblich nicht oder ist manipuliert. Man sollte vor dem Einsteigen auf Benutzung des Taxameters bestehen. Ansonsten hat er die Wahl, entweder einen erhöhten Tarif oder einen Pauschalbetrag zu bezahlen – oder es mit einem anderen Taxi zu versuchen.

Da sind die „Coupon taxis", die einen nach Fahrtende quittierten Festtarif nehmen. Und die gelben „Airport taxis"; deren Taxameter-Gebühren betragen derzeit: 70 P bei Start bis 500 m, danach 4 P alle 300 m, 4 P alle 2 Minuten Warte- bzw. Standzeit.

Man sollte sich vorher mit Kleingeld eindecken und sich über die Strecke informieren, um nicht unnötige, nur für den Fahrer profitable Umwege zu riskieren.

Am Ankunftsterminal des NAIA-Airports sind nur Taxis von Vertragsoperateuren zugelassen, die zu Festtarifen (10 km ca. 200 PHP) fahren. Alternative Firmen wie UBER und Grab gibt es vorerst nur in Manila und Cebu. Größere Hotels haben einen eigenen Airport-Service.

Generell setzen sich die für „common"-Taxis (neuestens in weißer Farbe) derzeit gültigen Gebühren in Manila und Cebu City aus 40 P Grundgebühr (*flag down*) und 3,50 P für jede 300 Meter zusammen. 3,50 P alle 2 Min. Warte- bzw. Standzeit.

Andernorts (z. B. Iloilo, Bacolod, Zamboanga) heißen die Taxis P. U. (Public Utility) oder einfach Cab und fahren teilweise noch ohne Taxameter. Dort gelten ein City- und ein Außenbezirktarif.

WEITERREISE / AUSREISE

Prüfen Sie vor Ausreise die Gültigkeit Ihres Visums und lassen Sie Ihren Weiterflug / Rückflug mindestens 72 Stunden vor dem Flug bestätigen (auch Inlandsflüge !).

Bei Ausreise über einen der internationalen Flughäfen des Landes werden *Departure Tax* (Ausreisesteuer) erhoben: s. unter Einreisebestimmungen.

PRAKTISCHE TIPPS

Alkohol

Das Angebot ist groß und, zumindest die einheimischen Erzeugnisse betreffend, preisgünstig. Lokales Bier wird landesweit konsumiert. Trinkrunden mit befreundeten Filipinos können sehr spaßig sein, doch sollten Sie sich hüten, um der „Ehre" willen unbedingt mithalten zu wollen.

Gerade bei unbekannten Zechpartnern bewahren Sie besser einen klaren Kopf oder verabschieden sich höflich, aber bald, denn Alkohol kann leicht Ärger provozieren.

Diebstahl und Drogen

Touristen werden gemeinhin als reich eingestuft und ziehen automatisch die gierigen Augen derer an, die es auf das Eigentum anderer abgesehen haben. Lassen Sie also ihr Gepäck nie unbeaufsichtigt, deponieren und befördern Sie es abgeschlossen, nutzen Sie die Hotel-Safes für Ihre Wertsachen. In den vorderen Hosentaschen und/oder unter der Kleidung getragenen Behältnissen ist das Geld besser vor Langfingern geschützt, die besonders gern im Gedränge, auch in öffentlichen Verkehrsmitteln aktiv werden.

Nicht erst seit dem 2016 von Präsident Duterte erklärten und mit großer Brutalität geführten „Drogenkrieg" stellen Rauschgifte aller Stärke und Arten (halluzinogene Pilze, Klebstoff, Cannabis, Extasy bis Kokain) ein sehr großes Problem in der Gesellschaft dar. Zudem dienen die Philippinen als eine Hauptdrehscheibe im internationalen Drogengeschäft. Abgesehen von der Gefahr von Killerkommandos oder bei den derzeit sehr häufigen Polizeirazzien verletzt oder gar getötet zu werden, muss jeder, Ausländer inbegriffen, mit hohen Gefängnisstrafen rechnen, wenn er/sie wegen Herstellung, Handel, Besitz und Konsum von (auch leichten) Drogen angeklagt wird. Nehmen Sie auf keinen Fall Päckchen in Verwahrung oder als „Geschenk für Freunde, Verwandte" mit, ohne vorher den Inhalt inspiziert zu haben. Die Polizei macht Stichproben.

Elektrizität

Landesweit beträgt die Netzspannung 220 Volt 60 Hz, örtlich manchmal noch 110 Volt. Die Steckdosen entsprechen der US-Norm, also benötigen Sie für europäische Stecker einen Adapter. Man sollte mit gelegentlichem Stromausfall rechnen.

Essen und Trinken

Wenn sie auch in den regionalen Reise-Infos nicht detailliert aufgeführt sind, finden Sie doch in jedem Ort ein oder mehrere Esslokale. Die meisten

9

Reise-Informationen

der genannten Unterkünfte verfügen über ein Restaurant. Auskunft über die örtlichen Spezialitäten gibt man Ihnen dort ebenfalls gern. Oft überrascht in ländlichen Gegenden ein solches Interesse geradezu, wird doch der Weiße – der im Zweifelsfall Amerikaner ist – allgemein mit Steaks, Pommes frites und Fischstäbchen assoziiert. Vielfach geben die Gerichte mehr her als die Bedienung, die zwar lieb lächelnd die Bestellung entgegen nimmt, mitunter jedoch zu viele verschiedene Menüs oder Getränke auf dem Weg zur Küche wieder durcheinanderbringt. Seien Sie darauf vorbereitet, dass Filipinos nicht unbedingt warm essen müssen. Wenn Sie in einer kleinen *Eatery* heiße Mahlzeiten haben wollen, sollten Sie sich dort schon am Vormittag einfinden, dann wird nämlich für den ganzen Tag im voraus gekocht.

Essbesteck haben erst die Spanier eingeführt, und noch heute essen die einfacheren Leute mit der rechten Hand. Doch auch gebildete Filipinos haben die traditionelle Esskultur des *Kamayan* („mit der Hand") wiederentdeckt. So heißen auch die speziellen Restaurants in manchen Städten, wo Sie leckere Hand-in-den-Mund-Gerichte auf dem Bananenblatt im Korbteller serviert bekommen.

Das Personal rufen Sie mit „Waitress" oder „Miss" bzw. „Waiter". Die Rechnung heißt „Check", was allerdings eher wie „Chit" ausgesprochen und verstanden wird. Sie können sie auch durch eine einfache Geste verlangen, indem Sie mit dem Finger ein Rechteck in die Luft zeichnen.

Fotografieren

Die Philippinen sind ein sehr fotogenes und fotofreundliches Land. Jeder scheint erpicht zu sein, abgelichtet zu werden. Die üblichen Ausnahmen wie Militärobjekte und -personen müssen Sie respektieren, ebenso die Privatsphäre der Menschen, sofern Sie nicht aus-

drücklich zum Foto aufgefordert werden. Zurückhaltung ist auch bei älteren Menschen und bei den ethnischen Minderheiten angebracht.

Führungen

Kompetente Führer können das Erlebnis in Museen und historischen Stätten bereichern. Berg- und Höhlenabenteuer sollte man nur mit ortskundigem Guide unternehmen. Auch für Besuche bei ethnischen Minderheiten sollte man sich lokaler Führung anvertrauen.

Geschäftszeiten

Behörden und Banken sind von Mo.-Fr. geöffnet, manche Büros arbeiten auch samstags. Geschäfte sind im allgemeinen täglich, einschl. Sonntag, von circa 8/9 bis 19 Uhr offen. Kleinere Läden legen eine Siesta, die Mittagspause von circa 13 bis 15 Uhr, ein, manche sind auch bis nach 21 Uhr auf. Geschäfte in Großstätten und Touristenzentren mehren sich, die rund um die Uhr offen sind. Büros arbeiten in der Regel von 9 bis 17 Uhr, halten aber wie die Behörden ebenfalls Siesta.

Diplomatische Vertretungen schließen schon gegen 13 Uhr die Schalter. Banken bedienen zwischen 9 und circa 15.30 Uhr.

Kontakte

Gastfreundschaft ist eine philippinische Tugend. Doch Vorsicht: Besonders in Großstädten und Tourismuszentren, wenn bis dahin Unbekannte Sie zu sich nach Hause oder „zufällig" in der Nähe wohnenden Bekannten/Verwandten einladen, Ihnen eine „Erfrischung" (Vorsicht: K.O.-Tropfen), Glücksspiel, Massage oder Familienfeier anbieten wollen! Meist stützen die Schlepper(innen) ihre Kontaktfreudigkeit auf angeblich gemeinsame Erlebnisse wie „Wir waren doch im selben Flugzeug/Schiff/Bus!" oder „Hab' ich Sie nicht am Airport gesehen?". Denn es geht einzig und allein um Ihr Geld, das nachher fehlt oder deutlich weniger geworden ist.

Sollten Sie Intimkontakte suchen, bedenken Sie: Geschlechtskrankheiten sind weit verbreitet, auch AIDS.

Kunsthandwerk

Traditionell gefertigtes Kunsthandwerk liefern die ethnischen Minderheiten. Ihre Web- und Schnitzwaren finden Sie vor Ort bei den Produzenten oder in Spezialgeschäften der Städte, vor allem in Manila und Cebu. Vieles an ursprünglichem Gebrauchshandwerk hat der touristische Einfluss zu modischer Ethno Art werden lassen. Beliebte Souvenirs sind Textilien (Hemden, Blusen) aus Abaca- und Ananasfasern, kräftige Webstoffe der Bergvölker („Lepanto-Stoff"), Messing- und Bronzewaren aus Mindanao („Moro Brass"), Abaca-Matten der Samal, Holzschnitzereien aus Ifugao und Paete (Laguna). Außerdem sind Korb- und Flechtwaren aus Bambus, Nipa und Rattan (auch als Möbel) dekorative Handwerksprodukte. Vornehmlich aus Cebu stammt der Modeschmuck aus Muscheln und Korallen, der jedoch zu erheblichen Problemen bei der Einreise nach Europa führen kann (Artenschutzabkommen)!

Maße und Gewichte

Es gilt offiziell das metrische System, doch sind auch amerikanische Angaben wie Fahrenheit, Inch, Gallon oder Feet teils noch gebräuchlich.

Medien

Das fast ausschließlich kommerzielle Fernsehen, das über 250 Sendestationen und unzählige Kabel-TV-Sender umfasst, dringt immer weiter in entfernte Landesteile vor. Beherrscht werden die vorwiegend in Tagalog und Englisch ausgestrahlten, ständig von Werbung unterbrochenen Programme von Tele-

novelas und Game Shows. Besser gestellte Haushalte und viele Hotels können ausländische Sender empfangen (CNN, BBC, Deutsche Welle). Ähnlich kunterbunt präsentiert sich das Hörfunkangebot, das von klassischer Musik, aktuellen Pop-Hitlisten und Jazz bis hin zu Sensationsmeldungen zu Mord und Totschlag reicht.

Die überregionale Presse umfasst gut zwei Dutzend Tages- und Wochenzeitungen (u. a. die kritische *Free Press*) in Englisch und Tagalog, etliche Zeitschriften und Regenbogenblätter. Eine große Zahl von Comics erfreut das Publikum. Auch in den Provinzen erscheinen englischsprachige Lokalzeitungen. Wichtige Blätter, auch mit Online-Ausgabe, sind u.a. *Manila Bulletin*, *Philippine Star*, *Malaya* und *Daily Inquirer*, der wegen seiner fundiert-kritischen Berichterstattung auch im Ausland Anerkennung findet. In großen Hotels, Flughäfen und Buchhandlungen gibt es deutsche und internationale Zeitschriften.

Post und Telefon

Zwar hat jeder größere Ort ein Postamt, doch die Transportwege sind zum Teil recht lang und nicht immer zuverlässig. Innerhalb des Landes braucht ein Normalbrief oft länger als die ca. 7-10 Tage dauernde Luftpost von/nach Übersee. Sendungen, die interessant aussehen bzw. sich anfühlen, verschwinden öfter. Erhebliche Verzögerungen treten während der Weihnachtszeit auf. Achten Sie darauf, dass die Briefmarken vor Ihren Augen abgestempelt werden.

Telefonnummern erfährt man im Internet, im Telefonbuch (*directory*) oder über die Auskunft (Tel. 114, 112).

Mit Prepaid- und Chipkarten, die mehrere Firmen (u. a. Globe, Smart) anbieten, kann man auch von öffentlichen Fernsprechern telefonieren. Handys (*Cellphones*) sind sehr weit verbreitet (GSM 900/1800; Netz fast flächendeckend). Will man über den eigenen, einheimischen Netzbetreiber telefonieren,

9

Reise-Informationen

sollte man sich unbedingt bei diesem nach den Roamingkosten erkundigen. Viel billiger telefoniert man mit einer lokalen Prepaid-Karte. SIM-Karten und Karten zum Aufladen gibt es in Telefonläden und Supermärkten. Für SIM-Card-Erwerb sind Ausweispapiere vorzuzeigen. Internetzugang gibt es in fast allen größeren Orten und vielen Touristenzentren zu günstigen Tarifen (*Internet-Café, Cybershop* etc.).

Sicherheit

Eine gute touristische Infrastruktur bieten die als relativ sicher geltenden Visayas, wie z. B. Boracay oder Cebu. Warnungen des Deutschen Auswärtigen Amtes betreffen außer Gefahren durch Natur- und Umweltkatastrophen vor allem Krisengebiete wie die Inseln Jolo und Basilan, wo sich wiederholt Militär und muslimische Rebellen Gefechte lieferten, sowie Mindanao (v. a. Gebiete um Zamboanga City, Cotabato City und General Santos City).

Es hat Entführungsfälle, Morde und Bombenanschläge gegeben, für die u. a. die islamistische Terrorgruppe Abu Sayyaf im muslimischen Süden verantwortlich zeichnete. Man sollte sich vor und während der Reise über die aktuelle **Sicherheitslage** informieren (**www. auswaertiges-amt.de**).

Abgesehen von den Problemgebieten im Süden sind im Allgemeinen die Risiken für Philippinenbesucher nicht viel größer als anderswo. In Großstädten und Touristenzentren sind Gauner, Taschen- und Trickdiebe aktiv. Bleiben Sie misstrauisch gegenüber Einladungen, bewahren Sie Wertsachen, Reisedokumente (Kopien anfertigen) und Geldreserve im Hotelsafe oder im verschlossenen Gepäck auf, zeigen Sie keine größeren Geldmengen, benutzen Sie Kredit- und Geldkarten mit größter Vorsicht. Falls Sie überfallen werden – nicht den Helden spielen!

Trotz Wiederaufbaumaßnahmen sind die Folgen von Taifun Haiyan (Yolanda), weiterer Stürme und Erdbeben in den besonders betroffenen Gebieten Samar, Leyte, Negros Occidental, im nördlichen Cebu, Masbate, Bohol und Nordmindanao noch sichtbar. Reisen in die betroffenen Gebiete können aufgrund mangelhafter Infrastruktur mit Schwierigkeiten verbunden sein.

Trinkgeld

In einem Billiglohnland wie den Philippinen freut man sich über eine besondere Anerkennung. Gerade die Angestellten im Gastronomie- und Tourismussektor sind auf ein Trinkgeld angewiesen, das, soweit es nicht schon als *Service Charge* oder *Service Tax* in der Rechnung ausgewiesen ist, ca. 10-15 % des Rechnungsbetrages ausmachen sollte. Häufig wird in kleineren Lokalen mit dem Hinweis *No Service Charge* indirekt vermittelt, dass das Personal außer Trinkgeld so gut wie keinen Lohn bekommt, leider eine landesweite Praxis.

Die seltene Ausnahme, dass das Verteilen von Trinkgeld nicht gewünscht wird, gibt es aber auch – meist in Luxusresorts (z.B. im Club Noah auf Palawan).

Zeit

Die Philippinen sind zur europäischen Sommerzeit (MESZ) +6 Stunden, zur MEZ +7 Std. zeitverschoben.

Zoll

Zollfrei darf man einführen: 400 Zigaretten oder 50 Zigarren oder 250 g Pfeifentabak und zwei Liter Alkohol. Verboten ist die Einfuhr von Drogen, Waffen und Pornografie in Text, auf Film oder elektronischen Medien.

Die Aus- bzw. Einfuhr von Souvenirs, die aus Teilen bedrohter Tiere bestehen, ist strafbar. Dazu gehören auch Korallen, Schildpatt, Elfenbein, zahlreiche Muschel- und Seeschneckenarten. Eingeschränkt ist die Ausfuhr von Antiquitäten.

ADRESSEN

Botschaften

Deutschland: 25/F Tower 2, RCBC Plaza, 6819 Ayala Ave (cor. Sen. Gil Puyat Ave), Makati City, Metro Manila. **Postanschrift**: German Embassy Manila, P. O. Box 2190, Makati CPO, Makati City, 1261 Metro Manila, Philippines, Tel. 702 3000; Visastelle: Fax 702 3045.
Österreich: 8th Floor, One Orion Bldg., 11th Avenue Cor. 38th St., Bonifacio Global City, Taguig, Tel. 817 9191.
Schweiz: Equitable Bank Tower, 8751 Paseo de Roxas, Makati, Metro Manila, Tel. 63 (02) 845 4545.

Philippinische Vertretungen in Europa

Botschaft der Republik Philippinen, Uhlandstraße 97, 10715 Berlin, Tel. 0049 30-86 49 50 0, 30-86 49 50 23 (Visa-Notf.).
Konsulate in Deutschland:
c/o Bank im Bistum Essen e.G., Gildehofstr. 2, 45127 Essen, Tel. 0201/2209273.
Palaisplatz 3, 01097 Dresden, Tel. 0351/44833312.
Leitzstr. 45, 70469 Stuttgart, Tel. 0711/65520050.
Habenschadenstr. 16, 82049 Pullach, Tel. 089/72444850-80.
Frankfurter Str. 70, 61231 Bad Nauheim, Tel. 06032/9661250.
Botschaft der Republik Philippinen, Kirchenfeldstrasse 73, 75 3005 Bern, Schweiz, Tel. 0041 31/ 350 17 17.
Botschaft der Republik Philippinen, Laurenzerberg 2/2 ZWG, 1010 Wien, Tel. (00431) 533 240 1.

Touristeninformationen / Department of Tourism im Ausland

Deutschland: Kaiserhofstr. 7, 60313 Frankfurt/M., Tel. 069720893, info@die-philippinen.de.

SPRACHFÜHRER TAGALOG

Die folgende Liste ist ein knappes *Tagalog*-Vokabular, das trotz der rund 170 Regionalsprachen ziemlich überall verstanden wird; die akzentuierte Silbe ist betont zu sprechen. Tagalog ist die Hauptgrundlage für die offizielle Nationalsprache *Filipino*. Im Geschäftsverkehr und als Umgangssprache wird auch Englisch gesprochen.

Willkommen, zum Wohl . . . . . . *mabúhay*
Guten Morgen . . . . *magandáng umága*
Guten Tag . . . . *magandáng tangháli*
Guten Nachmittag . *magandáng hápon*
Gute Nacht . . . . *magandáng gabí*
Auf Wiedersehen. . . . . *paálam / adyos*
Wie heißt du/heißen Sie?. . . . .*anóng pangálan mo/anóng pangálan po?*
Ich heiße . . . .*ang pangálan ko*
Wie geht's (dir) ? . . . .*kumustá ka?*
Wie geht's Ihnen/euch? . . *kumustá po / kayó?*
Wo ist der, die, das..? . . . .*saán ang (saán si bei Personen)*
Woher kommst du? . . . . *saán ka gáling?*
Aus welchem Land kommst du? *tagásaáng bayán ka?*
Wohin willst du? . . . . .*saán ka pupuntá?*
Was ist das?. . . . . *ano itó?*
Ich möchte essen/trinken. . . *gustó kung kumáin/uminum*
Ich möchte bezahlen. . *magbabáyad na akó*
Wie spät ist es?. . . . . *anong óras na?*
Wieviel kostet dieses? . . . .*magkáno itó?*
ich. . . . . *akó*
du. . . . . *ikáw*
er, sie, es . . . . *siyá*
wir . . . . *kami / táyo*
ja / nein. . . . .*oó / hindí*
danke . . . . *salámat*
vielen Dank. . . . . *maráming salámat*
okay, los . . . . *síge*
gut . . . . *mabúti*
schlecht . . . . *masamá*
groß . . . . *malakí*
klein. . . . . *maliít*
heute . . . . *ngayón*
morgen. . . . . *búkas*

9

Reise-Informationen

gestern	*kahápon*
Tag	*áraw*
Woche	*linggó*
Monat	*buwán*
Jahr	*taón*
heiß	*maínit*
kalt	*malamíg*
sauber	*malínis*
schmutzig	*marúmi*
Zimmer	*kuwárto*
Bad, Badezimmer	*bányo*
Moskitonetz	*kulambó*
Toilette	*kubíta (comfort room, CR)*
teuer	*mahál*
billig	*múra*
Reis (ungekocht/gekocht)	*bigás/kánin*
Fisch	*isdá*
null, nichts, kein	*walá*
1	*isá*
2	*dalawá*
3	*tatló*
4	*apát*
5	*limá*
6	*ánim*
7	*pitó*
8	*waló*
9	*siyám*
10	*sampú*
11	*labing-isá*
12	*labing-dalawá*
20	*dalawampú*
30	*tatlumpú*
40	*apatnapú*
41	*apatnapú't isa*
50	*limampú*
60	*animpú*
70	*pitumpú*
80	*walampú*
90	*siyamnapú*
100	*isáng daán*

Aussprache

In manchen Regionen werden *p* und *f* ausgetauscht, auch wenn Englisch gesprochen oder gesungen wird, z. B. „Hey, *fretty* woman!" Ein im Wort stehendes *w* wird wie *u* gesprochen, z.B. *áraw* = árau, *Banáwe* = Banáue. Die *ng* und *mga* geschriebenen Ausdrücke werden *nang* bzw. *manga* gesprochen.

Albrecht G. Schaefer, Project Editor dieses Buches, ist Journalist, Fotograf und Ethnologe mit Schwerpunkt Südostasien, Melanesien und Madagaskar. Darüber berichtet er für deutsche und internationale Medien. Sein langjähriger Aufenthalt, ausgedehnte Reisen und die Hilfe seiner Frau Maria Lourdes Perlas haben dieses Buch ermöglicht. Er verfasste die Kapitel „Landeskunde", „Luzon", „Die Visayas" (ohne Samar und Leyte), „Sulu-See", „West-Mindanao" und die Features „Exoten im eigenen Land" und „Küche". Als Co-Autor zeichnet er mitverantwortlich für „Geschichte", „Manila", „Süd-Luzon", „Inseln der Mitte", „Unruhiges Mindanao", „Palawan", „Naturwunder" und „Fiesta".

Wolf Dietrich lehrte Philosophie und Psychologie an der De La Salle-Universität in Manila. Er schrieb das Feature „Ein gemischtes Erbe". Als Co-Autor wirkte er an „Geschichte" und „Manila" mit.

Sylvia L. Mayuga lebt in Manila, wo die Journalistin, Schriftstellerin und Video-Filmemacherin sich mit der Kunst und dem Kulturschaffen in den Philippinen auseinandersetzt. Sie schrieb das Feature „Die Filipina".

Roland Hanewald kam ursprünglich als Schiffsoffizier der Handelsmarine in die Philippinen. Er blieb dann 25 Jahre lang und hat Land und Gewässer des Archipels intensiv beschrieben und fotografiert. Seine Reportagen sind in etlichen Sprachen erschienen. Für dieses Buch verfasste er „Süd-Luzon", „Die Inseln der Mitte" (Mindoro, Marinduque, Romblon-Archipel, Masbate, Samar, Leyte), „Palawan" und „Verwundbare Naturwunder". Er ist Co-Autor von „Inseln der Mitte", „Süd-Luzon", „Unruhiges Mindanao" und „Fiesta Filipina".

REGISTER

Foto: Simon Gurney (Dreamstime)

Nelles Verlag

Philippinen

Hotelverzeichnis

HOTELVERZEICHNIS

⑤⑤⑤ Gehobene und Luxuskategorie: 50-150 US$ und mehr.
⑤⑤ Mittel: 15-50 US$.
⑤ Einfach: bis 15 US$.

3 MANILA

Manila (☎ 02)

⑤⑤⑤ **Manila Hotel**, zentrale Lage, schöner Blick auf Stadt und Manila Bay, drei Restaurants (französisch, japanisch u. *Cowrie Grill*), Pool mit Bar; nahe Club Intramuros Golf Course, Rizal Park, Roxas Bld., Tel. 527 0011, www.manila-hotel.com.ph.

New World Hotel Makati, 25 Etagen, 600 Luxuszimmer, Cafés, Lounge, Restaurants, Poolbar, Pool, Fitness, Esperanza St. / Makati Ave., Makati, Tel. 811 6888, www.manila.newworldhotels.com.

The Peninsula Manila, Lobby mit 24h-Speisen- und Getränke-Service, Jazz am Abend, das *Old Manila* gehört zu den besten Restaurants der Stadt, asiatisch im *Spices* und im *Escolta*, Pool, Spa & Fitnesscenter, Schönheits- und Friseursalon, Ayala Ave. / Makati Ave., Makati, Tel. 887 2888, www.peninsula.com.

Edsa Shangri-La Hotel, tropische Gartenanlage, vier Restaurants mit internationaler Küche, Pool, Spa, Garden Way, Ortigas Center, Mandaluyong, Tel. 633 8888, www.shangri-la.com.

Manila Mariott Hotel, 4-Sterne-Haus mit 323 Zi. nahe d. neuen Terminal 3, 10 Newport Blvd., Newport City Complex, Pasay City, Tel. 988 9999, www.mariott.com.

Sofitel Philippine Plaza Manila, direkt an der Manila Bay, schöner Pool,Tennis, Golf, 9 Restaurants, herrliche Sonnenuntergänge, CCP Complex, Roxas Blvd., Pasay City, Tel. 551 5555, www.sofitel-manila.com.

⑤⑤ **Aloha Hotel**, Zimmer z. T. mit Blick auf die Manila- Bucht, 2150 Roxas Blvd., Tel. 526 8088.

The Garden Plaza Hotel, charmant, nostalgisch, ruhige Lage, teurere Zimmer mit Kitchenette, Pool, Restaurant, 1030 Belen St., Paco, Tel. 521 3002.

Hotel La Corona, Frühstücksbuffet, 1166 M. H. del Pilar / Arquiza Sts., Ermita, Tel. 524 2631, www.bestwestern.com.

The Legend Villas, inkl. Frühstück, die teuren Zimmer sind mit Jacuzzi, Pool, Fitness, 60 Pioneer St./Madison St., Mandaluyong City, Tel. 702 2700, www.legendvillas.com.ph.

⑤ **Pension Natividad**, gepflegt, angenehm, schattiger kleiner Garten, Café, 1690, M. H. del Pilar St., Tel. 521 0524.

Mabini Pension, Restaurant, Infos, Flugtickets, Visaservice, Gepäckaufbewahrung, 1337 A. Mabini St., Ermita, Tel. 523 3930.

Malate Pensionne, zentral, ruhig, Traveller-Treffpunkt, Garten mit Café, 1771 Adriatico St., Malate, Tel. 523 8304, www.mpensionne.com.ph.

4 LUZON

ZENTRAL-LUZON

Ternate

⑤⑤⑤ **Caylabne Bay Resort**, philippinische u. internationale Küche im Restaurant, Pool, Kajak, Jetski, Golf, Tennis, Tel. 965 1881, 752 7401, www.caylabne.com.ph.

Tagaytay (☎ 046)

⑤⑤⑤ **Club Estancia Resort Hotel**, Cottages mit Terrassen u. Blick auf den Taal-See, Restaurant, Jacuzzi, Innen- u. Außenpools, Tel. 413 1133, www.estanciatagaytay.com.ph

⑤⑤ **Taal Vista Hotel**, schöne Gartenanlage, Zimmer z. T. mit fantastischem Blick auf den See, gutes philippinisches Mittagsbuffet, Km 60 Aguinaldo Highway, Tagaytay City, Tel. 413 1000, www.taal-vistahotel.com.

Sonya's Garden, sehr stilvoll eingerichtete Zimmer, Spa, Meditation, Yoga, bestes Restaurant der Gegend, Barangay Buck Estate, Alfonso, Cavite, Tel. 0917-532 9097, www.sonyasgarden.com.

Nasugbu

⑤⑤ **The Sanctuary Spa at Maya-Maya**, 14 geschmackvolle Cottages im Lokalstil, Spa, Tauchbasis, Restaurant, Bar, Pool, Tel. 0918-909 7170, www.mayamaya.com.

Anilao

⑤⑤⑤ **Solana Resort**, herrliche Lage am Strand, fantastisch gestaltete, mit philippinischem Kunsthandwerk ausgestattete Anlage, Zimmer z. T. mit Blick auf Meer und Sonnenuntergang, Schnorcheln, Tauchen, Unterwasser-Fotosafaris, Segeln, Surfen etc., Tel. 0908-876 5262, www.divesolana.com.

⑤⑤ **Aqua Tropical Resort**, gutes Restaurant, Pool, Tauchen, Tel. Manila (02) 521 6407

Batangas City (☎ 043)
☺ **Avenue Pension**, zentral, 30 Rizal Ave., Tel. 300 1964.

Los Baños (☎ 049)
☺☺ **City of Springs**, am See, Pools, teurere Zimmer mit privatem Pool und Seeblick, Restaurant, 147 N. Villegas St., Brgy. Baybayin, Tel. 536 1001, http://splashmountain.com/city.

San Pablo (☎ 049)
☺☺ **Villa Escudero**, Cottages auf Stelzen im See, Restaurant, Pool, Ausflüge, Tiaong (10 km südl.), Tel. Manila (02) 521 0830, www.villaescudero.com.
☺ **Sampaloc Lake Youth Hostel**, einfache Mehrbett-Zimmer, Treppe zum See, Efarca Village, Tel. 562 3911, 562 3376.

Pagsanjan (☎ 049)
☺☺ **Pagsanjan Falls Lodge & Resort**, schöne Lage über dem Fluss, akzeptable Zimmer, Pool, große Restaurantterrasse, Baranggay Pinagsanjan, Tel. 501 4251.
☺ **Willy Flores Guesthouse**, 821 Garcia St., Tel. 500 8203.

CENTRAL PLAINS

San Fernando (☎ 045)
☺ **Pampanga Lodge**, einfach, gegenüber der Kirche, Tel. (0345) 961 2212.**Bowliseum**, ruhig, Restaurant, Juliana Subd., Tel. 961 2040.

Angeles (☎ 045)
☺☺ **Orchid Inn**, Restaurant, Pool, mitten in Balibago, aber ruhig, Raymond St., Tel. 879 0354.
Swagman Resort & Hotel, Restaurant, Pool, Spa, die teuersten Zimmer mit Jacuzzi, S/L Orosa St., Diamond Subd., Tel. 624 6260, www.swagmanresort.com.
☺ **Koala Hotel**, nett, familiär, mit Pool, 29-14 S/L Orosa St. Diamond Subd., Tel. 892 0891, www.koalahotel.com.

Cabanatuan (☎ 044)
☺☺ **Microtel Inn & Suites**, modernste Ausstattung inkl. Gesundheitsmatratzen, Sta. Arcadia, Tel. 958 7777, Fax 958 7778, www.microtel-cabanatuan.com.

Baler (Aurora, ☎ 042)
☺ **Bahia de Baler**, saubere Zimmer mit kleiner Terrasse, 080 Buton St., Sabang Beach, Tel. 203 4276, 0921-576 5655. **MIA Surf & Sports Resort**, Reiten, Surfen, Windsurfen und Schnorcheln, Sabang.

ZAMBALES-REGION

Insel Corregidor
☺☺ **Corregidor Inn**, 30 Zimmer, elegant im lokalen Stil eingerichtet, Restaurant mit schöner Aussicht, Pool, Tel. 0917-527 6350.

Bagac
☺☺☺ **Montemar Beach Club**, in einer geschützten Bucht am weißen Sandstrand, großes Sportangebot, Schildkrötenschutzprojekt, Sitio Pasinay Brgy. Pag Asa Bagac, Tel. (02) 811 5496 (Sales & Reservation Office Manila), www.montemar.com.ph.

Olongapo & Subic Bay (☎ 047)
☺☺☺ **Lighthouse Marina Resort**, elegantes Gebäude mit Leuchtturm, Zimmer z. T. mit Jacuzzi und schöner Aussicht, Restaurant mit Grill- und Seafoodgerichten, Bar, Pool, Segeln, Moonbay Marina Complex, Waterfront Rd., Tel. 252 5000, www.lighthousesubic.com.
Subic International Hotel, 284 gepflegte Zimmer, Rizal Street / Sta. Rita Road, Tel. 252 2222, 252 6703, www.subichotel.com.
☺ **Arlene's Inn III**, sehr sauber, 42 Fendler St. / Magsaysay Drive, Tel. 222 8877, www.arlenesinn.com.

Barrio Barreto
☺☺☺ **Wild Orchid Beach Resort Subic Bay**, attraktive, moderne Anlage am Baloy Beach, beste Unterkunft in Barreto, Tel. 223 1029, www.wildorchidsubic.com.
☺☺ **Playa Papagaio Inn**, sehr gut geführtes Haus am Strand, Garten, Frühstück inkl., Tel. 224 1002, www.playapapagayo.net.
☺ **Johansson's Lodge**, nette, unterschiedlich ausgestattete Zimmer mit/ohne AC, Restaurant, 128 National Hwy, Olongapo City, Tel. 223 9293.

Iba (☎ 047)
☺☺ **Palmera Garden Hotel and Beach Resort**, schöne Anlage mit Pool, schweiz. Leitung, gutes Re-

staurant, Bagantalinga, National Rd., Tel. 811 2109, Mobil 0917-464 1377, www.palmeragarden.com.

Bolinao (☎ 075)

🅢🅢 **Dutch Beach Resort**, stilvolle kleine Cottages, Garten, am Strand, 12 km südw. von Bolinao, Patar, Tel. 0919-207 2952.

🅢 **Celeste Seabreeze Resort**, zentral, am Meer, Tel. 554 2035.

Lucap (Hundred Island National Park) (☎ 075)

🅢🅢 **Hundred Island Resort Hotel**, 20 Zimmer, Restaurant, Grill, Café, Bar mit Livemusik, Tel. 551 5753, Fax 555 5754.

🅢 **Ocean View Lodge**, Tel. 551 2501.

Lingayen (☎ 075)

🅢🅢 **Lingayen Gulf Resort**, Meerblick, Pool, Capitol Ground, Tel. 542 5871.

Dagupan (☎ 075)

🅢 **Victoria Hotel**, mit Restaurant, Nable St., Tel. 522 8250.

ILOCANDIA / CAGAYAN VALLEY

Bauang (☎ 072)

🅢🅢🅢 **Cresta del Mar**, 4 Restaurants, Bar, Disco, Tennis, Paringao, Tel. 242 0987.

🅢🅢 **Bali Hai Beach Resort**, renovierungsbedürftig, Pool direkt hinter dem Strand, Paringao, Tel. 607 3865, 607 3866, Mobil 0927-367 5413, www.balihai.com.ph.

🅢 **Hideaway Beach Resort**, Baccuit Norte.

San Fernando (☎ 072)

🅢🅢 **Sunset German Beach**, kleine, üppig grüne Anlage am Strand, Surfboardverleih, San Juan (9 km nördlich), Tel. 888 4719, www.sunsetgermanbeachresort.com.

🅢 **Hotel Mikka**, zentral, mit Restaurant, Quezon Ave., Tel. 242 5737.

Vigan (☎ 077)

🅢🅢🅢 **Vigan Plaza Hotel**, bestes Haus im Ort, hervorragende Küche, Mena Crisolego St., Tel. 722 1527, www.viganplazahotel.com.

🅢🅢 **Villa Angela Heritage House**, sehr schöne alte Villa (1870) mit nur vier anmutig-kolonial gestalteten Zimmern inkl. Frühstück, AC, Bad/WC,

prächtiger Garten, erlesene Ilokano-Küche, 26 Quirino Blvd., Tel. 722 2914, www.villangela.com.

🅢 **Grandpa's Inn**, einfache und etwas gehobenere Zimmer mit teilweise pfiffigen Einrichtungsideen, z. B. Bett in umgebauter Kalesa, freundliches Ambiente, 1 Bonifacio St. / Quirino Blvd., Tel. 722 2118, www.grandpas-inn.com.

Currimao (☎ 077)

🅢🅢🅢 **Playa Tropical Resort**, attraktive Strandanlage im balinesischen Stil, Barangay Victoria, Tel. 0917-570 0223.

🅢🅢 **D'Coral Beach Resort Hotel & Restaurant**, 28 passable Zimmer, Pool, Bootsverleih, Barangay Pias Norte, Tel. 770 4128.

Laoag City (☎ 077)

🅢🅢🅢 **Fort Ilocandia Resort**, Restaurants, Wassersportangebot, Geländewagenverleih Sanddünen-Tour, Tennis, Reiten etc., Calayab, 10 km südl. von Laoag, am Dünenstrand von Suba, Tel. 670 9101, www.fortilocandia.com.ph.

🅢🅢 **Palacio de Laoag**, Pool, nettes Café, Vintar Rd., Tel. 773 1842, www.palazzodelaoaghotel.com.

🅢 **Texicano Hotel**, sauber, mit Restaurant, Rizal St., Tel. 772 0604.

Pagudpud (☎ 077)

🅢🅢🅢 **Saud Beach Resort**, die beste Unterkunft an palmengesäumten Sandstrand, schönes Gebäude, Restaurant, Zimmer mit Rattanmöbeln und Kühlschrank, Tel. (02) 928 9853 oder 0917-519 5495, www.saudbeachresort.com.

🅢🅢 **Terra Rika Beach & Dive Resort**, Restaurant/Bar mit Meerblick, Tauchen, ebenfalls am Saud Beach, Tel. 91 755 4005, www.terrarika.com.

Batanes-Inseln (☎ 078)

🅢🅢 **Batanes Resort**, großartiger Meerblick, sechs Bungalows im Stil der Ivatan-Steinhäuser mit je zwei Zimmern, sehr freundliches Personal, exzellente Küche, in Basco, Kaychanarianan, ca. 2 km außerhalb, Tel. 533 3444.

🅢 **Shanedel's Inn**, nette, gepflegte Pension mit einfachen und AC-Zimmern, in Basco, National Rd.(Ecke Abad St.), Tel. 0920-447 0737.

Claveria (☎ 078)

🅢 **Claveria Bayview Inn & Resort**, sehr familiär, auf Vorbestellung frischer Fisch und Meeresfrüchte, Tel. 0928-780 3898.

Aparri (☎ 078)
🅢 **Ryan Hotel**, Rizal St., Tel. 888 2850.

Tuguegarao (☎ 078)
🅢–🅢🅢 **Hotel Candice**, ruhige, große Zimmer mit TV, die teuren Zimmer zudem mit Kühlschrank, Restaurant, Blumentritt St. / Luna St., Tel. 844 2007, www.hotelcandice.com.

🅢 **Callao Cave Resort**, am Eingang der Callao-Höhle am Fluss, Restaurant, Peñablanca, Tel. 0917-981 7752.

CORDILLERA CENTRAL

Baguio (☎ 074)
🅢🅢🅢 **The Manor at Camp John Hay**, herrliche Lage mit fantastischer Aussicht, Fitness, Spa, exzellentes Restaurant, Golf, Camp John Hay, Loakan Rd., Tel. 424 0931, www.campjohnhay.ph.

🅢🅢 **Pines View Hotel**, gepflegte Zimmer in freundlichem Haus, 24 Legarda Rd, Tel. 446 6726, www.pinesviewhotel.com.

Bloomfield Hotel, 30 moderne Zimmer, gutes Restaurant, nahe Busterminals, 3 L. Wood Rd., Tel. 446 9112-15.

🅢 **Benguet Pine Tourist Inn**, einfache, saubere Zimmer, nahe Burnham Park, Restaurant, 82 Chanum/Otek St., Tel. 442 7325.

Bontoc
🅢 **Ridge Brook Hotel**, saubere, nette Zimmer, freundlich, großartige Aussicht auf Reisfelder, gutes Restaurant, beste Unterkunft vor Ort, etwas außerhalb in Samoki, Tel. 074-290 2288.

Sagada
🅢 **Masferré Inn**, einladende Zimmer, empfehlenswertes Restaurant, mit vielen Bildern des aus Sagada stammenden Fotografen Eduardo Masferré, Tel. 0917-431 5255.

St. Joseph's Inn, Zimmer und Cottages verstreut in einem Garten, schöne Lage und Aussicht, gutes Restaurant, gegenüber der Kirche, Tel. 0918-559 5934.

Mapiyaaw Sagada Pensione, einfache Zimmer, Restaurant, ca. 600 m außerhalb, Richtung Bontoc in spektakulärer Felsenlandschaft, Tel. 0999-966 6164.

Banaue (☎ 074)
🅢🅢 **Banaue Hotel**, das beste Haus im Ort mit angegliedertem Youth Hostel, bietet neben den regulären, geschmackvoll eingerichteten Zimmern auch Dormitories, gutes Restaurant, Pool, Spielräume (Billard, Tischtennis u. a.), Folklorevorführung, Tel. 386 4088.

🅢 **Banaue View Inn**, schönes Panorama, freundliche, auskunftsfreudige Besitzer, Café, auf einem Hügel über Banaue, Tel. 386 4078. **Greenview Lodge**, Tel. 386 4021, zentral, schöne Holzböden, Restaurant, http://ugreenview.wordpress.com.

Batad
🅢 **Hillside Inn**, fantastischer Blick auf die Reisterrassen, gute Küche, Tel. 0917-757 4411. **Ramon's Homestay**, trad. Ifugao-Häuser, einfach, Tel. 0927-678 3932, 0918-243 9827.

SÜD-LUZON

Lucena (☎ 042)
🅢🅢 **Queen Margarette Hotel**, luxuriöses Haus mit Pool, Garten, komfortable Zimmer, Domoit Div. Rd., Tel. 797 1881, www.queenmargarettehotel.com.

🅢–🅢🅢 **The House of Halina**, unterschiedliche Zimmer, Restaurant, 104 Gomez St., Tel. 710 2902.

🅢 **Lady Luck Hotel**, angenehme Zimmer, manche mit TV, Kühlschrank, Kochgelegenheit, M. L. Tagarao St., Tel. 373 1565.

Atimonan (☎ 042)
🅢🅢 **Doña Rosario Sea Breeze Village and Resort**, gute Ausstattung mit Pool, Garten, Restaurant, nahe an Lamon Bay und Ort, Km 176,4, Barangay Angeles, Tel. 316 6916.

Daet / Apuao Grande Island (☎ 054)
🅢🅢 **T. S. Resort**, großzügige Anlage, Restaurant, Bar, Pool, Tennis, Golf u. a., tägl. Transfer nach / von Mercedes, eigenes Flugfeld, Apuao Grande, Buchung: 1085 Vicente Basit St., Tel./Fax 721 1545.

🅢 **Wiltan Hotel**, einfache, saubere Zimmer, Restaurant, östl. vom Zentrum, Daet, Vinzons Ave., Tel. 721 2252.

Naga (☎ 054)
🅢🅢🅢 **Avenue Plaza Hotel**, 4-Sterne-Haus mit 65 Zimmern (Standard, Deluxe) und Suites, 15 Min. zum Airport, Magsaysay Ave, Tel. 473 9999, 811 7888, www.theavenueplazahotel.com.

🅢🅢 **Crown**, Standardzimmer / Suites, Restaurant,

Bar, Airport-Transfer gratis, Zimmer zur Straße etwas laut, 39 P. Burgos St., Tel. 473 8503.

🌸 **Sampaguita Tourist Inn**, eher kleine, saubere Zimmer, Restaurant, freundl. Atmosphäre, Panganiban Drive, Tel. 472 2413, 476 2158.

Iriga (☎ 054)

🌸🌸 **Iriga Plaza Hotel**, schmuckes altes Haus an der Plaza, Restaurant, passable Zimmer, S. Francisco St., Tel. 299 2352.

Legazpi (☎ 052)

🌸🌸 **Casablanca**, komfortable Zimmer, z. T. mit Balkon, Restaurant, Bar, Airport-Transfer inkl., Coffee Shop (24 Std.), Peñaranda St., Tel. 480 8338.
Albay Hotel, schöne Zimmer, Pool, Disco, Mietautos, Airport-Transfer inkl., 88 Peñaranda St., Tel. 481 3223.
🌸 **Tanchuling Hotel**, Dachgarten mit Blick auf den Mt. Mayon, ca. 1 km vom Zentrum, Jasmine St., Tel. 480 6003.

Virac (☎ 052)

🌸🌸 **Catanduanes Midtown Inn**, bestes Haus der Stadt, gutes, günstiges Dachterrassen-Restaurant, nahe dem Hafen, 20 Min. zum eigenen **Midtown Resort** am Strand (Wassersport), San Jose St., Tel. 0947-563 8165, http://www.catmidinn.com.
🌸 **Puraran-Puting Baybay Beach Resort** direkt am Surfer-Strand, familiäre, einfache Unterkunft mit Holzbungalows, einfachen, sauberen Sanitäranlagen und Restaurant, Tel. 0926-710 8711, Puraran, http://puraran-surf-putingbaybay.webnode.com.
Catanduanes Twin Rock Beach Resort, Restaurant, Pool, 8 km südwestl. von Virac, Igang, Tel. 811 3742, http://twinrock.com.ph.

Donsol (☎ 056)

🌸🌸 **Vitton Beach Resort**, idealer Ausgangsort für Walhai-Touren, 12 Cottages aus Naturmaterial, AC-Zimmer für bis zu vier Personen, Restaurant am Strand; **Woodland Resort**, angenehme Doppel-Cottages im Palmenhain, mit Restaurant; beide beim Visitor Center, Tel. 0917-544 4089, http://whalesharksphilippines.com.
🌸 **Amor Farm Beach Resort**, am Meer gelegen (etwa 15 Min. per Boot vom Ort aus), kleine Anlage, nett, Infos bei Amor Store (in Donsol, am Anleger), Tel. 0909-518 1150.

Sorsogon (☎ 056)

🌸🌸🌸 **Sirangan Beach Resort**, beeindruckend ausgestattete Zimmer, schöner Strand, 15 Min. nordöstl. von Sorsogon, Caricaran, Tel. 0919-582 2732.
🌸🌸 **Fernandos Hotel**, ansprechendes Haus, Restaurant, Autovermietung, Tourenangebot (auch zu Walhaien nach Donsol), N. Pareja St., Bitan-o, Tel. 211 1573, www.sorsogontourism.com/fernandos.htm.
Villa Kasanggayahan Pensione, nettes Ambiente, Garten, Rizal St., Tel. 211 1275.

Bulusan (☎ 056)

🌸🌸 **Villa Luisa Celeste Resort**, sympathische Anlage am Pazifik, Restaurant, Pool, ca. 3 km von der Stadt entfernt, Dancalan, Tel. 0910-651 2447.
🌸 **Bartilet's Lodging**, einfache, saubere Zimmer direkt hinter dem Rathaus, 262 Dapdap.

5 DIE INSELN DER MITTE

INSEL MINDORO

Puerto Galera (☎ 043)

🌸🌸 **Fishermen's Cove**, italienische Leitung, ruhige Bucht ohne Strand, tgl. Tauchausflüge, hausgemachte Pasta, 1 km westl. von Puerto Galera, Tel. 0917-533 2985, www.fishermenscove.com.
🌸 **Badladz Adventure Resort**, beste Lage mit Blick auf die Bucht, Restaurant mit mexikanischer, asiatischer u. westlicher Küche, riesiges Angebot an Freizeitaktivitäten, am östl. Ende des Muelle Pier, Tel. 287 3693, 0939-914 8819, www.badladz.com.

Palangan (☎ 043)

🌸🌸 **Encenada Beach Resort**, Restaurant mit Strandblick, Tauchbasis, ca. 2 km außerhalb Richtung Sabang an privatem Sandstrand, Tel. 287 3083, http://encenadabeachresort.com.
Tanawin Lodge, schöne Anlage mit toller Aussicht, Restaurant, Pool, ca. 1 km Richtung Sabang, Balete Beach, Tel. 0917-931 9185, www.tanawinbayresort.com.
Kalaw Place, sehr geschmackvolles Hotel und verstreute Cottages, fantastischer Blick auf die Bucht, Tel. 442 0209, 0917-532 2617, www.kalawplace.com.ph.

Sabang Beach (☎ 043)

😊😊 **Dream Hill Condos**, hoch oben über der Bucht mit schönem Blick, Tel. 0917-505 8993, www.puertogaleracondos.com.

Small La Laguna (☎ 043)

😊😊 **El Galleon Dive Resort & Hotel**, schöne Anlage mit Cottages im Palmenhain, Restaurant, Bar, Pool, Tauchkurse mit Asia Divers (www.asiadivers.com), Wandern Schnorcheln, Golf, Kajak, Tel. 287 3205, www.elgalleon.com.

Big La Laguna (☎ 043)

😊😊 **La Laguna Beach Club & Dive Center**, komfortable Zimmer, Bar/Restaurant mit schönem Meerblick, Tauchbasis, Tel. 0917-777 1418, 0917-818-1418, www.llbc.com.ph.

Coco Beach

😊😊 **Coco Beach Island Resort**, familienfreundliche, am Privatstrand, 96 strohgedeckte Cottages unter Palmen, 2 Pools, 4 Restaurants, Tennis, Tauchshop, Hausriff, Tel. Booking Office Manila (02) 521-5260, 0919-540 0000, www.cocobeach.com.

White Beach

😊 **Coco Aroma**, Hütten hinter dem Strand, entspannte Atmosphäre, Restaurant, Musik, am westl. Strandende, Tel. 0916-616 7337, 0917-562 0895, http://cocoaromawhitebeach.com.

Aninuan Beach

😊😊 **Tamaraw Beach Resort**, 4-stöckiges Gebäude und Strandcottages, Veranden mit schöner Aussicht, Openair-Restaurant mit guter Küche, Tel. 0921-279 5161, www.tamarawbeachresort.com.
Sunset at Aninuan Beach Resort, 20 stilvolle Zimmer mit Balkon und herrlichem Blick aufs Meer, Sonnenuntergang, Bar und Restaurant auch direkt am Sandstrand, Bootsfahrten, Jet Ski, Kajak, Tauchschulen in der Nähe, gute Schnorchelmöglichkeiten, Tel. 0920-931 8924 oder 0917-495 7945, www.aninuanbeach.com.

Calapan (☎ 043)

😊😊 **Calapan Bay Hotel**, fantastische Restaurant-Terrasse hoch über dem Meer, Quezon Blvd., in der Nähe des Anlegers, Tel. 441 6143.
😊 **Hotel Ma-Yi**, kleine Zimmer (mit/ohne TV, AC), nette Atmosphäre, Rizal St., Tel. 288 4437.

Roxas (☎ 043)

😊 **Lyf Hotel**, komfortabel, Restaurant, Magsaysay Ave., Tel. 289 2819.
Roxas Villa Hotel, saubere Zimmer mit/ohne TV/Klimaanlage, beim Markt, Tel. 289 2026.

San José (☎ 043)

😊😊 **White House Beach & Garden**, angenehme Zimmer mit Marmorbädern, zum Teil mit Meerblick-Terrassen, Airport Rd., Tel. 0999-138 5854, www.whitehousephilippines.com.
😊 **Sikatuna Beach Hotel**, ruhiger Strand, internationale Gerichte (frischer Fisch), ca. 1,2 km nordwestl. vom Zentrum, Airport Rd., Tel. 491 4108, www.sikatunabeachhotel.com.

Sablayan (☎ 043)

😊 **Gustav's Place**, ansprechende Anlage mit viel Strand, gutem Restaurant und großem Ausflugsangebot, Tel. 0939-432 6131, www.grabler.at.
Landmanz Hotel, gute, saubere Zimmer mit/ohne AC/TV, gutes Restaurant, 8914 Arellano St., Tel. 458 0182.

North Pandan Island

😊😊 **Pandan Island Resort**, ein Stück vom Paradies zwischen Traumstrand und Dschungel, Tauchbasis, Wellness, Ausflüge, soziales und ökologisches Engagement der Besitzer, hervorragende Küche, Strandbar, Shiatsu-Massage, Tel. 0919-305 7821, www.pandan.com.

Mamburao (☎ 043)

😊😊 **La Gensol Plaza Hotel**, bestes Hotel in der Stadt, National Rd., Tel./Fax 711 1072.
😊 **Alastre Beach Resort**, Tayaman, Tel. 09065 20369.

INSEL MARINDUQUE

Boac (☎ 042)

😊 **Tahanan sa Isok**, ruhig, Gartenrestaurant, gepflegte Zimmer, Canovas St., Tel. 332 1231.

Gasan (☎ 042)

😊😊 **Club Marinduque**, am Sandstrand mit herrlichem Blick auf die Tres-Reyes-Inseln, südl. von Gasan, Tel. 333 7116, www.clubmarinduque.com.

Buenavista (☎ 042)

ⓢ **Marinduque Hot Springs Resort**, gepflegte Anlage, Pools und Badezimmer mit heißem Quellwasser, Malbog, Tel. 0910-632 5924.

Torrijos

ⓢ **Marilou's Private Beachhouse**, kleiner idyllischer Sandstrand, Küche zur Selbstversorgung, Poctoy, Tel. 0919-485 0531.

ROMBLON-ARCHIPEL

Insel Romblon

ⓢ **San Pedro Beach Resort**, gepflegte Bambushütten am Talipasak Beach, gutes Restaurant, sehr empfehlenswert, ca. 10 km südl. von Romblon Town in Ginablan, Tel. 0928-273 0515.
Romblon Plaza Hotel, Dachterrassen-Restaurant mit herrlicher Aussicht, Romblon Town, Roxas St., Tel. 0928-273 0515.

Insel Tablas (☎ 042)

ⓢ **Odiongan Plaza Lodge**, zentral, saubere Zimmer, Odiongan, Rizal St., gegenüber dem Rathaus, Tel. 567 5760. **August Inn**, ruhig, San Augustin, Faigao St., Tel. 0919-592 2495.

Insel Sibuyan

ⓢ **Seabreeze Inn**, Bambushütten am Meer, Gemeinschaftsküche, Café, San Fernando, Tel. 0921-211 6814.

Insel Masbate (☎ 056)

ⓢⓢ **Baywalk Garden Hotel**, komfortables Hotel, am Meer, Masbate City, Blvd. Extension, Tel. 333 6648.
ⓢ **Mesa's Lodging**, einfaches Restaurant, Mandaon, in der Nähe des Anlegers, 64 km von Masbate City.

INSEL SAMAR

Allen

ⓢ–ⓢⓢ **Wayang Wayang Beach Resort**, Restaurant, Bambusschirme mit Liegen direkt am Meer, Sonnenuntergang, ca. 3 km südl. von Allen, Tel. 0920-419 4846.

Insel Dalupiri

ⓢⓢ **Octopussy Bungalow Resort**, nette strohgedeckte Steincottages in Garten am weißen Sandstrand, phil.-schweiz. Leitung, Halb- / Vollpension, kleine Bibliothek, San Antonio Burabod, Tel. 0906-515 7376, 0905-348 2426, www.octopussy.ph.

Catarman (☎ 055)

ⓢ **Aileen Lodging House**, einfache oder komfortablere Zimmer mit AC, Restaurant, Bonifacio St., Tel. 0999-919 5550.

Borongan

ⓢ–ⓢⓢ **Pirates Cove Beach & Surf Resort**, stilvolle Cottages, Pool, Jacuzzi, Wassersport, Bootsverleih, Kinder-Wasserpark, südl. der Stadt, Tel. 0999-158 3710.

Guiuan (☎ 055)

ⓢ–ⓢⓢ **Hotel Khaishra**, zentral, Lugay St., Tel. 271 2376, www.hotelkhaishra.net.

Catbalogan (☎ 055)

ⓢⓢ **Rolet Hotel**, gepflegt, modern, empfehlenswert, Mabini Ave., Tel. 0919-305 9532.

Calbayog (☎ 055)

ⓢ **Eduardo's Tourist Hotel**, beste Option am Ort, einfach, Restaurant, Pajarito St., Tel. 209 1558.

INSEL LEYTE

Tacloban (☎ 053)

ⓢⓢⓢ **Leyte Park Resort Hotel**, herrliche Lage direkt an der San Pedro Bay, Café mit schöner Aussicht u. italien. Küche, Seafood-Restaurant auf Stelzen, Pool, Magsaysay Blvd., Tel. 325 6000.
ⓢⓢ **Alejandro**, freundlich, gutes Essen, Patermo St., 321 7033.
ⓢ **Rosvenil Pensione**, Zimmer z. T. mit Balkon, Restaurant, Burgos St., Tel. 321 2676.

Palo (☎ 053)

ⓢⓢ **MacArthur Park Beach Resort**, komfortabel, Pool, Red Beach, in der Nähe des Leyte Landing Memorial, Tel. 323 3015-16.

Padre Burgos

ⓢ–ⓢⓢ **Southern Leyte Divers**, schöne Bambus-Cottages am Strand, Veranda mit Traumblick, Tauchtrips zu Walhaien, San Roque, Tel. 02214-490 0557, 02666-418 6777, www.leyte-divers.com.

Maasin (☎ 053)

Ⓢ **Maasin Country Lodge**, 5 Min. vom Zentrum, am Fluss, Mambajao, Tel. 570 9648.

Ormoc (☎ 053)

ⓈⓈ **Ormoc Villa**, elegantes Hotel, Blick auf die Bucht, schöner Garten, Spa, Pool, bestes Hotel der Stadt, Obrero St., Tel. 255 5006, www.ormocvilla-hotel.com.

INSEL BILIRAN

Ⓢ **Agta Beach Resort**, am Wochenende viele Tagesausflügler, Almeria, 2 km außerhalb, Tel. 0915-697 1823.

INSEL PANAY

Iloilo (☎ 033)

ⓈⓈⓈ **Hotel del Rio**, ruhige Lage am Fluss, u.a. japan. Restaurant, Zimmer z. T. mit Flussblick, M. H. del Pilar St., Tel. 337 0736, www.hoteldelrio.net.
ⓈⓈ **The Grand Dame**, elegant große Zimmer (Standard bis Luxus-Suite), freundliches Personal, Restaurant, Bäckerei, Rizal / Huervana St., La Paz, Tel. 320 5252, www.granddame.net.
The Residence, schöne Lage am Fluss, 44 Gen. Luna St., Tel. 509 0228.
Ⓢ **Bavaria Restaurant & Hotel**, 13 klimatisierte komfortable Zimmer z. T. ohne Fenster, deutsches Restaurant, 113 Seminario St., Jara, Tel. 329 0078.

Tigbauan (☎ 033)

ⓈⓈ **Bearland Paradise Resort**, Tel. 333 0748, www.bearlandresort.com.

San Joaquin

Ⓢ **Talisayan Beach Resort**, einfach, strandnah, Tel. 0950-431 5842, 0977-803 1899.
Lhets Snorkel & Dive Camp, Kata'an, Tel. 0916-765 6146.

S. J. de Buenavista (☎ 036)

Ⓢ **Adelaide Pension**, zentral, gute Zimmer inkl. Frühstück, Bantayan St., Tel. 540 7160.

Kalibo (☎ 036)

ⓈⓈ **Kalibo Hotel**, recht ruhig, hilfsbereites Personal, Frühstück, 476 L. Roldan St., Tel. 268 4765.
Ⓢ **La Esperanza**, Restaurant, nahe Busterminals, Osmeña Ave., Tel. 262 3989.

Roxas City (☎ 036)

ⓈⓈ **La Hacienda Hotel**, geräumige Zimmer mit AC, Kühlschrank, Pool, Restaurant, Shopping Mall, Arnaldo Blvd., Tel. 632 6215-19.
Ⓢ **Halaran Plaza**, ältere Zimmer, Café am Fluss, Rizal St. / Gomez St., Tel. 621 0649.

Estancia (☎ 033)

Ⓢ **Pa-on Beach Club**, freundlich, sauber, Restaurant, ca. 2 km außerhalb, Pa-on, Tel. 397 0444.

Gigantes Islands

Ⓢ Privat-Unterkünfte auf den übrigen Inseln.

INSEL BORACAY (☎ 036)

ⓈⓈⓈ **Friday's**, Luxusanlage, 40 Bungalows im Native Style, modernste Ausstattung (AC, Kabel-/DVD-TV, Telefon, Minibar), Pool, Bar am Strand, ausgezeichnetes Restaurant, Balabag, Tel. Manila: (02) 810 2101, Boracay: 288 6200, www.fridays-boracay.com.
Paradise Garden Resort Hotel & Convention Center, sehr stilvolle Anlage in Inselmitte, umgeben von Garten und Palmhainen, Freizeitangebote, zwei Pools, Restaurant, Bar, Manggayad, Staion 3, Tel. Boracay: 288 3728-30.
Sea Wind Resort, vorwiegend aus Naturmaterialien gefertigte Komfort-Bungalows am Strand, attraktive Begrünung, inkl. Frühstück, Balabag, Tel. Manila: (02) 416 4010 / 415 1285, Boracay: 288 3091, www.swboracay.com.
ⓈⓈ **Nirvana Beach Resort**, stilvolles Gebäude in Strandnähe, Manggayad, Tel. 288 3140, www.nirvana-resorts.com.
Cocomangas Hotel Beach Resort, ansprechende Unterkunft mit Zimmern und Cottages, neben Tauchbasis direkt am Strand, Balabag, Tel. Manila (02) 433 7532, 288 3409, www.travelsmart.net/ph/resorts/Boracay/Cocomangas.
Ⓢ Die rund 200 einfachen Unterkünfte sind in/um Angol, Manggayad und Balabag angesiedelt, zum Beispiel **Austrian Pension House**, Angol, Tel. Manila (02) 561 7389, 288 3406; **Dalisay Village Resort**, Manggayad, Tel. 288 3266.

INSEL GUIMARAS (☎ 033)

ⓈⓈ **Isla Naburot Resort**, sieben traditionell konzipierte Bungalows, Vollpension inkl., ohne Elektrizität, ideal für Naturliebhaber, Aktivitäten wie Fischen, Ausflüge, Schwimmen, Schnorcheln, Tauchen, Simapsapan, Tel. mobil 0918-909 8506.

Costa Aguada Resort, 68 Zimmer Bungalows, Restaurant, Bars, Shop, Pool, Sandstrand, Mini-Zoo, Dschungelgarten, Helipad, Ausflüge, Tennis, Reiten, Mountainbike, Schnorcheln, Inampulugan Island, Sibunag, Tel. (Manila) (02) 890 5543, (Bacolod) (034) 433 7373.

Nagarao Island Resort, 16 Bungalows, inkl. Vollpension, Pool, Ausflüge, Restaurant, Umweltprojekt (Mangroven, einheim. Bäume, Tiere), Schnorcheln, Sandstrände, Tel. 329 0078, 0918-908 0730, www.nagaraoresort.com.

Isla Margarita, kleine, idyllisch gelegene Anlage mit sechs schönen Bungalows, *Package*-Preis inkl. Vollpension u. Transfer von Jordan, Tel. 396 5737, mobil 0928-319 0102.

Neptune Pittman's Garden, Paradies für Natur- und Pflanzenfans, Tastasan, Buenavista, Tel. 580 2286/87, 0916-235 2791.

INSEL NEGROS

Bacolod (☎ 034)

🟡🟡🟡 **L'Fisher Hotel**, 100 komfortable Zimmer, Pool, Geldwechsel, im Geschäftsviertel, nur 10 Fahrmin. vom Hafen, 15 Min. vom Airport, Waschsalon, 14th Lacson Street, Tel. 433 3731 / 39.

Luxur Place, Pool, Tennis, angenehme Zimmer, südl. des Zentrums, Magsaysay Ave., Tel. 434 4551-55.

🟡🟡 **Java Pension House**, zentral, populäres Restaurant, Gonzaga St., Tel. 435 1904.

🟡 **11th Street Bed & Breakfast**, ruhig, ansprechende Zimmer, gutes Restaurant, Lacson St., Tel. 433 9199.

Mambucal (☎ 034)

🟡 **Mambucal Resort**, großzügige Zimmer mit Terrasse, Bad, AC, auch Zelten im eigenen Zelt möglich, Pool, Schwefelquellen, Mini-Kletterwand, Canopy u.a. Aktivitäten, 2 Restaurants, Tel. 709 0990, 710 0800.

Kabankalan (☎ 034)

🟡 **Justine's Guest House**, angenehme Unterkunft, Cafeteria, Roxas St., Tel. 471 3135.

Sipalay (☎ 034)

🟡 **Bermuda Beach Resort**, sehr geschmackvoll und individuell gestaltete Zimmer (Ventilator, WC/

Dusche) / Bungalows (teurer mit AC), Restaurant, Bar, Trekking, Schnorcheln, Tauchen, Langub, Nauhang, Tel. 0920-529 2582, www.bermuda-beach-resort.com.

Takatuka Lodge, abwechslungsreich dekorierte Bungalows (Ventilator, WC/Dusche – etwas teurer mit AC, teilw. mit Kochgelegenheit), Restaurant, Motorradverleih, Tauchen (Kurse), Bootsausflüge, Sugar Beach, Tel. 0920-230 9174, www.takatuka-lodge.com.

Hinoba-an (☎ 034)

🟡🟡 **Brazzaville Beach House**, sympathische Anlage, Restaurant, Barangay Pook, Tel. 434 5367.

🟡 **Estrella del Sur**, freundliche Besitzer, Küche darf benutzt werden, schöner Garten, nur drei Zimmer, am Südrand des Orts.

Cadiz (☎ 034)

🟡 **Lakawon Island Resort**, einfache Bungalows für 4-6 Personen, WC/Dusche, Restaurant, Anreise von Cadiz Viejo aus, Tel. 433 0808, 434 7737.

San Carlos / Sipaway Island (☎ 034)

🟡🟡 **Whispering Palms Island Resort**, Zimmer und Bungalows, angenehme Atmosphäre, an kleiner Bucht gelegen, Pool, Restaurant, Tauchbasis, Sipaway Island, Tel. 0915-786 7639, www.sipaway-divers.com.

🟡 **A&C Pension House**, saubere, nette Unterkunft mit Restaurant, V. Gustilo / Dos Hermanos St., Tel. 312 5563, 729 4448.

Canlaon

🟡 **City Lodge**, einfache Unterkunft.

Dumaguete und nähere Umgebung (☎ 035)

🟡🟡 **Atlantis Dive Resort**, ansprechende Häuser aus Stein mit komfortablen Zimmern, Garten, Tauchbasis (Kurse), direkt am Strand, für Taucher sehr geeignet, Dauin, ca. 15 km südl. der Stadt, Tel. 424 0578.

Coco Grande Hotel, stilvolles Haus und geräumige Zimmer, Restaurant, ruhig gelegen in der Nähe von Silliman University und Commercial District, Hibbard Ave., Tel. 225 0833.

La Residencia Al Mar Hotel, schön restauriertes Haus an Uferpromenade, adrette Zimmer, Restaurant, Rizal Blvd., Tel. 422 0888.

Sta. Monica Beach Resort, ruhige, gepflegte Anlage, Restaurant, Bar, Pool, ca. 4 km südl., Banilad, Tel. 400 9399.

El Dorado Beach Resort, malerische Anlage, komfortable Zimmer (AC), Cottages (Fan, Minibar), ein Dormitory, Tauchbasis, -kurse, Dauin, ca. 15 km südl., Tel. 424 0238, www.divesociety.com.

ⓈThe Worldview Pension Plaza, ordentliche Zimmer, ruhig, freundlich, Restaurant, Perdices St., Tel. 225 4110, 0910-792 6681.

Maluay (Malatapay) (☎ 035)

ⓈⓈ **Thalatta Resort**, neue, sehr gepflegte Anlage in Strandnähe, Pool, Garten, Restaurant, Spa, Tauchbasis, Ausflüge ins Hinterland und nach Apo Island, Tel. 0920-403 9488, www.thalatta-beach.com.

Ⓢ **Malatapay Resort**, sechs Bungalows (mit Dusche/WC) mit großartigem Blick auf Siquijor und Apo, Restaurant, Tauchen, Tel. 422 0803, www.malatapaydivingresort.com.

Insel Apo (☎ 035)

ⓈⓈ **Liberty's Community Lodge**, großzügige Zimmer teils mit Balkon, Frühstück inkl., Restaurant, Tauchbasis, -kurse, Tel. 321 1036, 0920-238 5704, www.apoisland.com.

Tambobo Bay

Ⓢ **Tongo Sail Inn**, ruhige, idyllische Lage, Holzbungalows im lokalen Stil (mit WC/Dusche, Veranda), Restaur., Tel. 0939-625 0667.

INSEL SIQUIJOR

Siquijor (☎ 035)

Ⓢ-ⓈⓈⓈ **Villa Marmarine Beach Resort**, am schönen Strand, Zimmer u. Bungalows von einfach bis Luxus, gutes Restaurant mit japanischer Note, großes soziales Engagement des japan.-filipino Besitzerpaares, Candanay Sur, Tel. 480 9167, 0917-465 9370.

Ⓢ **Guesthouse Swiss Stars**, angenehme Zimmer (mit WC/Dusche), beliebtes Restaurant, Pangi, 2 km östl., Tel. 480 5583, 0918-478 0912, www.geocities.com/swissstars.

San Juan (☎ 035)

ⓈⓈ–ⓈⓈⓈ **Coco Crove**, großzügig angelegtes Resort am zuckerfeinen weißen Sandstrand, sehr komfortable Cottages, Restaurant, Wassersport, Tauchbasis, Fahrzeug- und Bootverleih, Tubod, 2 km südöstl. von S. Juan, Tel. 0939-915 5123, www.cocogrove.com.ph.

ⓈⓈ **Coral Cay Resort**, schmucke, geräumige Bungalows mit/ohne AC, Garten, Spa, Ausflüge, Fahrzeugverleih, Pool, Restaurant, kl. Bibliothek, Spiele, Solangon, 3 km nordwestl. von S. Juan, Tel. 0919-269 1269.

Royal Cliff Resort, liebevoll gestaltete, üppig bepflanzte Anlage mit netten Zimmern in Steinhaus, Restaurant, Korallenriff vor dem Strand, Ausflüge, Fahrzeugverleih, Tauchbasis in der Nähe, Maite, ca. 1,5 km südl. von S. Juan, Tel. 0949-162-6537, www.royal-cliff-resort.com.

Larena (☎ 035)

Ⓢ **Mykel's Garden Pension House**, einfach, sauber, zentral, Roxas St., Tel. 377 2048.

Sandugan (☎ 035)

ⓈⓈ **Casa de la Playa**, unterschiedl. Zimmerpreise je nach Ausstattung u. Lage, Schnorcheln, Fahrrad-, Motorrad- und Bootsverleih, Jeep-Touren (Ausflüge), Spa, Yoga, Malereikurse, Sandugan Beach, 6 km nördl. von Larena, Tel. 484 1170, www.siquijorcasa.com.

Ⓢ **Kiwi Dive Resort**, gemütliche kleine Bungalows, gegen Aufpreis mit AC, Küchennutzung und Kühlschrank, ideal für Familien, Restaurant, Tauchenkurse, Motorrad-, Fahrradverleih, viele Infos, Tel. 424 0534.

INSEL CEBU

Cebu City (☎ 032)

ⓈⓈⓈ **Cebu Midtown**, zentral, Pool mit Bar, Sauna, Massage, Fuente Osmeña, Tel. 253 4966, www.cebumidtownhotel.net.

ⓈⓈ **Cebu Grand Hotel**, gepflegte, komfortable Zimmer, Pool auf dem Dach, Escario St., Tel. 254 6361, www.cebugrandhotel.com.

Fuente Pension House, zentral, ruhig, Bar auf dem Dach, Lorente St., Tel. 412 4988, www.fuentepension.com.

Ⓢ **Pensionne La Florentina**, ansprechende Unterkunft in ruhiger Seitenstraße unweit vom Ayala Center, 18 Acacia St., Tel. 238 5050, 0922-852 5150.

Insel Mactan (☎ 032)

ⓈⓈⓈ **Shangri-La's Mactan Island Resort**, riesiges Luxusresort mit eigenem Strand, Restaurants,

Shopping Mall, Pool, Luxus-Spa, Golf, Wasserski etc., Punta Engaño Rd., Lapu Lapu City, Tel. 253 4966, www.shangri-la.com.

Plantation Bay Resort & Spa, spektakuläres Luxusresort mit riesiger künstlicher Salzwasserlagune (Kajak, Wasserrutschen, Sandstrände), Restaurants (z. B. Kilimanjaro-Café umgeben von Wasser), Tennis, Tauchen, Kletterwand, Marigondon, südl. von Maribago, Tel. 340 5900, Hotline (02) 635 5099, www.plantationbay.com.

🌀–🌀 **Club KonTiki**, unterschiedlich ausgestattete Zimmer, besonders für Taucher zu empfehlen, Maribago, Tel. 340 9934, www.kontikidivers.com.ph.

Insel Olango (☎ 032)

🌀🌀🌀 **Nalusuan Island Resort & Marine Sanctuary**, 7 Stelzen-Cottages mit Veranda, Openair-Restaurant, Tauchen, winzige Insel südl. von Olango, Tel. 516 6432, www.nalusuanisland.com.

Moalboal (☎ 032)

🌀🌀 **Quo Vadis Beach Resort**, Cottages und komfortable Zimmer, Restaurant u. Bar mit Meerblick, Pool, Tauchshop, Panagsama Beach, Tel. 474 0018, www.moalboal.com.

🌀 **Hannah's Place**, Lodge direkt am Sandstrand mit Restaurant, Tauchen, am Panagsama Beach, Tel. 474 0091, www.hannahs-place.com.

Matutinao (☎ 032)

🌀 **Kawasan Falls Cottages**, schlichte Cottages an den Wasserfällen, einfaches Essen.

Liloan (☎ 032)

🌀–🌀 **Marine Village Dive House**, direkt am Wasser, Restaurant, Tauchen, Tel. 480 9040, www.marinevillage.net.

Insel Bantayan (☎ 032)

🌀🌀🌀 **Hoyohoy Villas**, extravagant ausgestattete Cottages auf Stelzen im Stil von Reisspeichern, Restaurant, Tauchen, Fischen, Golf etc., Santa Fee, Tel. 438 9021, www.hoyohoyvillas.com.

🌀🌀 **Budyong Beach Resort**, Cottages unter Palmen am besten Abschnitt des Stadtstrands, Restaurant, Motorradverleih, Santa Fee, Tel. 438 9285.

🌀 **St. Bernard Beach Resort**, runde Stein-Cottages in Tropengarten, Santa Fee, Alice Beach, Tel. 0917-9636162, www.bantayan.dk.

Insel Malapascua (☎ 032)

🌀🌀 **Malapascua Exotic Island Dive & Beach Resort**, schöne, einfach bis komfortabel ausgestattete Cottages (aus Naturmaterialien), Strandgarten mit Hängematten, Restaurant, Tauchen, Spa u. Massage, Tel. 406 5428, 0917-327 6689, www.malapascua.net.

🌀 **White Sands Bungalows**, Naturmaterial-Cottages mit Bad direkt am weißen Sandstrand, Island-Hopping, Restaurant, Sunset Cove, im Süden der Insel, Tel. 318 8666, 0927-318 7471, www.filippinerne.dk.

INSEL BOHOL

Tagbilaran City (☎ 038)

🌀🌀 **Bohol Tropics Resort**, Cottages am Meer, Suiten mit Jacuzzi, Tennis, drei Pools, Diveshop, Café hoch über dem Meer, chinesische Küche, Seafood, Graham Ave., Tel. 411 3510, www.boholtropics.com.

Villa Alzhun Tourist Inn, Spa, Restaurant, Touren, südl. der Stadt mit Blick auf die Tagbilaran Strait (Sonnenuntergang), VP Inting St., Tel. 411 3883.

🌀 **Coralandia Resort**, am nördl. Stadtrand, Cottages am Meer, 45 Graham Ave., Tel. 411 3445.

Taver's Pension House, günstig, Remolador St., Tel. 411 4896, 0927-753 4061.

Insel Panglao (☎ 038)

🌀🌀🌀 **Alona Palm Beach Resort**, neues Luxusresort (schweizerische Leitung), 12 Komfort-Villen hinter weißem Sandstrand, Restaurant, großer Pool, Mountainbikes, Kajaks, Schnorchelausrüstung, Alona Beach, Tel. 502 9141, 0915-894 3333, www.alonapalmbeach.com.

🌀🌀–🌀🌀🌀 **Bohol Divers Resort**, einfache bis komfortable Zimmer in großer Anlage, Pool, Tauchen, Tel. 502 9047.

🌀🌀 **Alona Kew White Beach**, beliebte Anlage mit unterschiedlich komfortablen Hütten, Openair-Restaurant, Alona Beach, Tel. 502 9042, www.alonakew.com.

🌀 **Peter's House**, neben Tauchbasis, Taucher bevorzugt, luftige Bambuszimmer, gutes Frühstück, Alona Beach, Tel. 502 9056.

Insel Balicasag

🌀🌀 **Balicasag Island Dive Resort**, Doppel-Cottages mit Veranda, unter Naturschutz stehende

Insel mit exzellenten Tauchspots, Tel. 502 6001, Büro Tagbilaran Tel. 501 0674.

Insel Pamilacan

🆂 **Nita's Nipa Huts**, familiäre Unterkunft mit einfachen Hütten am Sandstrand, Vollpension, Tel. 0921-320 6497. **Pamilacan Tourist Inn**, Tel. 540 9279.

Loboc

🆂 **Nuts Huts**, Cottages im Dschungel mit Veranda, am Fluss, köstliches Essen, Hängematten, geführte Wanderungen, Motorradverleih, Flussfahrten etc., ca. 4 km nördl. von Loboc, Tel. 0920-846 1559, www.nutshuts.com.

Chocolate Hills

🆂 **Chocolate Hills Complex Carmen**, einzige Unterkunft mitten in den Hügeln, einfach, mit schöner Aussicht, teils mit AC, Restaurant, Pool, 200 Stufen zu einer Aussichtsplattform, Tel. 0919-680 0492.

Talibon (☎ 038)

🆂🆂 **Jayveeh Long Beach Resort**, schöne, ruhige Lage mit vielen Ausflugsmöglichkeiten, Mahaba Island, Tel. 515 5303, 0917-700 5973.

6 PALAWAN

PUERTO PRINCESA (☎ 048)

🆂🆂 **Fleuris**, zentral, geräumige, saubere Zimmer, Restaurant, Pool, Lacao St., Tel. 434 4338.
Royal Oberoi, schöne Anlage in einem grünen Garten, stilvolle Zimmer, Pool mit Bar, Restaurant, großer Pavillon für Feste, Esteban Rd., South National Highway, Tel. 434 4920, www.royaloberoi.com.
🆂 **Casa Linda Inn**, zentral, ruhig, geräumige Zimmer, sehr schöner begrünter Innenhof, Restaurant, Trinidad Rd., Tel. 433 8052, casalind@mozcom.com.
Badjao Inn, schöner Garten mit Restaurant, 350 Rizal Ave., Tel. 433 2761.
Angela's Pool Resort, Restaurant, Tennis, Badminton, Pool, 7 km nördl. des Zentrums, Tel. 433 8052, www.angelaspoolresort.com.
Lola Itang Pension, familiär, Roxas St., Tel. 433 6991, 433 2990.

Honda Bay (☎ 048)

🆂🆂🆂 **Dos Palmas Island Resort**, Luxusresort auf einer 20 ha großen privaten Insel, stilvoll ausgestattete Cottages am Strand oder auf Pfählen über dem Wasser, Restaurant, Pool, Tauchen, Kajak, Spa, Arreceffi Island, Tel. Manila: (02) 637 4226, Tel. Puerto Princesa: 434 3118, www.dospalmas.com.ph.
🆂🆂 **Meara Island Resort**, Cottages am Strand, Tauchkurse, Meara Island, Tel. 0917-893 0513.
🆂 **Starfish Sandbar Resort**, einfache Hütten am Sandstrand mit kristallklarem Wasser, nachts kein Strom, Essen mitbringen (knappe Vorräte im Restaurant), Starfish Island.

Nagtabon

🆂🆂🆂 **Villa Nagtabon**, 2 Zimmer in Privatvilla, Bungalow, Gemeinschafts-Bad/WC, 5 Min. mit Shuttle zum Strand, WLAN, Mahlzeiten auf Bestelung, Pool, Kontakt über www.airbnb.de/rooms/16654617.

SÜD-PALAWAN

Narra

🆂🆂🆂 **Crystal Paradise Resort Spa & Winery**, in Palmenhain an Strand gelegen, wellness-orientiert, Pool, Wassersport, Ausflüge, tropische Weine, Tel. 0917-809 9600, 0917-809 9303, www.crystal-paradiseresort.com.
🆂 **Tiosin Lodging**, einfach mit gutem Restaurant, Panacan Rd.

Brooke's Point

🆂 **Mt. Maruyog Farms & Garden Resort**, www.maruyog. com, kleine Cottages im Grünen, Restaurant, Pool, Besteigung des Mt. Maruyog, Tubtub, Tel. 0917-700 0867.
Silayan Lodge, einfach, im Ort, Tel. 0918-386 1262.

Quezon

🆂 **Tabon Village Resort**, einfache Cottages mit Bad, Tabon Beach, Tel. 0910-239 8381.

Sabang

🆂🆂🆂 **Daluyon Beach and Mountain Resort**, luxuriöse Anlage am Nordstrand, 15 Strandbungalows, Tel. 0927-316 5513.
🆂 **Bambua Nature Park Resort**, verstreut liegende einfache Cottages am Rand des Nationalparks, deutsch-philippinische Leitung, hervorragende Küche (Produkte aus der angrenzenden „organic farm"), südl. von Sabang, Tel. 0977-448 5107, 0999-198 3442, www.bambua-palawan.com.
Dab Dab Resort, freundlich, gepflegt, Restaurant,

250 m vom Anleger, Tel. 0910-924 1673. **Taraw & Resort Beach Cottages**, günstig, Restaurant, Tel. 0919-601 1227.

San Rafael

🄢 **Duchess Beachside Cottages**, einfache Cottages am Strand, Restaurant, Filiale der Duchess Pension in Puerto Princesa, Tel. 0919-392 9360, 433 2873.

Port Barton

🄢🄢 **Greenview's Resort**, sehr gepflegte Cottages, Restaurant, Bootsausflüge, Schnorcheln, Fischen, am Nordende der Bucht, Tel. 0929-268 5333.

🄢-🄢 **Coconut Garden Island Resort**, gepflegte Anlage mit großem Haus und mehreren Cottages unterschiedlicher Ausstattung, Badestrand und Riff, Cacnipa Island, Tel. 0926-721 0112, 0918-370 2395.

🄢 **Secret Paradise Retreat,** idyllische Anlage mit viel Strand, nur per Boot erreichbar, zwischen Sabang und Port Barton, Tel. Puerto Princesa 434 1436, 0999-880 2480, 0915-546 0888.

Roxas

🄢🄢🄢 **Modessa Island Resort**, auf der vormals Coco-Loco Island genannten Insel, 60 Zimmer teilweise in Bungalows, traumhafte Lage, viel Wassersport (auch Tauchen), Vollpension und Transfer (30 Min.) inkl., Tel. 0917-552 7000 oder 434 1584 (Pto. Princesa).

NORD-PALAWAN

Taytay

🄢🄢🄢 **Flower Island Resort**, Cottages, Veranda mit Hängematte, Flower Island, Tel. 0917-504 5567.

🄢 **Villa Incognito**, 5 Cottages, Restaurant, freundlich, hinter d. Rathaus auf dem Hügel, Buchtblick, Tel. 0920-279 4706.

El Nido

🄢🄢🄢 **Dolarog Beach Resort**, schön eingerichtete Cottages am Strand, gutes italien. Restaurant, ca. 5 km südl. von El Nido, Cerong Corong, Tel. 0917-128 0475, 0929-160 6234, www.dolarog.com.

🄢🄢 **Lally & Abet Beach Cottages**, ruhig, Restaurant, Bootstouren, Tauchen, Hama St., am nordöstl. Ende der Bucht, Tel. (02) 664 3009, 0917-850 2948, www.lallyandabet.com.

Casa El Nido, zentral, am Strand, Komforthaus

im span. Stil mit zwei Schlafzimmern, Wohnraum u. Bad, Blick auf Cadlao Island, Essen, Getränke in der Blue Karrot Bar, Tel. 0919-370 1289, www.casaelnido.com.

Malapacao Island Retreat, gesundheitsorientiertes Ökoresort, Cottages z. Strand offen, Meditation, Yoga, Malapacao Island, Tel. 0917-896 3406, www.malapacao.com.

🄢 **Lualhati Cottage**, ruhig, freundlich, Garten, Rizal St., Tel. 0927-218 5877.

Miniloc Island

🄢🄢🄢 **El Nido Resorts Miniloc Island**, in geschützter Bucht am Strand mit Palmen, strohgedeckte Cottages z. T. auf Stelzen im Wasser, Restaurants, Büro Tel. (02) 902 5985, www.elnidoresorts.com.

Auf dem nahen **Lagen Island** gibt es ein weiteres El Nido Resort, Tel. (02) 902 5980.

Cuyo-Archipel

🄢🄢🄢 **Amanpulo Resort**, Luxus pur auf einer Privatinsel, komplettes Erholungs-, Wellness- und Wassersportangebot, Pamalican Isl., Tel. Manila (02) 976 5200.

🄢 **Nikky's Pension**, mit Restaurant, Cuyo, Tel. 0920-876 0008.

CALAMIAN-ARCHIPEL

Insel Busuanga

🄢🄢🄢 **Club Paradise**, am 700 m langen, weißen Sandstrand, Tauchkurs, Dimakya Island, Tel. 0917-827 9852, Manila (02) 719 6971, www.clubparadisepalawan.com.

🄢🄢 **KokosNuss Garden Resort**, deutscher Besitzer, einfach bis komfortabel ausgestattete Cottages in einem Garten, Restaurant, Bootsfahrten, Tauchsafaris, Wandern etc., Coron Town, nahe Hospital, Tel. 0919-448 7879, www.kokosnuss.info.

🄢-🄢🄢 **Seadive Resort**, auf Betonpfosten im Meer erbaut, gutes Preis-Leistungs-Verhältnis, Restaurant, gute Tauchbasis mit Dekompressionskammer, Coron Town, Tel. 0917-808 6697, www.seadiveresort.com.ph.

7 MINDANAO

NORD-MINDANAO

Surigao (☎ 086)

Hotel Tavern, Restaurant u. Bar mit Meeresblick, Borromeo St., Tel. 826 8566.

Mt. Bagarabon Beach Hotel & Mountain Resort, idyllisch über der Bucht gelegene Anlage, Ausflugs- u. Unterhaltungsangebot, Restaurant, Mabua, Nähe Ferry Terminal, Tel. 0917-851 0978, www.mtbagarabon.com.

Gateway Hotel, am südlichen Ortsrand, National Highway Km 3, Brgy. Luna, Checkpoint Area, Tel. 826 1283.

Garcia Hotel, zentral, San Nicolas St., Tel. 231 7700, 232-6688.

Insel Siargao

Dedon Island Resort, luxuriöse Cottages, inkl. Vollpension, Kajaks, Hobbie Cat, Schnorcheln, 2011 umgebaut, Tel. (+4940) 307086690, 0917-701 7840, www.dedonislandresort.com.

Cherinicole Beach Resort, Cottages mit Meeresblick, TV u. AC, auch einfachere Bungalows, Pool, Strandbar, Restaurant, Tel. 0918-244 4407, www.cherinicoleresort.com.

Tiki Bungalows & Bar, in Strandnähe, Bambus- und Steinbungalows mit WC/Dusche, andere Bars und Restaurants in der Nähe, General Luna, Tourist Rd., Tel. 0998-082 6377.

Butuan (☎ 085)

Almont, unterschiedlich komfortable Zimmer, Restaurant, am Rizal Park, empfehlenswert, San Jose St., Tel. 342 5263.

Hotel Karaga, saubere, große AC-Zimmer, Standard-Zimmer ohne Fenster, Restaurant, Frühstück inkl., Montilla Blvd., Tel. 342 8387.

Camiguin (☎ 088)

Camiguin Highland Resort, luxuriös, Pool, Jacuzzi, Restaurant, Reiten, Wandern, Tauchen, etc., südl. von Mambajao, Soro-Soro, Tel. 0917-827 0200, 0917-771 7918.

Caves Dive Resort, schöne Anlage am Strand, Cottages mit/ohne AC, Tauchbasis, Agoho, Tel. 0918-907 6888 7593, 387 9040.

Bahay Bakasyunan sa Camiguin Resort, komfortable, schöne Zi., Restaurant, Pool, südöstl. von Mambajao, Balbagon, Tel. 0922-852 5150.

Enigmata Treehouse, origin. Baumhaus-Hotel, Pool, gutes Restaurant, ca. 3 km südöstl. von Mambajao, Balbagon, Tel. 387 0273. www.camiguinecolodge.com. Gute Website!

Cagayan De Oro (☎ 088)

Pryce Plaza, auf einem Hügel mit Blick über die Stadt, Pool, Fitness, Spa, Panorama-Restaurant, Seafood & Grill, japan. Küche, Carmen Hill (4 km außerhalb der City), Tel. 858 4536, 858 3111, www.pryceplaza.ph.

Nature's Pensionne, angenehmes Hotel in zentr. Lage, T. Chavez St., Tel. 857 1900.

Vines Pension, bunte Zimmer, Restaurant, Aguinaldo / Yacapin St., Tel. 857 2158.

Malaybalay (☎ 088)

Pine Hills Hotel, Zimmer mit TV, z. T. mit Kühlschrank, Restaurant, Fortich St., Tel. 813 2005.

Haus Malibu, ordentlich, mit Coffee Shop, Bonifacio Drive/Comisio St., Tel. 813 4176.

Iligan (☎ 063)

Cheradel Suites, das beste Hotel am Ort mit komfortablen Zimmern, etwas östlich des Zentrums, Pool, Jeffery Rd., Tel. 221 0500.

Tinago Residence Inn, Wasserfallblick, bei Tinago Falls, Tel. 881 2881.

Elenas Tower Inn, freundliche, sauber, Restaurant, Tibanga Highway, Tel. 221 5995.

Marawi (☎ 063)

Marawi Resort Hotel, außerhalb der Stadt mit schönem Seeblick, Pool, Tennis, Restaurant, MSU Campus, Tel. 0977-748 7259.

OST- UND SÜD-MINDANAO

Davao (☎ 082)

Marco Polo, 245 Luxuszimmer, Aussicht auf den Golf und Mt. Apo, CM Recto St., Tel. 221 0888, www.marcopolohotels.com.

Casa Leticia, 41 elegante Zimmer, Restaurants mit Ilonggo-Küche, international und japanisch, J. Camus St., Tel. 224 0501.

Royale House, kleine, gepflegte Zimmer, Restaurant, 34 C. M. Recto Ave., Tel. 227 3630.

Insel Samal (☎ 084)

Pearl Farm Beach Resort, geschmackvolle Cottages, die „Samal-Häuser" auf Stelzen, exzellentes Restaurant, Wassersport, Tel. 235 1234-36, www.pearlfarmresort.com.

⊙⊙ **Paradise Island Park & Beach Resort**, gepflegte Cottages aus Stein und Holz, Tel. 233 0251, 0920-954 6780, www.paradiseislanddavao.com.

General Santos (☎ 083)

⊙⊙ **T'Boli**, am Strand, Restaurant, Nat. Hwy., Tel. 553 7586.

⊙-⊙⊙ **Cambridge Farm**, etwas ältere Zimmer, sehr nette Besitzer, Gartenrestaurant, Pool, ca. 4 km außerhalb an der Straße Richtung Koronadal, Tel. 301 6130, 0928-635 5088, 553 6310.

Koronadal

⊙⊙ **Ramona Plaza Hotel**, Restaurant, Zimmer mit TV, teilw. Kühlschrank, kann etwas laut sein, General Santos Dr., Tel./Fax 228 2063.

⊙ **Alabado's**, einfach, Alunan/Rizal St.

Lake Sebu

⊙ **Punta Isla Lake Resort**, erhöhte Lage mit schönem Seeblick, frischer Tilapia im Restaurant, Tel. 236 1053, 0919-451 5015.

Cotabato (☎ 064)

⊙⊙ **Estosan Garden Inn**, das beste Hotel am Ort, Pool, Spielkasino, etwas außerhalb, Governor Gutierrez Blvd., Tel. 421 6777.

WEST-MINDANAO

Pagadian (☎ 062)

⊙⊙ **Hotel Camila**, das beste Hotel der Stadt, mit Restaurant, Ariosa St., Tel. 0917-710 2209, 0999-995 9568.

Ozamis City (☎ 088)

⊙ **Royal Garden**, preiswerte, geräumige Zimmer, köstliches Essen, Zamora St. Ecke Burgos St., Tel. 521 2888.

Oroquieta (☎ 088)

⊙ **Tatong Beach Resort**, am Meer, Pool, Restaurant, San Vicente Bajo, Tel. 0910-501 2222.

Dapitan (☎ 065)

⊙⊙⊙ **Dakak Park Beach Resort**, paradiesische Lage zwischen hohen, bewaldeten Felsen in einer abgeschiedenen Bucht mit weißem Sandstrand, Golf, Wassersport, Reiten, Tennis, Pool, Whirlpool,

Tel. 918 8000, 213 6813, www.dakakresort.com.

⊙⊙ **Dapitan City Resort Hotel**, direkt an der Bucht mit Sonnenuntergangsblick, Pool, Disco, Restaurant, Sunset Blvd., Tel. 213 6813,

⊙ **Monina's Pension House**, familiäres Hotel, saubere Zimmer, zum Strand über die Straße, Justice Saguin St., Tel. 213 6715, 0919-614 4295.

Dipolog (☎ 065)

⊙-⊙⊙ **Hotel Camila**, gepflegte Zimmer mit TV, Restaurant, Gen. Luna St., Tel. 212 3008. **Camila 2**, Barangay Turno, Tel. 212 5533-54.

Zamboanga City (☎ 062)

⊙⊙ **Lantaka**, altehrwürdiges Hotel in schöner Lage am Wasser, Zimmer mit Balkon und Meeresblick, Pool, Garten, Restaurant, Valderrosa St., Tel. 991 2033.

Grand Astoria, komfortables, gut geführtes Hotel mit Restaurant, Mayor Jaldon St., Tel. 991 2510.

⊙ **Embassy Pension House**, Villa etwas westl. des Zentrums, ruhig, Café, Varela St., Tel. 991 1697.

8 SULU-SEE

Bongao / Tawi-Tawi-Gruppe

⊙⊙ **Rachel's Place**, bestes Haus in der Stadt, 18 Zi. mit AC, schöner, von Bäumen überschatteter Garten, Spa, Restaurant, ruhige Lage, vom lebhaften Markt entfernt, Lamion, gegenüber Datu Halun Sakilan Memorial Hospital, Tel. (068) 268 1253.

⊙ **Sandbar Resort**, einfache Bungalows mit AC, WC/Dusche, Restaurant, weltabgeschieden; Pasiagan, Bongao, am weißen Strand im Südwesten, Anfahrt mit Tricycle möglich.

Ester Hotel, zentral, kleine Unterkunft mit klimatisierten Zimmern, Restaurant, gegenüber dem Notre Dame of Bongao Campus.

Beachside Inn, komfortable Zimmer nahe des Zentrums, Restaurant, Sowang Kagang, Tel. 268 1435, 0920-481 5447.

Insel Sitangkai

⊙ Auskunft zu **Privatunterkünften** in der Schule oder beim DOT in Zamboanga City.